Rüdiger Schell

Das Dominikanerinnenkloster Auf Hof bei Neudingen als Hauskloster der Grafen von Fürstenberg

Hartung-Gorre Verlag Konstanz

Bibliografische Information Der Deutschen Bibliothek
Die Deutsche Nationalbibliothek verzeichnet diese Publikation in der Deutschen Nationalbibliografie; detaillierte bibliografische Daten sind im Internet über http://dnb.d-nb.de abrufbar.

Grafik auf dem Einband: So sah ein Maler das Kloster Auf Hof bei Neudingen und den Fürstenberg im Jahre 1733. Das fotografierte Gemälde hängt in den Fürstlich Fürstenbergischen Sammlungen in Donaueschingen. Alle Rechte am Foto auf dem Einband und auf Seite 267 bei Steffen Maier, Donaueschingen.

Erste Auflage 2008, **4. Auflage 2022**
HARTUNG-GORRE VERLAG KONSTANZ
ISBN 3-86628-217-6; 978-3-86628-217-9

Dissertation der Universität Konstanz
Tag der mündlichen Prüfung: 29. Mai 2008
Referent: Prof. Dr. Helmut Maurer
Referent: Prof. Dr. Gabriela Signori

Mit Dank vermerken wir, dass der Druck des Buches freundlich unterstützt wurde durch (Reihenfolge alphabetisch)

- die Große Kreisstadt Donaueschingen,
- die Erzdiözese Freiburg,
- S.D. Heinrich Fürst zu Fürstenberg,
- den Verein für Geschichte und Naturgeschichte der Baar e.V.,
- die Volksbank eG, Villingen.

INHALTSVERZEICHNIS

VORWORT

Gegenstand dieser Untersuchung ist das Dominikanerinnenkloster Auf Hof bei Neudingen, nahe dem Ursprung der Donau, in der Zeit zwischen 1274 und 1565. Während in zahlreichen Klostermonographien, die in den letzten Jahrzehnten verfasst wurden, vor allem Aspekte der (weiblichen) Frömmigkeitsbewegung und des Beginentums und/oder Probleme der betreffenden Ordensgeschichte im Vordergrund stehen, liegt der Schwerpunkt dieser Arbeit hauptsächlich auf der Rolle des Neudinger Klosters als Hauskloster der Grafen von Fürstenberg. Diese Akzentuierung bietet sich per se aufgrund der Quellen an, in denen die Bedeutung der Grafen als mutmaßliche Gründer, Schirmherren (Kastvögte) und Gönner dieser monastischen Einrichtung ebenso prägend hervortritt wie die Memoriapflege des Konvents für die adlige Familie. Somit stellen die folgenden Ausführungen auch einen Beitrag zur fürstenbergischen Hausgeschichte, zur spätmittelalterlichen Adelsforschung und zur südwestdeutschen Landesgeschichte dar.
Zugleich bildet diese Untersuchung aber auch einen Beitrag in der augenblicklichen Diskussion der Forschung zur Frage nach dem „Hauskloster", vor allem weil die Existenz „des Hausklosters" einer Adelsfamilie „als fester und zentraler Gedenkort" neuerdings in Frage gestellt wird[1].

Die vorliegende Arbeit entstand von 2004 bis 2007, also rund 40 Jahre nach dem Abschluss meines Universitätsstudiums in Heidelberg (1965) und nach jahrzehntelanger Tätigkeit als Gymnasiallehrer (bis 2003). Für wissenschaftliche Hilfen und handwerkliche Unterstützung während der Entstehungszeit schulde ich deshalb einer Reihe von Personen meinen Dank. Dieser gilt zuerst und vor allem Prof. Dr. Helmut Maurer, der mir von der Universität Konstanz als wissenschaftlicher Berater (Doktorvater) zur Seite gestellt wurde. Seine Kenntnisse und Anregungen, seine Hin-

---

[1] Vgl. Abschlussprotokoll der Veranstaltung des Max-Planck-Instituts für Geschichte „Adlige – Stifter – Mönche. Zum Verhältnis zwischen Klöstern und mittelalterlichem Adel". Die Tagung fand am 23./24.06.2006 unter Leitung von Nathalie KRUPPA in Göttingen statt. Der Schlussteil des Protokolls (Copyright © 2006 by H-Net and Clio-online, S. 3) geht auf die abschließende Diskussion zur Frage nach dem „Hauskloster" ein. Zu diesen Gedankengängen wird in der Zusammenfassung/Abschnitt 2 zu dieser Arbeit (vgl. S. 260 ff.) kurz Stellung genommen.

weise und Korrekturen zum Thema haben mir bei der Ausarbeitung große Dienste geleistet. Ihm bin ich zu besonderem Dank und Anerkennung verpflichtet. Sodann ist Dr. Andreas Wilts, Leiter des Fürstlich Fürstenbergischen Archivs in Donaueschingen, zu nennen, der mich in die Urkunden- und Aktenbestände des Klosters Auf Hof einwies und mich auch, gemeinsam mit den „hilfreichen Geistern“ seiner Institution, Frau Kurth und Frau Schmitz, mit dem umfangreichen Quellenmaterial und der vorhandenen Literatur stets prompt versorgte. Eine große Hilfe beim Schreiben der Untersuchung war mir zudem mein langjähriger Freund und Berufskollege Hans Harald Horn, dessen Kenntnisse am Computer meine Momente sprachloser Verzweiflung im Umgang mit der neuen Technik auf ein erträgliches Maß reduzierten.

Herzlichen Dank sage ich schließlich auch meiner Familie für ihre geduldige Begleitung und Anteilnahme an der Arbeit, vorweg meiner Frau Johanna und den Familien meiner beiden Töchter Daniela und Christiane. Als kleine Entschädigung möchte ich daher dieses Buch der gesamten Familie widmen.

EINLEITUNG

1. Vorbemerkungen zum Thema

Das Frauenkloster „Auf Hof" bei Neudingen, ab Ende des 16. Jahrhunderts zumeist „Maria Hof" genannt, stand ehedem auf der flachen Anhöhe, einem Keuper-Liashügel, am östlichen Ortsende des Dorfes Neudingen, früher Neidingen oder Nidingen (669 m über dem Meer) genannt[2]. Dieses sanfte Plateau mit einer Ausdehnung von etwa 140 m (Ost-West) zu 110 m (Nord-Süd)[3] erhebt sich etwa zwanzig Meter hoch über dem rechten Ufer der jungen Donau, die sich hier mäanderartig durch die südliche Baarmulde, die Riedbaar, schlängelt.

Die Forschung ist sich im Wesentlichen einig, dass dieses Kloster auf jenem Platz stand, wo sich im 9. Jahrhundert, also in spätkarolingischer Zeit, vermutlich eine fränkische Königspfalz befand[4], die dem Ort „Nidinga" schon früh beachtliche Bedeutung eintrug[5]. Ob zur Gründungszeit des Klosters – also im 13. Jahrhundert – noch Gebäude oder wenigstens Baureste jener karolingerzeitlichen Anlage vorhanden oder gar nutzbar waren, die bekanntlich König und Kaiser Karl III. der Dicke zeitweise, vor allem in den letzten Wochen vor seinem Tod 888, bewohnt hatte, lässt sich nicht eindeutig belegen.

Schließlich schweigen die Quellen nach 950 für mehr als 300 Jahre über diese historische Stätte, die vermutlich seit Ende des 12. Jahrhunderts im Besitz der Herzöge von Zähringen und danach der Fürstenberger als Landgrafen der Baar war[6]. Die Erinnerung an die frühere Pfalz bzw. den Königshof blieb allerdings erhalten, wie das Fortleben des Namens „Auf Hof" über die Jahrhunderte beweist[7]. Gesichert ist zudem, dass auf dieser

---

[2] VETTER, Fürstenberg, S. 61. MAURER, Königspfalzen, S. 447 f. Vgl. auch Günther REICHELT, Wo Donau und Neckar entspringen. Die Baar, Donaueschingen 1990.

[3] Zur Beschaffenheit des „polygonal begrenzten Hügelgeländes" vgl. Lageplan und Erklärungen bei HÜBENER, Probegrabungen, S. 8.

[4] Auf dem Gelände der ehemaligen Pfalz bzw. des Königshofs Neudingen fanden 1972–1975 umfassende Grabungen statt. Vgl. hierzu: Wolfgang HÜBENER, Probegrabungen, a.a.O. Über diese archäologische Erforschung vgl. die Dissertation v. Hans Wilhelm HEINE, Studien zu Wehranlagen zwischen junger Donau und westlichem Bodensee, Forschungen und Berichte der Archäologie des Mittelalters in Baden-Württemberg, Band 5.

[5] MAURER, Königspfalzen, S. 451 f.; RIEZLER, Haus Fürstenberg, S.216.

[6] MAURER, Königspfalzen, S. 464. TUMBÜLT, Neidingen, S. 65 ff.

[7] BADER, Erbbegräbnisse, S. 25.

markanten Erhebung an der Donau zur Gründungszeit des Klosters bereits eine Kapelle stand, die wohl dem heiligen Nikolaus geweiht war[8] und zur Pfarrei Neudingen gehörte. Für die Entstehung des Klosters und die Klostergeschichte war zudem besonders wichtig, dass dieser Hügel direkt unterhalb des 919 m hohen Fürstenbergs, eines Ausläufers der Schwäbischen Alb lag, und somit geradezu Blickkontakt mit dem nachmaligen Schutzherrn des Klosters, gegeben war.

Dieser, Heinrich mit Namen, väterlicherseits von den Grafen von Urach und den Zähringern abstammend, der jüngere Sohn des Grafen Egino V. von Freiburg und der Gräfin Adelheid von Neifen[9], übernahm Mitte des 13. Jahrhunderts das zähringische Erbe auf der Baar. Er machte dabei den „fürdersten“ Berg des Höhenzuges der Länge zu seinem Grafensitz und nannte sich und sein Geschlecht von da an nach diesem Berg: Grafen von Fürstenberg.[10]

Über 500 Jahre bis zur Säkularisierung 1803 hatte das Kloster bei Neudingen Bestand. Es bildete in dieser Zeit auf der Baar einen kirchlichen Mittelpunkt, war aber auch eine wichtige kulturelle, soziale, wirtschaftliche und damit politische Einrichtung. Für das Haus Fürstenberg war es <u>das</u> Hauskloster, u.a. mit der Aufgabe, die Memoria für die verstorbenen Vorfahren zu pflegen.

2. „Das Closter ze Nidingen Uffen Hove“[11]

Wer heute die flache Erhebung, auf der sich einst der Königssitz und später das Kloster Auf Hof befanden, durch das schmiedeeiserne Tor von der Südseite her betritt, erblickt vor sich eine parkähnliche, mit einigen Bäumen bestandene Wiesenfläche, die sich nach Norden erweitert und an ihren Rändern von Buschwerk und zahlreichen mächtigen Laub- und Na-

---

[8] Die Benennung nach dem heiligen Nikolaus ist urkundlich zwar erst für 1363 belegt (FUB VI), es liegt jedoch nahe, dass die Capella dicta Supra Curia schon immer nach diesem Heiligen benannt war. Zu den Grabungen 1972-75 im Bereich dieser Kapelle u. zu den entsprechenden Ergebnissen vgl. HÜBENER, Probegrabungen, S. 11-16.

[9] Vgl. Stammtafel der Grafen von Urach (Stammtafel II) bei RIEZLER, Haus Fürstenberg.

[10] Hier sei auf das auch heute noch gültige zentrale Werk über die Grafen v. Fürstenberg bis 1510 von Sigmund RIEZLER, Geschichte des Fürstlichen Hauses Fürstenberg und seiner Ahnen, Tübingen 1883, hier besonders auf S. 201 ff., hingewiesen.

[11] RIEZLER, Ukk. 1, S. 411, zitiert nach einer Uk. vom 18. April 1312.

delbäumen gesäumt wird. Erscheint die geschichtsträchtige Fläche zuerst frei von Bauwerken, so ändert sich dieser erste Eindruck, wenn der Blick nach etwa fünfzig Schritten an einer Wegebiegung nach rechts auf die ansehnliche Grabkirche fällt, die sich von einer Kuppel bekrönt, einige Meter von der ursprünglichen Grablege entfernt, über der neu gestalteten geräumigen Gruft der Fürstenberger von 1851 erhebt[12]. Diese Grabkirche wurde 1854/55 „mit Kalksteinen aus der Umgebung" und „in Backstein", teilweise auch mit noch brauchbarem Material der 1852 abgebrannten alten Kirche, im neubyzantinischen Stil erbaut[13].

Bei näherem Hinschauen lässt sich einige Meter südlich neben der Kirche im wild wuchernden Gehölz ein zerfallendes früheres Wohngebäude ausmachen: das sog. Beichtigerhaus oder Kaplaneigebäude, die frühere Unterkunft des Klosterkaplans, das den Brand überstand. Ansonsten ist das ehemalige, fast idyllisch wirkende Klosterareal von einer halbhohen Mauer umgeben, die augenscheinlich nur zum kleineren Teil aus Resten der alten Begrenzung besteht. Eine gusseiserne Kreuzigungsgruppe mit vergoldetem Corpus erhebt sich in der Platzmitte, wohl an der Stelle, wo sich schon zur Zeit des Klosters das große Kruzifix im Kreuzgang befand. Davor ist in den Boden eine gesonderte kleine Krypta eingelassen, in der mehrere Mitglieder der fürstlichen Familie im letzten Jahrhundert beigesetzt wurden. Etwa zwanzig Meter westlich davon bemerkt der Besucher zwei Gräber der fürstlichen Familie aus neuester Zeit. In dem einen davon, unter einer breit ausladenden Blutbuche, fand der 2002 verstorbene Hausherr des Fürstenhauses, Fürst Joachim von Fürstenberg, seine letzte Ruhestätte[14]. Auf diesem weiten Gelände, das nach Osten hin leicht abfällt, standen über fünf Jahrhunderte die zahlreichen Klostergebäude. Am 23. März 1852 wurde das ehemalige Kloster Maria Hof zum Objekt eines bis heute ungeklärten Brandanschlags. Die Klostergebäude brannten weitgehend aus, die Reste wurden später abgetragen.

Wie das Kloster Auf Hof im 13. bis 16. Jahrhundert, also in der Zeit der Dominikanerinnen, tatsächlich ausgesehen hat, ist heute nicht mehr zu

---

[12] Zum Zustand der alten Gruft (vor 1851) vgl. BADER, Erbbegräbnisse, S. 33 f. Zur Baugeschichte der neuen Gruftkirche vgl. vor allem MÜNZER, Neudingen, S. 82 ff.

[13] Ebd., S. 86. Vgl. auch BADER, Erbbegräbnisse, S. 34 f.

[14] In dem zweiten Grab liegt seit 1991 die Gräfin Sophie Antoinette von Berckheim, geb. v. Fürstenberg, die jüngste Schwester Joachims von Fürstenberg, begraben.

klären. Ob und inwieweit Bauten im 13. Jahrhundert aus Resten der einstigen karolingischen Königshofs stammten, was an Gebäuden im Laufe der Zeit dazukam oder erneuert wurde, lässt sich gleichfalls nur schwer nachweisen[15]. Jedenfalls legt ein Schreiben des Konstanzer Bischofs Jakob Fugger vom 5. Jan. 1613 an Graf Friedrich von Fürstenberg-Heiligenberg die Vermutung nahe, dass die Bausubstanz zu Beginn des 17. Jahrhunderts in so bedenklichem Zustand war, dass „den Klostergebäuden und auch der Kirche gänzlicher Verfall drohen“[16].

Um sich eine Vorstellung von der früheren Klosteranlage machen zu können, die um 1720 einen teilweisen Neubau erhielt, empfiehlt sich, das Gemälde von 1733[17] zu betrachten, das sich heute in den fürstlichen Sammlungen in Donaueschingen befindet. Der Beschauer blickt dabei aus schräger Vogelperspektive von Westen nach Osten auf das umfängliche, fast runde Klosterareal. In der Mitte teilen mehrere Gebäude – die St. Nikolauskapelle, der zentrale Klostertrakt und das Beichtigerhaus, mit Mauern verbunden – von Norden nach Süden das Gelände in zwei fast gleichgroße Hälften. Westlich vor diesem Querriegel befindet sich offenbar der geräumige Wirtschaftshof, der im Halbrund an seinem Rande von etwa zehn Gebäuden eingefasst ist; östlich dahinter liegt der eigentliche Klosterbereich.

Der Querriegel wird zentral von einem mehrstöckigen breiten Gebäude beherrscht, dem eigentlichen Klostertrakt mit der Klausur. An den beiden Enden dieser Breitseite biegen zwei Gebäudeflügel rechtwinklig ab und bilden in die östliche Hälfte der Klosteranlage hinein einen Innenhof, den Kreuzgang. Im südlichen Flügel des Hauptgebäudes befindet sich die länglich-schmale Klosterkirche, wohl etwas entfernt vom Standort der heutigen Grabkirche. Den Hintergrund bildet eine Hügelkette mit einer Burg, die der geographischen Situation angenähert – sehr vage – als „Wartenberg“ bezeichnet werden kann. Stellt man hingegen, was näherliegt, die Symbolik in den Vordergrund – hier das Kloster, dort der Sitz der Gründer-

---

[15] Zur mutmaßlichen Bautätigkeit am Kloster vgl. HÜBENER, Probegrabungen, S. 11.

[16] Mitt. II, Nr. 1233.

[17] Diese Jahreszahl ergibt sich aus einem Kryptochron im Bildtext, wo rote Buchstaben im ansonsten schwarzen Text folgende Reihe ergeben: DDD CC XXX III. In lateinischen Zahlen ergibt die Jahreszahl 1733 für die Entstehungszeit des Bildes. Zur Klosteranlage vgl. im Statistischen Teil dieser Arbeit den Auszug aus der Bannkarte von 1794 (Abbildung 2).

familie – so wird die Anlage zutreffend als „Burg und Stadt Fürstenberg“ interpretiert[18].

Von dieser Anlage des Klosters Auf Hof/Maria Hof ist so gut wie nichts mehr erhalten. Das kontemplative Klosterleben gibt es hier schon lange nicht mehr, die frommen Klosterfrauen gehören der Vergangenheit an, die monastische Gemeinschaft in Gebet und Buße ist längst Geschichte. Fast fühlt man sich an den Schluss von Adalbert von Chamissos Gedicht „Das Riesenspielzeug“ erinnert: „... die Stätte (wüst und) leer, und fragst du nach den Riesen (Nonnen), du findest sie nicht mehr ...“

Geblieben ist die traditionelle Begräbnisstätte des Hauses Fürstenberg, die dem Vernehmen nach – gemäß dem Vorbild Fürst Joachims – in Zukunft auf der freien Fläche der Parkanlage, und nicht mehr in der feuchtmodrigen Gruft, ihrer Bestimmung nachkommen soll.

3. Der Aufbau der Untersuchung

Die Geschichte des Klosters ist zweigeteilt, da es zunächst für mehrere Jahrhunderte Dominikanerinnen beherbergte und später dem Zisterzienserorden angehörte. Die Zäsur fällt ins 16. Jahrhundert, also ins Zeitalter der Reformation. Diese Epoche des Übergangs wurde zudem geprägt vom Ausbau der fürstenbergischen Landesherrschaft, die auch am Dominikanerinnenkloster Auf Hof nicht spurlos vorbeiging und letztlich zum damaligen Niedergang dieser religiösen Einrichtung beitrug. Die vorliegende Arbeit konzentriert sich vornehmlich auf die erste Epoche des Neudinger Klosters, also auf die Zeit, in der es im Spätmittelalter und in der frühen Neuzeit dem Predigerorden angehörte. Diese zeitliche Eingrenzung bedeutet, dass unsere Untersuchung von der Gründung des Klosters in der zweiten Hälfte des 13. Jahrhunderts bis zum Niedergang des Dominikanerinnenkonvents um 1565 reicht.

Für diese rund 300 Jahre soll zunächst in Teil I in vier Kapiteln die Geschichte des Klosters Auf Hof und seine Rolle anhand der Quellen einge-

[18] MÜNZER, Neudingen, S. 73: „Im Hintergrund die Burg Wartenberg.“ Dagegen bei BADER, Erbbegräbnisse, nach S. 16: „Im Hintergrund Burg und Stadt Fürstenberg.“ So auch unter einer Reproduktion von Georg GOERLIPP in einem Südkurier-Artikel 1973.

hend untersucht und bewertet werden. Diese Abhandlung beginnt mit der bislang nicht eindeutig geklärten Entstehung des Klosters (Kapitel 1) und reicht sodann über die ersten hundert Jahre mit der frühen Blüte bis zum Bruch dieser Entwicklung in der Jahrhundertmitte des 14. Jahrhunderts (Kapitel 2). Auf die wechselvollen Zeiten vom Ende des 14. und im 15. Jahrhundert, mit Höhen, Tiefen und Konsolidierungsphasen (Kapitel 3), folgt einer späten Erholung nach 1500 letztendlich der allmähliche Niedergang und die Auflösung des Dominikanerinnenklosters in der zweiten Hälfte des 16. Jahrhunderts (Kapitel 4).

In Teil II soll in vier Kapiteln eine Übersicht über Tatbestände und Entwicklungen im Kloster Auf Hof geboten werden. Dabei geht es zunächst in Kapitel 5 um eine Betrachtung des Konvents, vor allem was die Gesamtzahl und die soziale Herkunft der Klosterfrauen betrifft. Gestützt auf die dafür verwertbaren Quellen folgen Ausführungen zum religiösen Leben und zur (geistlichen) Betreuung der Nonnen, ebenso ein Überblick über die Jahrtage und zwei Pfründstiftungen im Kloster (Kapitel 6). Sodann werden die Klosterorganisation sowie die wirtschaftlichen Grundlagen und ökonomischen Verfahrensweisen behandelt (Kapitel 7). Das 8. Kapitel beleuchtet die Außenbeziehungen, besonders zu kirchlichen, aber auch zu weltlichen Instanzen, also zur päpstlichen Kurie und zu König bzw. Kaiser, zum Konstanzer Bischof und zu sonstigen kirchlichen Einrichtungen, vor allem zu benachbarten Klöstern.

Als Schwerpunkt der Arbeit ist im III. Teil das Verhältnis zwischen dem Kloster Auf Hof und dem Haus Fürstenberg im oben erwähnten Zeitraum nochmals umfassend zu beleuchten. Dabei soll der Zusammenhang von Herrschaftsbildung und Klostergründung ebenso Beachtung finden wie die Berührungspunkte von Kloster und Grafenhaus im Rahmen ihres gemeinsamen Werdegangs. Hierzu gehören u.a. die Unterstützung und die Schutz- und Lenkungsfunktion der gräflichen Seite einerseits ebenso wie die monastische Gegenleistung des Konvents andererseits, die in Gebetsmemoria und Erbbegräbnispflege gipfelt. Anhand der Kriterien der Adelsforschung für das frühe und hohe Mittelalter ist dabei die Frage zu prüfen, ob und in welcher Weise das Kloster in Neudingen – allenthalben „das fürstenbergische Hauskloster" genannt – dieser Bezeichnung im

Spätmittelalter gerecht wird. Dieser Aspekt wird in den Kapiteln 9 und 10 eingehend untersucht.
Im Schlussteil werden die wichtigsten Erkenntnisse der Untersuchung zusammengefasst, wobei die Ergebnisse zur Hauskloster-Funktion des Neudinger Klosters gesondert dargestellt sind.

4. Die Quellen

Die Quellenlage zu unserem Thema ist insgesamt als durchaus zufriedenstellend zu bezeichnen, was allerdings nicht für jeden Sachbereich in gleicher Weise gilt. Alles in allem liegen mehr als 300 Urkunden vor, die sich fast alle im Fürstlich Fürstenbergischen Archiv (FFA) in Donaueschingen befinden.
Ein beachtlicher Teil dieser Urkunden aus der Zeit vor 1509 ist in dem siebenbändigen Fürstenbergischen Urkundenbuch[19] ediert. Ebenso hat Sigmund RIEZLER bereits im letzten Drittel des 19. Jahrhunderts eine namhafte Anzahl von Urkunden zum Kloster Auf Hof bzw. Maria Hof herausgegeben[20]. Für die Zeit nach 1509 bieten die zweibändigen „Mitteilungen aus dem FFA“[21] nur noch eine begrenzte Auswahl an gedruckten Quellen. Dabei ist anzumerken, dass noch zahlreiche Urkunden zum Klostergeschehen, gerade aus der Zeit zwischen 1500 und 1550, unveröffentlicht im FFA liegen und bislang nicht bearbeitet wurden. Dieser Umstand hat in der Literatur in großem Maße zu lückenhaften und falschen Darstellungen sowie zu Fehlinterpretationen geführt.
Die erwähnten gedruckten Urkundenbücher beinhalten die Urkunden, die vor allem Schenkungen, Käufe und Verkäufe von Gütern und Ländereien sowie Jahrzeitstiftungen, Nachlassregelungen u.ä. beinhalten, teilweise im Wortlaut, zumeist aber in verkürzten Auszügen oder in Regestenform. An Akten im eigentlichen Sinne, also beispielsweise Korrespondenzen, Unterlagen der Verwaltung, Prozessakten, vitalstatistische Quellen, Geburts-

[19] Fürstenbergisches Urkundenbuch (FUB), Sammlung der Quellen zur Geschichte des Hauses Fürstenberg und seiner Lande in Schwaben. Bd. I-VII, Tübingen, 1877 –1891.
[20] RIEZLER, Ukk.1 und Ukk. 2.
[21] Mitteilungen (Mitt.) aus dem Fürstlich Fürstenbergischen Archive, I und II, a.a.O.

oder Sterberegister[22] und dgl., steht für die Zeit des Dominikanerinnenklosters Auf Hof, also für die Zeit vor 1565, auch im FFA kaum etwas zur Verfügung. Die Nachforschungen nach zusätzlichen Urkunden- und Aktenmaterial im Generallandesarchiv (GLA) in Karlsruhe hatten nur begrenzten Erfolg; in der Württembergischen Landesbibliothek (WLB) in Stuttgart, im Erzbischöflichen Archiv in Freiburg (EAF) und im Stadtarchiv Rottweil waren sie fast ergebnislos.

Eine sehr ergiebige Quelle ist dagegen das Neudinger Anniversarienbuch, das sich ebenfalls im FFA befindet[23]. Das Anniversar oder Jahrtagsbuch liegt als handschriftliches Exemplar aus dem Jahr 1494 vor und ist, wie damals üblich, „formal als sogenannter immerwährender Festtagskalender" konzipiert[24]. Es wurde als Abschrift eines früheren Totenbuches von <u>einem</u> Schreiber neu angelegt und eine Zeitlang von diesem weitergeführt, bevor seit dem ersten Drittel des 16. Jahrhunderts offenbar verschiedene Personen die Einträge vornahmen[25]. Das Anniversar weist zwar zwei Lücken im Jahresablauf auf: es fehlen die Eintragungen vom 1. bis 9. November, ebenso die vom 5. bis 23. Dezember. Dennoch bietet es eine Fülle von Namen der Verstorbenen, vornehmlich von Wohltätern und Freunden des Klosters, allerdings fast durchweg ohne nähere Angaben zur Person des Stifters, also ohne einen Hinweis, wann der Namensträger lebte oder starb. Zudem enthält das Gedenkbuch einen Großteil der Namen von Konventfrauen des Klosters, ebenso von Weltgeistlichen, Ordens- und Laienbrüdern, Pfründnern und auch von verwitweten hochgestellten Frauen, die an ihrem Lebensende im Klosterbereich ihren Alterssitz hatten. Hinzukommen mitunter Einträge zum Stiftungsgut und zur liturgischen Durchführung eines Jahrtags.

Es liegt an der Gestaltungsart des Neudinger Anniversarienbuches, dass auch bei den Klosterfrauen, den Weltgeistlichen und Ordensbrüdern, die vor 1500 im Kloster Auf Hof lebten, nur in wenigen Ausnahmefällen Lebensdaten angemerkt werden. Erst im 16. Jahrhundert werden fast regelmäßig zusätzliche Angaben – wie etwa das Todesjahr, die Tätigkeit des

---

[22] Vgl. SCHULER, Anniversar, S. 67.
[23] Das Anniversarienbuch befindet sich im FFA in der Abt. Ecclesiastica 13. Vgl. unten die Darlegungen zu der archivalischen Überlieferung, Abschnitt a).
[24] SCHULER, Anniversar, S. 85. Vgl. ebd., S. 87.
[25] Vgl. FICKLER, Anniversarien-Buch, S. 18 f.

Verstorbenen zu seinen Lebzeiten und die Verwandtschaft mit anderen Personen – zu den, allerdings für diese Zeit seltener, genannten Nonnen und Beichtvätern hinzugefügt. Zur Zeit der Zisterzienserinnen auf Maria Hof sind ergänzende Hinweise zu jeder Jahrzeit die Regel. Die zahlreichen Jahrtage in diesem Gedenkbuch, das gewohnheitsmäßig im Chor der Klosterkirche auslag, prägten den gottesdienstlichen Jahresablauf nachhaltig[26].

Das Anniversar wurde 1845/46 von Carl Borromäus Alois FICKLER im Druck herausgegeben und mit Anmerkungen und Kommentaren versehen, die heute weitgehend überholt sind[27]. Stiftungsbestimmungen fehlen in den meisten Fällen. Selbst den Stiftungsbetrag nimmt FICKLER in seine Edition nur auf, „wenn er entweder für die Kulturgeschichte Bedeutung hat oder zur Bestimmung des Wohnorts und Besitztums abgegangener Geschlechter dienen kann.“[28]

Während aber bei FICKLER immerhin fast alle personellen Eintragungen des Totenbuchs aufgeführt sind, also auch zahlreiche nichtadlige Personen, Konventualinnen mit einfacher Abstammung u.a. genannt werden, bietet die in den Monumenta Germaniae Historica (MGH) veröffentlichte Namensliste „Necrologium monasterii Nidingensis“[29] im Wesentlichen eine erweiterte Auswahl von geistlichen und weltlichen Personen aus Adel und Patriziat. Der Herausgeber Franz Ludwig BAUMANN listet ausschließlich die Namen der Klosterfrauen und Priester des Klosters Auf Hof von vor 1500 auf, und von diesen werden nur rund zwei Drittel genannt. Personen „aus einfachen Verhältnissen“ sind dagegen häufig nicht aufgeführt. Dieses eigenwillige Editionsverfahren hat seinen Ursprung in BAUMANNS negativer Einschätzung des Quellenwerts von spätmittelalterlichen Anniversarienbüchern, die er aufgrund ihrer „bedeutenden Abweichungen“ und „irrigen Einträge“ sowie wegen der „Nachlässigkeit des Schreibers“ weitgehend in

---

[26] Vgl. SCHULER, Anniversar, S. 87. BAUMANN, Totenbücher, S. 461 und 465.

[27] FICKLER, Anniversarien-Buch, a.a.O. – Da zwischen FICKLERS Druck und der Handschrift des Anniversars im FFA etliche Abweichungen vorkommen, wird bei vielen Hinweisen die Zitatstelle in der Handschrift bevorzugt. Dann wird in der Anm. auf das *Anniversarienbuch im FFA* (Tag und Monat) verwiesen. Ist der Beleg hingegen einer der beiden Abteilungen von Ficklers Druck entnommen, weil er mit dem handschriftlichen Exemplar übereinstimmt, so lautet der Hinweis in der Fußnote: *Fickler, Anniversarien-Buch* (Abt. I/II und Seitenzahl).

[28] FICKLER, Anniversarien-Buch, Einführung, S. 18.

[29] Necrologium, hg. von Franz Ludwig BAUMANN, S. 309-314.

Frage stellte[30]. Seine Schlussfolgerung lautete deshalb, „dass den Angaben der Todestage in den Totenbüchern mit Misstrauen entgegengetreten werden muss.“[31] Mit dieser grundlegenden Meinung bestimmte er „auf Jahrzehnte hinaus das Urteil der Historiker“[32]. Aus heutiger Sicht ist der Haltung BAUMANNS zur spätmittelalterlichen Memorialüberlieferung entschieden zu widersprechen.

Neben den zahlreichen Urkunden und dem Anniversarienbuch liegt als dritter wichtiger Quellentypus die Neudinger Chronik „Idea laudabilis“[33] im GLA Karlsruhe und in der Landesbibliothek Stuttgart (WLB) in zwei fast gleich lautenden Exemplaren vor, die von Martin Antoni ARRES, der in der zweiten Hälfte des 18. Jahrhunderts als Verwalter im Zisterzienserinnenkloster Maria Hof tätig war, stammt[34].

Der Nachteil dieses eher berichtenden Werkes besteht darin, dass die Chronik erst 1770 abgefasst wurde – also 200 Jahre nach dem Ende der Dominikanerinnenzeit im Kloster Auf Hof und damit zeitlich weitab vom spätmittelalterlichen Geschehen. Vorteilhaft wirkt sich hingegen aus, dass der Verfasser eine Reihe von Urkunden und Akten in seinen Bericht einbaut. Hilfreich ist dies vor allem dann, wenn er sich auf Quellen zwischen 1480 und 1560 beruft, die noch unveröffentlicht im FFA ruhen oder gar inzwischen verloren gegangen sind. Für den letzten Teil der Dominikanerinnenepoche und für die Übergangszeit bis zur Übernahme des Klosters durch den Zisterzienserorden ergänzt diese Chronik gut die anderen Quellen, während sie ansonsten, wie dies bei Chroniken häufig der Fall ist, mit Vorsicht zu genießen ist, weil der Verfasser in vielen Aussagen eine einseitig klosterfreundliche Tendenz verfolgt. Ähnliche Vorbehalte, wie sie oben für die Chronik „Idea laudabilis“ gemacht wurden, gelten auch für die

---

[30] BAUMANN, Zur Geschichte der *Totenbücher* der Bistümer Augsburg, Constanz und Cur, in: Forschungen zur Schwäbischen Geschichte, Kempten 1899, S. 471 f..

[31] BAUMANN, Totenbücher, S. 472.

[32] SCHULER, Anniversar, S. 71.

[33] Idea laudabilis Monasterii Super Curia Mariae prope Neidingen von Martin Antoni ARRES weylant Verwalter zu Mariae Hof, 177 (zitiert: *Idea laudabilis*). In: *GLA* Karlsruhe, Hs. 65/333, und WLB (Württembergische Landesbibliothek, auch LB) Stuttgart, Hs. C III b, 5. Das Stuttgarter Exemplar gehört zu den Donaueschinger Handschriften, die erst vor wenigen Jahren vom Fürstenhaus an das Land Baden-Württemberg verkauft worden sind.

[34] Den Zitaten und Seitenangaben wird in dieser Arbeit das Karlsruher Exemplar im GLA zugrunde gelegt, weil in der Forschung, sofern die Chronik überhaupt beachtet wurde (von Tumbült u. Meltzer) nach diesem Exemplar zitiert wurde. Die Abschrift, die heute in Stuttgart liegt, enthält pro Seite zwei verschiedene Nummerierungen; sie ist von zwei Schreibern geschrieben.

„Untersuchung der Jahrtägen" im GLA Karlsruhe. Hier handelt es sich um eine neunseitige handschriftliche Aufzeichnung vom 20. Juli 1767, die neben einigen beachtenswerten Aussagen auch teilweise ungenaue und ungesicherte Hinweise auf die Entwicklung vor 1560 enthält. Ihr Verfasser nennt sich Franz Anton BERON „Lehensrath"[35,36].

Diese drei großen Quellenblöcke werden in einigen Details ergänzt durch handschriftliche Aufzeichnungen und genealogische Notizen bei Oswalt GABELKOVER[37], Andreas KÖTZ[38] und Martin Antoni ARRES[39]. Ebenso wurden zahlreiche ergänzende Quellenhinweise aus den fünfbändigen Regesten der Konstanzer Bischöfe (REC)[40] und dem Rottweiler Urkundenbuch (RUB)[41], vereinzelt auch aus den Regesta Imperii (RI)[42] und anderen, für unser Thema weniger zentralen Regesten- und Quellensammlungen in diese Untersuchung miteinbezogen.

Trotz ansprechender Vorgaben erweist sich die Quellenlage dann als problematisch, weil lückenhaft, wenn man eine durchgehende Linie im Handlungsablauf oder in einem gesonderten Sachbereich sucht. Dies gilt zum Beispiel besonders für die Zusammensetzung des Konvents zu bestimmten Zeiten, bei der Betrachtung des Klosterlebens gemäß der Regel des Augustinus und in ungeklärten Fragen zur dominikanischen Ordensreform. Auch bei den Betreuungsformen für die Nonnen bleiben Unklarheiten. Zu all <u>diesen</u> Aspekten gibt es nur wenige Quellen. Auch Listen der weiblichen Klosterangehörigen (Konventsliste) oder männlichen Weltgeistlichen, der Ordensbrüder und Hilfskräfte fehlen für den Untersuchungszeitraum in Neudingen gänzlich. Ebenso ist es für das ausgehende Mittelalter in einigen Fällen durchaus umstritten, ob ein Mitglied des Grafenhauses in der Gruft des Klosters Auf Hof ruht oder nicht. Eine im FFA vorhandene Übersicht über die Beisetzungen wurde erst 1874 erstellt.

---

35 GLA Karlsruhe, Hs. 229/72515.

36 In der WLB Stuttgart befindet sich auch ein „Kurzer, aber ächter Entwurf des Klosters Uf Hof bei Neüdingen" von 1783 (Hs. C III b, 6). Verfasser ist Heinrich Elkart, ebenfalls ein Verwalter des Klosters. Es handelt sich bei den vorliegenden acht Blättern um einen untauglichen Zusammenschrieb einiger Textstellen der Chronik „Idea laudabilis" (GLA oder WLB).

37 GABELKOVER, Annales, a.a.O.

38 KÖTZ, Aufzeichnungen, ebenso KÖTZ, Lagerbuch, a.a.O.

39 Martin Antoni ARRES, Extractus, a.a.O.

40 REC, Regesta Episcoporum Constantiensium, a.a.O.

41 RUB, Urkundenbuch der Stadt Rottweil, Band 1, bearbeitet von Heinrich GÜNTER.

42 RI, Regesta Imperii, Band VIII: Die Regesten des Kaiserreichs unter Kaiser Karl IV. 1346 bis 1378, bearbeitet von Alfons HUBER.

Dieselbe Problematik zeigt auch die Untersuchung der Besitzgeschichte und der wirtschaftlichen Handlungsabläufe, für die mitunter die Urkunden über Erwerb und Verkauf von Gütern nicht mehr vorliegen und nur indirekt zu erschließen sind. Ebenso fehlen nicht selten die zur Ergänzung der Urkunden notwendigen Urbare und Verzeichnisse der Einkünfte für den zu behandelnden Zeitraum. So liegt für das Neudinger Kloster nur ein vollständiger Güterrodel von 1364 vor[43]. Spätere Urbare, die vereinzelt in der Zeit zwischen 1381 und 1492 entstanden, sind nicht gut erhalten und nur begrenzt verwertbar[44].

Infolgedessen werden trotz aller Bemühungen etliche Details – leider – lückenhaft erscheinen und einige Fragen zur Geschichte des Neudinger Klosters zur Zeit der Dominikanerinnen zumindest teilweise unbeantwortet bleiben müssen. Vom Bemühen, das Bild eines gräflichen Hausklosters vom 13. bis 16. Jahrhundert möglichst wirklichkeitsnah und quellengetreu im Rahmen des Möglichen zu zeichnen, wird unsere Untersuchung dennoch geprägt sein.

Wie oben schon angedeutet, befindet sich die weitaus größte Anzahl von Urkunden-Originalen und Aktenstücken zu unserem Thema im FFA Donaueschingen. Sie gehören im Wesentlichen zu folgenden Beständen, die hier kurz gekennzeichnet werden:

- a) Das Kloster Auf Hof/Maria Hof führte bis zu seiner Schließung 1802/03 ein eigenes Archiv. Dieses befindet sich heute im FFA und gehört dort zu der Abteilung Ecclesiastica 13. Dieser sehr umfangreiche Bestand aus Urkunden, Akten und Amtsbüchern ist alphabetisch nach Orten und Sachbereichen geordnet. Die Einteilung durch die Klosterverwaltung im 18. Jahrhundert nach Laden und Fascikeln wurde im FFA beibehalten (Beleg: FFA, Kl.-Akt., Lade und Fasc., Nr.). Diese Archivalien sind in einem umfangreichen Repertorium (von 1740) erfasst, in dem jede Urkunde und jede Akte durch einen handschriftlichen Vermerk nach Art eines Kopfregests inhaltlich gekennzeichnet ist. In diesen Bestand gehören auch das erwähnte Anniver-

[43] FUB VI 29. Das handschriftl. Original in Buchform im FFA, Klosterarchiv, Urbarium Nr. 16. Vgl. hierzu unsere tabellarische Aufstellung in Anhang C am Schluss dieser Arbeit.

[44] Zur Bewertung dieser Urbare vgl. Kapitel 7, S. 177 f.

sar, ebenso Urbare, Lehenbücher und Protokolle. Letztere stammen fast ausschließlich aus dem 17. und 18. Jahrhundert und haben damit für den spätmittelalterlichen Zeitraum wenig Bedeutung.

- b) Sodann sind die in der Fürstenbergischen Verwaltung entstandenen Urkunden und Akten über das Kloster Auf Hof/Maria Hof zu nennen, die ebenfalls zur Abteilung Ecclesiastica 13 gehören. Sie gehen auf die Funktion der Grafen von Fürstenberg als Kastvögte des Klosters und Territorialherren zurück. Dieser Bestand gliedert sich in Volumen I – XVII, und zwar nach unterschiedlichsten Sachbereichen von der Gründung des Klosters, über die Erteilung von Privilegien und Freiheiten, die allgemeinen Beziehungen zum Haus Fürstenberg, Lasten, Schulden usw., bis hin zur Inbesitznahme des Klosters durch das Fürstenhaus zur Zeit des Reichsdeputationshauptschlusses und die weitere Auflassung. Auch hierzu gibt es ein Repertorium (von 1786). Zu diesem Bestand gehören auch DÖPSERs Kopialbuch[45] das Kinzigtaler Lagerbuch von Andreas KÖTZ[46] u. ä. mehr.
- c) Ein dritter Archivalienbestand des FFA, der für unsere Aufgabenstellung wichtig ist, gehört zu den „Illustria". Dies sind jene Urkunden und Aktenbelege, welche ausschließlich die Familie der Grafen und späteren Fürsten zu Fürstenberg betreffen. Für unser Thema sind hier die Erbbegräbnisse in Neudingen, aber auch Hinweise auf Klosterfrauen Auf Hof, die der Grafenfamilie entstammen, oder verwitwete Gräfinnen, die im Kloster ihren Witwensitz nahmen, wichtig.
- d) Weitere Zeugnisse, die für die vorliegende Untersuchung von Bedeutung sind, finden sich im Bestand der „Selecta". Es handelt sich hier um die wichtigsten Quellen für die fürstenbergische Hausgeschichte: Sie entstammen den verschiedensten Sachbereichen, in denen die Grafen bzw. Fürsten von Fürstenberg in besonderer Weise tätig geworden sind. Für unsere Arbeit sind daran vor allem Urkundenbelege mit Bezug zum Dominikanerinnenkloster Auf Hof von Interesse.

---

[45] DÖPSERS Copialbuch I, Vol. I/2, FFA.

[46] FUB VII 163, S. 281-308 (hier bezeichnet als Urbar des Grafen Wolfgang von Fürstenberg, um 1500). Das handschriftliche Kinzigtaler Lagerbuch des Andreas KÖTZ von 1493 befindet sich im FFA.

5. Der Stand der Forschung

In der wissenschaftlichen Forschung fand das einstige Dominikanerinnen– und spätere Zisterzienserinnenkloster Neudingen nach seiner Auflösung 1802 seit der ersten Hälfte des 19. Jahrhunderts nur ein begrenztes Interesse auf regionaler Basis. Dies verstärkte sich nur unwesentlich nach der Edition des Neudinger Anniversars durch C.B.A. FICKLER1845/46 und nach der Herausgabe des FUB von 1877 bis 1891. Neben den unzähligen Anmerkungen FICKLERS[47], die meist nicht mehr aktuell sind, waren auch in der „Geschichte des Fürstlichen Hauses Fürstenberg" von Sigmund RIEZLER[48] eine Reihe von Ausführungen und Hinweisen zum Dominikanerinnenkloster Auf Hof eingestreut. Auch in der insgesamt verdienstvollen und fleißigen Abhandlung von Hermann LAUER zur Kirchengeschichte der Baar[49] wird das Dominikanerinnenkloster Auf Hof nur beiläufig gewürdigt. Sodann fand das Kloster Neudingen in den Untersuchungen zur Kirchenpolitik der Fürstenberger im 16. Jahrhundert, also in der Zeit der Ausformung der Landeshoheit, neben LAUER[50] vornehmlich bei Joseph MEISTER[51] und Werner THOMA[52] Beachtung. Vor allem interessierte hierbei der Übergang des Klosters von der Zugehörigkeit zum Dominikanerorden in die Zuständigkeit der Zisterzienserinnen im letzten Drittel des 16. Jahrhunderts besonders, ebenso die Rolle der Grafen von Fürstenberg bei diesem Neubeginn. Mit dieser Entwicklung nach 1562 setzt sich auch die Dissertation von Else MELTZER[53] aus dem Jahre 1924 auseinander, ohne dabei jedoch voll überzeugen zu können.

Auf verschiedene Einzelaspekte der Neudinger Klostergeschichte konzentrierten sich Veröffentlichungen von Georg TUMBÜLT, auf dessen Bei-

---

[47] Vgl. die zahlreichen Fußnoten im gedruckten „Anniversarien-Buch", hg. von C.B.A. FICKLER, Donaueschingen 1845/1846.

[48] Vgl. oben Anm. 10, S. 6, dieser Arbeit.

[49] Hermann LAUER, Kirchengeschichte der Baar u. des einst zur Landgrafschaft Baar gehörenden Schwarzwaldes, 2. Aufl., Donaueschingen 1928.

[50] LAUER, Die Glaubenserneuerung in der Baar, in: FDA, NF 19 (1919), S. 81-119. Vgl. auch Hermann TÜCHLE, Kirchengeschichte Schwabens, 2 Bde, 2. Aufl., Stuttgart 1950–1954.

[51] Joseph MEISTER, Kirchenpolitik der Grafen von Fürstenberg im 16. Jahrhundert, in: FDA NF 10 (1909), S. 1-64.

[52] THOMA, Die Kirchenpolitik der Grafen von Fürstenberg, Münster 1963. Hier ist auf den Aufsatz von Dieter STIEVERMANN, Die fürstenbergische Klosterpolitik bis ins Reformationszeitater, (1980), a.a.O., hinzuweisen.

[53] Else MELTZER, Das Cistercienserinnenkloster Maria Hof bei Neidingen in der zweiten Hälfte des 16. Jahrhunderts, Freiburg 1924 (Maschinenschrift).

trag von 1911 unten noch näher einzugehen ist, sowie von Franz Josef EGLE[54] und Jakob WÄLDELE[55]. 1942 erschienen Karl Siegfried BADERs Ausführungen über die fürstlichen Erbbegräbnisse, besonders über jene in Maria Hof[56]. In neuerer Zeit befasste sich Martin MÜNZER in seiner Dorfgeschichte von Neudingen, die 1973 erschien[57], natürlich auch mit dem Kloster Auf Hof/Maria Hof. Dabei beschränken sich seine Darlegungen zur Dominikanerinnenzeit weitgehend auf die chronologische, wenn auch sehr umfängliche Darstellung zahlreicher Urkundeninhalte bis etwa 1515. Für die Zeit danach bezeichnet er das Kloster als „verlassen"[58] und eigentlich aufgelöst, eine Auffassung, die sich irrigerweise auch bei anderen Autoren feststellen lässt[59]. Ein einprägsames Bild der Geschichte des Klosters Auf Hof entsteht auch hier nicht.

Genau genommen enthält in der bisherigen wissenschaftlichen Literatur allein der knappe Überblick von Georg TUMBÜLT aus dem Jahre 1911[60] gute Ansätze zur Beurteilung der dominikanischen Klosterentwicklung in Neudingen. Auf dreizehn Seiten geht er in zu großer Kürze, allerdings teilweise recht treffsicher in seiner Darstellungsweise, mit relativ wenigen Quellenhinweisen auf Gründung, Blütezeit und Niedergang des Neudinger Gotteshauses ein. Seine umrissartigen Ausführungen, bei denen er die allgemeinen Vorgänge im 15. und 16. Jahrhundert weitgehend weglässt, ergänzt er mit den Namen von Priorinnen und Klosterfrauen, die zumeist dem regionalen niederen Adel bzw. dem fürstenbergischen Dienstadel entstammten, und ebenso mit der Aufzählung von einigen für ihn namentlich feststellbaren Klostergeistlichen und Ordensbrüdern[61]. Abschließend zeichnet der Verfasser ein mutmaßliches Bild von der ursprünglichen

---

[54] Franz Josef EGLE, Das Kloster Maria Hof in Neidingen. In: Die Heimat. Blätter für Baar und Schwarzwald, Nr. 3 (1933).

[55] Jakob WÄLDELE, Maria Hof in Neudingen bis zum Jahre 1300. Und: Das Kloster Vffen Houe ze Nidingen von 1300-1350. In: Die Heimat, Nr. 6-10 und 12-14 (1933). – Ebenso: Die Egesheimer Pfründe und die Hohenlohesche Pfründe in der Klosterkirche zu Neudingen. In: Die Heimat, Nr. 1 und 3 (1936).

[56] Karl Siegfried BADER, Die fürstenbergischen Erbbegräbnisse. Kirchen-, rechts- und hausgeschichtliche Studien. (VFFA 11), Donaueschingen 1942.

[57] Martin MÜNZER, Die Geschichte des Dorfes Neudingen mit Kaiserpfalz, Kloster Maria Auf Hof und Pfarrkirche. Neudingen 1973.

[58] Ebd., S. 62.

[59] Vgl. hierzu Kapitel 4, S. 98 ff., dieser Untersuchung.

[60] Georg TUMBÜLT, Das Dominikanerinnenkloster Auf Hof zu Neidingen (1274-1560), in : ZGO NF 26 (1911), S. 65-94. Ebd. zur Klostergeschichte allgemein, S. 65-78.

[61] TUMBÜLT, Neidingen, S. 78 ff. und ebd., S. 86 ff.

Klosterkirche Auf Hof, erinnert an die St. Nikolauskapelle und kennzeichnet die beiden großen Kaplaneistiftungen sowie die Kastvogtei der Grafen[62]. Klosterorganisation , Wirtschaftsentwicklung und Finanzgebaren der Klosterleute werden in TUMBÜLTS Darstellung nur am Rande berührt. Das religiöse Leben im Kloster, die Jahrzeitstiftungen und das Gebetsgedenken, die Memoriapflege des Grafenhauses und die Rolle des Klosters Auf Hof als Erbbegräbnisstätte fehlen ganz. Wie oben festgestellt, zeichnet TUMBÜLT einen teilweise einprägsamen Grundriss, aber insgesamt eben doch nur ein schemenhaftes Gesamtbild des Dominikanerinnenkonvents, ein Bild, das zu sehr an der Oberfläche bleibt und die meisten Einzelheiten kurzerhand übergeht.

So trifft die Feststellung des Archäologen Wolfgang HÜBENER aus dem Jahre 1979 nach wie vor zu: „Eine monographische Behandlung der Geschichte des Klosters (Neudingen) steht noch aus."[63] Diese Aussage gilt insbesonders auch für die Zeit der Dominikanerinnen im Kloster Auf Hof, also jener ersten und, wie es scheint, auch markanteren Epoche der Neudinger Klostergeschichte.

---

[62] Ebd., S. 89 ff. und 92 f.

[63] HÜBENER, Probegrabungen, S. 9, Anm. 23.

TEIL I

DIE GESCHICHTE DES KLOSTERS (13. – 16. JAHRHUNDERT)

KAPITEL 1
DIE ENTSTEHUNG DES KLOSTERS AUF HOF

1.1. Datierungsprobleme um die Entstehung des Klosters

Die Entstehung des Frauenklosters Auf Hof bei Neudingen fällt ins 13. Jahrhundert. Vorausgeht dieser Klostergründung als geordneter Institution eine lose Sammlung frommer Frauen, Beginen also, die in der näheren Umgebung oder einem Nachbarort des späteren Klosters ihre Niederlassung hatten. Diese beiden Tatbestände werden von allen Darstellungen, die sich zu den Anfängen des Klosters Auf Hof äußern, gleichermaßen so gesehen.

Dann aber, bereits bei der Frage, wann die Frauensammlung oder das Kloster entstanden sind – in der ersten oder zweiten Hälfte des 13. Jahrhunderts –, gehen die Meinungen auseinander, da keine Gründungs- oder Stiftungsurkunde im eigentlichen Sinne vorliegt und auch ein feierlicher Gründungsakt nicht bekannt ist. Dennoch hält sich seit rund 150 Jahren in der Fachliteratur die Behauptung, das Kloster Auf Hof bzw. die vorausgehende Schwesternsammlung auf der Baar seien bereits vor 1244 gegründet worden.

Diese These, die auf einen Aufsatz von F. J. MONE von 1857 zurückgeht[1], bezieht sich auf eine Urkunde in lateinischer Sprache, die von den Herren Burkhard und Rudolf von Üsenberg 1244 ausgestellt wurde[2]. In diesem Schriftstück garantieren die beiden Brüder als Stifter des Klosters Wonnental im Breisgau[3] den „sororibus de Nidingen prope Kencingen“, die bei der Gründung dieses Klosters eine hervorragende Rolle gespielt haben, Schutz und tätige Hilfe[4]. MONE hält das hier erwähnte „Nidingen“, ungeachtet des Zusatzes „prope Kencingen“, für Neudingen an der jungen Do-

---

[1] MONE, Wonnethaler Urkunden, S. 484. In FUB V 235 Anm. 1 wird Mones Meinung unkritisch übernommen.

[2] Die Urkunde ist gedruckt ebd., S. 484.

[3] Das Kloster Wonnental lag nahe bei Kenzingen im Breisgau.

[4] Die Textstelle in der besagten Urkunde aus Wonnental, bei Mone, S. 484, lautet: „... indulsimus iure perpetuo, ut cottidie et continue, prout ipsis expedit, cum duobus equis ligna arida de foresta nostra ibidem sita faciant asportari, ac sine qualibet pensione pecora sua universa in eandem forestam pascenda transmittent. Quas etiam in nostram protectionem excipimus, favorem pariter et tutelam.“

nau[5]. Er folgert deshalb, die Frauensammlung auf der Baar bzw. eine klosterähnliche Einrichtung in Neudingen müsse schon lange vor 1244 bestanden haben.

Diese Auffassung wurde schon 1887 von Adolf POINSIGNON[6] überzeugend widerlegt, indem er das in der obigen Urkunde genannte Nidingen als „kleinen Weiler oder einzelnen Hof an der Elz"[7] in der Nähe von Kenzingen im Breisgau identifiziert, wobei der Name „Nidingen" später nicht mehr verwendet worden sei. Seine Antwort auf MONES Ansicht war: „Mit welchem Recht also Mone den Namen der Genossenschaft von Nidingen prope Kenzingen i. J. 1244 von einer solchen zu Neidingen in der Baar, die damals dort noch gar nicht existierte, ableiten zu müssen glaubt, ist mir unerfindlich."[8]

Obwohl die Argumentation Poinsignons gegen MONES Version logisch klingt und überzeugt, blieben die meisten Autoren auch nach 1887 bei Mones Meinung, so zum Beispiel: RIEZLER[9], BAUMANN[10], BAUR[11], WILMS und WALZ[12], ebenso TÜCHLE[13], zuletzt MÜNZER[14]. Hiermit wurde die Behauptung, in Neudingen an der Donau habe 1244 notwendigerweise schon eine klosterähnliche Niederlassung bestanden, kurzerhand als bewiesen übernommen. Fast folgerichtig, wenn auch fälschlich, wurde die vorhergehende Schwesternsammlung in die erste Hälfte des 13.Jahrhunderts vorverlegt.

Lediglich TUMBÜLT[15] stellt sich entschieden hinter POINSIGNON, allerdings nur mit begrenzter Wirkung. Immerhin folgt ihm LAUER[16] in der Datierung, ohne Tumbült eigens zu nennen. Und BADER[17] und THOMA legten sich nicht fest und beließen es bei der Formulierung, „die Anfänge des Kon-

[5] Neudingen auf der Baar liegt immerhin fast 100 km vom Kloster Wonnental entfernt und damit nicht „prope Kencingen".
[6] Adolf POINSIGNON, Ödungen und Wüstungen im Breisgau, a.a.O.
[7] POINSIGNON, Ödungen, S. 452.
[8] Ebd., S. 453.
[9] RIEZLER, Haus Fürstenberg, S. 216.
[10] BAUMANN in: Necrologium, S. 309.
[11] BAUR, Bettelorden, S. 38 f.
[12] WILMS, Verzeichnis, S. 83, und WALZ, Dominikaner, S. 17 und 18.
[13] TÜCHLE, Kirchengeschichte 1, S. 368.
[14] MÜNZER, Neudingen, S. 41.
[15] TUMBÜLT, Neidingen, S. 66, Anm. 1.
[16] LAUER, Kirchengeschichte, S. 100 ff.
[17] BADER, Die Baar vom Mittelalter zur Neuzeit, S. 129.

vents (Auf Hof) liegen ... im Dunkeln“[18]. Im Wesentlichen und bedauerlicherweise dominiert also bis heute MONES „Erkenntnis“ in den einschlägigen Darstellungen.
Deshalb sei hier nachdrücklich klargestellt: MONES Gleichsetzung von „Nidingen prope Kencingen“ in der Urkunde des Klosters Wonnental 1244 mit Neudingen an der Donau auf der Baar, heute ein Stadtteil von Donaueschingen, entbehrt jeder Grundlage. Eine Datierung für die Gründung des Klosters Auf Hof vor 1244 ist nicht nachweisbar. Und ebenso ist die folgende Feststellung Münzers (noch 1973), das „Zusammengehen frommer Frauen zu gemeinschaftlichen religiösen Übungen“ in Neudingen falle an den Anfang des 13. Jahrhunderts[19], reine Spekulation.

1.2. Die bischöfliche Exemtion von 1274

Der erste beweiskräftige Quellenbeleg für eine klosterähnlich geordnete Einrichtung „Auf Hof“ bei Neudingen besteht in zwei fast gleich lautenden Urkunden[20] in lateinischer Sprache, die vom Konstanzer Bischof Rudolf II. von Habsburg ausgestellt worden sind[21].
Darin trifft der Bischof die Verfügung, die Kapelle „Auf Hof“ – „capellam dictam Super Curiam“[22] – aus der bisherigen Zuständigkeit der Pfarrkirche Neudingen (*matrice ecclesia*) herauszulösen. Durch diese Exemtion soll sie fortan „Auf Hof“ eine selbständige Einrichtung mit allem Zubehör (*cum suis attinentiis*) bilden. Zugleich gibt er dem Konvent (*conuentui religiosarum dominarum*), also dem Zusammenschluss religiöser Frauen, die Erlaubnis, in unmittelbarer Nähe dieser Kapelle ein Gebetshaus (*oratorium*) und ein Wohngebäude zu errichten (*mansionem edificare*). Auch erlaubt er den Frauen dort einen Priester einzustellen (*sacerdotem habere*), der sie im Gottesdienst versieht, die Beichte hört usw.

---

[18] THOMA, Kirchenpolitik, S. 11. So ähnlich formulierte auch BADER seine Auffassung.
[19] MÜNZER, Neudingen, S. 41.
[20] Die Unterschiede zwischen diesen beiden Urkunden werden weiter unten eingehend behandelt.
[21] Beide Originale befinden sich im FFA. – Uk. vom 21. Nov. 1274 bei RIEZLER, Ukk. 1, S. 393. (nur als Regest in FUB I 496 Anm. 1; vgl. auch REC I 2371). Die Urkunde vom 26. Dez. 1274 in REC I 2370 und FUB I 496.
[22] Es geht um die dem hl. Nikolaus geweihte Kapelle, vgl. Anm. 5 in der Einleitung., S. 5., ebenso die Darlegungen zur St. Nikolauskapelle in diesem Kapitel, S. 38 f.

Wie bereits oben angedeutet liegen bemerkenswerter Weise zu diesem Vorgang zwei bischöfliche Urkunden mit fast übereinstimmendem Wortlaut vor: Die erste ist am 21. Nov. 1274 in Konstanz ausgestellt. Sie lässt zwei Lücken im oberen Textteil für die Namen von Patron und Rektor der Neudinger Pfarrkirche; die zweite datiert vom 26. Dez. 1274. Der Ausstellungsort ist hier die bischöfliche Burg Rheinau. Die beiden Textlücken sind dabei mit den Worten „nobilis viri H. de Furstenberg comitis" und „C. de Herwilingen" ausgefüllt.

Der wesentliche Unterschied aber ist, dass die spätere der beiden Urkunden nach der Textstelle „iure ipsius ecclesiae" den Zusatz „in decimis"[23], „den Zehnten betreffend", enthält. Das bedeutet: Hiermit wird das bisherige Zehntrecht der Mutterkirche, der Neudinger Pfarrkirche, an der Kapelle von der Exemtion ausgenommen und damit auch die Zuständigkeit für die aus dem Kirchenzehnt errechnete Diözesanabgabe (*iureque diocesano integre reseruato*). Wahrscheinlich konnten sich die drei beteiligten Personen – Bischof, Patron und Pfarrrektor – zum Zeitpunkt der ersten Urkundenausstellung in diesem Punkt noch nicht einig werden. Schließlich ging es bei der Zuordnung des Zehnten um beachtliche Einkünfte[24]. Beide Schriftstücke tragen die Siegel von Bischof Rudolf, Graf Heinrich von Fürstenberg und Konrad von Herblingen[25].

Bei näherer Betrachtung des Textes ist neben der bischöflichen Verfügung als solcher als erstes auffallend, dass es 1274 in Neudingen offenbar eine Sammlung von fünf bis zehn frommen Frauen[26] gab, die sich auf der Baar, wo sie vermutlich herstammten, um einen festen Platz für ihr religiös bestimmtes Leben bemühten. Diese Beginen – um solche handelte es sich wohl – gehörten keinem Orden an und lebten nicht in Klausur, sondern beteiligten sich gewöhnlich am öffentlichen und religiösen Leben

---

[23] Die vollständige Textstelle in der Uk. vom 26. Dez. 1274 lautet: „Hinc est, quod nos capellam dictam Super Curiam cum suis attinentiis, que quondam ecclesie de Nidingen parrochiali filiali obedientia subiecta fuerat, iure ipsius ecclesie in decimis iureque dyocesano integre reseruato de voluntate nobilis viri H. de Furstenberg comitis, patroni et C. de Herwilingen, eiusdem ecclesie rectoris eorumque consensu ea precipue de causa ab ipsa matrice ecclesia separamus, …"

[24] Laut BECKMANN, Konstanzer Bischöfe, S. 24 und 64, war Bischof Rudolf II. am 21. Nov. 1274 außerhalb seines Bistums, und zwar auf dem Reichstag zu Nürnberg. Vgl. auch die Auslegung von TUMBÜLT, Neidingen, S. 67, Anm. 3.

[25] Bei KINDLER VON KNOBLOCH, Bd. 2, S. 36 f., heißt es: „Conradus, clericus 1272, notarius Rudolfi regis Romanorum 1274, 1281, canonicus Curiensis 1281, 1308. Sein Tod 1310."

[26] WILTS, Beginen, S. 43, nennt diesen Zahlenrahmen für „ländliche Gemeinschaften".

ihres Umfeldes[27]. Es ist anzunehmen, dass ihre für mittelalterliche Verhältnisse ungewohnt unabhängige Lebensweise beträchtliches Aufsehen erregte, zumal bei der ländlichen Bevölkerung und in einer weitgehend von Männern bestimmten Gesellschaft[28].

Mit dem Auftreten dieser Frauenbewegung auf der Baar befassten sich, wie die Anordnung des Konstanzer Diözesanbischofs als zweites belegt, kirchliche und weltliche Macht in pragmatischem Zusammenspiel. Beide, Bischof und Landesherr, hatten sicherlich ein Interesse daran, den weiteren Verbleib der Frauen geordnet zu regeln. Der Bischof erteilte ihnen deshalb die Erlaubnis zum Bau eines Klosters, womit sie der Obhut der Kirche unterstellt waren. Und Graf Heinrich von Fürstenberg, der sich in diesen Jahren sicherlich bemühte, die Verhältnisse in seinem Territorium zu ordnen[29], schenkte der Frauensammlung Baugelände „Auf Hof" und, sofern noch vorhanden, wohl auch Gebäude der ehemaligen karolingischen Königspfalz. Das Entstehen eines gesellschaftlichen Problems war damit verhindert, bevor es als solches bedeutsam wurde. Die frommen Schwestern aber, die vermutlich angesehenen Familien der Baar[30] entstammten, hatten erreicht, was sie offenbar anstrebten, und waren dankbar für diesen sicheren Platz und den damit verbundenen Schutz.

Schließlich wird durch die beiden (fast gleich lautenden) Urkunden drittens deutlich, dass am Beginn des Klosters Auf Hof keine feierliche Gründungszeremonie stattfand[31], sondern eine einfache bischöfliche Verfügung stand, also ein sachlich nüchternes Tagesgeschäft[32]. Für die Grafen von Fürstenberg war Neudingen, nach Amtenhausen und Friedenweiler, das dritte Nonnenkloster auf der Baar bzw. am Schwarzwaldrand, in dem sie (Kast)Vögte waren, also das Recht hatten, in der Klosterverwaltung in weltlichen Dingen (in temporalibus) die Aufsicht zu führen.

---

[27] LANGE, Frauenklöster, S. 135. DEGLER-SPENGLER, Beginen, S. 55 f.

[28] Zur einschlägigen Literatur: REICHSTEIN, Beginenwesen, S. 88 ff. WILTS, Beginen, S. 196 ff.

[29] BADER, Landgrafschaft Baar, S. 327 ff., vermittelt einen Eindruck von der Tätigkeit Heinrichs I. auf der Baar nach der Teilung des zähringischen Erbes 1245.

[30] Vgl. hierzu unten Kap. 1, S. 27 ff.

[31] Für Kl. Neudingen fehlt auch eine Gründungslegende; anders als in St. Katharinental (FOLINI/ PALAIA, Dominikanerinnenklöster, S. 93) und Friedenweiler (FUB V 85 Anm 3).

[32] MÜNZER, Neudingen, S. 42: „Es dürfte falsch sein, mit dieser Bauerlaubnis auch erst die Gründung des Klosters anzunehmen." Dieser Meinung, die also eine Klostergründung vor 1274 annimmt, was nicht näher begründet wird, ist entschieden zu widersprechen.

1.3. Eine Frauensammlung als Vorstufe des Klosters

In Neudingen oder in der unmittelbaren Umgebung gab es also bereits vor 1274 eine Sammlung religiöser Frauen. Diese Gemeinschaft von Beginen, noch vor den organisierten Anfängen des Klosters Auf Hof, war noch Jahrhunderte später im Bewusstsein der Klosterangehörigen als Teil der Klostertradition lebendig.

Der Chronist der „Idea laudabilis“, Martin Antoni ARRES[33], der um 1770 Verwalter in Maria Hof war, stellt fest: „Anfänglichen ware nur eine Freywillige Samlung etlicher andächtiger Schwesteren in dem Dorf Allmentshofen nächst gedachten Donaueschingen, welche ... allda lebten, und Gott in dem Geist der Frommheit demüthigst dienten.“[34] Er deutet an, dass diese Frauen vom „Stammhaus Allmentshofen“ sich anderwärts niederließen, bedauert aber weder Ort noch Zeit dieses Vorgangs genauer beschreiben zu können. „Seye es, ich gehe allein, auch ohne Zeit- und Weegweiser fort, und finde die schon würcklich zu Neudingen auf dem heutigen Plaz, wohin Selbe durch Beyhilf der Grafen von Fürstenberg übersezet ... “ Welcher Graf diesen Umzug veranlasst hat, sei ihm, so behauptet der Chronist, ebenfalls nicht bekannt[35].

Wann die frommen Frauen in Allmendshofen erstmals in Erscheinung getreten sind, bleibt unklar und lässt sich nur indirekt erschließen. Andreas WILTS weist nach, dass Beginen im Bodenseeraum schon um 1220 anzutreffen sind, früher als anderswo im deutschen Sprachraum, etwa am Oberrhein oder im Rheinland[36]. Und Brigitte DEGLER-SPENGLER legt das Auftreten von „Beginen-Samnungen“ in der heute deutschsprachigen Schweiz, die bekanntlich größtenteils zum Bistum Konstanz gehörte, in die zweite Hälfte des 13. Jahrhunderts[37]. Bedenkt man, dass die Baar abseits der zentralen Entwicklungsräume lag und damit eher spät von neuen

---

[33] Vgl. Idea laudabilis Monasterii, a.a.O. (GLA). Der Verfasser Martin Antoni ARRES unterzeichnet in verschiedenen Schriftstücken, die um 1770 datiert sind, mit Martin Arres. Wie die unverkennbare Handschrift zeigt, ist es dieselbe Person.

[34] Idea laudabilis, S. 1v.+ 2. (Die Handschrift der Chronik im GLA Karlsruhe, Hs 333, ist blattweise nummeriert. Die Rückseite wird mit einem v. = „versus“ gekennzeichnet.)

[35] Idea laudabilis, S. 2+2v. Ähnliche Ausführungen finden sich bei Martin GERBERT, Historia Nigrae Silvae, Band II, 1788, S. 372. Vgl. auch die dt. Übersetzung v. Adalbert WEH in GERBERT, Geschichte, S. 541 f.

[36] WILTS, Beginen im Bodenseeraum, S. 269 f.

[37] DEGLER-SPENGLER, Beginen, S. 50 ff., benutzt fast nur den Begriff „Beginensamnung“.

Zeiterscheinungen erreicht wurde, so ist es sicherlich nicht falsch, das erste Auftreten der religiösen Frauenbewegung an der oberen Donau in die Zeit nach 1260 zu legen[38].

Auch über die Beweggründe, weshalb sich damals überhaupt eine Frauengemeinschaft in Allmendshofen bzw. Neudingen bildete, und ebenso bezüglich der sozialen Herkunft dieser Frauen finden sich nur wenige Spuren. Das Beginentum tritt schon seit dem 12. Jahrhundert mancherorts in Europa auf, im 13. bis 15. Jahrhundert verstärkt im deutschen Sprachraum. Das hatte in den letzten hundert Jahren eine eingehende Beschäftigung der Geschichtsforschung mit diesem Phänomen zur Folge[39]. Die Begründungen für das Entstehen des Beginentums sind dabei vielfältig und variantenreich. Sie gehen ursprünglich aus vom extremen Frauenüberschuss zu Beginn des Spätmittelalters, angeblich ausgelöst „durch die vielen Kriege, vor allem aber durch die Kreuzzüge“[40], und der daraus entstehenden „Versorgungsfrage“ als Ursache[41]. Und sie reichen über die allgemeine Frömmigkeitsbewegung, die auch die weibliche Bevölkerung erfasst[42], bis zu angeblichen Emanzipationsbestrebungen fortschrittlicher Frauen im ausgehenden Mittelalter, die sich im Beginentum niederschlagen[43]. Auch auf den fast gänzlichen Stillstand bei der Neugründung von Frauenklöstern seit Mitte des 12. Jahrhunderts[44] und auf die Zurückhaltung, ja Weigerung verschiedener (Männer)Orden, die *Cura monialium*, also die religiöse Fürsorge und Beratung für Frauensammlungen und Frauenkonvente zu übernehmen[45], wird als Grund für das Anwachsen der Beginenbewegung hingewiesen.

---

[38] STIEVERMANN, Klosterpolitik, S. 86, vermutet „eine erste Frauensammlung im Dorf Neudingen um 1200 ...“. Hierfür gibt es ebenso wenig stichhaltige Indizien wie für die Behauptung, „ein Mitglied des Hauses Urach-Fürstenberg sei maßgeblich daran beteiligt gewesen.“

[39] REICHSTEIN, Beginenwesen, a.a.O., gibt einen Überblick über die Beginenforschung. Ebenso in Kürze bei: WILTS, Beginen, S. 15 ff.

[40] WILMS, Geschichte, S. 31.

[41] BÜCHER, Frauenfrage, S. 8.

[42] GRUNDMANN, Religiöse Bewegungen, S. 170 ff.

[43] OPITZ, Beginenbewegung, S. 61 f.

[44] DEGLER-SPENGLER, Beginen, S. 59, verweist auf die Form von Doppelklöstern vor 1150: „Aus verschiedenen Gründen kam diese gemeinsame religiöse Lebensform von Männern und Frauen seit Mitte des 12. Jhs. in Misskredit – im Prinzip stand dieser Organisationsrahmen für weibliche religiöse Gemeinschaften seit der zweiten Hälfte des 12. Jhs. nicht mehr zur Verfügung.“

[45] DEGLER-SPENGLER, Frauenklöster, S. 37 ff. Ebd. S. 46: „(es) dauerte bei den Bettelorden noch einige Zeit, bis sie die Aufgabe der Nonnenseelsorge ... (wieder) anpackten. Dominikaner und Franziskaner versuchten zw. 1250 und 1260 noch einmal, sich der Cura monialium zu entledigen.“ Vgl. DECKER, QF XXXI, a.a.O., und BAUR, Bettelorden S. 10 ff., 46 f.

Wie dem auch sei, die Beweggründe für die Bildung der (zunächst formlosen) Frauensammlung auf der Baar sind nicht bekannt. Es steht zu vermuten, dass selbstbewusste Frauen, wie anderswo auch, aus Überzeugung auf Reichtum und Wohlstand verzichten wollten, um sich helfend für Arme, Kranke, Sterbende und vom Leben Benachteiligte einzusetzen[46]. Christliche Überzeugungen wie Nächstenliebe, Bußfertigkeit und Entsagung spielten für sie sicherlich eine wichtige Rolle. Verarmung oder Versorgungsprobleme waren dabei wohl nicht im Spiel: Die besagten Frauen in Allmendshofen bzw. Neudingen lebten, wie es in der „Idea laudabilis" heißt, „von ihren eigenen Mittlen, und zusammengebrachten Heyrath Gütern allda"[47]. Die letzte Aussage lässt somit auch den Schluss zu, dass es sich offenbar um Frauen mit Lebenserfahrung gehandelt hat. In den beiden bischöflichen Urkunden von 1274 werden sie einfach als „dominae religiosae", „fromme Frauen", bezeichnet. Die erkennbare Selbstsicherheit ihres Auftretens legt überdies den Schluss nahe, dass sie aus dem niederen Adel kamen oder von Patrizier- und Bürgerfamilien aus Villingen und Schaffhausen stammten, vielleicht sogar dem Grafenhaus angehörten oder ihm zumindest nahe standen[48]. Zu dieser Vermutung passt jedenfalls auch die fürsorgliche Haltung des Hauses Fürstenberg und des einflussreichen fürstenbergischen Dienstadels in Form von großzügigen Vergünstigungen für das neu gegründete Kloster in den ersten Jahrzehnten seines Bestehens[49].

Im Übrigen war die Entstehung des Neudinger Klosters aus einer Frauensammlung offenbar auch später noch einige Zeit in guter Erinnerung. Immerhin finden sich bis 1329, also lange nach der Klostergründung, gelegentlich noch Hinweise darauf. Mehrere Urkunden, die an das Kloster gerichtet sind, enthalten in der Inscriptio die Formulierung: „... der priolin und der samenunge gemainlich Uffen Houen bi Nidingen, Bredier ordens"[50].

---

[46] LANGE, Frauenklöster, S. 135; WILTS, Beginen, S. 12 ff.; GLEBA, Klöster, S. 121. – Zu den entsprechenden Gegebenheiten in Freiburg vgl. HENZE, Entstehung, S. 16 f.

[47] Idea laudabilis, S. 1v.+2.

[48] STIEVERMANN, Klosterpolitik, S. 87, vermutet (ohne Nachweis), dass die erste Priorin des Klosters Auf Hof dem Grafenhaus angehört habe. Vgl. auch BADER, Die Baar, S. 129.

[49] Vgl. Kapitel 2, S. 42 ff. und 47 ff., dieser Arbeit. Vgl. STIEVERMANN, Klosterpolitik, S. 87

[50] FUB II 161; Text auch bei RIEZLER, Ukk. 1, S. 417. Fast gleichlautend in einem Revers d. Klosters vom gleichen Tag (FUB II 161 Anm. 1). Die Formulierung „samenunge" findet sich auch in folgenden Urkunden in FUB II 13 (1303), FUB II 36 (1307), FUB II 54 (1310), FUB V 358 (1316), ebenso in den beiden oben genannten Urkunden von 1329.

Erst nach dieser Zeit ist ausschließlich von Priorin und Konvent des Klosters Auf Hof die Rede[51].

1.4. Die Stifter des Klosters

An diese Ausführungen schließt sich nun die Frage nach den Initiatoren der Beginensammlung und ebenso nach den Gründern des Klosters an. Das Neudinger Anniversarienbuch enthält hierzu drei nicht datierte Eintragungen. Zum 5. Januar wird der Tod der „Domina Agnes priorissa. Stifterin dis closters" vermerkt[52]; sodann folgt am 8. Mai der Eintrag: „O. (Obiit) Bruder Hans Unricht stifter des gotzhus"[53]; und der 15. Juli enthält die Nennung von Schwester Mechtilt Unrichtin, mit dem Zusatz „Stifterin"[54]. Über alle drei Personen, die nur in dieser Quelle als Klostergründer genannt werden, fehlen weitere Erkenntnisse.

Es liegt nahe, Hans Unricht und Mechtilt Unrichtin als Mitglieder derselben Familie[55] zu betrachten[56]. Gelegentlich findet sich auch die Mutmaßung, sie hätten als Ehepaar im Geist ihrer Zeit dem Frömmigkeitsideal nachgestrebt und schließlich die Schwesternsammlung in Allmendshofen bzw. Neudingen gestiftet[57]. Dies könnte so sein. Dass das Haus Fürstenberg bei der später erfolgten geordneten Klostergründung an vorderster Stelle mitwirkte, zeigen die Urkunden von 1274 ebenso wie die diesbezüglichen

---

[51] Neben dieser Frauengemeinschaft, die der Klostergründung Auf Hof vorausgeht, sind weitere Sammlungen bzw. kleine Gruppen von Klausnerinnen am Ende des 13. und im 14. Jahrhundert auf der Baar und im angrenzenden Umland bekannt. Z.B. 1292 „reclusae in Bruelingen" (FUB I 625), vor 1293 „die niuwen sammenvnge der swestern" in Dornstetten (FUB I 432), 1303 die Ansiedlung von Klausnerinnen von Dauchingen in Villingen (FUB II 17), 1384 und 1392 die namentliche Nennung einer Klausnerin zu Talheim (FUB VI 160 Anm. 2, ebd. 89 Anm. 1), und 1392 die namentliche Nennung der Adelheid von Felsenberg (*Adelhait von Velsemberg*) als der „pryolin der samnung ze Gysingen" (FUB VI 160 Anm. 4).

[52] FICKLER, Anniversarien-Buch, Abt. I, S. 21.

[53] Ebd., Abt. I, S. 43. Der Eintrag bei MÜNZER, Neudingen, S.41, mit „Johannes Unrich" (ohne Endungs-t) ist fehlerhaft.

[54] Ebd., Abt. II, S. 6.

[55] Das Anniversarien-Buch, Abt. I, S. 33, nennt zum 7. März einen Bruder „Conradt Unricht", vermutlich eine weitere Person aus dieser Familie.

[56] MÜNZERS Versuch, „Unrich" (falsche Schreibweise) als Verschreibung von „Unroch" (=die Grafen von Urach, Vorfahren des Hauses Fürstenberg) auszugeben und damit den Stifter Hans Unricht des Anniversars zum Mitglied des Grafenhauses zu machen, wirkt reichlich konstruiert.

[57] Vgl. FICKLER, Anniversarien-Buch, Abt. I, S. 21, Anm. 4. Ebenso: RIEZLER, Haus Fürstenberg, S. 216, und MÜNZER, Neudingen, S. 41.

Hinweise der Chronik von 1770[58]. Angesichts der großzügigen Förderung des Klosters durch Heinrich I. – er starb 1284[59] – verwundert es nicht, dass er schon bald im Ruf des eigentlichen Gründers, Gönners und Schutzherrn des Klosters Neudingen stand[60].

Offen ist hingegen, wer sich hinter dem oben genannten Eintrag im Anniversar zum 5. Januar als „Domina Agnes priorissa"[61] verbirgt. Als Stifterin des Klosters Auf Hof muss sie um 1270 gelebt haben. Mit dem Zusatz „Stifterin dis closters" rückt sie zudem an die Seite Graf Heinrichs I., des Quasi-Stifters. Daraus ergibt sich fast zwangsläufig die Frage, ob es sich nach Lage der Dinge bei der „Domina Agnes" des Neudinger Jahrbuchs nicht um eine fürstenbergische Gräfin[62], wahrscheinlich sogar um Agnes von Truhendingen, die Gemahlin Graf Heinrichs[63], handelt? Zwar irritiert der Titel „priorissa"[64], der bei einer verheirateten oder verwitweten Frau etwas fremd klingt und wohl selten vorkommt.

Dennoch spricht einiges dafür, dass hier die Gemahlin des ersten Grafen zu Fürstenberg gemeint ist. Agnes von Truhendingen wird beispielsweise in vier Urkunden aus den Jahren 1270, 1288, 1293 und 1294 als „Domina Agnes" bezeichnet[65]. Zudem stellt Sigmund RIEZLER fest, dass die Gräfin auf dem Siegel an der Urkunde vom 12. Okt. 1293[66] im Witwenschleier dargestellt ist. Er schließt daraus: „(Dies) weist wohl darauf hin, dass Gräfin Agnes ... nach dem Tod ihres Gemahls sich Gott geweiht, wie das Witwen häufig taten."[67] Dies besagt: Agnes scheint am Ende ihres Lebens in

[58] Idea laudabilis, S. 2+2v.
[59] RIEZLER, Haus Fürstenberg, S. 217.
[60] Darstellungen dieser Art in der Literatur bei RIEZLER, Haus Fürstenberg, S. 216; BADER, Die Baar, S. 129 u. a. m.
[61] FICKLER, Anniversarien-Buch, Abt. I, S. 21.
[62] Die Vermutung FICKLERs im Anniversarien-Buch, Abt. I, S. 21, Anm. 4, bei „priorissa Agnes" handele es sich um eine sonst nicht genannte, unbekannte Tochter Heinrichs I., klingt nicht überzeugend.
[63] Vgl. Stammtafel IV bei RIEZLER, Haus Fürstenberg.
[64] Der Eintrag „priorissa" ist insofern bemerkenswert, als er von der üblichen Form des Anniversars abweicht: dort sind nämlich 3 weitere Priorinnen verzeichnet (zum 14. April, 10. Mai und 30. Nov.), die „soror" und jeweils nur „priorin" genannt werden. Gräfin Agnes hingegen wird in einigen Urkunden (FUB I 528, 600, 632) in ihrer Stellung als fürstenberg. Gräfin mit „Comitissa" betitelt. Möglicherweise ist „priorissa" nur eine Art angeglichener Ehrentitel. Die Bezeichnung „Soror" fehlt bei „Domina Agnes priorissa".
[65] FUB I 468, 600, 615, 632.
[66] FUB I 629. Im Anschluss an diese Uk. verweist RIEZLER als Herausgeber von FUB I darauf, dass das Siegel der Gräfin Agnes an zwei Urkunden von 1293 und 1294 (FUB I 629 und 632) spitzovale Form hat, „deren sich sonst nur der Klerus bediente" (RIEZLER, ebd.).
[67] So hatte dies z.B. auch ihre Schwiegermutter Adelheid von Freiburg getan, vgl. RIEZLER, Haus Fürstenberg, S 48.

ein Kloster eingetreten zu sein[68], wobei nicht ersichtlich wird, um welches es sich handelt.

Zwar ist letzte Gewissheit nicht zu erlangen, ob die „Domina Agnes" des Anniversars mit Gräfin Agnes von Fürstenberg, geb. von Truhendingen, identisch ist. Auch bleibt im Dunkeln, ob sie, sofern sie sich einem Konvent anschloss, in Neudingen den Alterssitz nahm. Aber eines wird klar, nämlich dass die Beteiligung beider Ehegatten als Stifter des Klosters Auf Hof noch nachhaltiger erklären würde, weshalb die gräfliche Familie dieses „closter Vffen Hove ze Nidingen" schon frühzeitig als ihr Familienkloster empfand. Dabei darf man davon ausgehen, dass Graf Heinrich und Gräfin Agnes diese Klostergründung nicht nur aus landesherrlichen oder familiären, also eher praktischen Überlegungen, sondern auch aus religiöser Überzeugung befürworteten[69].

1.5. Die Aufnahme in den Dominikanerorden

Nach der bischöflichen Verfügung von 1274 war das neu erstandene Kloster Auf Hof bei Neudingen zunächst eine monastische Einrichtung ohne bestimmte Ordensregel und Ordenszugehörigkeit, also eine Art Beginenhaus[70], wobei anzunehmen ist, dass dieser Status weder vom Konstanzer Bischof Rudolf II. noch von Graf Heinrich I. von Fürstenberg auf Dauer vorgesehen war.

Dies zeigte auch die Reaktion der Kurie 1287, die auf eine entsprechende Anfrage aus dem Konstanzer Bistum zurückgehen dürfte. Am 6. Sept. dieses Jahres nämlich wandte sich der päpstliche Legat Bischof Johannes von Tusculum aus Neufchateau sur Meuse, wo er sich in Amtsgeschäften gerade aufhielt, an den Prior des Predigerordens in Rottweil[71] und wies ihn an, die Priorin und die Schwestern des Klosters Neudingen, das in der Diözese Konstanz liegt, künftig unter die Fürsorge und Leitung seines Ordens (*sub cura et regimine fratrum tui ordinis*) zu stellen, indem er diesen

---

[68] Diese Auffassung vertritt RIEZLER auch in: Haus Fürstenberg, S. 217.
[69] Zu den Motiven des Grafenhauses bei der Klostergründung vgl. Kapitel 9, S. 219 f., 226 f.
[70] REICHSTEIN, Beginenwesen, S. 316.
[71] Diese Uk. ist gedruckt bei FICKLER, Anniversarien-Buch, S. 9 f.

Klosterfrauen die Augustinerregel (Augustinusregel) verleiht: „Nos igitur pium ipsarum propositum in Domino commendantes discretioni tuae qua fungimur authoritate committimus et mandamus quatenus eisdem authoritate nostra concedas regulam B. Augustini si ipsam petiverint ... “[72] Weiter beauftragte Johannes von Tusculum den Rottweiler Prior, selbst Visitationen in Neudingen vorzunehmen oder von seinen Ordensbrüdern durchführen zu lassen. Man soll den Konventualinnen die Beichte hören und überhaupt das neu gegründete Kloster in geistlichen und weltlichen Angelegenheiten tatkräftig unterstützen, besonders auch dort, wo es der Korrektur und sogar der Reform bedarf[73].

Ebenfalls am 6. Sept. 1287, bestätigte Johannes von Tusculum dem Neudinger Konvent, offensichtlich auf dessen Bitte hin, alle Rechte und Privilegien aus der bischöflichen Verfügung von 1274. Er wiederholte ausdrücklich die Exemtion vom Neudinger Pfarrverband, die Übergabe der Kapelle „Super Curiam“ an die Frauen, die diversen Baugenehmigungen auf dem Klosterareal sowie das Recht zur Anstellung eines Priesters (Kaplans) für die Gottesdienste usw.[74]. Ebenso befürwortete er eine Begräbnisstätte beim Kloster[75,76].

Mit dieser Aufgabenübertragung an die Rottweiler Prediger, in deren Terminierbezirk das Neudinger Kloster lag[77], und der Verleihung der Augustinerregel wurde das Kloster Auf Hof noch nicht zum Dominikanerinnenkloster. Zwar hatte sich schon der Ordensgründer Dominikus, wenn auch mit Einschränkungen, für die Regel des Augustinus ausgesprochen[78]. Doch dies taten im 13. Jahrhundert mehrere andere Orden, wie etwa die

---

[72] FICKLER, Anniversarien-Buch, S. 10.

[73] Ebd., S. 10: „... de cetero per te vel per Fratres tui ordinis in eodem loco visitationis officium exerceas confessiones earum audias instituas et destituas, destruas et evellas, edifices atque plantes in Spiritualibus et in temporalibus tam in capite quam in membris ac alia facias que correctionis ac reformationis auxilio videris indigere.“

[74] RIEZLER, Ukk 1, S. 394. Der päpstliche Legat gewährte den Klosterfrauen u.a.: „ut in area ipsius capelle possetis oratorium et mansionem construere, ac habere sacerdotem, qui diuina ualeat uobis celebrare, prout in litteris eiusdem episcopi exinde confectis uidimus plenius contineri, quod a nobis confirmari humiliter postulatis."

[75] Fickler, Anniversarien-Buch, S. 10.

[76] In WUB 3662, S. 153, ist ein Rundschreiben des Johannes von Tusculum, ebenfalls v. 6. Sept. 1287 an die Frauenklöster der deutschen Ordensprovinz erwähnt. Vgl. Kapitel 8, S. 196.

[77] Zur Abgrenzung des Rottweiler Terminierbezirks vgl. HECHT, Dominikanerkloster Rottweil, S. 23. – Für d. Bezirk des Almosensammelns (=Terminieren) u. damit den Seelsorgebereich im Dominikanerorden wird in der deutschsprachigen Literatur vor allem der Begriff „Terminierbezirk“ gebraucht. Anders bei WEHRLI-JOHNS, Zürcher Predigerkonvent, S. 148. – Zum Rottweiler Predigerkloster vgl. HECHT, a.a.O, und ADE-RADEMACHER, Kirchen, Klöster, S. 65 ff.

[78] ZIMMER, Dominikaner, S. 25. CYGLER/MELVILLE, Augustinusregel, S. 419 ff.

Prämonstratenser und die Trinitarier, auch[79]. Allerdings wurde die Augustinerregel bei den Dominikanern, nach langwierigem Ringen um die richtige Regelgrundlage, durch die sog. Konstitutionen erweitert[80]. Erst ihre Verleihung (spätestens bei der Inkorporation) bedeutete die Ordenszugehörigkeit. Soweit dies aus den vorliegenden Quellen hervorgeht, war dies aber für Neudingen 1287 noch nicht der Fall. Auch fehlte zu diesem Zeitpunkt noch die „Kommission" des Frauenklosters auf der Baar an den Orden, also die Überstellung in die Zuständigkeit des Ordensmagisters und des Priors der Ordensprovinz „für Seelsorge und geistliche Leitung (animarum sollicitudo et cura) der Schwestern"[81].

Die obigen Anweisungen des päpstlichen Legaten führten in der älteren Literatur zu einer Kontroverse über den Status des Klosters nach 1287. Einige Autoren behaupten, das Kloster in Neudingen sei damit ein Konvent des Augustinerordens gewesen und habe sich danach 1305 dem Dominikanerorden angeschlossen[82]. Vor allem TUMBÜLT widersprach dieser Interpretation und bezeichnete das Kloster, seit Bischof Johannes die geistliche Leitung an die Prediger delegiert hatte, als Dominikanerinnenkonvent[83]. Wessen Meinung eher zutrifft, sei dahingestellt.

Feststeht jedenfalls, dass sich seit Mitte der neunziger Jahren des 13. Jahrhunderts in der Ordensfrage, d.h. in der Zuordnung zum Dominikanerorden, und zur Konsolidierung des neuen Klosters etwas bewegte. Am 18. Mai 1294 beglaubigte der Konstanzer Bischof Heinrich II. einen weiteren Erlass des Johannes von Tusculum[84], in dem es hieß, dass alle Frauenklöster, die in der dominikanischen Ordensprovinz Teutonia unter der Leitung der Predigerbrüder stehen, dem Dominikanerorden einverleibt

---

[79] BALTHASAR, Die großen Ordensregeln, Einsiedeln 1974, S. 143.

[80] CYGLER/MELVILLE, Augustinusregel, S. 419 ff., 423. ZIMMER, Dominikaner, S. 26 f.

[81] ZIMMER, Dominikaner, S. 54. Zu Kommission und Inkorporation vgl. die Ausführungen der Autorin, ebd., in Helvetia Sacra, Abt.IV, Bd. 5, Teil 1, S. 37 f. und 53 ff. Dort weist sie darauf hin, dass für die Begriffe „Kommission" und „Integration" in den Quellen ein Unterschied in der Bedeutung nicht zu erkennen ist (S. 38).

[82] FICKLER, Anniversarien-Buch, S. 6; RIEZLER, Haus Fürstenberg, S 216; MEISTER, Kirchenpolitik, S. 46. In diesem Zusammenhang ist bemerkenswert, dass Papst Clemens VI. in seiner Bulle vom 5. Febr. 1344 an das Kloster Auf Hof die Anrede gebraucht: „...priorisse et conuentus monasterii sororum in Nidingen ... ordinis sancti Augustini ..." (FUB V 473).

[83] TUMBÜLT, Neidingen, S. 68 u. ebd., Anm. 2. Umso eigenartiger die Aussage von TUMBÜLT in: Fürstenberg, S. 36 u. 132, wo er das Kloster in Neudingen als Augustinerinnenkloster bezeichnet. – Zu 1287 Aufnahme in den Dominikanerorden, vgl. MAURER, Königspfalzen, S. 464, und BECKMANN, Konstanzer Bischöfe, S. 64.

[84] REC II 2888. Die Verfügung des päpstlichen Legaten stammt vom 8. Dez. 1287 und wurde in Clairvaux ausgestellt.

werden und dem Provinzprior unterstellt sind. Diese „kollektive Kommission“ betraf wohl auch das Kloster in Neudingen. Etwa zeitgleich erfolgen nun, wie an anderer Stelle verdeutlicht wird[85], vermehrt materielle Zuwendungen des Grafenhauses und des lokalen Adels für die Grundausstattung. Die Grafenfamilie erteilte zudem das Privileg von 1299.

Die diversen Verlautbarungen des Legaten und die Entwicklung seit 1287 dürften somit dazu beigetragen haben, dass das Kloster Auf Hof seitdem de facto als Dominikanerinnenkloster angesehen wurde. Als die Grafen von Fürstenberg 1303 „der priorin und der samenunge Uffen Hove ze Ndingen“ den Neudinger Kelnhof verkauften, wurde in der Vertragsurkunde ausdrücklich die Zugehörigkeit des Klosters zum Predigerorden (*der bredier ordens*) betont[86], obwohl noch keine Inkorporation vorlag. Wie es scheint, wussten die Aussteller der Urkunde (die Grafen) jedoch, dass die Aufnahme in den Orden unmittelbar bevorstand.

Indessen lief parallel zu diesen Ereignissen der Approbationsprozess innerhalb des Dominikanerordens hin zur rechtsgültigen Aufnahme des Klosters in den Orden ab. Diese Inkorporation erfolgte schließlich 1305 durch den Magister Aymericus, Ordensgeneral der Prediger (*Aymericus fratrum predicatorum ordinis magister*[87]), in Genua mit der Begründung, „quod priorissa et monasterium sororum de Nidigen Constantiensis dyccesis recipiantur ad curam et regimen ordinis nostri secundum nostrarum constitutionum continentiam et tenorem.“[88] Diese Aufnahmegenehmigung, die nun auch auf Inhalt und Wortlaut der Konstitutionen verweist, wurde 1306 vom Pariser Generalkapitel wiederholt und 1307 vom Generalkapitel in Straßburg[89] satzungsgemäß bestätigt[90]. Das Kloster Auf Hof bei Neudingen gehörte damit zum Ordensverband der Dominikaner/Prediger, unterstand der Jurisdiktion des Ordens und genoss als vollgültiges Mitglied Schutz und Beistand dieser Gemeinschaft.

---

[85] Vgl. hierzu und zum gräflichen Privileg unsere Ausführungen in Kap. 2, S. 41 f.

[86] FUB II 13.

[87] FUB V 235 Anm. 2.

[88] RIEZLER, Ukk. 1, S. 407. Vgl. FUB V 235 und Anm. 2.

[89] RIEZLER, Ukk. 1, S. 407 f. Vgl. FUB 235 Anm. 3. – Die Originale der 3 Ukk. zur Aufnahme des Klosters in den Dominikanerorden befinden sich im FFA, Kloster-Akten, Lade 24 Fasc. A Nr. 3-5.

[90] Die Satzung des Ordens erfordert die Approbation durch drei Generalkapitel. Vgl. ZIMMER, Dominikaner, S. 45. Ebenso: BAUR, Bettelorden, S. 11; TUMBÜLT, Neidingen, S. 68.

Bei der Entstehung dieses Frauenkonvents lässt sich ein gewisser Kontrast zwischen dem Kloster und seinem Umfeld nicht übersehen, nämlich in der Konstellation: einerseits ein Dominikanerinnenkloster, ein Bettelordenskloster also, und andererseits seine geographische Lage im bäuerlichen Hinterland, weitab von einer größeren städtischen Ansiedlung. Wenngleich solche besonderen Umstände auch anderswo gelegentlich auftreten, so passen sie eigentlich in dieser Zeit nicht recht ins Bild. Denn gerade im Laufe des 13. Jahrhunderts begannen die Dominikaner mehr und mehr damit, „sich auf die Seelsorge in größeren Städten zu konzentrieren“[91], vor allem am benachbarten Oberrhein[92]. Die Voraussetzungen für die Entwicklung unseres Klosters auf der Baar waren deshalb naturgemäß anders als bei anderen Frauenklöstern der Dominikaner im Südwesten, z.B. in Unterlinden (in Colmar), Klingental (in Basel) oder bei den Freiburger Dominikanerinnen in Adelhausen, St. Maria Magdalena und St. Katharina, ja selbst in Töss (nahe Winterthur) und in St. Katharinental (bei Diessenhofen). Das Dorf Neudingen als nächstgelegene Ansiedlung beim Kloster Auf Hof bestand um 1450 gerade mal aus drei Dutzend Häusern[93]. Die benachbarten Dörfer waren meist kleiner und hatten noch weniger Einwohner.

Weshalb gerade die Dominikaner – damals ein noch „neuer“ Orden, zudem ein Mendikantenorden – mit der Aufsicht über dieses Kloster in der ländlichen Abgeschiedenheit betraut wurden bzw. aus welchen Gründen sich die Klosterfrauen Auf Hof gerade für die Prediger entschieden, ist schwer nachzuvollziehen. Dabei wäre es nahe liegender gewesen, diese Neugründung den Benediktinern zu übertragen, da schon die beiden anderen Nonnenklöster, die unter der Landesherrschaft der Grafen von Fürstenberg standen, also Amtenhausen und Friedenweiler, dem Benediktinerorden angehörten[94]. Die Hintergründe, die in Neudingen zur geistlichen Betreuung durch die Dominikaner führten, bleiben unklar.

---

[91] ZIMMER, Dominikaner, S. 28 und S. 45.

[92] Vgl. BERGER, Die Ausbreitung der Dominikaner in den Städten des südwestdeutschen Raumes, S. 143 ff. Hier ist von Ausbreitungskonzept, Ausbreitungsstrategie und Ausbreitungsbewegung des Dominikanerordens im deutschen Südwesten, vorwiegend in den größeren Städten, in der 2. Hälfte des 13. Jhs die Rede (S. 160 f.). Vgl. hierzu auch ZIMPEL, Bischöfe, S. 93, der die Unterstützung Bischof Heinrichs I. von Konstanz für die Dominikaner in den Städten betont.

[93] MÜNZER, Neudingen, S. 115.

[94] Vgl. hierzu unsere Darlegungen in Kapitel 8, S. 209 ff.

Da zwischen den Fürstenbergern und den Predigern vor 1287 direkte Kontakte nicht bekannt sind, bleibt, um etwas Licht ins Dunkel zu bringen, nur die Suche nach Personen und Institutionen, die als mögliche Vermittler in dieser Sache in Frage kommen. Hohe Wahrscheinlichkeit kommt dabei der Vermutung zu, dass die Verbindung über die Konstanzer Bischöfe zustande kam, die im 13. Jahrhundert schon häufig mit den Predigerbrüdern zu tun hatten[95]. Schließlich waren Konrad und Gebhard von Fürstenberg, Brüder des regierenden Grafen Friedrich I., um 1285 Konstanzer Domherren[96]. Vor allem Konrad, nach dem Tode Friedrichs 1296 der Vormund von dessen Kindern, spielte in dieser brisanten Frühphase des Klosters, nicht zuletzt bei der Verleihung des gräflichen Privilegs 1299, nachweislich die führende Rolle[97].

Ein anderer Denkansatz führt über nahe Verwandte der Fürstenberger, zuvorderst über die Grafenfamilie von Freiburg, als Verbindungsglied zum Orden. Von Gräfin Adelheid von Urach-Freiburg, der Mutter Heinrichs I. von Fürstenberg, ist bekannt, dass sie sich 1234 beim Konstanzer Bischof Heinrich von Tanne dafür einsetzte, dass das spätere Dominikanerinnenkloster Adelhausen bischöflichen Schutz und die Exemtion von der Pfarrkirche Adelhausen erhielt[98]. Auch von Heinrichs Bruder, dem Grafen Konrad I. von Freiburg, lassen sich (teilweise gemeinsam mit Gräfin Adelheid) Kontakte zu den Predigern im Freiburger Raum durch etliche Urkunden vor 1245 nachweisen[99]. Das war die Zeit, in der Heinrich, der spätere Graf von Fürstenberg und Landgraf in der Baar, noch am Stammsitz seiner Familie auf dem Schlossberg bei Freiburg weilte und dabei die Regierungstätigkeit seines Bruders aus nächster Nähe beobachten konnte[100]. Aber auch aus dieser Freiburger Zeit gibt es keinen überzeugenden

---

[95] Dies gilt vor allem für die Amtszeit Bischofs Heinrichs I. von Tanne: vgl. REC I 1454, 1461, 1521, 1553, 1576, 1583. Aber auch unter Eberhard II. und Rudolf I. gab es diese Kontakte: vgl. REC I 1764, 1866,2289, 2300, und 2408, 2635, 2647 u.a. – Vgl. hierzu: Detlev ZIMPEL, Die Bischöfe von Konstanz, a.a.O., und Ludger BECKMANN, Konstanzer Bischöfe, S. 7-131.

[96] Vgl. RIEZLER, Haus Fürstenberg, Stammtafel IV.

[97] Zu Domherr Konrad von Fürstenberg vgl. Kapitel 2, S. 42, 44 f. Und zu Domherr Gebhard von Fürstenberg vgl. Kapitel 2, S. 46 (1303) und S. 57 (1321).

[98] BUTZ, Adlige Herrschaft, Bd. 2, Nr. 76, S. 27. Über die Tätigkeit von Gräfin Adelheid vgl. ebd., Bd 1, S.73 ff. u. S. 77-82. In der älteren Forschung wird Gräfin Adelheid auch als Stifterin des Klosters Adelhausen genannt. Vgl. hierzu: RIEZLER, Haus Fürstenberg, S. 48; BAUR, Bettelorden, S. 27.

[99] BUTZ, Adlige Herrschaft, Bd. 2, Nr. 85, 92, 94, 108.

[100] Konrad I. u. sein Bruder Heinrich werden in diesen Jahren häufig in Ukk. gemeinsam genannt. Vgl. BUTZ, Adlige Herrschaft, Bd. 2, Nr. 100, 106, 107, 109, 110, 114, 115, 116, 123, 135.

Nachweis, der den späteren Kontakt des Hauses Fürstenberg zu den Dominikanern in der Frage der Neudinger Ordenswahl begründen könnte. Ebenso fehlt auch jeder Hinweis, der eine Verbindung zu den Predigern über die entfernte Verwandtschaft mit dem Haus Habsburg schlüssig belegt[101]. Es bleibt also bei Mutmaßungen.

Tatsache ist hingegen, dass sich seit 1274 bzw. 1305 in Neudingen reges klösterliches Leben entfaltete. Erstmals am 3. Juni 1329 trägt dabei eine Urkunde des Klosters[102] die beiden Siegel von Priorin und Konvent[103]. Die kirchlichen und profanen Bauten aber, in denen sich dieses Wirken während der Berichtszeit (im 13. bis 16. Jahrhundert) vollzog, lassen sich nicht mehr rekonstruieren. Auch die Urkunden geben keine Auskunft über die Örtlichkeiten. Allein dem Neudinger Chronisten Martin Antoni ARRES verdanken wir einige Aufschluss gebende Bemerkungen hierzu im zweiten Teil seiner Chronik (um 1770), wo primär die Zeit der Zisterzienserinnen in Maria Hof behandelt wird[104]. Im Anschluss an die Beschreibung der Klosterkirche zu seiner Zeit, die nach 1720 erbaut wurde, erwähnt der Autor auch die noch vorhandenen Gebäude auf dem Klosterareal aus der Zeit der Dominikanerinnen[105].

Dabei weist er zunächst auf die St. Nikolauskapelle (*Nicolai Kapell*) hin „so inner der Clausur stehet“ und in der sich noch drei Altäre befinden. Der bauliche Zustand zeige „selbsten ihr Alterthum“[106]. Wegen ihrer Baufälligkeit wurde die Kapelle im 18. Jahrhundert nur dreimal im Jahr benutzt[107],

---

[101] Zur Verwandtschaft der beiden Familien vgl. RIEZLER, Haus Fürstenberg, S. 203. Kunigunde v. Sulz, Schwester König Rudolfs v. Habsburg, hatte als Mitbegründerin von Kl. Adelhausen enge Kontakte zu Gräfin Adelheid von Freiburg: vgl. HENZE, Entstehung, S. 11. WILMS, Geschichte, S. 35. KÖNIG, Chronik, S. 132 f. Vgl. auch BUTZ, Adlige Herrschaft, Bd. 2, Nr. 88.

[102] FFA, Kl.-Akt., Lade 21 Fasc. A, Nr. 4. Vgl. FUB II 161 Anm. 1. Zum Inhalt der Uk. vgl. Kapitel 2, S. 48 und Anm. 44, dieser Untersuchung.

[103] Das Siegel der Priorin ist rund und mittelgroß. Es zeigt eine halb sitzende, halb liegende Frauengestalt, die aufs Rad geflochten ist. Laut RIEZLER, Ukk. 1, S. 417, könnte es die hl. Katharina v. Alexandria sein. Die Umschrift des Siegels lautet: „Priorisse dae (dominae) uf Hoven“. Ebenso gestaltet ist auch das Siegel der Priorin an der Uk. vom 11. Jan. 1344 (FFA, Kl.-Akt., Lade 17 Fasc. A, Nr. 11. – Das Siegel des Konvents ist oval, ziemlich klein und beschädigt. Es zeigt eine aufwärts fliegende Taube mit Heiligenschein. Besser erhalten ist das Konventsiegel an der Uk. v. 22. Nov. 1340 (FFA, Kl.-Akt., Lade 17 Fasc. A, Nr. 10). Die Umschrift lautet: „S. Convent Sororum Nidingen“. (Vgl. FUB V 360 Anm. 2.)

[104] Idea laudabilis, S. 121v.-125.

[105] Ebd., S. 123v. und 124. Vgl. hierzu Abbildung 2 im Statistischen Teil dieser Arbeit, S. 267.

[106] Ebd., S. 123v.

[107] Ebd., S. 124, heißt es: „Man pflegt in selben des Jahres hindurch nicht öfters als 3 mahl, nämlich circa festum S. Nicolai, et infra Octavam omnium Animarum, dann in festo S. Cyriaci die heilige Meß zu lesen, welcher aber ausser der Kloster Frauen und ministranten Niemand beywohnen darf.“

und da sie in der Klausur stand, konnte dies nur unter dem Ausschluss der Öffentlichkeit geschehen. Im Eingangsbereich der Kapelle außen, „oben an der hölzernen Decke ist die Jahrzahl Anno Domini 1403 (angebracht)“[108], was aber, wie Martin Antoni ARRES zu wissen glaubt, nur das Jahr der Renovation der kleinen Kirche bedeuten kann. Gebaut sei sie nämlich wesentlich früher.

Er führt zudem aus, die St. Nikolauskapelle müsse „allem nach bey denen ersten Dominicanerinnen die Haupt Kirchen gewesen, auch viele derselben allda begraben seyn.“[109] Letzteres deutet an, dass sich im Bereich der Kapelle bald nach der Klostergründung, also noch im 13. Jahrhundert, ein Friedhof der Nonnen (oder Beginen) befunden hat.

Dieser Hinweis der Chronik ist von großer Bedeutung und außerordentlichem Interesse, weil bei den Ausgrabungen von 1972 bis 1975 auf dem Gelände der Neudinger Pfalz „Auf Hof“ zehn Gräber in unmittelbarer Nähe des früheren Standorts der Nikolauskapelle – neun davon außerhalb der Kapelle, nur eines im Kircheninnern – und weitere fünf Gräber etwa 40 m westlich davon freigelegt wurden[110]. Der in den siebziger Jahren leitende Archäologe Wolfgang HÜBENER lässt in seinem Bericht 1979[111] offen, ob die beiden Gräberkomplexe zu <u>einem</u> Friedhof oder zu <u>zwei</u> Begräbnisbereichen aus verschiedenen Zeiten gehört haben. Vor allem hält er aufgrund weitgehend fehlender Datierungsmerkmale die Gräber insgesamt für „gegenwärtig noch undatierbar“[112]. Auch ein Deutungsversuch, welchem sozialen Umfeld die Beigesetzten zuzuordnen sind, bei denen es sich durchweg um Erwachsene handelt, fehlt. Möglicherweise, so darf man hier anmerken, stellt der obige Hinweis des Chronisten Martin Antoni ARRES, der HÜBENER nicht bekannt gewesen sein dürfte, zumindest einen Ansatz zur Lösung der offenen Fragen dar.

In seiner Chronik, auf die hier der Vollständigkeit halber nochmals zurückgegriffen werden muss, fährt der Neudinger Chronist sodann mit einer

---

108 Ebd., S. 123.

109 Ebd. Vgl. Abbildung 2, S. 267.

110 HÜBENER, Probegrabungen, S. 16: „... Alle Gräber waren west-ost-gerichtet (Kopf im Westen, Blick nach Osten). Alle (Skelette) lagen in gestreckter Rückenlage, die Arme gestreckt am Körper... Die Belegung muss an beiden aufgedeckten Stellen recht dicht gewesen sein.“

111 Die folgenden Ausführungen beziehen sich ebenfalls auf HÜBENER, Probegrabungen im Gelände der Pfalz Neudingen an der Donau, a.a.O., hier S. 11-17.

112 Ebd., S. 17.

zweiten bemerkenswerten Aussage zur Baugeschichte fort: „Das danneben stehende sogenannte Hüner-Hauß solle vor Alters das beichtiger und geistliche Gasthauß, bey dem Bau des damaligen Klosters (vor 1300) aber das Klösterlein selbsten gewesen seyn, und die Frauen allda gewohnet haben.“[113] In die steinerne Türeinfassung dieses Gebäudes sei das Jahr „1584“ eingemeiselt, wohl zur Erinnerung an den Beginn der Zisterzienserinnenzeit. Die Chronik schließt: „allein das Hauß ist Älter.“

[113] Idea laudabilis, S. 124.

KAPITEL 2
DIE ERSTEN HUNDERT JAHRE

2.1. Das Privileg der Grafen von Fürstenberg von 1299

Nach der formalen Klostergründung begann im Kloster Auf Hof, wie es scheint, zunächst eine Phase der Konsolidierung. Vermutlich wurden die notwendigen baulichen Reparaturen an den noch vorhandenen Gebäuden und außerdem Erneuerungsmaßnahmen im Klosterbereich vorgenommen, um auf ein gottgefälliges Klosterleben gut vorbereitet zu sein. Der Eindruck jedenfalls, der in der Literatur teilweise erweckt wird[1], nämlich unmittelbar nach 1274 sei eine Woge von Güterschenkungen über das neue Kloster niedergegangen, dieses selbst habe zudem zahlreiche Güterkäufe getätigt, trifft für diesen <u>frühen</u> Zeitpunkt so nicht zu. Zwar übertrugen 1276 die Augustiner-Chorherren von Öhningen (am westlichen Bodensee) fast pflichtschuldig[2] die Wallfahrt Gnadental auf das nahe gelegene, neu entstandene Kloster[3]. Und 1292 kündigte Ritter Hug von Almshofen an, dass er zwei Klausnerinnen in Bräunlingen, Luitgard und Adelheid[4], Güter in Hondingen vermacht, die nach deren Tod eines Tages dem Kloster in Neudingen zufallen sollen[5]. Dies aber war für die ersten zwanzig Jahre des Bestehens an Zuwendungen alles.

Am 15. Okt. 1294 schenkte sodann der Schaffhauser Bürger Walther Brot dem Kloster „durch siner kinde willen, die da gote dienent“[6], ein Gut in Hondingen, und Berthold *der Tannheimer* aus Fürstenberg stiftete 1297 u.a. den Meierhof in Hondingen[7]. Fast gleichzeitig, am 8. Mai 1296, ergänzten die Klosterfrauen, die offenbar über Geldmittel verfügten, durch den Kauf eines weiteren Hofes in Hondingen „umb sehs mark loetiges und

---

[1] MÜNZER, Neudingen, S. 42. Ähnlich bei TUMBÜLT, Neidingen, S. 69 f.

[2] LAUER, Kirchengeschichte, S. 101, sieht bei dieser Schenkung von Propst Heinrich und seinem Augustiner-Kapitel vor allem die Erkenntnis als maßgebend an, dass die Wallfahrt Gnadental vom Bodensee aus nur eingeschränkt betreut werden konnte.

[3] FUB V 277 Anm. 1. Vgl. hierzu auch Glunk, Flurnamen, S. 82, Ziffer 174.

[4] Laut Idea laudabilis (GLA), S. 3v., „stiftete schon A. 1292 Hug von Almshofen, ein Ritter ein Gut zu Hondingen ... Lutgard und Adelheid, so glaublich seine Schwesteren und Klosterfrauen auf Hof waren, und sazte zugleich gedachtes Kloster nach deren Ableben .. zum Erben ein.“

[5] FUB I 625.

[6] FUB I 633.

[7] FUB I 645.

luters silvers" von Ritter Heinrich *dem Nidinger* ihren dortigen Besitz[8]. Bei den verschiedenen Güterobjekten verzichteten Graf Friedrich I. von Fürstenberg (gestorben vor dem 8. Mai 1296[9]) bzw. sein Bruder Graf Konrad, der Domherr zu Konstanz war, auf ihre lehensherrlichen Rechte: Die Güter gehörten daher dem Kloster „als eigen". 1295 kaufte der Konvent von Rudolf von Baldingen ein Gut[10], dem sich am 23. Okt. 1296 die offizielle Beurkundung der Bruderholz-Stiftung, „den wald genannt der bruederholz", anschloss[11].

Der 13. Januar 1299 ist für das Neudinger Kloster in zweifacher Hinsicht ein wichtiges Datum. In Anwesenheit mehrerer Mitglieder des Grafenhauses im Klosterbezirk Auf Hof – Graf Konrad, Dompropst in Konstanz, die verwitwete Gräfin Udelhild und ihr Sohn Heinrich, der kommende regierende Erbe, werden genannt – schenkt die Grafenfamilie den Klosterfrauen zunächst die Neudinger Mühle, (*molendinum nostrum situm in Nidingen*), als freies und friedliches Eigentum für immer (*libere ac pacifice perpetuo possidendum*)[12]. Überdies geht das Grafenhaus für jetzt und in Zukunft die Verpflichtung ein, im Neudinger Bann niemals mehr eine andere Mühle zu erbauen oder erbauen zu lassen, die den Klosterschwestern und dem Kloster Nachteile bringen könnte[13].

Was diesen Tag aber überdies für das Kloster und seine künftige Entwicklung noch wesentlich bedeutender macht, hat seinen Grund in einem zweiten urkundlich festgehaltenen Rechtsakt: Der oben genannte Graf Konrad von Fürstenberg, Vormund der unmündigen Kinder seines verstorbenen Bruders Friedrich, und Graf Heinrich als ältestes Mündel erteilen der Priorin und dem Konvent ein gräfliches Privileg[14].

---

[8] FUB I 642.

[9] Ebd. erklärt Graf Konrad, dass er die Urkunde siegelt „von mir selbir und an mines bruoders seligen graven Frideriches kinden stat..." Die Aussage bei RIEZLER, Haus Fürstenberg, Stammtafel IV, Graf Friedrich sei zwischen 1295 und 1297 gestorben, ist hinfällig, weil ungenau.

[10] Vgl. FUB I 637.

[11] FUB V 277.

[12] FUB I 651. Text auch bei RIEZLER, Ukk.1, S. 400 f. Vgl. DERS., Haus Fürstenberg, S. 229; und ebenso MAURER, Königspfalzen, S. 464. WÄLDELE, Maria Hof, Die Heimat Nr. 7, S. 25.

[13] „... promittimus insuper bona fide pro nobis et nostris successoribus quod numquam aliud molendinum in banno ville Nidingen edificabimus vel edificari sinemus in predictarum sororum seu sui monasterii preiudicium et grauamen, ..." (FUB I 652).

[14] FUB I 652. RIEZLER, Ukk. 1, S. 401 ff. Original der Uk. nicht mehr vorhanden. Im FFA befinden sich lediglich zwei Abschriften aus dem 18. Jh.: Kloster-Akten, Lade 24 Fasc. A. Eine lat. Abschrift mit deutscher Übersetzung (18.Jh.) in Idea laudabilis, S. 5v.-8. – Vgl. zu diesem Privileg vor allem: RIEZLER, Haus Fürstenberg, S. 229, und TUMBÜLT, Neidingen, S. 70 f.

Der Inhalt dieser zweiten Urkunde vom 13. Januar 1299 gliedert sich in sechs grundsätzliche Festlegungen:

1. Das Kloster und der gesamte Klosterverband, die Ordensfrauen ebenso wie ihre Dienerschaft und alle sonstigen zum Kloster gehörenden Personen, werden von jeder Dienstpflicht und Abgabenforderung (*ab omni seruitute et exactione*) befreit[15].
2. Die Grafen von Fürstenberg geben alle bestehenden Verpflichtungen[16] und Rechte auf, die ihnen oder ihren Nachkommen jetzt und in Zukunft (*nunc et imposterum*) in Bezug auf Personen oder Standort oder Güter des Klosters an diesem Ort (*circa personas uel locum seu res uestras ibidem*) zustehen oder zustehen werden. Dies gilt unabhängig davon, ob sich dies auf ihre Landesherrschaft oder auf die (Kast)Vogtei bezieht, ob es sich um die Rechtsprechung oder um Gewohnheitsrecht handelt: „... ratione dominii uel advocatiae, nec non iurisdictionis, seu consuetudinis cuiuscunque,...“[17].
3. Die Anzahl der Klosterinsassen ist der Entscheidung des Konvents anheim gestellt.
4. Das Kloster erhält zudem vollständiges Weiderecht auf gräflichen Wiesen und Weiden (*ius plenum communicationum in pascuis*). Während aber die Anzahl der Tiere bei der Großviehhaltung der Klosterführung überlassen bleibt, darf die Stückzahl bei den Schafen 300 nicht überschreiten[18].
5. Der Bedarf an Holz, Brennholz wie Bauholz (*ad comburendum et aedificandum*), darf im gräflichen Forst gedeckt werden, sowohl in Neudin-

[15] Der Text enthält hier die Einschränkung (wörtl. Übersetzung): „dass, falls ihr (das Kloster) eine Person, die zu uns (den Grafen) oder unserer Herrschaft gehört, als Bedienstete gehabt habt (dass) diese dann wieder unserem Dienstbarkeitsverhältnis unterliegt, nachdem sie aus eurem Dienste ausgeschieden ist ...“ („nostrae iterum subiaceat seruituti“).

[16] Erklärung im Text (wörtl.): (Verpflichtungen), „... zu welchen ihr uns infolge des rechtlichen Standes (ratione) derselben Personen oder des vorgenannten Ortes verpflichtet wart oder verpflichtet zu sein schient, und gewähren euch gemäß der Privilegien und Freistellungen (exemptiones) der Schwestern, die dem Predigerorden angehören, durch den Wortlaut der vorliegenden Urkunde völlige Freiheit, ...“

[17] FUB I 652, und RIEZLER, Ukk. 1, S. 402.

[18] Ebd. heißt es hierzu: „... ita tamen, quod numerus pecudum uestrarum uobis pertinentium, quantitatem trecentarum ouium non excedat, numerum uero pecorum, uidelicet equorum boumque ad utilitatem seu necessitatem uestri monasterii, ibi uel in aliis bonis uestris uestro arbitrio duximus relinquendum.“ Gerade wegen dieser Abmachung kam es später, zuletzt um 1500 noch zu Streitigkeiten zwischen den Bauern von Neudingen und dem Kloster, die vor dem Landgericht der Grafschaft Fürstenberg entschieden wurden; vgl FUB VII 144 Anm. 2.

gen als auch in anderen Orten (*in aliis societatibus communibus*), wo das Gotteshaus Besitz hat[19].

6. Schließlich warnen die Grafen alle Einwohner ihres Herrschaftsbereiches davor, die Nonnen mit Gewalt zu bedrängen, im Gegenteil, sie fordern ihre Untertanen sogar auf, die Frauen vor Unterdrückung zu schützen (*ab omnibus vos turbantibus tueantur*).

Mit der Gewährung dieser Sonderrechte stellten die Fürstenberger das Kloster zu Neudingen weitgehend frei von Bevormundung und Einflussnahme durch weltliche Herrschaft. Das heißt, sie beschränkten hiermit gegenüber dieser geistlichen Institution ihre eigene Machtstellung, die sie als eigentliche Begründer des Klosters nach 1274 zweifelsohne innehatten bzw. widerspruchslos anstreben konnten. Das Kloster Auf Hof erhielt 1299 einen Sonderstatus innerhalb des fürstenbergischen Territoriums[20] und fast völlige Eigenständigkeit, bei gleichzeitigem Schutz und Schirm durch das herrschende Grafengeschlecht. Zugleich geht von dieser großzügigen Regelung, die an der Unterstützung des Grafenhauses keinen Zweifel zulässt, offensichtlich ein Signal für den regionalen Adel aus, der nun seinerseits noch mehr Hilfsbereitschaft und Gunstbeweise für das heimische Kloster auf der Baar einbringen wird.

Der Text des Privilegs verrät fraglos die Handschrift eines Klerikers, nämlich des Grafen Konrad von Fürstenberg, „canonicus ecclesie Constantiensis"[21], der dem „Neudinger Gotteshaus", wie auch aus anderen Quellen hervorgeht[22], wohlgesinnt war. Ebenso stellt die frühe Einbindung des jungen Grafen Heinrich II. in diese Angelegenheit wohl die Weichen für dessen spätere wegweisende Entscheidung, in Neudingen die Erbbegräbnisstätte der fürstenbergischen Familie zu errichten.

---

[19] Auch wegen der Regelungen zu Brenn- und Bauholz kam es später bis ins 18. Jahrhundert immer wieder zu Streitigkeiten: Vgl. FFA, Verwaltungs-Akten, Vol. III Fasc. III. – Hinsichtlich der Holzrechte des Klosters vgl. ebenso: Untersuchung der Jahrtägen, Ziffer 6 und 7.

[20] Darauf weist auch TUMBÜLT, Neidingen, S. 92, hin.

[21] Die Übersetzung der Einleitung in der Uk. vom 13. Jan. 1299 lautet: „Indem wir die ewige Vorsehung Gottes und das Gesetz der menschlichen Frömmigkeit gleichermaßen beachten, freuen wir uns von Herzen mit euren neuen und heiligen Fortschritten, nämlich in der Aufnahme der göttlichen Verehrung unter Beachtung der Ordensregel, und indem wir unsere Gunst und Gnade mit Rat und Hilfe hinsichtlich dieser und anderer euch förderlicher Dinge eurer hlg. Kongregation nach Kräften bezeigen, ..."

[22] Vgl. FUB I 642, 645, 651, 655, FUB II 13. Zur Haltung des Domherrn Konrad von Fürstenberg bei der Gewährung des Privilegs vgl. STIEVERMANN, Klosterpolitik, S. 87.

2.2. Aufstieg und frühe Blüte

Nach der Ausstellung dieses Privilegs der Grafen 1299 bemühte sich die Klosterführung darum, die Existenzgrundlage des Klosters Auf Hof weiter zu festigen. Zahlreiche Güterschenkungen und umfangreicher Erwerb von Besitzungen durch das Kloster selbst trugen in der Folgezeit zu dieser Stabilisierung bei. Der Neudinger Chronist Martin Anton ARRES bemerkt zu dieser Entwicklung, die sich bis weit ins 14. Jahrhundert hinein fortsetzt: „Die gute(n) Kloster Frauen wirthschafteten mit ihrem damals noch schwachen Einkommen dermassen klug, daß Sie binnen weniger Zeit in Stand gesezt wurden verschiedene Käuffe ... anzustossen ...“[23] Und etwas später: „Wenn ich aber von den Käuffen auf die Stiftungen einen Schritt fürwerts seze ..., so finde ich, daß als die unter den Fahnen des heiligen Dominici neu angeworbene und bestättigte Kloster frauen dieses Süsse Joch (der Armut) kaum recht verkosteten, (als) sich auch schon verschiedene Stifter und Gutthätter hervorgethan haben ...“ Er schließt seine Beobachtung, die trotz – oder gerade wegen – des zeitlichen Abstandes von Interesse ist: „... (es) waren besonders in diesem Jahrhundert jene goldne Zeiten , wo man um die Ehre Gottes und seiner kirchen in die Wette stritte, und alle Hände von Milde und Freygebigkeit strotzten; ...“[24]
Allerdings waren nicht alle Klöster zu dieser Zeit so begünstigt. Die Jahrzehnte zwischen 1280 und 1320 waren für etliche Klöster im südwestdeutschen Raum eine Periode der Verschuldung[25]. In Neudingen waren offenbar Finanzmittel vorhanden und ebenso große Begeisterung und Förderbereitschaft bei der gräflichen Familie sowie beim niederen Adel und dem städtischen Patriziat in der Region.
Einige Monate nach dem Erhalt des Privilegs, bereits am 25. April 1299, verkaufte der junge Graf Heinrich II., der hier zum ersten Male selbständig und ohne Vormund, wenn auch im Einvernehmen mit dem Domherrn Graf Konrad, hier aber nur noch „Vetter“ (*unsers vetern*) genannt, und Gräfin Udelhild, seiner Mutter, handelte, den Klosterfrauen den bisher gräflichen

---

[23] Idea laudabilis, S. 8v.
[24] Ebd., S. 11.
[25] TÜCHLE, Bd. 2, S. 99 f., verweist auf urkundliche Belege aus Tennenbach, Wettingen, Salem, St. Peter im Schwarzwald u.a.

Meierhof in Aasen „umbe sehs unde zwainzig marke luters und luotiges silbers“[26].

Diesem wichtigen Verkauf schloß sich 1303 ein noch bedeutenderer ähnlicher Vorgang an. Die Grafen Heinrich, Konrad und Friedrich zu Fürstenberg, allesamt Söhne des verstorbenen Grafen Friedrich I., verkauften „der priorin und der samenunge Uffen Hove ze Nidingen“ am 9. April 1303[27]. den im Besitz des Grafenhauses befindlichen Kelnhof in Neudingen[28] zu einem Preis von 400 Mark Silber „Rotwiler geweges“. Sie tätigen diesen Verkauf, „da der kirchensatzze ze Nidingen in hoeret“, und somit auch das Recht, den Priester für die Neudinger Kirche zu präsentieren, mit Zustimmung von Domherr Konrad und Pfarrherr Gebhard zu Fürstenberg[29], beides Geistliche und Brüder ihres Vaters[30]. Die Klosterfrauen erhielten zudem alle weiteren Rechte und Nutzungsmöglichkeiten verbrieft, die zum Kelnhof gehörten, so etwa die Einstellung des Bannwarts in Neudingen und des Dorfhirten. Ein Recht aber behielten sich die Grafen ausdrücklich vor, nämlich die Gerichtsbarkeit in Neudingen, die offensichtlich von alters her mit dem Kelnhof, der gräflichen *curia villicaria*[31], verbunden war[32]. In der Urkunde von 1303 heißt es hierzu: „... an (ohne) das gerihte ze Nidingen allain, won (*nur*) das haben wir uns selber behaben und mit namen in dem koffe usgenomen.“[33] Dieser Vorbehalt war den Verkäufern wichtig, denn auf ihn wird in dem Kaufvertrag nicht von ungefähr mehrfach ausdrücklich hingewiesen.

Um künftige Misshelligkeiten jeder Art von vornherein auszuschließen, werden die Bauern von Neudingen (*diu geburschaft ze Nidingen*) auf die Abmachungen kurz und bündig hingewiesen. Schultheiß und Bürger von Fürstenberg aber erhalten sogar die Möglichkeit, dem Kaufvertrag und seinen Einzelregelungen formal zuzustimmen. Die beiden geistlichen Vettern, Konrad und Gebhard, geben ihr Plazet gesondert ab. Zahlreiche Ad-

---

[26] FUB I 655.

[27] FUB II 13. Vgl. TUMBÜLT, Eigenkirchen, S. 44.

[28] Zum Neudinger Kelnhof vgl. vor allem MAURER, Königspfalzen, S. 464 f.

[29] Zu Gebhard von Fürstenberg, der 1321 ebenfalls Domherr in Konstanz war, vgl. FUB II 111.

[30] Vgl. RIEZLER, Haus Fürstenberg, Stammtafel IV.

[31] Aus der Uk. vom 7. Aug. 1283 (FUB I 586) ergibt sich, dass Gf Heinrich I. von Fürstenberg in Neudingen eine curia vilicaria besass. MAURER, Königspfalzen, S. 464, zieht daraus den zutreffenden Schluss, dass „diese curia ... gewiß mit dem Kelnhof zu N. identisch (war)“.

[32] Zu den rechtl. Aspekten: MAURER, Königspfalzen, S. 464 f., und LEIBER, Landgericht, S. 237.

[33] FUB II 13.

lige aus der Region dokumentieren als Zeugen das besondere Gewicht dieses Kaufvertrags[34].

Auch diese Übereinkunft, die von einigen Autoren höher eingeschätzt wird[35] als das oben untersuchte gräfliche Privileg von 1299, beweist die (bereits mehrfach erwähnte) Förderung des Neudinger Klosters durch das Grafenhaus. Der bisherige Sonderstatus, der das Kloster Auf Hof 1299 fast schon zu einer Art Enklave im fürstenbergischen Herrschaftsbereich macht, wird 1303 noch verstärkt[36]. Ebenso erhält das Kloster durch den Zugewinn des Neudinger Kirchensatzes noch größere wirtschaftliche Beweglichkeit.

Durch den häufigen Verzicht der Grafenfamilie auf lehensrechtliche Vorrechte – sie verkaufen auch den Kelnhof „vuer ain ledig aigen eweclich"[37] – und durch die freie Verfügbarkeit über die erhaltenen Objekte, die dem jungen Kloster bei den meisten Güterschenkungen und Käufen durch andere Personen vom Haus Fürstenberg gewährt wurde und auch in den nächsten Jahrzehnten noch gewährt wird, könnte sich mit der Zeit, wie die erwähnten Verfasser mutmaßen, sogar „im Herzen der Baar ... eine vollständig freie Grundherrschaft" (Jakob WÄLDELE) oder gar ein „kleiner Klosterstaat" (Martin MÜNZER) herausbilden[38]. Diese „Gefahr" war den Verkäufern des Kelnhofs aber offenbar bewusst. Denn mit der Reservierung der Rechtsprechung in Neudingen für sich und ihre Nachfahren steuern die Grafen konsequent gegen die angedeutete Entwicklungsmöglichkeit. Objektiv betrachtet war aber für das Kloster die dargelegte Gesamtregelung

[34] In der Uk. werden genannt: „herre Herman von Sunthusen, ain ritter, Cuonrat von Bluemenberg ze Huevingen, Johannes von Bluemenberg, Herman sin bruoder, Ruodolf von Almeshoven, Hugge von Riffenberg, Hainrich der Aitlinger, Hainrich der Schenkke, Johannes von Eschingen, Johannes der Burgaer und anderre vil biderber luete." Zitiert nach RIEZLER, Ukk. 1, S. 406.

[35] Vgl. WÄLDELE, Maria Hof, Die Heimat Nr. 8, S. 29: „Mit dieser Erwerbung des Kelnhofs brachte das Kloster einen Besitz von größter Bedeutung an sich ...". Ebenso MÜNZER, Neudingen, S. 44. Er nennt diesen Kauf „... die wichtigste und fundamentalste Erwerbung ..." Dies ist sicher etwas überschwänglich formuliert. Ohne den Kauf des Kelnhofs im geringsten abwerten zu wollen, sei der Hinweis erlaubt, dass vor allem das Privileg von 1299 für die spätere Entwicklung des Klosters in Neudingen entscheidend war. Hier sei zudem auf die Bestätigung und Erneuerung dieses Privilegienbriefes 1443 durch die Grafen Egen d. Ä. und Heinrich VI. von Fürstenberg verwiesen (FUB III 348). – Über die Bedeutung von Kelnhöfen im Rahmen der Fronhofverfassung vgl. JÄNICHEN, Wirtschaft, S. 361 f.

[36] Vgl. oben (S. 44) die diesbezüglichen Ausführungen zu 1299. Vgl. auch WÄLDELE, Maria Hof Die Heimat Nr 8, S.29 f., und MÜNZER, Neudingen, S. 44.

[37] FUB II 13.

[38] WÄLDELE, Maria Hof, Die Heimat Nr. 8, S. 29 f., und MÜNZER, Neudingen, S. 44.

durch den Kauf des Kelnhofs von großem Vorteil. Sie diente unzweifelhaft zur weiteren Stabilisierung der Ausgangslage.

Zahlreiche Adlige, fürstenbergische Dienstleute und Persönlichkeiten aus begüterten Familien der Umgegend beweisen danach dem Kloster durch großzügige Güterstiftungen und andere Hilfserweise ihre Gunst. Die nachfolgende Auflistung der beachtlichen Zuwendungen in den ersten vier Jahrzehnten des 14. Jahrhunderts soll vor allem einen Eindruck davon geben, wer die Stifter waren und in welchen Orten im Umland des Klosters die neuen Besitzungen lagen:

- Am 11. Okt. 1306 stiftet Berthold von Tannheim (*Berchtolt von Tanhain*), Bürger von Villingen, ein Gut in Kirchdorf, das verbunden mit einer Nutzungsverfügung und einer Jahrzeitregelung in späteren Jahren dem Kloster zufallen soll[39].
- 1307 überlassen Hermann der Schreiber, sein Bruder Walther und seine Tochter Hadwig (*Haedewige*), Nonne in Neudingen, den Klosterfrauen ein kleines Gut in Gutmadingen. Die Gegenleistung ist auch hier eine Jahrtagsfeier[40].
- Werner, der Sohn des verstorbenen Konrad Gosolt, gibt am 22. April 1320 das Gosolts Gut zu Baldingen sowie sein Haus und seinen Hof zu Hüfingen dem Kloster zu eigen[41].
- Am 11. April 1323 schenkt Ritter Heinrich Studengast einen Hof zu Hondingen dem Neudinger Konvent. Er tut dies im Einvernehmen mit seinem Lehensherrn, dem Freiherrn Hug von Lupfen, Landgraf in Stühlingen, dem er zuvor im Tausch 2 Hufe in Leipferdingen als Ersatz bereitgestellt hat[42].
- Hiltburg, geb. von Almshofen, Witwe des Eberhard von Trossingen, regelt 1325 die Schenkung von 4 Eigengütern in Döggingen[43]. Diese stehen, in detailliert festgelegte Nutzungsbestimmungen und eine Jahrtagsregelung eingebunden, dem Kloster allerdings erst nach dem Ableben der Stifterin und von vier nahen Verwandten zur Verfügung.
- 1329 wählt Wernher von Schwandorf (*von Swaindorf*) ein ähnliches Langzeitverfahren: Er überschreibt am 30. April dem Konvent seine drei Güter in Gutmadingen, Pfohren und Döggingen sowie sein Haus in Geisingen, empfängt diese Objekte aber gegen einen Jahreszins zu lebenslanger Nutznießung wieder. Nach seinem, seiner Frau und seiner Schwiegermutter Tod gehört der gesamte Besitz endgültig dem Kloster[44].

---

[39] FUB V 301.
[40] FUB V 302.
[41] FUB V 374. Bei dieser Schenkung gilt ein einschränkender Vorbehalt zugunsten der Kirche in Öfingen (*Evingen*).
[42] FUB V 383. Die Urkunde wird zwar von Hug von Lupfen auf dessen Burg in Stühlingen ausgestellt. Der eigentliche Spender ist aber Heinrich Studengast.
[43] FUB II 136. Vgl. hierzu auch Uk. vom 25. Juni 1313 (FUB V 322 Anm. 1).
[44] FUB II 161. Zu diesem Vertrag vgl. Revers der Klosterleitung von 1329 (FUB II 161 Anm. 1).

- Vier Söhne des verstorbenen Konrad von Geisingen vermachen am 20. Okt. 1333 dem Kloster ein Gut in Gutmadingen sowie zwei „Hölzer" (Gehölze, Wälder) im Pfaffental und an der Länge „zu ihrem und ihrer Vordern Seelenheil zu rechtem ledigen Eigen"[45].
- Die Spendenfreudigkeit erreicht am 4. April 1336 ihren Höhepunkt. Zunächst stiftet Konrad im See (*Sewe*) aus Hüfingen das Gut in See zu Neudingen[46].
- Priester (*Pfaff*) Heinrich *Bumen* (Baumann) überschreibt am gleichen Tag das Petersgut in Wolterdingen den Frauen des Neudinger Konverts[47].
- Die dritte Schenkung mit diesem Datum betrifft ein weiteres Gut in Wolterdingen. Der Stifter ist Hug von Almshofen, genannt *der Boner*[48]. In allen drei zuletzt genannten Fällen stimmt Graf Heinrich II. von Fürstenberg der freien Übereignung des jeweiligen Gutes zu.
- Wenige Wochen später übergeben die Gebrüder Heinrich, Berthold und Konrad von Geisingen ihrer Schwester Verena, die als Nonne ins Kloster Auf Hof eintritt, „ein Gütli" zu Gutmadingen, das nach dem Tod der Klosterfrau gegen eine jährliche Jahrtagsfeier für ihre Eltern Konrad und Engle (*Engelun*) von Geisingen ans Kloster fällt[49].
- Am 4. Nov. 1343 erfolgt der Vollzug des oben erwähnten Vermächtnisses der Hiltburg von Almshofen von 1325: Die beiden Neudinger Konventualen Katherina von Almshofen und Heilwig von Trossingen stellen ihrem Kloster, falls sie sterben, ihre vier durch Tausch in Döggingen erhaltenen Güter gegen einen Jahrtag in Aussicht[50].
- Eine Ackerschenkung im Gnadental 1345 durch Berthold Kuch (*der Kuoche*) von Fürstenberg gegen eine Jahrzeitfeier[51] beendet die ein halbes Jahrhundert dauernde Schenkungswelle.
- An dieser Stelle ist noch eine spürbare Entlastung der Klosterfinanzen durch die Übereignung des Kirchensatzes von Gutmadingen (samt dem dortigen Brühl, einem sumpfigen Wiesengelände) nachzutragen, welche Konrad, Johann und Heinrich (III.) von Fürstenberg am 20. Dez. 1341 vornehmen[52].

Diese umfangreichen Güterschenkungen legen die Vermutung nahe, dass sich in dieser Freigiebigkeit damals die religiöse Begeisterung der maß-

[45] FUB II 187. Obwohl Graf Heinrich II. von Fürstenberg und seine drei Söhne Konrad, Johann u. Heinrich laut Uk. vom 20. Okt. 1333 zu dieser Stiftung ihre Zustimmung geben, scheint die Nutzung später aus unbekannten Gründen vom Grafenhaus bestritten worden zu sein. Das Original dieser Urkunde im FFA, Kloster-Akten, Lade 8 Fasc. A, Nr. 4, trägt noch einträchtig die 8 Siegel der Beteiligten: der 4 Stifter und der 4 Grafen. – Vgl. MÜNZER, Neudingen, S. 50.
[46] FUB II 199.
[47] FUB II 200.
[48] FUB II 201.
[49] FUB V 302 Anm. 1. Ausführlicher Text bei RIEZLER, Ukk. 1, S. 419.
[50] FUB II 240. Unter den Zeugen sind die Ritter Hans und Hug von Almshofen aufgeführt.
[51] FUB V 277 Anm. 2.
[52] FUB II 234. Vgl. hierzu TUMBÜLT, Neidingen, S. 73 ff. DERS., Eigenkirchen, S. 17.

geblichen Kreise der heimischen Gesellschaft für die Neudinger Klostereinrichtung niederschlug. Wie die Stifterliste erkennen lässt, engagierten sich hierbei nicht zuletzt auch jene Familien, aus deren Reihen „fromme Töchter" der klösterlichen Neugründung beigetreten waren oder später beitraten[53]. Die bedeutendsten Familien bei diesen Schenkungen waren die von Almshofen, von Baldingen und von Geisingen.

Durch die Stiftungen seit den neunziger Jahren des 13. Jahrhunderts – insgesamt sind es rund 20 – gelangte das Kloster zu ansehnlichem Besitz und beträchtlichen Einkünften, die unter normalen Umständen eine gesicherte Versorgungslage und ein geregeltes Klosterleben garantieren konnten, selbst wenn man annehmen darf, dass Wert und Größe manches geschenkten Gutes eher bescheiden waren.

Neben diesen Schenkungen vergrößert die Klosterleitung im selben Zeitraum den Klosterbesitz durch Zukäufe von Gütern, Äckern, Wiesen etc., die offensichtlich aufgrund der wirtschaftlichen Situation möglich waren[54]. Auf diese Weise kaufte das Kloster Auf Hof

- am 16. Nov. 1304 von Heinrich von Gutmadingen, einem Edelknecht, das Goelren Gut in Gutmadingen, den Eigenbesitz aus einer Erbschaft Heinrichs, wozu die Hofstatt[55] beim *Spuonnen* Hof (allerdings ohne den Hof) gehört, sowie die in Aussicht gestellte halbe Erbschaft „von swester Gerinun Spuenninun". Kaufpreis insgesamt: 6 Mark Silber[56].
- am 22. Aug. 1307 von Johannes von Baldingen einen Hof zu Baldingen, „den der Touchinger baut", für 23 Mark Silber Freiburger Gewichts[57].
- am 9. Sept. 1307 von Johann von Eschingen, Dienstmann der Grafen von Fürstenberg, Güter in Hondingen[58].
- am 5. Febr. 1308 von Ulrich Aitlinger ein Gut zu Mauenheim[59].
- am 29. Juli 1310 von Heinrich von Aitlingen den Wald Habseck zwischen Hubertshofen und Mistelbrunn „um 48 Pfund Pfennige Brisger"[60].

---

[53] Vgl. hierzu Kapitel 5, S. 122 f. und S. 127 ff., dieser Arbeit.
[54] Zur Gütervermehrung vgl. auch DÄNIKER-GYSIN, Töß, S. 39f.
[55] Vgl. hierzu JÄNICHEN, Wirtschaft, S. 398: Hofstatt ist ein Flächenmaß von 376 qm, mit dem vor allem Rebland vermessen wurde. 6 Hofstatt entsprechen 1 Jauchert.
[56] FUB II 25.
[57] FUB II 37.
[58] FUB II 38.
[59] Dieser Hinweis geht auf GABELKOFER in DÖPSER I, S. 165, zurück (FFA, O B 20 Vol I./2). Der Ort des kaufenden Klosters ist nicht genannt; Neudingen lässt sich aber aus dem Eintrag zuvor erschließen: „.... der Vertrag gemacht der gemeind Fürstenberg mit den Closterfrowen zu Neydingen." Vgl. auch FUB II 39.
[60] FUB II 54. – Zur Bedeutung dieses Kaufs vgl. MÜNZER, Neudingen, S. 46 f. Das Habseck, ein Waldstück mit rund 25 ha, verblieb beim Kloster bis 1803.

- am 18. April 1312 von den Brüdern Rudolf und Johann von Baldingen die Wildenmühle (mit Burg und Burgstall) im Neudinger Bann samt dem *Berenbruegel* und Wiesen und Äckern im Umfeld zu 60 Mark Silber Villinger Gewichts[61].
- am 15. Juli 1316 von Graf Konrad von Wartenberg seine Vogtsteuer vom Gut des Konrad Gosolt[62] in Unterbaldingen. Der Kaufpreis beträgt 8 Pfd. Pfennige alter Breisgauer[63].
- am 21. April 1317 von dem Bräunlinger Bürger Run sein Gut in Neudingen, ohne die Wiesen im „under hoeltzern", für 18 Mark Silber Freiburger Prägung[64].
- am 27. Nov. 1318 vom Maier Eberhart und der Pfohrener Bauernschaft den Weg durch den *Bernbruegel* und den dortigen Espan für 5 Pfd. 5 Schillinge Pfennige alter Breisgauer Münze[65].
- am 21. Juni 1335 von Willi und Rudi von Baldingen zwei Äcker auf Neudinger Gemarkung zwischen dem Gossinger Bach und dem Siechenberg. Preis 40 Pfd. Pfennige „alter Brisger".[66].
- am 14. Jan. 1338 von Gerung von Neudingen eine Wiese, gen. *der Mattacker*, um 40 Pfd. Pfennige[67].
- am 14. Febr. 1339 von Rudi von Baldingen, Lehensmann des Grafen zu Wartenberg[68], die *Muliwiese* in Neudingen, die an den Mattacker grenzt, für 13 Pfd. Pfennige alter Breisgauer Währung[69].

Hatte sich das Klostereigentum vor 1300 besonders auf den Raum Neudingen/Hondingen konzentriert, so kamen zu Beginn des 14. Jahrhunderts vor allem Güter und Ländereien – zumeist nachweisbar als freies Eigentum des Klosters – in Gutmadingen, (Ober- und Unter-) Baldingen, in Pfohren und Wolterdingen hinzu. Der Besitz reichte jetzt von Döggingen und vom Habseck im Westen bis Mauenheim im Osten, vom Aitrachtal bis nach Kirchdorf bei Villingen. Bis 1320 etwa verwandten Priorin und Konvent beträchtliche Geldmittel für den Erwerb dieser Besitzungen. Das Kloster Auf Hof, so hatte es den Anschein, entwickelte sich recht erfreulich. Danach ließ die Kauftätigkeit allmählich nach, sie beschränkte sich

---

61 FUB II 66. Das Original im FFA unter Selecta. Vgl. GLUNK, Flurnamen, S. 314 f.
62 Während im Original der Name des Gutsbesitzers „Cuonrat Gosolt" lautet, ist in FUB V 358 von Konrad Cossalas" die Rede.
63 FUB V 358.
64 FUB V 360.
65 FUB II 97. – Espan: Abstellplatz, Festwiese. Vgl. JÄNICHEN, Wirtschaft, S. 368.
66 FUB II 193.
67 FUB II 212. Zum Mattacker vgl. FUB II 36, in dessen Nähe 1307 der Tausch eines Wegerechts zw. dem Fürstenberger Schultheiß, Wenzel von Rischa, u. dem Kloster vorgenommen wurde.
68 Dies war zu diesem Zeitpunkt Graf Konrad von Fürstenberg, vgl. RIEZLER, Haus Fürstenberg, Stammtafel IV.
69 FUB II 219. Zum Mattacker vgl. auch GLUNK, Flurnamen, S. 133, Ziffer 369.

zuletzt nur noch auf den Erwerb weniger Wiesen und Äcker, und nach 1339 hörte sie für 20 Jahre ganz auf.

Hier stellt sich generell die Frage, weshalb ein Frauenkloster, das dem Bettelorden der Dominikaner angehört, so sehr auf Schenkungen und Güterkäufe Wert legt, und dies, obwohl es dem strengen Armutsgebot des Ordens verpflichtet ist? Eigentlich scheinen sich hier zwei Dinge grundsätzlich zu widersprechen. Dem ist aber nicht so. Bereits Andreas WILTS weist nach, dass die „Ausdehnung der wirtschaftlichen Lage ... keineswegs gleichbedeutend mit dem Übergang zu einem saturierten Klosterleben war“[70]. Und Marion KRAMP ergänzt: „Der Predigerorden sollte nur (Nonnen)Klöster aufnehmen, die mit ausreichenden Gütern ausgestattet waren, und diese Klöster sollten nur so viele Schwestern aufnehmen, wie sie versorgen konnten.“[71]

Eben hier aber begannen vielerorts die Probleme, denn diese Empfehlungen für Frauenkonvente wurden in der ersten Begeisterung nach der Aufnahme in den Dominikanerorden zumeist nicht beachtet. Der Zulauf an aufnahmewilligen Frauen war sehr groß[72] und führte zur Überfüllung vieler Klöster und damit verbunden zu Versorgungsschwierigkeiten. Dies geschah besonders dort, wo Nonnenklöster aus Beginensammlungen hervorgingen, weil jene Frauen primär nicht an einer gesicherten Lebenshaltung interessiert waren und deshalb bereitwillig Überfüllung und Armut ertrugen[73]. Folglich waren größere materielle Aufwendungen für Unterbringung und Versorgung der Konventualinnen notwendig, wofür aber die vorhandenen Mittel häufig nicht mehr ausreichten.

2.3. Die päpstliche Bulle von 1344

Genau diesen Veränderungen entsprach die Situation im Neudinger Kloster um 1340, trotz aller vorangegangener Erwerbungen. Eine Urkunde

---

[70] WILTS, Beginen, S. 56.

[71] KRAMP, Augustinusregelkommentare, S. 467.

[72] Vgl. WILTS, Beginen, S. 56: In St. Katharinental bei Diessenhofen, wo das Kloster Mitte des 13. Jahrhunderts für 40 Schwestern gebaut worden war, befanden sich um 1280 etwa 150 Nonnen. Hierzu GRUNDMANN, Religiöse Bewegungen, S. 312 f., auch TÜCHLE, Bd. 2, S. 97 f.

[73] KRAMP, Augustinusregelkommentare, S. 467. GRUNDMANN, Religiöse Bewegungen, S. 317 f.

Papst Klemens VI. vom 5. Febr. 1344, ausgestellt in Avignon, inkorporiert auf die entsprechende Bitte des Klosters hin diesem die Pfarreien Neudingen und Gutmadingen[74]. Das Patronatsrecht und der Kirchensatz über die beiden Pfarreien waren dem Kloster bekanntlich schon 1303 bzw. 1341 übertragen worden, was dem Konvent jährlich 8 bzw. 6 Mark Silber einbrachte. Die Inkorporation, die mehr Kompetenz umfasst als das Patronat[75], soll Not und Armut (*premuntur maxima egestate*), in die das Kloster geraten ist, lindern. Als ersten Grund für diese finanzielle Notlage nennt die Urkunde die große Zahl der Nonnen (*persone ipsius propter sororum multitudinem*) und die geringen Einkünfte des Klosters zu deren Versorgung (*tenuitatem reddituum earundem*). Als zweite Ursache werden die Dienste des Klosters gegenüber Gefolgsleuten des Herzogs Leopold von Österreich erwähnt[76], ebenso die Unterstützung für den Habsburger im Streit gegen König Ludwig den Baier, die sich auch in der konsequenten Befolgung des päpstlichen Interdikts gegen Ludwig zeigt[77].

Diese Aussage bezieht sich auf den deutschen Thronstreit im 14. Jahrhundert zwischen Kaiser Ludwig dem Baier aus dem Hause Wittelsbach und den Habsburgern unter Herzog Leopold, mit dem die Grafen von Fürstenberg verbündet waren[78]. In diesen Konflikt war auch der apostolische Stuhl eingebunden. Die in diesem Zusammenhang erwähnte finanzielle Belastung für den Neudinger Konvent dürfte darauf zurückgehen, dass die Klosterfrauen, vermutlich auf Geheiß ihres gräflichen Schutzherrn, hochrangigen Mitstreitern des Habsburgers zuweilen kostenlos gastfreundliche Unterkunft bieten mussten (*propter hospitalitatem, quam eas tenere oportet*) – ein sicherlich kostspieliges Unterfangen[79].

Überdies aber wird durch das päpstliche Schreiben zum ersten Mal klar, dass sich die Lage des Klosters zuletzt zum Schlechten entwickelt hat[80]: Das Kloster Auf Hof befand sich unversehens in Not, was auch auf die

---

74 FUB V 473. Als kurzes Regest in REC II n. 173. Vgl. Idea laudabilis, S. 12v. + 13.

75 Vgl. TUMBÜLT, Neidingen, S. 75. DERS., Eigenkirchen, S. 45.

76 In FUB V 473 heißt es hierzu: „... seruitia, que diuersis dominis comitibus baronibus quondam Lupoldo duci Austrie adherentibus, fidelibus ecclesie,..."

77 Ebd.: „... quod ipse tamquam deuote filie ipsius ecclesie interdictum ecclesiasticum per processus apostolicos prolatum in illis partibus diligentissime seruauerunt hactenus et obseruant."

78 Vgl. hierzu RIEZLER, Haus Fürstenberg, S. 272 f., 278.

79 FUB V 473.

80 REC II 4922. Bischof Ulrich III. von Konstanz setzt am 11. Aug. 1349 die Anordnung des Papstes von 1344 hinsichtlich der Inkorporation der Pfarreien Neudingen und Gutmadingen in das Kloster Auf Hof „verbotenus" (wortgetreu) in die Praxis um: vgl. auch FUB V 473 Anm. 1.

große Zahl an Nonnen, die in der religiösen Begeisterung wohl unbedacht aufgenommen wurden, zurückgeht. Wie wir an anderer Stelle dieser Untersuchung nachweisen werden, lebten um 1344 etwa 40 bis 45 Nonnen Auf Hof, also wesentlich mehr als die im Durchschnitt zu versorgenden 25 bis 30 Konventualinnen[81]. Vermutlich hat deren wachsende Anzahl schon in den dreißiger Jahren zu allmählichen Versorgungsengpässen geführt, worauf die Verantwortlichen in den zuständigen Klosterämtern erfahrungsgemäß als erstes geringeren Verbrauch und Verzicht forderten. Möglicherweise appellierten die Priorin und der Konvent auch an die begüterten Gönner des Klosters und baten diese um materielle Hilfe, womit sich – wahrscheinlich – die nochmals vermehrten Güterschenkungen nach 1333 erklären ließen[82].

An dieser Stelle ist noch ein wichtiger Vorgang nachzutragen: Gerade in diesen Jahren, in denen einerseits die ersten großen Schwierigkeiten auftraten, erfuhr das Kloster Neudingen andererseits eine bedeutende, ja grundlegende Aufwertung. Der regierende Graf Heinrich II. erwählte das Dominikanerinnenkloster unterhalb des Hausbergs der Fürstenberger zur letzten Ruhestätte für sein Geschlecht. Hiermit beginnt die Tradition der fürstenbergischen Erbbegräbnisse, die bis ins 21. Jahrhundert reicht[83]. Graf Heinrich II. von Fürstenberg selbst war der erste aus dem Grafenhause, der hier – Auf Hof – nach seinem Tod am 14. Dez. 1337 seine letzte Ruhestätte fand[84,85].

2.4. Die Veränderung der Verhältnisse

Stiftungen der oben beschriebenen Art werden nach 1345 seltener, aber es gibt sie auch in diesen schwierigen Zeiten noch. Allerdings kommen sie dem Kloster häufig erst nach Jahrzehnten, nämlich nach dem Tod zwischengeschalteter Nutznießer – meist Nonnen –, zugute. So ist das auch in den folgenden Fällen. Am 21. Okt. 1348 übertrug Hug von Almshofen

---

[81] Vgl. Kapitel 5, S. 120 f., dieser Untersuchung.
[82] Vgl. FUB II 187, FUB V 360 Anm. 1, FUB II 193, 199, 200, 201, 202 Anm. 1.
[83] Vgl. hierzu BADER, Erbbegräbnisse, a.a.O.; vor allem S. 26-36.
[84] FUB II 210.
[85] Zu den fürstenbergischen Erbbegräbnissen vgl. Kapitel 10, S. 246 ff.

seinen fünf Töchtern, allesamt Nonnen in Neudingen, „des Huosers Gut in Guottemtingen“. Nach deren Tod sollte das Gut dem Kloster gehören[86]. Erst zwölf Jahre später, am 20. März 1360, folgte die nächste Schenkung. Heinrich Busse, selbst Dominikanerbruder, stellte für den Fall seines Todes ein kleines Gut in Pfohren zu einem Jahrtag für sich und seine Schwester Agnes bereit[87]. Ritter Johann von Tengen und sein Sohn Harman vollzogen am 14. Febr. 1364 das Testament der verstorbenen Frau Anne von Wartenfels, ihrer Ehefrau bzw. Mutter[88]. Diese veranlasst darin eine jährliche Stiftung von 4 Pfd. Pfennigen aus dem Rheinzoll zu Eglisau zugunsten der Töchter Heinrichs von Fürstenberg, die im Kloster Neudingen den Schleier genommen haben[89]. Nach dem Tod der gräflichen Nonnen sollte die Gült zu einem Jahrtag für die Stifterin, ihren Ehemann und den Sohn Hanman an das Kloster fallen[90].

Eine bemerkenswerte Regelung trafen Gräfin Anna von Fürstenberg, geb. von Montfort, die Witwe Heinrichs III., und ihr Sohn Heinrich IV. Am 19. Mai 1368 überschrieben sie der Neudinger Nonne Anna von Fürstenberg, Tochter bzw. Schwester der beiden Stifter, zwei Weintavernen in Hondingen und Pfohren als Leibgeding[91]. Sofern Schwestern Annas gleichfalls in Neudingen die Gelübde ablegen, sollten auch sie an dieser Verfügung teilhaben. Beim Tod Annas, der späteren Priorin[92], fiel die Nutznießung an den Tavernen an die beiden Stifter zurück.

1367 schenkte Schwester Anna Stölzlin (*die Stöltzlin*), eine verwitwete Bürgerin aus Rottweil, die aber offenbar später dem Neudinger Konvent beigetreten ist, ihr Haus in Rottweil ihren Mitschwestern. Allerdings behält sie sich gegen einen jährliche Zinszahlung ein lebenslanges Nutzungsrecht und weitere Verfügungsmöglichkeiten zugunsten Dritter vor[93]. Nach

---

[86] FUB V 302 Anm. 2. In einer Uk. vom 23. April 1354 (FUB V 302 Anm. 3) bestätigen Priorin u. Konvent des Klosters Neudingen die Schenkung Hugs von Almshofen (von 1348).

[87] FUB VI 247 Anm. 1.

[88] FUB II 384 und Anm. 1.

[89] Über die Mutmaßung, wer diese gräflichen Nonnen waren, vgl. Kapitel 9, S. 224.

[90] Vgl. die Uk. v. 21. Dez. 1368, in welcher Johann von Tengen, der sich „ein freier Herr“ nennt, die Verfügung der Anne von Wartenfels, die mit seinem Vetter Hans v. Tengen verheiratet war, Eigenartigerweise gilt die Jahrzeit jetzt nur noch für die ursprüngliche Stifterin.

[91] FUB II 414.

[92] Zu Klosterfrau Anna von Fürstenberg vgl. auch FUB II 384 + Anm. 1, und ebd. 524 Anm. 1. Im Neudinger Anniversarienbuch ist ihr Jahrtag am 23. Jan. eingetragen (vgl. FICKLER, Anniversarien-Buch, Abt. I, S. 24.).

[93] RIEZLER, Ukk. 1, S. 431. Mit Anna (die) Stöltzlin befassen sich weitere Urkunden von 1374, 1384 und 1390, die in Kapitel 3 behandelt werden. Vgl. RIEZLER, Ukk. 2, S. 5, 6, 9.

ihrem Ableben soll das Haus verkauft werden; die Hälfte des Erlöses soll dann für eine Jahrzeit für sie selbst und ihre Vorfahren Verwendung finden. Eine ähnliche Verfügung traf Anna Spät (*die Spaetin*) am 22. März 1369. Sie erklärte urkundlich, dass Heinrich Spät, ihr verstorbener Ehemann, zu Lebzeiten einen Jahrtag im Neudinger Kloster „für sich und die anderen, denen er Geld oder Almosen schuldet", mit einem Kernenzins aus zwei Gütern in Aasen (*Ashan*) gestiftet hat[94]. Am Rande wird bemerkt, dass von diesen Aasener Gütern „der von Emmingen, closterfrowen Uffen Hof"[95], jährlich zwei Hühner abzuliefern sind, die aber nach dem Tod der Klosterfrau zu der Jahrzeitstiftung gehören.

Am Ende des ersten Jahrhunderts seit Gründung des Klosters Auf Hof steht – fast symbolhaft – eine herausragende Stiftung der Gründerfamilie. Am 6. Nov. 1370 vollziehen die Grafen Heinrich (IV.) und sein (zu diesem Zeitpunkt bereits verstorbener) Oheim Konrad von Fürstenberg die sog. Hohenlohesche Stiftung nach dem Willen und aus dem Besitz der Gräfin Adelheid, geb. von Hohenlohe, der ersten Gemahlin Heinrichs[96]. Es handelt sich dabei um eine Altar-Pfründe im Kloster Neudingen für einen Priester (Kaplan), der ohne Anweisung des Klosters täglich eine sog. Ewige Messe für das Grafenhaus halten muss. Auf die Einzelheiten, die Durchführung, Entwicklung und Bedeutung dieser Stiftung wird noch an anderer Stelle ausführlich eingegangen, weshalb sich hier weitere Darlegungen erübrigen[97].

Nach der Vielzahl von Käufen vor 1340 dauerte es fast 20 Jahre, bis das Kloster Auf Hof durch einen <u>Güterkauf</u> wieder seinen Besitz vergrößerte. Am 18. Dez. 1357 erwarb es von Heinrich von Aitlingen den sog. Aitlinger Zehnt zu Gutmadingen um 90 Mark Silber „Schafhuser Gewichts"[98]. Einen weiteren Kauf dokumentiert der Vertrag vom 22. Aug. 1365, mit dem Jakob Guggenbühl dem Kloster „ainen acker, der lit uff der ziehen, stosset an Gossinger bache, und zwai lant stossent gen dem MattAcker" über-

---

94 FUB II 419.

95 Im ältesten Güterrodel des Klosters von 1364 handelt es sich offensichtlich um Brida von Emmingen, die dort ebenfalls „die von Emmingen" genannt wird. Vgl. FUB VI 29.

96 FUB II 434. Text auch bei RIEZLER, Ukk. 2, S. 1-3.

97 Zu Details der Hohenloheschen Stiftung vgl. Kapitel 6, S. 164 ff.

98 FUB II 330. Vgl. hierzu den Kommentar des Martin Antoni ARRES in der Chronik Idea laudabilis (GLA), S. 13v.+14. Ebenso MÜNZER, Neudingen, S. 56.

lässt[99]. Desgleichen ist der Kauf zu erwähnen, bei dem die Klosterleitung 1371 von Johann Busse und seiner Ehefrau Margaret von Geisingen zwei Güter in Geisingen zum Preis von 200 Pfund Haller erwarb[100]. Wie schon früher erhielten die Klosterfrauen auch bei diesen Käufen die Erwerbungen „zu eigen"[101].

Bereits 1359 hatte das Kloster seine Finanzreserven nochmals kräftig angegriffen: Am 15. Juli dieses Jahres kauften Priorin und Konvent von Graf Hug von Fürstenberg (aus der Haslacher Linie) 15 Güter zu Tannheim und einen Hof in Wolterdingen für 50 Mark Silber[102]. Mit den Zinsen aus diesem Betrag sollte eine Jahrzeitstiftung sowie ein Leibgeding samt späterem Jahrtag finanziert werden. Auch wenn das Angebot des Grafen besonders großzügig und verlockend war, erstaunt der Kauf dennoch, angesichts der eher angespannten Wirtschafts- und Finanzsituation des Klosters[103]. Bei diesen umfangreichen Besitztümern handelt es sich übrigens zum größten Teil um jene Güter und Höfe in Tannheim und Wolterdingen, deren Einkünfte Graf Gebhard von Fürstenberg 1321 seiner Nichte Katharina, Nonne in Friedenweiler, als Leibgeding übergeben hatte[104]. Nach ihrem Tod fielen diese Güter an die Familie Graf Hugs zurück, dem die Klosterfrauen sie nun abkauften[105].

Zum ersten Male, und das ist neu, erfolgten Mitte des 14. Jahrhunderts Güter<u>verkäufe</u>. Vielleicht wurden die Versorgungsprobleme noch bedrohlicher oder es fehlt dem Kloster einfach an Liquidität. Beides wäre aus der verschlechterten Wirtschaftslage heraus durchaus verständlich. So veräußerte der Konvent am 24. Okt. 1343 drei Güter in Hondingen an Hans Guggenbühl und seine drei Kinder um 100 Pfd. Breisgauer Münze[106]. Beim Tod einer der vier Personen war mit den Zinsen aus den drei Gütern jeweils eine Jahrzeit einzurichten. 1363, am 7. April, verkaufte das Kloster dem Bruder Konrad Nordhalter *(Cuonrat dem Naerthalter)* von Aulfingen

---

[99] FUB II 401.

[100] FUB II 441 + Anm. 1.

[101] FUB II 330 Anm. 1, 401, 441 Anm. 1.

[102] FUB II 343. Vgl. MÜLLER, Tannheim, S. 54 f.

[103] Vgl. die Ausführungen im Kapitel 2.3. (päpstliche Bulle 1344) u. weiter unten zum päpstlichen Ablassbrief von 1362 (Bekanntgabe 1363 durch Bischof Heinrich III. von Konstanz).

[104] FUB II 111. – Vgl. MÜLLER, Tannheim, S. 55.

[105] Im Original der Uk. vom 15. Juli 1359 (FFA, Kl.-Akt., Lade 29 Fasc. A, Nr. 1) werden die an das Kloster verkauften Güter gekennzeichnet. Zumindest ein Teil davon scheint mit den Gütern von 1321 identisch zu sein. Vgl. hierzu auch MÜLLER, Tannheim, S. 55.

[106] FUB V 383 Anm. 1.

ein Gut in Sumpfohren für rechteigen[107]. Dieser Käufer verfügte allerdings den Rückfall des Guts an das Kloster nach seinem Tod, wobei er dies an verschiedene Bedingungen knüpfte, wie Jahrtagsfeier, Lichtspende u.a. Im darauffolgenden Jahr (1364) veräußerte die Klosterführung an die drei Villinger Bürger Konrad Buller, Heinrich *dem Waltsnider* und Konrad Bräunlinger ein Gut und einen Garten in Hüfingen um 55 Pfd. Pfennige Heller[108]. Und am 24. Mai 1370 kaufen Johann von Almshofen und Johann von Sunthausen dem Kloster das *Aescher-Gütlein* in Sumpfohren für 58 Pfd. Heller ab. Sie geben das kleine Gut jedoch gegen zwei Jahrtage für ihre verstorbenen Gemahlinnen Cecilia von Blumberg und Anna von Sunthausen wieder an das Kloster zurück[109].

Ein neues Verfahren findet seit dieser Zeit immer häufiger Erwähnung in den Urkunden: Der Gültkauf aus Klosterbesitz zu einem festen Preis, wobei dieser Gültzins meist vom Käufer für eine Jahrzeit, mitunter aber auch für Kirchenlicht, Leibgeding u.a. gestiftet wird und letztlich über diese Stiftung wieder ans Kloster zurückfällt[110]. Die frühesten Beispiele für diese Form enthält die folgende Aufstellung:

Tabelle 1
Gültkäufe aus Klosterbesitz für Jahrtagsstiftungen, Kerzenlicht u.a.

Datum	Käufer/Stifter	Herkunft/Wert der Gült	Zweck
1314, 15. Juli	Mechthild, geb. von Tengen, Witwe des Rudolf von Ortenberg	Jährliche. Naturalgült von 2 Scheffel (=Sfl.) Korn + 2 Sfl. Hafer aus einem Klosterhof in Baldingen[111]	Jahrzeit für sie und Rudolf[112]
1335, 5. Juni	Heinrich und Berthold von Geisingen	„eine Gilt von 1 Pfd. alter Brisger von einer Wiese im Stuoterstal" zu 15 Pfd. Pfennigen „alter Brisger"[113]	Jahrtag für verst. Bruder Johannes
1340, 22. Juni	Berthold und Hans von Geisingen	Gült v. 2 Pfd. Pfg. aus Wiese u. 2 Neudinger Höfen zu 31 Pfd. Pfg.	Jahrzeit der Stifter[114]
1346, 5. Mai	Hans von Tannheim (*Tanhan*), Kaplan des Klosters Auf Hof	Gült von 6 Schilling Pfg. aus Klostergut in Neudingen zu 7 Pfd. Breisgauer Münze.	Für Priester der Kirche in Neudingen[115]
1346, 5. Mai	Kaplan Hans von Tannheim (*Tanhan*)	Gült von 10 Sch. Pfg. von Hof zu Hondingen zu 12 Pfd. Breisgauer.	An Küsterin: Öl, Kerzen[116]

[107] FUB VI 21.
[108] FUB II 385.
[109] FUB VI 21 Anm. 1.
[110] Weiter ist von Vorteil, „dass (das Kloster) seine Einkünfte sofort zur Verfügung hat und diese höher sind, als bei normaler Pacht zu erwarten wäre." (MÜNZER, Neudingen, S. 55).
[111] Dieser Hof, der von Berthold dem Tochinger bewirtschaftet wird, gehört seit 1307 dem Neudinger Kloster. Vgl. hierzu FUB II 37.
[112] FUB II 74.
[113] FUB V 360 Anm. 1.
[114] FUB V 360 Anm. 2.
[115] FUB V 360 Anm. 3.

1350, 16. April	Kaplan Hans von Tannheim (*Tanhan*)	Naturalgült (6 Sfl. Kernen) von Klostergut in in Neudingen zu 43 Gulden + 13 ½ Pfd. Breisgauer.	G. nach Tod des Stifters an Kloster[117]
1350, 22. April	Heinrich und Ulrich von Studengast, Ritter	„ewige Gült" von 4 Sfl. Kern für 24 Gulden	Jzt. für Verwandte[118]

Hiermit reißt der Gültkauf aus Liegenschaften des Klosters, der für Seelgerätstiftungen (Jahrtage u.ä.) verwendet wird, zunächst ab. Erst gegen Ende des 14. Jahrhunderts findet diese Verfahrensweise – eine eigenartige Verbindung von religiöser Handlung und wirtschaftlichem Interesse – wieder Anwendung, dann aber erheblich verstärkt.[119]

Eine weitere Neuheit lässt sich nach 1336 in einer Vielzahl von Zeugnissen, die das Neudinger Kloster betreffen, dahingehend beobachten, dass Jahrzeitregelungen im Sinne des Stifters auch eine genaue Anweisung zur Verbesserung der kargen Kost enthalten[120], welche den Konventualinnen am Jahrtag gestiftet und „über Tisch" gereicht werden soll. Eine solche Pitanzstiftung findet sich erstmals in der Urkunde vom 25. April 1336, welche Heinrich (*Hainzelin*), Berthold und Konrad von Geisingen ausstellen[121]. Dort wird von den drei Brüdern bestimmt, dass an dem von ihnen gestifteten Jahrtag Wein und Fisch serviert werden soll: „... uber de tische ume win und ume vische als verre als es dene raiget"[122]. Diese Willenserklärung wird mit einer Strafandrohung (Sanctio), fast einer Art Verwünschung, versehen, nämlich: Priorin, Subpriorin, Schaffnerin und Küsterin sollen bei Versäumnis der Jahrzeitfeier zur Strafe „ane unsern herren stan ane allerslaht geverde..."[123].

Desgleichen verfügten Konrad, Johann und Heinrich von Fürstenberg anlässlich der Schenkung des Kirchensatzes von Gutmadingen am 20. Dez. 1341 u.a., dass an den Jahrtagen der Grafen von Fürstenberg künftig „an dem tische der vorgenanten vrowen vier phunt alter brisger geben (wer-

---

[116] FFA, Kl.-Akt., Lade 13 Fasc. A, Nr. 10; FUB V 383 Anm. 2: Text nur allgemein besprochen.
[117] FUB II 280.
[118] FUB II 281.
[119] Vgl. hierzu Kapitel 3, S. 70 ff., Kap. 6, S. 155 ff., und Kap. 7, S. 188 f.
[120] Vgl. SCHULER, Anniversar, S. 88 f. BAUMANN, Totenbücher, S. 465. GRÜBEL, Frauenfrömmigkeit, S. 34: Erste Stiftung dieser Art bei den Dominikanern in Basel 1281.
[121] Vgl. oben in Kapitel 2, S. 49, und ebd. auch Anm. 49.
[122] Diese Anordnung der Aussteller, Wein u. Fisch zu reichen (Pitanz), findet sich nicht im Druck (FUB V 302 Anm. 1), sondern nur im handgeschriebenen Original, also in FFA, Kloster-Akten, Lade 8 Fasc. A, Nr. 5.
[123] Ebd. im Original; auch gedruckt in: FUB V 302 Anm. 1 und bei RIEZLER, Ukk. 1, S. 419.

den), iren tische da mit zu besserand"[124]. In gleicher Weise legte Hans Guggenbühl 1343 in der bereits erwähnten Jahrzeitstiftung fest, dass vom Gültbetrag am Jahrtag für die Klosterschwestern Wein und Fisch gekauft wird[125]. Der mehrfach genannte Klosterkaplan Hans von Tannheim (*Tanhan*), der am 11. Jan. 1344 für 18 Pfd. Brisger ein lebenslanges jährliches Nutznießungsrecht auf „ainen some wises oder rotes wines" vom Weingut des Klosters in *Achstat* (Eichstetten oder Aach?) erwarb[126], ordnete an, dass nach seinem Tod dieser Wein teilweise als Messwein Verwendung finden, teilweise an Weihnachten den Nonnen als Tischwein ausgeschenkt werden soll. Der Kaplan drohte für den Fall der Nichtbeachtung seiner Anordnung der Priorin, allen Amtsschwestern (*amtesswestera*) und Klosterbrüdern kirchliche Strafen an[127]. Die Reihe ähnlicher Anweisungen lässt sich beliebig fortsetzen.

Auch Graf Hug schloss 1359 seine umfängliche Verkaufsurkunde mit Jahrtagsstiftung für seine Frau Adelheid, geb. von Krenkingen, und Leibgedingregelung für seine Nichte Elisabeth mit dem Vermerk, „...und sol man ... jeglicher frowen ain gantz maz wins über disch gebn und sol och den frowen gemainlich und den priestern uf den (jar)tag visch kouffen und in über disch geben."[128] Der Neudinger Chronist Martin Antoni ARRES mokiert sich allerdings darüber und bezeichnet diese Anweisung als „eine in der That lächerliche Verordnung"[129]. Ungeachtet dieses Einwands enthalten noch zahlreiche Urkunden von nun an diesbezügliche Pitanz–Verfügungen, so am 22. April 1350 das oben angeführte Jahrtagsgedächtnis der Ritter von Studengast[130], 1354 die Schenkungsbestätigung des Ritters Hug von Almshofen[131], 1360 die Jahrzeitstiftung des Heinrich Busse[132], und auch die Verkaufsurkunde für Konrad Nordhalter von 1363

---

[124] FUB II 234. Vgl. Idea laudabilis, S. 11v.+12.

[125] FUB V 383 Anm. 1.

[126] FUB V 472. Zur Lokalisierung (Eichstetten oder Aach) vgl. Kapitel 7, S. 184.

[127] Aus der Uk. vom 11. Jan. 1344: „... so sol die priorin und alle amtesswestera und och die bruodere an (ohne) unsern Herren stan unz das sue es volle fuerend, sue son es och fertegan als sue ume dis almuesen an (bis zu) irem jungesten suefezen gotte dar ume entwuerten wellen ...".

[128] FUB II 343.

[129] In Idea laudabilis, S. 14v., heißt es weiter: „... wie trostreich wird nicht dieser Jahrtag in Choro et foro begangen worden seyn, und zwar letztern Orts besonders, wenn es geheizzen hat: et Calix mens inebrians, praeclarus est, – wie trefflich ist nicht mein Kelch, der da trunken macht."

[130] FUB II 281.

[131] FUB V 302 Anm. 3: „... diese Jahrzeit alljährlich zu feiern und das Geld aus jenem Gut zur Besserung des Mahles unter den Konventfrauen zu verteilen."

[132] FUB VI 247 Anm. 1.

beinhaltet einen ähnlich lautenden Passus[133]. Anordnungen über die Verköstigung am Jahrtag finden sich dann wieder häufiger ab dem Ende des 14. Jahrhunderts.

Es ist nicht ganz einfach, diese Sonderzuteilung von Kost (lat. pitancia) – über reine Vermutungen hinaus – schlüssig zu deuten. Handelt es sich dabei nur um ein in Klöstern übliches Verfahren, weil die Qualität der Verköstigung für Klosterinsassen im Großen und Ganzen schlecht war? Oder geht es um eine Geste religiöser Dankbarkeit an die Klosterfrauen (und Mönche), die diese Jahrzeiten durchführten? Oder stecken dahinter nur die häufig auftretenden Schwierigkeiten bei der Versorgung der Konventsmitglieder, also wirtschaftliche Not, was auch nicht unwahrscheinlich klingt? Ähnlich unklar ist, ob die erwähnten Strafandrohungen (Sanctiones), die fast wie Verwünschungen klingen, mehr waren als bloße (Schluss)Formeln, wie sie in mittelalterlichen Urkunden häufig vorkommen, oder ob irgendeine tiefere Absicht damit verbunden war. Die Fragen bleiben letztlich unbeantwortet, wir müssen uns mit allgemeinen Mutmaßungen behelfen.

Ebenfalls neuartig und außergewöhnlich war für das Neudinger Kloster die Bekanntgabe eines päpstlichen Ablassbriefes am 20. Juni 1363 durch den Konstanzer Oberhirten, Bischof Heinrich III. (*literas indulgentiarum ... verbotenus communicat*)[134]. Dieser Ablass, den die Klosterführung selbst in Avignon erbeten hatte, war von den Erzbischöfen Jacob Leopatrensis und Nicolaus Laycisanensis[135] am 14. Nov. 1362 gewährt worden[136]. Aus welchem Grund dies geschah, geht aus der Urkunde nicht hervor. Der Vorgang indes, der nach 1344[137] eine weitere Begünstigung der Neudinger Klosterfrauen durch den päpstlichen Stuhl dokumentiert, bot eine willkommene finanzielle Erleichterung für das Kloster[138]. –

---

[133] FUB VI 21.

[134] REC II 5802. FUB VI 161 Anm. 1 und RIEZLER, Ukk. 1, S. 429.

[135] In REC II 5802 werden die beiden Aussteller des Ablassbriefes als die Erzbischöfe Jacob von Novae Patrae und Nikolaus von Larissa bezeichnet.

[136] Ebd. – Der Originaltext v. 14. Nov. 1362 und der Text der Bekanntgabe von 1363 sind als Abschrift in eine Urkunde von 1397 eingefügt. Vgl. FFA, Kl.-Akten, Lade 24 Fasc. C, Nr. 1.

[137] Vgl. oben, Kapitel 2.3., S. 52 ff.

[138] Zum Ablasswesen des Mittelalters vgl. Nikolaus PAULUS, Die Geschichte des Ablasses im Mittelalter, 3 Bde, Köln 1920 ff.

Das schwerwiegendste Ereignis, das Europa ab der Mitte des 14. Jahrhunderts stark belastete und die allgemeine Entwicklung beeinträchtigte, war die Pest. Ihren Ausbruch in den vierziger Jahren, den Schwarzen Tod 1348/1349 sowie die weiteren Pestepidemien in der zweiten Jahrhunderthälfte und darüber hinaus im 15. Jahrhundert, nennt David HERLIHY u.a. „die verheerendsten Naturkatastrophen, die Europa jemals heimgesucht haben“[139]. Auch wenn Frantisek GRAUS diesen Eindruck etwas relativiert und die Pest als „eine Katastrophe unter anderen, keine Zäsur von entscheidender Bedeutung“ bezeichnet[140], lässt sich nicht übersehen, dass diese entsetzlichen Vorgänge bei den Zeitgenossen tiefe Spuren hinterlassen haben. Für Klaus BERGDOLT bildet der damalige Pestalltag „nur das Ferment, das den Zusammenbruch bereits vorher ins Schwanken geratener Weltbilder beschleunigte ...“.[141,142]
Die (dünn besiedelte) Baar, geschützt durch Gebirgszüge[143], befand sich offensichtlich etwas abseits der eigentlichen Todeszone. Aber immerhin liegen zahlreiche Hinweise dafür vor, dass Teile des Bistums Konstanz und die Bischofsstadt selbst von der Seuche heimgesucht wurden[144]. Bischof Heinrich III. von Brandis sah sich während seines Episkopats zu zahlreichen Hilfsmaßnahmen, auch für etliche Klöster in seinem Sprengel, veranlasst[145]. In einem längeren Bittschreiben an Papst Innozenz VI. vom 16. Juli 1357 wies der Bischof darauf hin, dass in seinem Konstanzer Bis-

---

[139] David HERLIHY, Der Schwarze Tod und die Verwandlung Europas, Berlin 1998, S. 1.

[140] Frantisek GRAUS, Pest-Geißler-Judenmorde, S. 35.

[141] Klaus BERGDOLT, Der Schwarze Tod in Europa. Die Große Pest und das Ende des Mittelalters. München 1994, S. 25.

[142] Aus der vielfältigen Pest-Literatur sei, außer den bereits genannten Untersuchungen, auf Bernd Ingolf ZADDACH, Die Folgen des Schwarzen Todes (1347-1351) für den Klerus Mitteleuropas, Stuttgart 1971, Frantisek GRAUS, Pest–Geißler–Judenmorde, Göttingen 1987, sowie die Sammlung von Beiträgen bei Mischa MEIER (Hg.), Pest. Die Geschichte eines Menschheitstraumas, Stuttgart 2005, u. die interdisziplinären Referate in: Seuchen in der Geschichte: 1348-1998, hg. von Ortrun RIHA, hingewiesen. Weitere Angaben zur Literatur über die demographischen, wirtschaftlichen und kulturgeschichtlichen Auswirkungen des Schwarzen Todes finden sich bei: Sabine TANZ, Pest (1999), S. 47 f., 50.

[143] Karl LECHNER, Das große Sterben in Deutschland in den Jahren 1348-1351 und die folgenden Pestepidemien bis zum Schlusse des 14. Jahrhunderts, Innsbruck 1884, Neudruck 1974, S. 47: „Hauptsächlich waren es die großen Verkehrswege, welche die Heerstraßen des ‚schwarzen Todes' bildeten ...Gebirgszüge, die nicht von bedeutenden Handelswegen durchschnitten wurden, bildeten für die Pest ein natürliches Hemmnis. Das zeigt sich besonders in Böhmen; ebenso war Franken von Westen her geschützt durch Odenwald, Spessart und Röhn.“ Ähnlichen Schutz boten wohl auch Schwarzwald und Schwäbische Alb für die Baar.

[144] BERGDOLT, S. 80: „war „ain großer tod zu Costentz“. Ebd., S. 129. Vgl. hierzu auch MAURER, Konstanz, Bd. 1, S. 205.

[145] Vgl. hierzu Kapitel 5, S. 118, dieser Arbeit.

tum längere Zeit die Pest gewütet habe und noch immer vereinzelt Pestfälle auftreten. Aus diesen Vorkommnissen und ihren Folgen ergeben sich allenthalben erhebliche Belastungen für seine Diözese, zu deren Behebung er die Hilfe der Kurie erbittet[146].

Das Kloster Auf Hof bei Neudingen, im Konstanzer Bistum, blieb offensichtlich von der direkten Berührung mit der Epidemie verschont. In den Quellen zur Geschichte des Klosters findet sich jedenfalls kein Beleg für ein Auftreten der Seuche innerhalb der Klostermauern oder in unmittelbarer Nähe[147]. Dennoch ist anzunehmen, dass auch die Existenzgrundlage des Neudinger Klosters durch die Pest und ihre Auswirkungen zumindest vorübergehend in Mitleidenschaft gezogen wurde, sei es durch zeitweise Not und Armut, sei es durch Verödung landwirtschaftlicher Nutzflächen oder durch Bevölkerungsschwund[148]. Wie an anderer Stelle noch dargestellt wird, ist auch die Zahl der Klosterangehörigen Auf Hof als indirekte Folge der Pest erheblich zurückgegangen[149].

---

[146] REC II 5287.

[147] Nach BERGDOLT, S. 80, grassierte die Seuche 1349 am Oberrhein und im Elsaß.

[148] Über die wirtschaftliche Lage des Ordensklerus um 1350 vgl. ZADDACH, S. 130. Zur Änderung des „geistigen Klimas" vgl. GRAUS, Pest, S. 144 ff. DERS.., ebd., S. 148, betont auch die veränderte Einstellung zu Frauen im Spätmittelalter. Ebd., S. 148, weist der Autor auf „eine eigene klar intellektualistisch verfärbte Frauenverachtung" hin. Bezüglich der Zahl der Pestopfer vgl. TANZ, Pest, S. 52 f.

[149] Vgl. hierzu Kapitel 5, S. 117 f. – Zum Mitgliederschwund bei den Orden in der 2. Hälfte des 14. Jahrhunderts vgl. ZADDACH, S. 38. Auch REICHENMILLER, Reichsstift, S. 25.

KAPITEL 3
DIE ENTWICKLUNG AM ENDE DES 14. UND IM 15. JAHRHUNDERT

3.1. Vorübergehende Besserung der Verhältnisse

Trotz der ernsten Krise um die Jahrhundertmitte war das Kloster Auf Hof hundert Jahre nach seiner Entstehung zu einem festen Bestandteil des kirchlichen Lebens auf der Baar geworden. Die für die monastische Gemeinschaft Verantwortlichen versuchten die Situation allmählich zu stabilisieren. Sie waren offensichtlich bemüht, die Tagesgeschäfte systematisch zu ordnen, was sich nicht zuletzt an der Anlegung des ältesten Güterrodels 1364[1], ebenso des „Güterbeschrieb von 1368"[2] des Klosterbesitzes in Neudingen – hier war nachweislich der Schwerpunkt des Klostervermögens[3] – und der ältesten Güterliste für die Jahrtage[4], die ebenfalls aus diesen Jahren stammt, deutlich zeigt.
Um 1370 schien sich auch die wirtschaftliche Lage wieder zu bessern. Nach der bereits genannten großzügigen Hohenloheschen Stiftung erfolgte am 15. März 1374 mit Zustimmung des Lehensherrn, Graf Heinrich IV. von Fürstenberg, die Schenkung eines Gutes in Sumpfohren durch Johann Maier aus Fürstenberg[5]. Die Stadt Rottweil bestätigte am 13. Dez. 1374, dass die Klosterschwester Anna Stölzlin, eine Rottweiler Bürgerin, zwei Neudinger Nonnen zu ihren Erben eingesetzt hat[6], nach deren Tod die Erbschaft gegen einen Jahrtag für *die Stöltzlin* und ihre Vorfahren dem Konvent zufällt[7]. Gleichzeitig sah sich das Kloster finanziell in der Lage, zwei Käufe durchzuführen. 1371 übernahmen die Klosterfrauen zwei Güter in Geisingen von dem Villinger Bürger Johann Busse und seiner Ehe-

---

1 FUB VI 29. Das Original befindet sich im FFA, Kloster-Akten, Urbarium Nr. 16.

2 FFA, Kl.-Akt., Lade 24 Fasc. C, Nr. 6. Die spätere Bezeichnung (Kopfregest) kennzeichnet das Schriftstück folgendermaßen: „Beschreibung der güether, welche allhiesigen Gottshauß Mariahof gestiftet worden, und solche genuzet hat. Ao 1368."

3 Vgl. Kapitel 7, S. 181 f., dieser Untersuchung.

4 FFA, Kloster-Akten, Lade 24 Fasc. A, Nr. 7: „Verzeichnis einiger Jahrtägen".

5 FUB II 454. Im Original: FFA, Kloster-Akten, Lade 27 Fasc. A, Nr. 3, heißt es, dass der Stifter dem Kloster mit dieser Schenkung Dankbarkeit erzeigen will, „... umb daz, daz si ouch vormals siner tochter Margarethen ain pfrunde in dem vorgenannten kloster durch got luterlich geben hant." Unklar ist, ob die genannte Margarethe Maier, Nonne in Neudingen, identisch ist mit der gleichnamigen Tochter Adelheids der Salatin, verwitwete Maiger. Vgl. hierzu FUB VI 89.

6 Vgl. RIEZLER, Ukk. 1, S. 431: Uk. der Stadt Rottweil vom 29. Nov. 1367.

7 RIEZLER, Ukk. 2, S. 5. Im FFA befindet sich bei den Kloster-Akten das Vermächtnis der Anna Stölzlin von 1373 in Lade 24 Fasc. C, Nr. 5.

frau Margaretha von Geisingen. Der Preis beträgt 200 Pfund Heller[8]. Hier, wie auch beim nachfolgenden Kauf einer Wiese in Neudingen (*in den krummen búgen*), welche die geistlichen Frauen von dem Fürstenberger Bürger *Haini dem Hafner* am 18. Nov. 1373 erwarben[9], verzichtete der Lehensherr auf sein Einspruchsrecht.

Daneben kann sich der Konvent Hoffnungen auf einen späteren Erhalt des sog. Widum-Zehnten (*der widem zehende*) in Pfohren machen. Die Nonne Heilwig (*Haylen*) von Bern[10] und ihre verwitwete Schwester Adelheid[11] kauften dem Johann Kuch von Fürstenberg diesen Zehnt am 14. Aug. 1373 ab[12]. Nach dem Ableben der beiden Käuferinnen sollte er in den Besitz des Klosters übergehen. In dieser Zeit (um 1370) erfolgte auch die Wiederholung eines Geländetausches von 1350 auf Neudinger Gemarkung[13]. Für den Eschbann, die Gemeinde-Allmend im Gewann Mattacker, um die es dabei ging, erhielt das Kloster am 13. Dez. 1370 die alleinige Nutzung. Die Bürger der Stadt Fürstenberg aber und die Neudinger Bauernschaft (*die gebursami gemainlich*)[14] erreichten die rechtliche Gleichstellung mit dem Kloster, was auch auf die Gewohnheiten bei der Nutzung ausgedehnt wird[15]. Nach längerer Pause verkaufte das Kloster am 26. Nov. 1376 wieder eigenen Besitz. Der Käufer, ein Villinger Bürger namens Haini Ruedeger Egesheimer (*Egeshammer*), bezahlte für zwei kleinere Güter zu (Donau)Eschingen, „die järlich gelten 6 ½ Scheffel kernen und 6 Scheffel haber Nidinger Maaß“, samt einem Gehölz des Klosters annähernd 44 Pfund *Augster* (Augustales)[16].

---

[8] FUB II 441 + Anm. 1. Es handelt sich um zwei Urkunden: erstens um den eigentlichen Kaufvertrag, zweitens um die Bestätigung des Besitzwechsels und die Übereignung der Güter ins Eigentum des Klosters durch den Lehensherrn.

[9] FUB II 452.

[10] Im Neudinger Anniversarienbuch (FFA) eingetragen unter dem 30. Mai.

[11] Laut TUMBÜLT, Neidingen, S. 80, stammen die beiden Frauen von Bern, einer „abgegangenen Burg bei Rottweil“. Die Vermutung MÜNZERs, Neudingen, S. 57, sie würden einem adligen Geschlecht der Stadt Bern (Schweiz) entstammen, ist sicherlich falsch.

[12] FUB II 448.

[13] FUB II 436.

[14] In beiden Urkunden scheint die Rechtsposition der Bürger von Fürstenberg und der Einwohner von Neudingen verschieden gewesen zu sein. Beispielsweise verfügen die Neudinger bei der Besiegelung der Uk. von 1350 über kein eigenes Siegel. (FUB II 282).

[15] Vgl. FUB II 436. Dort heißt es z.B.: Waidgang darf nur erfolgen, wenn „ die wisen gehoewet sind“. Im weiteren wird die Lage verschiedener Wiesen beschrieben: „ain wisli ist gelegen bi dem nideren brugglin an nidinger weg“, „...den garn da bi der lit zwuschent den wegen...“. Und: „... ain wisli, lit an den landen in saigen brunnen; ...“ usw.

[16] RIEZLER, Ukk. 2, S. 5 f. Diese Güter gehören 1433 zur sog. Egesheimer Stiftung; vgl. Kap. 6, S. 166 ff.

Danach fehlen weitere Quellenbelege bis zu den Jahren 1384–1386, für die dann zehn Urkunden vorliegen, von denen mehrere ohne jeden Zweifel beweisen, dass das Kloster sich inzwischen wieder in latenter Not befindet. Die Versorgungssituation für die Klosterinsassen hatte sich in der Zwischenzeit offenbar erheblich verschlechtert.

3.2. Das Kloster neuerlich in Not und Armut

Zwei Urkunden vom August 1384 geben einen ersten Hinweis auf die neuerlich auftretenden Nöte und Schwierigkeiten des Klosters. Am 18. August bestätigen die Klosterfrauen die Übereinkunft mit ihrer Mitschwester Anna Stölzlin wegen deren oben erwähnter Erbschaft samt Jahrzeitregelung[17]. Die Urkunde enthält zum Schluss die Anordnung Annas, dass bei ihrer Jahrtagsfeier jede Nonne zur Besserung ihrer Verpflegung, die alljährlich mit 2 Pfd. Heller aus der Jahrtagsgült finanziert werden soll, eine Extraportion zur Mahlzeit erhält[18]. Besagt dies über eine allgemeine Notlage noch wenig Konkretes, so erhellt ein Passus in einer anderen Urkunde, die gerade fünf Tage später im Kloster erstellt wurde, die Situation schon besser. Die Klosterführung wird künftig, so heißt es da in einer Vereinbarung mit Brigitte von Almshofen, der Küsterin, das sog. Georgenlicht in der Klosterkirche[19] mit einer Gült aus dem Kornzehnt zu Neudingen bezahlen[20]. Dies soll nicht mehr wie bisher aus dem Zinsertrag eines Hofes in Aufen (*Ufhain*) geschehen, da man diesen Hof – und darin besteht die hier wesentliche Aussage – „von not und notdurft wegen unser und unsers closters ... verkouffen muostent und ... ze kouffent geben haben Günthern von Hüfingen."[21]

---

[17] Vgl. hierzu: Uk. v. 29. Nov. 1367 (Riezler, Ukk. 1, S. 431) und Uk. v. 13. Dez. 1374 (RIEZLER, Ukk. 2, S. 5). Wegen des von Anna (der) Stölzlin vererbten Hauses zu Rottweil kommt es 1390 in Rottweil wegen des Einspruchs der „Sibengedmin" zum Prozess, wobei die Neudinger Klosterschwestern ihren Kaplan Eberhart Nellen mit der Vertretung des Klosters bevollmächtigen. (RIEZLER, Ukk. 2, S. 9)

[18] Im Original im FFA, Kl.-Akt., Lade 17 Fasc. C, Nr. 2, heißt es: „Also daz wir und Alle unser nachkommen ... gebn sont zwai pfunt hll den frowan gemainlich an unser pittantie uber tische und daz unser male da mit gebesseret werde ...". Vgl. RIEZLER, Ukk. 2, S. 6.

[19] Aus dem Original, FFA, Kloster-Akten, Lade 17 Fasc. C, Nr. 3: „...an St. Georien lieht, daz da hanget gegen unserm chilchhof".

[20] FUB VI 81 Anm. 2; ebenso RIEZLER, Ukk. 2, S. 6 f.

[21] FFA, Kl.-Akt., Lade 17 Fasc. C, Nr. 3.

Die Versorgungsschwierigkeiten des Klosters Auf Hof werden noch deutlicher. Mitunter entsteht sogar der Eindruck, dass die Klosterinsassen zeitweise vom Hunger bedroht sind. Dementsprechend bekennen sich Priorin und Konvent am 23. Juni 1385 zur zweckgebundenen Nutzung eines kleinen Gutes in Behla sowie der dortigen Riedwiese, eine Schenkung der Gebrüder von Lantzenhofen im Tausch gegen eine Jahrzeitfeier für drei Familienmitglieder[22]. Mit dem Ertrag des Gutes, das nie veräußert oder vernachlässigt werden darf, soll, wie betont wird, die Ernährungslage der Klosterschwestern insgesamt verbessert werden[23].

In der Folge werden in diesen Jahren, nach fast 25jähriger Unterbrechung, Verfügungen zu Kost und Nahrung, also sog. Pitanzstiftungen, im Rahmen von Jahrzeitregelungen wieder häufiger. Dies dokumentieren auch zwei weitere Urkunden des Konvents von 1385. Die erste enthält einen Gültverkauf aus Schlatters Gut in Hondingen vom 23. Juni an den Priester Hug von Almshofen und seinen Bruder Johann, genannt der Kirchherr, für einen Jahrtag zugunsten ihres verstorbenen Bruders Friedrich Bick von Almshofen[24]. Die jährliche Gült soll den beiden Töchtern Friedrich Bicks, den Neudinger Nonnen Ursula und Anna von Almshofen, zur Nutznießung ausgehändigt werden. Nach deren Tod sollen Priorin und Seelmeisterin dafür Sorge tragen, dass die Gült am Jahrtag unter die Nonnen zur Verbesserung des Mahles verteilt wird.

Der zweite urkundliche Beleg vom 15. Juli 1385 beinhaltet den Verkauf des Scherblins Gutes zu Hondingen[25] an die Klosterfrau und derzeitige Küsterin Brigitte (*Briden*) von Almshofen, die vom Ertrag des Guts eine umfassende Jahrzeit für alle stiftet, die der Küsterei je Gutes getan haben, und auch für jene, die auf dem Friedhof des Klosters beerdigt sind[26]. Mit dieser Jahrtagsstiftung verpflichtet *Briden* alle künftigen Küsterinnen car-

---

[22] FUB VI 156 Anm. 2. Die Jahrzeit betraf Rudolf von Lantzenhofen, seinen Bruder Johann und dessen gleichnamigen Sohn Johann. Vgl. auch Idea laudabilis, S. 20v.

[23] In FFA, Kl.-Akt., Lade 3 Fasc. A, Nr. 2: „...die nuotze und zinse alle, die denne von dem egenanten Guetlin und von der vorgenannten wise gevallent, ... (sond gebn) uns die frowen gemain lich in dem vorgen. Clouster unseri male da mit ze besserant, alle wie sie langent und sullent."

[24] FUB VI 91

[25] FUB VI 91 Anm. 1: Es geht um den Verkauf dieses Gutes. VETTER, Almshofen, S. 27, behauptet hierzu fälschlich, es gehe nur um einen Gültverkauf aus dem Scherblins Gut.

[26] FUB VI 91 Anm. 1. Das Neudinger Anniversarienbuch enthält unter dem 7. Juli den Eintrag: (Jahrzeit) "aller der die in dem kirchhoff sin begraben."

auf, dafür zu sorgen, dass jedes Jahr am Sankt Dominikustag jeder Klosterfrau ein halbes Maß Wein ausgeschenkt wird[27].

Die Zeiten bleiben für das einstmals florierende Gotteshaus schwierig. Das Kloster verfügt offenbar über wenig flüssiges Geld und hat keinerlei Rücklagen mehr. Güterkäufe, die vor 1340 häufig getätigt wurden, setzen bis weit ins 15. Jahrhundert hinein gänzlich aus[28]. Dagegen sieht sich die Klosterleitung, wie dies für die Jahre 1384 und 1385 oben dargelegt wurde, auch in Zukunft zum Verkauf von Klosterbesitz gezwungen.

So veräußerte man am 22. Juli 1408 die Hälfte des Meierhofs zu Aasen mit allem Zubehör zu 70 Pfd. Heller „minder 5 Schilling"[29]. Käufer dieser Hofhälfte, deren Ertrag mit 3½ Malter Vesen, 1 Malter Roggen Neudinger Maß und ein Viertel Eier angegeben wird, war der Rottweiler Bürger Heinrich Denkinger. Und am 19. Mai 1411 verkauften die Klosterfrauen mit Zustimmung Graf Egens von Fürstenberg der Kirche zu Döggingen (*Teggingen*) zwei Güter im Ort zu 38 Pfd. Heller[30].

Die früher so zuverlässige Unterstützung durch das Haus Fürstenberg geriet in dieser Zeit auch ins Stocken, obwohl die ersten Notjahre um 1385 bis 1390 in das Priorat der Anna von Fürstenberg, der Schwester des regierenden Grafen Heinrich IV., fielen[31]. Vermutlich halten Zeitumstände oder politische Verpflichtungen, vielleicht auch die Auseinandersetzungen zwischen dem befreundeten Haus Habsburg und der Eidgenossenschaft das Grafenhaus von mehr (urkundlich belegter) Hilfe für das Kloster ab[32]. Lediglich 1396 trat Graf Heinrich IV. im Zusammenhang mit der Hohenloheschen Stiftung für Neudingen in Erscheinung.

Er wandte sich am 4. April 1396 in einem längeren Schreiben an den Konstanzer Bischof Burkhard von Hewen und bat diesen, amtlich zu bestätigen, dass er (Graf Heinrich von Fürstenberg) die bewusste Stiftung (von 1370) im Kloster Neudingen im Sinne seiner verstorbenen Ehefrau

---

[27] Ebd. – Ähnliche Pitanz-Anweisungen finden sich in der Folge noch in mehreren Stiftungs-Ukk., z.B.: FUB VI 247 Anm. 7 (1402); ebd. VI 91 Anm. 2 (1404), 247 Anm. 8 (1407) und ebd. 30 Anm. 4 (1417). FUB III 147 (1420). Ebenso: FFA, Kloster-Akten, Lade 8 Fasc. A, Nr. 7.

[28] Von 1371/73 bis 1436 finden sich keine diesbezüglichen Urkunden mehr.

[29] FUB III 46.

[30] FUB VI 30 Anm. 2.

[31] FUB II 524 Anm. 1. – Am 23. April 1388 wurde die Priorin Anna von Fürstenberg letztmals urkundlich erwähnt. Laut KÖTZ, Aufzeichnungen, ist 1391 das Todesjahr Annas.

[32] Vgl. hierzu MÜNZER, Neudingen, S. 58. Die Vermutung, das Kloster sei auf Seiten der Grafen in den Streit zw. Adel u. südwestdeutschen Städten verwickelt, klingt wenig wahrscheinlich.

Adelheid, geb. von Hohenlohe, korrekt vollzogen habe[33]. Bereits am 26. Juni 1396 erfolgte die gewünschte Bestätigung durch den Bischof[34], wobei dieser offenbar ein recht gutes Verhältnis zum Neudinger Konvent hatte. Dies ergibt sich daraus, dass Bischof Burkhard im Jahr zuvor, am 16. August 1395 nämlich, das Kloster von der Zahlung der *primi fructus* für die Pfarreien Neudingen und Gutmadingen, die bekanntlich dem Kloster inkorporiert waren, befreit[35]. Als Gegenleistung forderte und erhielt der Konstanzer Oberhirte eine allgemeine Jahrtagsfeier für alle Konstanzer Bischöfe jedes Jahr am Allerseelentag zugesagt. Es ist anzunehmen, dass bei dieser bemerkenswerten Vereinbarung zwischen dem Bischof und einem einfachen Nonnenkloster auf dem Lande der gräfliche Einfluss im Hintergrund mitspielte, ein Umstand, der an anderer Stelle noch eingehend untersucht wird[36].

Die Sorgen und Schwierigkeiten des Neudinger Klosters bestanden weiter. Begüterte, meistens adlige Gönner aus der Region, dabei ihrer religiösen Überzeugung gehorchend, versuchten durch vielerlei finanzielle Zuwendungen die latente Not zu lindern. Tätige Hilfe kam vor allem von Mitgliedern der Familien von Almshofen[37] und von Blumegg[38]. Neben der üblichen Finanzierung der laufenden Geschäfte durch die allgemein bekannten Einnahmen (Steuern, Abgaben, Zinsen, Gülten) und durch den Erlös aus den bereits genannten Verkäufen konnten Priorin und Konvent auch in diesen Notzeiten wieder auf zahlreiche Jahrzeitstiftungen zurückgreifen. Diese beruhten teilweise, allerdings wesentlich seltener als früher, auf einer Güterschenkung:

- So stiftet Johann der Eschinger aus Fürstenberg am 15. Juli 1385 dem Kloster zwei Wiesen auf Neudinger Gemarkung für eine Jahrzeit zugunsten seiner toten Eltern, Johann der Eschinger der Ältere und Elsbeth von Reischach (*Rischa*)[39].

---

33 FUB II 560.

34 FUB II 560 Anm. 1. Als Regest in REC III 7456.

35 FUB VI 160 Anm. 5. Als kurzes Regest in REC III 7424.

36 Vgl. hierzu Kapitel 8, S. 204 ff., besonders die zugehörigen Anmerkungen 57 ff.

37 Die Unterstützung für das Kloster Auf Hof durch diese Familie steht nur wenig hinter der Hilfe des Grafenhauses zurück. Vgl. FUB VI 91 u. VI 91 Anm. 1. Ebd. VI 160 Anm. 6; 128 Anm. 3; 91 Anm. 2; 156 Anm. 3; 30 Anm. 4.

38 Vgl. FUB III 17; ebd. 52, 64 und 121. Ebd. IV 512 und VI 247 Anm. 8a.

39 FUB VI 160 Anm. 3. RIEZLER, Ukk. 2, S. 8, datiert: 20. Juli. Der Unterschied geht darauf zurück dass der St. Margarethentag, an dem die Urkunde ausgestellt ist, in der Diözese Konstanz am 15. Juli, von den Orden am 20. Juli gefeiert wurde (vgl. GROTEFEND, Bd. 1, S. 113).

- Ebenso überlässt Hans Ywan von Geisingen, ein Geistlicher (*Pfaff*), am 23. April 1388 den Klosterfrauen 7 Juchart Acker und anderthalb Mannsmahd Wiese auf Geisinger Gebiet gegen eine Jahrzeit für sich und seine Vorfahren[40].
- Am 4. Mai 1403 verzichten Heinrich von Almshofen und sein Vetter Hans auf zwei Güter in Allmendshofen und ein Gut in Eschach gegen einen Jahrtag für Heinrichs Bruder, den Dekan Hugo von Almshofen, Leutpriester zu Fürstenberg, und für Hans von Almshofen, zu Lebzeiten Kirchherr von Döggingen und Wolterdingen[41].
- Von seiner Klosterfrau Katharina von Blumegg erhält der Konvent 1405 den Baarzehnt zu Hüfingen und ein Gut zu Löffingen, das 10 Viertel Kern und 3 Mut Hafer „giltet". Die Gegenleistung: eine Jahrzeit für Katharina, ihre Schwester Margret (von Landenberg) und mehrere Mitglieder aus deren Familie[42].
- Heinrich von Almshofen der Ältere, seßhaft auf der Neuenburg (*Nuwenburg*), schenkt dem Kloster Auf Hof am 21. Sept. 1412 einen Hof zu Behla mit Vogtrecht und Märzensteuer für einen Jahrtag zugunsten seines Vaters und ein Eigengut in Hondingen für den Jahrtag seiner Ehefrau Ursel von Meringen[43].
- Agnes von Almshofen, Nonne in Neudingen, stellt dem Kloster ein Gut, das sie von diesem am 30. Juni 1417 um 21 Pfd. Heller zu lebenslangem Gebrauch kauft, nach ihrem Tod gegen eine Jahrzeit für ihre Mutter Anastasia und ihren Bruder Friedrich zur Verfügung[44].
- Am 20. April 1418 beurkundet Schultheiß Ulrich Ülinger als Vorsitzender und die zwölf Richter des Gerichts zu Geisingen, dass der ehrenwerte Hans mit der Kunst[45] seinen gesamten Besitz dem Neudinger Konvent hinterlassen wolle[46].

Bei diesen sieben Schenkungen von Gütern, Wiesen und Äckern, verteilt über fast ein halbes Jahrhundert, blieb es. Wesentlich zahlreicher sind hingegen die Jahrtags- oder Seelgerätstiftungen (einige wenige davon verbunden mit Leibgedingen) mit <u>Gülten</u> bzw. Ewigzinsen – so die jetzt häufige Bezeichnung –, die, wie schon früher beobachtet, meistens von den Stiftern aus Klostereigentum erworben werden und nur selten aus deren Eigenbesitz stammen, aber letztlich wieder ans Kloster zurückfallen. Dieses Verfahren wird nach 1384 immer häufiger angewandt. Hier sollen

[40] FUB II 524.
[41] FUB VI 128 Anm. 3.
[42] FUB III 17.
[43] FUB VI 156 Anm. 3.
[44] FUB VI 30 Anm. 4. Zu Agnes von Almshofen vgl. unten in diesem Kapitel, S. 79 ff.
[45] Auch auf diese Person, die in einigen Urkunden Erwähnung findet, wird in diesem Kapitel, S. 77 ff., noch näher eingegangen.
[46] RIEZLER, Ukk. 2, S. 16.

zunächst drei beliebig herausgegriffene Vorgänge dieser Art exemplarisch etwas ausführlicher dargestellt werden:

- Die Nonne Else von Emmingen, Klausnerin zu Talheim (*talhain*), kauft am 20. Okt. 1384 „ein Malter Kernen ewiger jährlicher Gilt" aus dem Kornhaus des Klosters zum Preis von „14 Pfund stäbler Pfennige"[47]. Die Käuferin gibt die Gült sofort an die Seelmeisterin des Klosters zurück, die damit künftig jedes Jahr eine Jahrzeitfeier für alle Klausnerinnen von Talheim ausrichten soll.
- Den beiden Nonnen Anne und Elsina Göberger, Geschwister, und deren Nichte Anna verkaufen Priorin und Konvent am 23. Juli 1400 einen Vorzins von 3 Mut Kernen jährlich von einem Gut in Hondingen (*Hayndingen*) zu einem Kaufpreis von 24 Hellern, „die wir von Inen gentzlich empfangen hand"[48]. Der Vorzins soll zunächst für ein Leibgeding Verwendung finden; wenn aber alle drei Frauen verstorben sind, sollen die 3 Mut Kernen für deren Jahrtage als Gült an das Kloster zurückgegeben werden.
- Am 7. April 1410 kauft Ulrich Uelinger „zu disen ziten schulthais ze Gysingen" 3 ½ Malter Vesen Ewigzins von einem Zehnt des Klosters in Gutmadingen „um drysig pfunt mind ains pfundes güetter und genemer haller"[49]. Diesen Betrag überlässt der Käufer der Seelmeisterin für eine Jahrzeit mit drei Priestern „uf sant verenen tag" für sich, seine Ehefrau und seine Töchter. Falls die Jahrtagsfeier nicht stattfindet, haben der Stifter oder seine Nachfahren „guot recht", über das vorgenannt korn gelt zu iren händen zu nehmen und ... so damit tun, schaffen un vügen, waz sie wellent ..."[50].

Mit ähnlichem Inhalt finden sich, wie oben schon angedeutet, noch zahlreiche weitere Käufe von Gültzinsen für Seelgerätregelungen. Bis 1428 sind es noch weitere 20, die in der folgenden Tabelle einzeln kurz gekennzeichnet werden:

Tabelle 2
Käufe/Stiftungen von Gülten (bzw. Zinsen) aus Klostereigentum oder Eigenbesitz für Jahrzeiten, Leibgedinge, Kerzenspenden u.a.

Datum	Käufer/Stifter	Wert/Herkunft von Gült/Zins	Zweck
1385, 16. Mai	Adelheid *die Salatin* und ihre 2 Töchter, Nonnen	Gült von 3 Malter (=Mtr.) Kernen jährlichen Geldes. Kaufpreis: 39 Pfd. Heller	Leibgedinge[51]
1385, 23. Juni	Priester Hug und sein Bruder Johann von Almshofen	Gült von 1 Mtr. Kernen und 2 Sfl. Hafer von Schlatters Gut in Hondingen für 14 Pfd. Heller	Leibgeding und Jahrzeit[52]

---

[47] Zitiert nach RIEZLER, Ukk. 2, S. 7. Vgl. auch FUB VI 160 Anm. 2.
[48] FFA, Kloster-Akten, Lade 13 Fasc. A, Nr. 13.
[49] FFA, Kloster-Akten, Lade 8 Fasc. A, Nr. 7.
[50] Ebd.
[51] FUB VI 89.
[52] FUB VI 91.

1392, 18. April	Else und Brigitte von Emmingen und 2 weitere Frauen	Gült von 4 Scheffel (=Sfl.) Vesen und 4 Sfl. Hafer von einem Hof zu Baldingen. Preis: 45 Pfd. Heller	2 Jahrtage pro Jahr[53]
1392, 24. Aug.	Adelheid von Velsenberg „pryolin der samnung ze Gysingen“	Jährliche Gült von 1 Mtr. Kernen aus dem Kornhaus des Klosters für 14 Pfd. Pfg.	Jahrzeit f. sie u. Vorfahren[54]
1400, 9. Aug.	Grete, Verena und *Bryden* von Almshofen, Nonnen	Wiese im Gnadental + 1 Mtr. Vesen Ewiggeld zu 14 Pfd. Heller	Jahrzeit für Anna und Hug v. A.[55]
1402, 11. Nov.	Berthold Ganser, Schultheiß von Fürstenberg	Vorzins aus seinem Eigengut zu Pfohren	Jahrtag für Eltern und 2 Frauen[56]
1404, 24. Nov.	Heinrich von Almshofen „zu der Nuwenburg“	Korngild von 2 Mtr. von einem Hof in Hondingen für 24 Pfd. Heller + 1 Mtr. Kernen u. 2 Sfl. Hafer aus Eigengut	Jahrzeit seiner Ehefrau[57]
1407, 19. April	Gutta von Schwandorf, Nonne	Vorzins von 1 Mtr. Vesen aus Schlichers Gut in Pfohren zu 13 Pfd. 6 Pfg. Heller	Leibged. u. Jahrtag[58]
1410, 27. Feb.	Konrad von Schellenberg, Ritter	Beim Kauf des Baarzehnts von Nonne Margret v. Blumegg muss Käufer Naturalgült an Seelmeisteramt zahlen	Jahrzeit für Familie von Blumegg[59]
1412, 21.Sept.	Heinrich von Almshofen der Ältere	Gült von 1 Mtr. (Vesen?) von einem Hof zu Eschingen	Jahrtag für Tochter[60]
1418, 6. März.	Margrette von Blumegg, Nonne	Jährlicher Ewigzins von 6 Mtr. Vesen aus 2 Hubgütern zu Neudingen für 78 Pfd. Heller	Jahrzeit für 6 Mitgl. der Familie[61]
1418, 5. April	Hans und Adelheid Hagenbuch, Bürger zu Fürstenberg	3 Mtr. Vesen aus Eigenmitteln + Gült von 8 Mtr. Vesen aus einer Schuld des Klosters	„Lipting“ + Jahrtag[62]
1419, 5. März	Agnes von Wolfurt, Nonne	Ewigzins von 5 Mut Vesen aus Schlichers-Gut in Pfohren zum Preis von 16 Pfd. 5 Pfg. Heller	Jahrzeit[63]
1419, 4.Aug.	Anna Egesheimer, Nonne	Gültkauf von 6 Sfl. Vesen aus dem Igels Gut in Hondingen	Jahrtag für Nonne[64]
1420, 29.Sept.	Gräfin Sophie von Fürstenberg, geb. von Zollern	Zins von 4 Pfd. Heller aus dem vom Kloster gekauften Berenbruegel (Wiese in Pfohren). Kaufpreis: 44 Pfd. Heller.	Jahrtag mit Vigil[65]
1421, 30.Sept.	Heinrich Kerpholtz, (Kloster)Bruder	Gült von 1 Mtr. Vesen Geldes und 7 Mut Hafer von einem Klostergut in Pfohren zu 17½ Pfd. „guter, genger, gäber haller	Jahrtag für Stifter und Vorfahren[66]
1425, 21.Juni 24. Nov.	Heinrich Spiess, Kaplan[67]	Jährlicher Zins von 3 Mut Vesen von seiner Bunt und Hofstatt zu 12 Pfd. Heller. Ebenso Zehnt von Bunt und Garten	Jahrzeit mit vier Priestern[68]

[53] FUB VI 89 Anm. 1.

[54] FUB VI 160 Anm. 4.

[55] FUB VI 160 Anm. 6. Im Text heißt es: „... 1 malter Vesen Ewiggeld aus ihrer Scheuer vffen Hoffe“. Die Formulierung wirft die Frage auf, ob es im Klosterhof Ökonomiegebäude der Herren von Almshofen (und anderer Familien) zur landwirtschaftlichen Nutzung gab?

[56] FUB VI 247 Anm. 7.

[57] FUB VI 91 Anm. 2.

[58] FUB VI 247 Anm. 8.

[59] FUB IV 512, ebd. III 52 und 64.

[60] FUB VI 156 Anm. 3.

[61] FUB III 121.

[62] FFA, Kloster-Akten, Lade 6 Fasc. A.

[63] FUB VI 247 Anm. 8a.

[64] FFA, Kl.-Akt., Lade 13 Fasc. A, Nr. 15.

[65] FUB III 147.

[66] FFA, Kloster-Akten, Lade 21 Fasc. A, Nr. 10.

[67] Im Original im FFA, Kl.-Akt., Lade 17 Fasc. B, Nr. 2, heißt es: „zu dis zeit capplan ze Nidingen in dem closter uff min herschaft von Fürstenberg altar.“ D.h.: Kaplan an der Hohenloh. Stiftung.

1426, 16. Mai	Anna und Claewin Nidingers	1 Pfd. Ewiggeld von einer Wiese jenseits der Donau zu Neudingen um 7 Goldgulden	Jahrzeit für Stifter und Ahnen[69]
1426, 16. Mai	Ursel und Agnes von Almshofen, Nonnen	Zins von 1 Mtr. Vesen und 2 Mut Hafer von einem Gut in Neudingen. Kaufpreis: 20 Pfd. Heller.	Jahrzeit für Junker Hug von A.[70]
1428, 5. Mai	Verena von Fützen	2 ½ Mtr. Vesen von einem Gut in Pfohren für 26 Pfd. Heller	Leibged. u. Jahrzeit[71]

3.3. Der bischöfliche Erlass von 1413

Trotz aller Bemühungen dauerte die Krise an. Im zweiten Jahrzehnt des 15. Jahrhunderts, gerade zu der Zeit, als in Konstanz das allgemeine Konzil tagte, erreicht die Not, wie es scheint, ihren Höhepunkt.

Das äußere Zeichen hierfür bildet ein Erlass des Generalvikars des Bistums Konstanz im Auftrag seines Bischofs Otto von Hachberg vom 25. März 1413[72]. Darin ruft der Generalvikar alle geistlichen Personen in Stadt und Diözese Konstanz dazu auf, die Nonnen des Klosters Auf Hof bei Neudingen oder ihre Abgesandten beim Sammeln von Almosen für ihren Lebensunterhalt und zur Wiederherstellung (des Klosterbesitzes) in der Öffentlichkeit tatkräftig zu unterstützen: „quatenus sanctimoniales seu earum nuncios elemosinas pro earum sustentatione et restauratione petituros benigne recipiant et verbum exhortationis ad populum pro ipsis proponant ac subditos, ut pias largiantur elemosinos, pro posse inducant...“[73] Er begründet diese außergewöhnliche Maßnahme damit, dass der besagte Konvent, der zu dieser Zeit aus der Priorin und 28 Nonnen besteht[74], aufgrund der Zerstörung von Klostergütern im Verlauf des Krieges (*per incendia et devastationes praediorum occasione guerrarum*), der jene Gegend mehrere Jahre lang heimsuchte, in Armut geraten sei (*ad paupertatem sit redactum*) und Hilfe benötige[75]. Die Gültigkeit dieses Spendenaufrufs ist auf ein Jahr begrenzt.

---

68 FUB III 173, 178.
69 FUB III 181.
70 FUB III 182.
71 FUB VI 247 Anm. 11a.
72 REC III 8345 und FUB VI 160. Das Original befindet sich im FFA, Kl.-Akt., Lade 24 Fasc. P, Nr. 1. Gedruckt auch bei RIEZLER, Ukk. 2, S. 14 f.
73 Ebd., S. 14.
74 Die Auswertung dieses Erlasses erfolgt in Kapitel 5, S. 119 f.
75 FUB VI 160.

Martin Antoni ARRES, der Neudinger Chronist, begegnet dieser Verfügung mit einiger Skepsis, denn die – nach seiner Meinung – überaus plötzlich auftretende Armut erscheint ihm unerklärlich (*wunderlich ja fast unglaublich*), weil die vielen Käufe und Stiftungen in der Vergangenheit eher das Gegenteil erwarten ließen. Außerdem seien „von denen hierüber zu Rath gezogenen Geschicht Schreibern keine besonderen Kriege (zu diesen Zeiten) aufgezeichnet" worden[76]. Letztlich akzeptiert der Chronist zwar die vorliegenden Fakten[77], behauptet aber, die allgemein wirren Zeitumstände seien eine Folge des großen Schismas in der katholischen Kirche und ebenso der „Hussitischen Kezerey"[78].

Diese Auffassung kann leicht widerlegt werden. Die Situation des Neudinger Klosters war, wie unsere Untersuchung ergeben hat, seit den achtziger Jahren prekär, die besondere Notlage nach 1410 also keinesfalls unerwartet und „plötzlich". Bei den kriegerischen Auseinandersetzungen, die in der bischöflichen Urkunde erwähnt werden, handelt es sich mit großer Wahrscheinlichkeit um den Konflikt der Grafen von Fürstenberg mit den Herren von Lupfen (aus der sog. Bertholdinischen Linie) nach 1411[79]. Es könnte durchaus sein, dass während dieser langjährigen Lupfener Fehde, bei der sogar die Stammburg der Grafen, die Burg Fürstenberg, zeitweilig besetzt gewesen sein soll[80], auch das Kloster unterhalb des Fürstenbergs oder einige seiner Ländereien im Umland in Mitleidenschaft gezogen wurden. Ob das Kloster selbst gebrandschatzt wurde, wo genau der Schaden durch Feuer und Zerstörung entstanden ist und wie groß er eigentlich war, bleibt jedoch unklar. Martin MÜNZER kommentiert (1973) das Schreiben des Konstanzer Generalvikars von 1413 dahingehend, die Neudinger Klosteranlage sei durch Brand zerstört – „die erste uns bekannte Zerstörung"[81] – und dann alsbald wiederaufgebaut worden (mit welchen Geldmit-

[76] Idea laudabilis (GLA), S. 24v. – Zur Beurteilung der Uk. v. 25. März 1413 durch Martin Antoni ARRES vgl. ebd. S. 23v.-25.

[77] Der Chronist zieht eine Parallele: „... somit auch hiesiges Kloster (Auf Hof) durch derlay dringende Zufälle in den vorbeschriebenen Stand der äußersten Armuth gleich dem Weltberühmten ReichsStift Ottobeyeren geriethe." (Idea laudabilis, S. 25)

[78] Ebd., S. 24v.

[79] LEIBER, Landgericht, S. 68-72. RIEZLER, Haus Fürstenberg, S. 314-319. Vgl. auch TUMBÜLT, Fürstenberg, S. 53. Ebenso: MÜNZER, Neudingen, S. 58.

[80] RIEZLER, Haus Fürstenberg, S. 319. TUMBÜLT, Fürstenberg, S. 54, erwähnt nur die Zerstörung der Kürnburg, „die alte Hauptburg der Zähringer auf der Baar". LEIBER, Landgericht, S. 69.

[81] MÜNZER, Neudingen, S. 58.

teln eigentlich?), lässt sich aus der obigen Urkunde nicht herleiten und ist offenbar bloße Spekulation.

Fest steht hingegen, dass Not und Armut im Kloster Auf Hof auch nach dem Bittgang um Almosen weiter bestanden. Das belegt auch eine Urkunde vom 27. April 1416. Darin verzichtet der Benediktinermönch Bruder Ulrich Gutleb, zu dieser Zeit wohnhaft im Augustinerkloster „zu Costentz", auf sein Leibgeding von 3 Malter Kernen Schaffhauser Maßes, das er bislang alljährlich von den Neudinger Dominikanerinnen erhalten hat[82]. Er begründet seinen Verzicht ausdrücklich mit der Armut der Nonnen (*von ir armuot wegen*[83]) und auch damit, dass sie trotz der schwierigen Umstände liebevoll an ihm gehandelt haben (*daz si mir ainsmals als lieb dafür getan hand*)[84].

Auch drei Jahrzeitregelungen aus den Jahren 1417 bis 1419 bestätigen die noch bestehende Notlage. Die drei Konventfrauen Agnes von Almshofen am 30. Juni 1417[85], Margrette von Blumegg am 6. März 1418[86] und Agnes von Wolfurt (gemeinsam mit ihrer Mutter) am 5. März 1419[87] stiften jeweils für bereits verstorbene Verwandte, in einem Fall zusätzlich auch für die Stifterin selbst, einen Jahrtag. Im Kontext äußern die drei Ausstellerinnen fast wortgleich jeweils die Befürchtung, „daz diß closter abgieng von armuot oder andere sach wegen"[88]. Offensichtlich halten die drei Nonnen den Fortbestand ihres Klosters, u.a. auch der latenten Not und Armut wegen, für nicht gesichert[89].

Zum ersten nachweisbaren Kontakt mit dem Grafenhaus, verbunden mit einer Zuwendung für das Kloster, kommt es wieder 1420. Gräfin Sophie von Fürstenberg, geb. von Zollern, zweite Gemahlin des wahrscheinlich schon um 1408[90] verstorbenen Grafen Heinrichs IV., kaufte vom Konvent

---

[82] REC III 8510 und FUB VI 160 Anm. 7.

[83] So im Original im FFA, Kloster-Akten, Lade 17 Fasc. C, Nr. 6.

[84] Die Urkunde ist gesiegelt von den Herren des Ulrich Gutleb, nämlich Albrecht Blarer, Konstanzer Bischof bis zu seinem Rücktritt 1410, und Bruder Johann Schwarz, Augustinerprior in Konstanz.

[85] FUB VI 30 Anm. 4.

[86] FUB III 121.

[87] FUB VI 247 Anm. 8a.

[88] Zitiert nach dem Original der Uk. vom 6. März 1418 im FFA, Kloster-Akten, Lade 17 Fasc C, Nr. 7.

[89] Die drei genannten Urkunden enthalten einen noch weitergehenden Vorbehalt, der die religiöse Ordnung des Klosters betrifft. Dieser Aspekt wird in Kapitel 6, S. 143 f., anhand dieser drei Urkunden noch näher untersucht.

[90] Vgl. RIEZLER, Haus Fürstenberg, Stammtafel IV und V.

Auf Hof zum Preis von 44 Gulden den sog. *Berenbruegel*[91], eine Wiesenfläche auf Gemarkung Pfohren, mit einem jährlichen Zins von 4 Pfd. Heller[92]. Die Gräfin gab jedoch den Zins an die Klosterschwestern zur Ausrichtung einer ewigen Jahrzeit für sich (Sophie) wieder zurück. Abschließend gebot sie der Seelmeisterin, am St. Gallustag dafür zu sorgen, dass die Frauen bessere Kost erhielten, nämlich: „an win oder an broett, an vischen oder an flaisch ... "[93] Dies könnte heißen, dass die Versorgungsprobleme noch immer nicht ganz behoben waren.
In den Jahren nach 1425 scheint sich die Situation dann aber allmählich zu entspannen. Die Anzeichen für Not und Armut werden weniger und hören schließlich ganz auf.

3.4. Die Zeit der Priorin Agnes von Almshofen

In der Folgezeit nehmen die durch Urkunden belegten Verbindungen zwischen dem Haus Fürstenberg und dem Kloster weiter zu. 1427 vermachte Graf Heinrich V. den Klosterfrauen anlässlich des Todes seiner zweiten Gemahlin Anna, geb. von Tengen, für deren Seelenheil einen wertvollen Rock, der mit Perlen bestickt ist[94]. Die Schwiegermutter der Verstorbenen, die bereits erwähnte Gräfin Sophie, die damals schon seit Jahren ihren Alterssitz im Kloster hatte[95], erklärte sich kurz darauf bereit, dem Konvent jährlich 6 Malter Korn von ihrem Hof in Kirchen für die Perlen zu entrichten. Als Gegenleistung forderte sie einen Jahrtag für die verstorbene Schwiegertochter.
Dass das Verhältnis zwischen der Grafenfamilie und der Klosterführung nicht immer spannungsfrei und ungetrübt gewesen ist, bezeugt eine Vereinbarung vom 15. Nov. 1429. Darin ist von Streitigkeiten die Rede – man hatte „einen span gehebt" –, wobei es um die Abgrenzung des Geltungs-

---

[91] Vgl. GLUNK, Flurnamen, S. 45, Ziffer 45. Dort auch: *Berenbroegel* und *Bernbruegel*.
[92] FUB III 147.
[93] Zitiert nach dem Original im FFA, Kl.-Akt., Lade 17 Fasc. C, Nr. 8. Das vollständige Zitat lautet: „... das dye selb Selmaistrin die vorgen. vier pfunt haller ... unserm obgenanten couent den frowen gemainlich und järlich über Tysche gebn sol an win win oder an brött, an vischen oder an flaisch wie sye das alle gemainlich all gernest haben wellent."
[94] FUB III 191 + 191 Anm. 1.
[95] Zu Gräfin Sophie, geb. von Zollern, vgl. Kap. 9, S. 226, und Kap. 10, S. 242 u. 251.

bereichs des gräflichen Herrenzehnts zu Geisingen von dem des Klosterzehnts auf der Gemarkung Gutmadingen ging[96]. Eine Besichtigung der strittigen Lokalitäten führte zum Urteilsspruch eines Schiedsgerichts, der von beiden Parteien anerkannt wurde.

Einige Beachtung verdient eine Person, die in diesen Jahren mehrfach in Klosterurkunden genannt wird: Hans mit der Kunst. Diesen Zeitgenossen einzuordnen, ist schwierig, da er in den fünf urkundlichen Belegen, in denen er handelnd auftritt, kein einheitliches Bild bietet. Bei seiner ersten Erwähnung am 20. April 1418 wirkt er als Bittsteller mit Fürsprecher vor Schultheiß Ulrich Ülinger von Geisingen und den Zwölf des Gerichts fast hilflos[97]. Sein Anliegen besteht darin zu erfahren, welcher juristischen Mittel es bedarf, seinen Besitz bei seinem Tod dem Kloster Auf Hof zu hinterlassen. Als er belehrt wird, er möge dazu „sin guot ... geben an den stabe vor geriht dri stunt (dreimal) näh enander (nacheinander); wen daz beschehe, so hette es kraft und maht“[98] – vollzieht er diese Übergabe auf der Stelle. Der Schultheiß gibt daraufhin das gesamte Eigentum des „egenanten Hans“ umgehend an den anwesenden Vertreter des Klosters, den Klosterbruder Heinrich Baldinger weiter.
Im Jahr darauf, am 28. Febr. 1419, legt die Klosterführung fest, dass Hans mit der Kunst, der „fromm beschaiden Mann“, nach Zahlung von 39 Pfd. Heller lebenslang im Kloster freie Kost und Logis erhält[99]. Zugleich wird die gerichtliche Entscheidung vom Vorjahr bestätigt, dass sein ganzer Besitz bei seinem Ableben an das Kloster übergeht. Zu Lebzeiten aber, am 5. Mai 1428, kauft der Pfründner den Konventfrauen mit einem Teil dieses Besitzes ein Gut in Pfohren zu 49 Pfd. Heller ab[100], und am 5. Dez. 1431 erwirbt er von Hans Balghan, gen. Eschinger, und dessen Ehefrau Ursel Wölflin für 20 fl. in Gold deren Eigengut in Pfohren[101].

---

[96] FUB III 206. Von dieser Urkunde fehlt das Original. Es liegen nur zwei Kopien vor, die sich im FFA, Kopialbuch (alte Signatur: Lit. A + 1), p. 73 + 61, befinden.
[97] FUB VI 160 Anm. 8.
[98] Zitiert nach RIEZLER, Ukk. 2, S. 16.
[99] RIEZLER, Ukk. 2, S. 16, besagt: Hans soll erhalten „müß und brott und cryge tag in der wochen alle tag zwürett, deß tags zu iedem mal, ain stuk flaischz ... und sölin im och da warten sin lebtag unser sutter stüblin (Schusterstube) und ein gedemlin in unser pfystry (Backstube) “
[100] FUB VI 247 Anm. 11. Am gleichen Tag belastet das Kloster dieses Gut mit einer Gült von 2½ Mtr. Vesen, die an die Nonne Verena von Fützen verkauft werden (FUB VI 247 Anm. 11a).
[101] FUB III 213 Anm. 1.

Zur Identität des Hans mit der Kunst, der offenbar nicht gerade mittellos war, ergibt sich noch am ehesten ein Lösungsansatz durch die Urkunde vom 7. März 1426. An diesem Tag erwirbt besagter Hans, der in dieser Urkunde „erbar knecht" und „ain pfrondner" genannt wird, für 23 Pfd. Heller eine Leibrente von jährlich 3 Pfd. Breisgauer Pfennigen von Hans von Fürstenberg[102] (Nennung ohne Titel). Dieser belastet mit der Zahlung dieses „jarlichs und ewigs geltz", wie es in der Originalurkunde heißt[103], seine 13 Güter und Höfe in Tannheim. Die Aufzählung dieser Besitztümer hat eindeutig jenen Leibgedingbrief zur Vorlage, den Domherr Graf Gebhard von Fürstenberg am 14. Febr. 1321 für seine Nichte Katharina, Nonne in Friedenweiler, ausgestellt hat[104]. Diese Güter wurden, wie erinnerlich, 1359 von Graf Hug von Fürstenberg an das Kloster Auf Hof verkauft[105], allerdings ohne Vogtrecht und zudem mit dem Vorbehalt des Wiederkaufs[106]. Ob dieser Kauf in vollem Umfang ausgeführt wurde und wie ein Großteil dieser Güter und Höfe 1426 in die Verfügungsgewalt des Hans von Fürstenberg gelangt ist, bleibt ebenso unklar wie die Frage, ob dieser als Mitglied der Grafenfamilie anzusehen ist.

Noch merkwürdiger wirkt aber, dass die genannten Güter, mit deren Einkünften vormals (1321) die Versorgung einer Klosterfrau aus hochadligem Geblüt abgesichert wurde, jetzt (1426) mit der jährlichen Versorgungszahlung für einen einfachen Pfründner des Klosters belastet werden. Dies benötigt zumindest den Versuch einer Erklärung: Allem Anschein nach war Hans mit der Kunst keine Allerweltsperson. Man ist geneigt anzunehmen, dass er sogar dem Grafenhaus nahe stand, letztendlich gar ein außerehelicher Sohn eines der Grafen, also ein Bastard, war, der möglicherweise früher, wie sein Name verrät, ein allgemein bekannter und anerkannter Künstler gewesen ist[107].

---

[102] FUB III 179.

[103] FFA, Kloster-Akten, Lade 29 Fasc. A, Nr. 3.

[104] FUB II 111. Vgl. MÜLLER, Tannheim S. 55.

[105] FUB II 343. Bzgl. des Kaufs von 1359 vgl. auch Kap. 2, S. 57, dieser Untersuchung.

[106] Die Ansicht von MÜLLER, Tannheim, S. 54, der Wiederkauf sei nicht erfogt, dürfte aller Wahrscheinlichkeit nach falsch sein.

[107] Kunst im Mittelalter war bekanntlich häufig künstlerisch–handwerkl. Können, eng verbunden mit der kirchlichen Sphäre. MÜNZER, Neudingen, S. 58, vermutet in Hans mit der Kunst ledigl. „einen Künstler: Maler oder Bildhauer". – Hinsichtlich der Unterstützung und Versorgung unehelicher Kinder von Hochadligen im Spätmittelalter vgl. SPIEß, Familie, S. 381-389.

Die späteste Erwähnung dieser geheimnisvollen Persönlichkeit erfolgt im Neudinger Anniversarienbuch, das unter dem 29. März den Eintrag enthält: „Obiit Hans mit der Kunst, gilt 6 malter von pforren und 2 von asen und 2 von haindingen und belhain.“[108]

Die Entwicklung des Neudinger Klosters in den folgenden Jahrzehnten wird augenfällig von zwei Tatbeständen geprägt: Erstens verstärkte sich das einvernehmliche Zusammenwirken mit dem Grafenhaus. Und zum zweiten mehren sich zugleich die Anzeichen für eine Besserung der wirtschaftlichen Gegebenheiten. Priorin und Konvent verfügten offensichtlich in der Mitte der dreißiger Jahre wieder über Geld. In diese Situation – genau gesagt: um 1433 – fällt der Beginn des Priorats der Agnes von Almshofen[109], in welchem sich diese Entwicklungstendenzen, die das klösterliche Leben insgesamt begünstigten, fortsetzten.

Einen wichtigen Markstein in diesem Sinne setzte zweifellos die sog. Egesheimer Stiftung. Die Nonne Anna Egesheimer (Egensheimer, Egenshammer) stiftete am 23. Juni 1433 zu ihrem und zum Seelenheil ihrer Eltern eine Messe und eine Kaplaneipfründe im Kloster – besetzt mit einem Predigerbruder[110]. Diese Stiftung aus Eigenbesitz der Ordensschwester verstärkte damit die Bindung an den Predigerorden und wurde, wie in der Stiftungsurkunde ausdrücklich betont wird, mit Zustimmung und Erlaubnis der Priorin Agnes errichtet.

Die beiden genannten Klosterfrauen – Priorin Agnes von Almshofen und Schwester Anna Egesheimer – traten auch am 13. April 1434 gemeinsam in Erscheinung, diesmal als Käuferinnen. Sie erwarben von Graf Heinrich von Fürstenberg dessen „Gütli“ in Pfohren, das sog. Vögtinnen-Gut[111], zum Preis von 42 Pfd. Heller Konstanzer Währung[112]. Wie es scheint, bezahlten die beiden Käuferinnen den Preis aus ihrem privaten Vermö-

[108] FICKLER, Anniversarien-Buch, Abt. I, S. 37.

[109] In der Uk. v. 23. Juni 1433 (FUB III 223) wird Agnes von Almshofen erstmals als Priorin des Klosters Auf Hof genannt. Für die Erwähnung davor vgl. FUB VI 30 Anm. 4 und FUB III 182. Das Priorat der Agnes von Almshofen dauert bis 1452.

[110] FUB III 223. Vgl. hierzu TUMBÜLT, Neidingen, S. 91. Vgl. LAUER, Kirchengeschichte, S. 147. Die Ausstattung dieser Stiftung wird noch an anderer Stelle behandelt. Vgl. Kapitel 6, S. 166.

[111] Zur Erklärung des Namens vgl. Urkunde von 1434 (FUB III 228). Diese wird auch bei GABELKOVER in DÖPSER I (FFA), p. 208, erwähnt.

[112] FUB III 228.

gen[113]. Dieses Gut und eine Wiese in Pfohren überschreibt die Priorin am 20. Dez. 1443, nach dem Tod der Anna Egesheimer 1436, auf die Egesheimer Pfründe[114]. Sie tut dies zwar einvernehmlich mit ihrem Konvent, aber der Text dieser Quelle, besonders die rigorosen Vorschriften an den zuständigen Kaplan für die Pflege des Pfründhauses, lassen deutlich werden, dass diese Priorin aus bodenständigem Dienstmannengeschlecht viel persönliches Engagement in ihre Tätigkeit einbringt.

Auch bei weiteren Gütererwerbungen, die sie aus eigenen Mitteln für das Kloster bestreitet, zeigt sie Selbständigkeit und Selbstsicherheit. So kauft sie ihren beiden namensgleichen Verwandten, ihrem Bruder Heinrich von Almshofen dem Älteren und Heinrich, dem Sohn eines anderen Bruders, 1447 deren gemeinsames Gut in Pfohren für 30 Pfd. Heller Villinger Währung ab[115], um es im folgenden Jahr der Klosterküsterei zur weiteren Verwendung zu stiften[116]. Am 19. Jan. 1450 nimmt Priorin Agnes einen weiteren Güterkauf für das Kloster vor, vermutlich wieder aus privaten Geldmitteln[117]. Vor dem offenen Jahrgericht unter Vorsitz des Pfohrener Vogts Hans Maeger erwirbt sie wiederum ein Eigengut in Pfohren – dieser Ort wurde von ihr besonders bevorzugt – mit zugehörigen Äckern und Wiesen für 31 fl. rheinisch[118].

Neben diesen Aktivitäten ist Agnes von Almshofen vor allem darum bemüht, mit den Grafen zu Fürstenberg eng zu kooperieren. Dabei beschränkte sich die Verbindung zu Graf Heinrich V. in der Hauptsache auf zwei Jahrtagsstiftungen, allerdings mit großzügiger Naturalzinsausstattung, wie es religiöse Überzeugung, Familiensinn und Standesbewusstsein eben verlangten. So verstärkte der Graf 1434 die bereits bestehende Jahrzeitregelung für Heinrich IV., seinen Vater, und stiftete einen weiteren Jahrtag für sich und seine erste Ehefrau Verena[119]. Die zweite Jahrzeitregelung datiert vom 24. Nov. 1440. Hier fasste der Graf Gülten und feierli-

---

[113] Diese beiden Nonnen aus begütertem Hause hatten bereits bei ihrem Eintritt ins Kloster Auf Hof 1417 bzw. 1419 dem Kloster jeweils ein Gut abgekauft und seine spätere Rückgabe gegen eine Jahrzeit in Aussicht gestellt. (Vgl. FUB VI 30 Anm. 4 und FFA, Kloster-Akten, Lade 13 Fasc. A, Nr. 13.)

[114] FUB VI 247 Anm. 12. Vgl. Vetter, Almshofen, S. 30.

[115] FUB VI 247 Anm. 13.

[116] FUB VI 247 Anm. 13a.

[117] In der Uk. vom 19. Jan. 1450 wird Agnes von Almshofen zweimal als Käuferin genannt, nicht aber der Konvent.

[118] FUB VI 247 Anm. 15.

[119] FUB III 229. Zu den fürstenbergischen Jahrzeitregelungen vgl. Kapitel 10.1., S. 236 ff.

che Ausgestaltung der Jahrtage für seine drei verstorbenen Gattinnen Verena von Hachberg, Anna von Tengen und Elisabeth von Lupfen sowie für seinen Schreiber Ulrich in einer Urkunde zusammen[120].

Wesentlich vielfältiger waren demgegenüber die überlieferten Verbindungen zwischen der Priorin und den Grafen Egen und Heinrich VI., die seit 1443 die fürstenbergischen Regierungsgeschäfte gemeinsam ausübten[121]. Nach einer Jahrtagsstiftung Egens für sich selbst, bei der er 1440 dem Kloster zwei kleine Güter in Hondingen und Döggingen vermachte[122], folgte eine Schenkung seltener Art durch Heinrich VI.: Er überstellte am 7. Juli 1445 dem Konvent zwei Leibeigene als Dienstleute, an denen man dort „großen mangel und gebresten hatte"[123]. Gemeinsam stifteten dann die beiden Grafen 1447 eine Jahrzeit mit 5 Priestern, Vigilien und Seelmessen für Graf Konrad, den längst verstorbenen Bruder bzw. Vater der beiden Stifter[124]. Die Klosterleute erhielten als Gegenleistung das Recht, aus einem Acker der Grafenfamilie zu Gossingen, einem heute abgegangenen Weiler östlich von Neudingen, eine freie eigene Wiese (*ein recht ehafftig adelwyse*) zu machen. Schließlich spendete Graf Egen im gleichen Jahr 10 Schilling Heller der Münze, „so zu Fürstenberg geng sind", für das Kerzenlicht in der Klosterkirche[125].

Der Vollständigkeit halber sei hier ergänzt, dass Konrad Tierberg, ein fürstenbergischer Dienstmann, von dem auch im sog. ersten Mühlenstreit die Rede sein wird, dem Vorbild seiner gräflichen Herren folgte und 1436 für die Einrichtung eines Jahrtags eine Korngült von 4 Malter aus seinem rechteigenen Hof in Donaueschingen bereitstellte[126].

Die Unterstützung durch die Grafen und andere Gönner, die Bereitstellung von eigenem Vermögen durch Priorin Agnes und die Nonne Anna Eges-

---

[120] FUB III 304.

[121] Heinrich VI. stammt aus der Kinzigtaler Linie des Hauses Fürstenberg. Er war der Sohn Graf Konrads, der 1419 verstorben war. Nach dem Tode Graf Heinrichs V. 1441 und Graf Johanns (letzterer bei einem Duell in Stockach) erhob Egen seinen Neffen zum Mitregenten. Vgl. hierzu RIEZLER, Haus Fürstenberg, S. 329, 331 ff., ebenso Stammtafel V.

[122] FUB III 301.

[123] FUB III 361. Im Original heißt es: „da sy nieman haben, der inen ir sachen ... mit diensten und andern sölichen sachen versehen koende ..." (FFA, Kl.-Akt., Lade 24 Fasc. A, Nr. 10).

[124] FUB III 372.

[125] FUB III 375. Vgl. hierzu auch MÜNZER, Neudingen, S. 60.

[126] FUB VI 19 Anm. 18. - Diese Stiftung wird am 10. Nov. 1439 von den drei Söhnen des Konrad Tierberg bestätigt (FFA, Kl.-Akt., Lade 4 Fasc. A, Nr. 2). Im Anniversarienbuch im FFA findet sich der Eintrag: „3. Juli: O. Conrad Tierberg. Obiit anno 39".

heimer sowie die pekuniäre Hilfe auch von anderen begüterten Konventualinnen[127] führt zur Behebung der über lange Zeit drückenden Geldnot. Priorin und Konvent können nach nahezu 65 Jahren wieder aus eigener Kraft umfangreiche Käufe vornehmen:

- So kauft das Kloster Auf Hof am 14. März 1436 von Graf Egen einen jährlichen Zins von 11 Pfd. 10 Schilling Heller Schaffhauser Währung von Heuzehnten, Steuern und Gütern zu Oberbaldingen für die beachtliche Summe von 230 Pfd. Heller derselben Währung[128].
- 1440 erhalten die Klosterfrauen vor dem Stadtgericht in Rottweil von Hans Röfflin für 72 rhein. Gulden die eine Hälfte des Meierhofs zu Aasen, dessen andere Hälfte ihnen bereits gehört[129].
- Ebenso erwerben sie am 9. Juni 1441 von vier Eigentümern, die in Neudingen und Pfohren sesshaft sind, eine Wiese bei der Kapelle im Gnadental für 140 Pfd. Heller[130].
- Hans Heinrich Truchseß von Diessenhofen, wohnhaft zu Herblingen, verkauft am 17. Dez. 1443 den sog. Krons-Hof in Neudingen, ein Lehen der Grafen zu Fürstenberg[131]. Priorin und Konvent zahlen dafür 148 rhein. Gulden[132].
- Für 13 fl. rheinisch geht 1447 ein Teil des Spital-Zehnts in Pfohren, des sog. Runne-Zehnts, der bisher dem Armenspital in Villingen gehört hat, in den Besitz des Neudinger Frauenklosters über[133].
- Der restliche Teil dieses Runne-Zehnts, den bisher die Rottweiler Dominikaner besessen haben, wird ein Jahr danach, am 11. Nov. 1448, erworben. Der Kaufpreis beläuft sich auf 13 ½ fl. rheinisch[134].
- Und schließlich kauft der Neudinger Konvent am 25. Juli 1451 für 75 Gulden den Rottweiler Predigern zwei Güter in Hüfingen und Oberaufen (*Oberuffa*) ab. Damit büßen diese zwar ihren letzten Besitz in der südlichen Baar ein, (haben aber damit ihre Position in der Armutsfrage erheblich verbessert)[135].

---

[127] Hierzu zwei Beispiele: Erstens 1431 der Kauf eines Guts in Pfohren durch Schwester Anna, die Maierin des Klosters (FUB III 213) und zweitens 1453 der Erwerb einer Wiese in Neudingen durch die Nonne Margareta Langmentlin von Radow (FFA, Kloster Akten, Lade 17 Fasc. D, Nr. 8). Beide Kaufobjekte gehören später dem Kloster.

[128] FUB III 247. Vgl. hierzu auch Idea laudabilis, S. 23 + 23v.

[129] FUB VI 56 Anm. a.

[130] FUB III 314a.

[131] Im Original dieser Urkunde im FFA, Kl.-Akt., Lade 17 Fasc. C, Nr. 14, wird dieser Hof als ein Lehen des Hauses Fürstenberg bezeichnet, anders im Repertorium (von 1740): „fry und aigen mit allen hierzu gehörigen gerechtigkeiten erkauft. Ao 1443."

[132] FUB III 351. Zum Kaufpreis vgl. Idea laudabilis, S. 22.

[133] FUB VI 247 Anm. 14.

[134] FUB VI 247 Anm. 14a. Vgl. auch RUB, Nr. 1120, S. 480.

[135] FUB VI 26 Anm. 13 und 13a und RUB Nr. 1155, S. 503 f. Schon 1442 hatten die Prediger ein kleines Gut zu Donaueschingen veräußert (RUB Nr. 1056, S. 454.). Es ist nicht auszuschließen, dass die Rottweiler Prediger ihr Vermögen vermindern wollten, um in der Armutsfrage der Ordensregel zumindest nach außen zu genügen. Vgl. hierzu Kap. 6, S. 153 f.

Dieser beachtenswerten Anzahl von Käufen für teilweise erhebliche Geldsummen steht im gleichen Zeitraum nur der Verkauf eines einzigen Gutes aus Klosterbesitz, nämlich 1434 des sog. Klengers Gut in Mundelfingen, gegenüber. Der Verkaufsakt erfolgte, wie die Urkunde besagt, vor dem Gericht des Vogts Hans Husibach[136].

In diese Jahre fällt der erste Neudinger Mühlenstreit zwischen dem damaligen Müller Hans Seßler[137] und dem Kloster als Besitzer der Mühle (bekanntlich seit 1299[138]). Der genaue Grund für diesen Konflikt wird aus den vorliegenden Quellen nicht im Detail klar, bestand aber wohl in Unstimmigkeiten über den Zahlungsmodus (und die Höhe?) des Jahreszinses[139]. Jedenfalls erklärten Hans Seßler, einige Familienmitglieder und mehrere Freunde 1439 der Priorin Agnes von Almshofen, dem gräflichen Bediensteten Konrad Tierberg und dem Neudinger Vogt Feindschaft[140]. Eine Reihe von Anhängern des Müllers wurden deshalb kurz darauf von der Rittervereinigung des St. Jörgen-Schildes im Hegau aufgegriffen, bei den Herren von Tengen gefangen gesetzt und danach den Grafen von Fürstenberg übergeben. Die Beilegung der Streitigkeiten erfolgte am 20. Mai 1439 vor einem fünfköpfigen Schiedsgericht mit einer maßvollen Übereinkunft[141]: Hans Seßler und die Gefangenen müssen Urfehde schwören (*an ainer offnen fryen kungstraß ain redlich, starck und uffrecht vrchvei*) und dürfen die Rechte des Klosters an der Mühle in keiner Weise infrage stellen. Dafür bleiben die üblen Beschimpfungen des Müllers gegen die Landgrafen Heinrich (V.) und Egen von Fürstenberg (als Kastvögte des Klosters?) und die Priorin ungeahndet. Hans Seßler wird sogar auf Lebenszeit die Verpachtung der Mühle und zweier Gärten gestattet. Voraussetzung dessen ist allerdings, dass der ebenfalls inhaftierte Hermann Seßler, der bisher die Mühle als Erblehen hatte, darauf verzichtet, was er unter dem Druck der (Macht-)Verhältnisse am folgenden Tage auch tat: „also hänn ich die selben müli uffgeben"[142].

---

136 FUB VI 79 Anm. 7.
137 FUB III 286 und 287. Daraus stammen die Quellenzitate.
138 Vgl. FUB I 651.
139 Im Urfehdeschwur (FUB III 286) heißt es: „Hans Säßler ... schwört den Convent an der Mühle fortan ungesäumt zu lassen ..."
140 FUB III 286.
141 Ebd.
142 FUB III 287.

Bei diesem Streitfall handelt es sich ohne Zweifel um einen der Fälle im 15. Jahrhundert, bei dem, wie Christine REINLE in ihrer Untersuchung über das Fehdewesen bemerkt, „Bauern sehr wohl auch in eigener Angelegenheit zum Mittel der Fehde griffen ..., um vermeintliche Ansprüche bzw. Rechte durchzusetzen."[143] Dass es sich dabei um eine Bauernfehde handelt, zeigt – parallel zur adligen Fehde – die Formalisierung des Vorgangs: die Ankündigung der Fehde (*muthwillige Feindschaft angesagt*), die Unterstützung durch eine engagierte Kleingruppe, das Eingreifen interessierter Kreise, das sicherlich wachsende Interesse der Öffentlichkeit, das um Ausgleich bemühte Gericht, das milde Urteil. Hinzukommt das Plazet der Grafen, die als Betroffene im Hintergrund bleiben, aber als Schutzherren des Klosters das Urteil akzeptieren, um sich letztlich in der Rolle der Landesherren „als die eigentliche rechts- und friedenswahrende Instanz zu etablieren"[144].
Die Neudinger Klostermühle wird indes auch später noch Streitobjekt zwischen dem Eigentümer (Kloster Auf Hof) und dem Betreiber (dem örtlichen Müller) bleiben[145]. Die strittigen Fragen, um die es schon 1439 im Grunde genommen ging, nämlich Rechtsstatus, Zuständigkeiten und – damit zusammenhängend – Rentabilität bestanden auch nach dem ersten Mühlenstreit weiter.

Das zentrale Ereignis für das Kloster während des nahezu zwanzigjährigen Priorats der Agnes von Almshofen bildete aber fraglos die Bestätigung des gräflichen Privilegs von 1299 am 14. Nov. 1443 durch die Grafen Egen und Heinrich VI. von Fürstenberg[146]. Der Freiheitsbrief, der auf besondere Bitte „der geistlichen Frauen" hin erneuert wurde[147], wiederholte alle Rechte und Privilegien von ehedem und stärkte damit vordergründig die Position des Klosters gegenüber seiner Schirmherrschaft[148]. Die

---

[143] REINLE, Fehden, S. 191.
[144] Ebd., S. 194.
[145] Bereits 1516 entbrennt ein neuer Streit. Idea laudabilis, S. 38v. Vgl. Kapitel 4, S.101 f.
[146] FUB III 348.
[147] Ebd. und wortgleich bei RIEZLER, Ukk. 2, S. 24.
[148] Zu dieser Neuauflage des Privilegs v. 1299 existiert ein „Weistum", eine Kommentierung der bestätigten Rechte (FUB IV 522). Dort heißt es u.a.: „... so hend die wolgebornen herren die hoffstatt, die frowen und ir ehalten und was zuo inen gehoert, gefrigt für alle dienst und schaczung, die sie den herren pflihtig sollen gewesen sin nach frighait der swestran und brüder predigerordens vnd frigent och die mit vrkund dis brieffs..."

Urkunde unterstreicht aber überdies – und das ist neu – als besonderen Gründungszweck „umb daz dis closter von unsern vordern gestifft ist, unser vordern und wir unser begrebnisse zuo dem selben gotzhuse haben.“[149] Alle fürstenbergischen Dienstleute und Untertanen werden aufgefordert, das Privileg zu respektieren.

Dass die beiden Grafen die fürstenbergische Begräbnistradition, die ja erst 1337 begonnen hat, bewusst zu einem Motiv für die Klostergründung 1274 machen, zeigt, wie sehr ihnen als Vertreter des Hauses Fürstenberg das memoriale Ahnengedenken am Herzen lag. Zugleich wird der hohe Stellenwert deutlich, den das Hauskloster am Fuße des Hausberges bei der Grafenfamilie rund hundert Jahre nach dem Beginn der Erbbegräbnisse in Neudingen bereits hatte[150].

Als Priorin Agnes am 17. Nov 1452 starb[151], hatte sich die allgemeine Situation des Neudinger Klosters während ihrer Amtszeit erkennbar verbessert. Zum einen waren keinerlei Spannungen zum betreuenden Dominikanerorden auszumachen, und andererseits dokumentierte sich das enge Zusammenwirken mit dem Grafenhaus. Letzteres hat aber nicht allein den Klosterschwestern genutzt. Es förderte auch das Gebetsgedenken für die lebenden und verstorbenen Mitglieder der Grafenfamilie durch den Konvent und begünstigte langfristig, gemäß dem Trend der Zeit, zudem die Ausbildung der gräflichen Landeshoheit im kirchlichen Bereich, was sich alsbald zeigen sollte.

3.5. Einflussnahme von Landesherr und Predigerorden auf das Kloster in der zweiten Hälfte des 15. Jahrhunderts

Für die Zeit nach 1450 verschlechtert sich die Quellenlage teilweise, es liegen weit weniger urkundliche Zeugnisse vor, als dies für das ereignisreiche Priorat der Agnes von Almshofen der Fall ist. Allerdings ist diese

---

[149] Zitiert nach dem Original im FFA, Kloster-Akten, Lade 24 Fasc. A, Nr. 7.
[150] Vgl. hierzu auch die speziellen Ausführungen in Kap. 10.2., S. 246 ff.
[151] Der Eintrag im Anniversarienbuch (FFA) zum 17. Nov. lautet: „Anno domini 1452 obiit Soror Agnes von almashoffen“. Ebenso FICKLER, Anniversarien-Buch, Abt. II, S. 24.

geringere Geschäftstätigkeit kein Beweis dafür, dass sich die Gesamtlage des Klosters spürbar verändert hätte.

Eine der wenigen Geldschenkungen für eine Jahrzeit, die aus diesen Jahren überliefert ist, wurde nach dem Tode des Stifters Konrad Felsenberg (*Velsemberg*) 1451 für die Klosterführung verfügbar[152]. Wie später aus einem Schreiben vom 28. April 1457 hervorgeht, wurde der gestiftete Betrag von 50 fl. für den oben bereits erwähnten Kauf zweier Güter, die den Rottweiler Predigern gehört hatten, verwendet[153]. Nachdem Ritter Hans von Heudorf 1462 gestorben war, boten seine Witwe Ursula und ihre Söhne zwei Güter im benachbarten Gutmadingen, ein Gut in Hausen und eine Wiese im Gnadental zum Kauf an[154]. Der Konvent nahm dieses Angebot am 29. Aug. 1465 wahr. Diese finanzielle Transaktion war auch deshalb ein Erfolg, weil die Familie von Heudorf mit dem Erlös von 80 rheinischen Gulden gleichzeitig eine Jahrzeit für alle Familienmitglieder sowie die verstorbenen Brüder Hans und Heinrich von Heudorf ausstattete und somit der genannte Betrag wieder ans Kloster zurückfloss[155]. Das war der letzte größere Güterkauf im Zeitraum bis 1500; allerdings lassen sich auch keine Verkäufe aus Klosterbesitz in dieser Zeit feststellen.

Die wirtschaftliche Situation und damit die Versorgungslage des Klosters hatten sich zweifellos gefestigt. 1470 sah sich das „Neudinger Gotteshaus", vertreten durch den Schreiber Hans Kuch, sogar in der Lage, von dem Rottweiler Bürger und Ratsmitglied Dietrich Bletz[156], einem Lehensmann der Grafen von Fürstenberg, vor dem Rottweiler Hofgericht ein Drittel des großen und kleinen Zehnten zu Gutmadingen abzukaufen[157]. Der Neudinger Chronist Martin Antoni ARRES macht sich allerdings seine Gedanken darüber, welche Rolle „mehrerwähnter Rothweylische Bürger und Rathsverwandte Dieterich Blez" in dieser Sache eigentlich spielte[158], da ihm doch gerade vier Jahre zuvor der Gutmadinger Zehnt von den Grafen

---

[152] FICKLER, Anniversarien-Buch, 1. Abt., S. 23. Vgl. auch FUB VI 26 Anm. 13a.
[153] FUB VI 26 Anm. 13a und 13.
[154] FUB VI 222 Anm. 3.
[155] Vgl. hierzu das Original der Uk. v. 29. Aug. 1465 im FFA, Kl.-Akt., Lade 8 Fasc. A., Nr. 8.
[156] Zur Familie Bletz von Rottenstein vgl. ASCH, Verwaltung, S. 285. Das Geschlecht der Bletz gehörte zum alten ritterschaftlichen Adel in Rottweil.
[157] FUB VII 132 Anm. 2. – Zu Hans Kuch, der hier als Vertreter der Klosterfrauen amtiert, vgl. ASCH, Verwaltung, S. 305: Demnach war er 1456-1477 Kanzleischreiber des Grafen Konrad v. Fürstenberg; er wird 1465 als Schultheiß, 1466 als Vogt zu Fürstenberg genannt.
[158] Idea laudabilis (GLA), S. 30.

Heinrich, Konrad und Egen von Fürstenberg ohne Gegenleistung übereignet worden war[159].

Wesentlich häufiger als früher sind hingegen Gerichtsverfahren des Neudinger Konvents, Prozesse also wegen „spenn und zwayunge", gegen andere kirchliche Einrichtungen oder private Personen. Da hierbei die nicht vorhandene Prozessfähigkeit von weiblichen Personen galt[160], wurden die Neudinger Klosterfrauen am 19. Jan. 1450 erstmals vor Gericht durch einen männlichen Bevollmächtigten – hier wird auch erstmals das Amt eines Hofmeisters des Klosters erwähnt – vertreten[161].

So trug man 1442/43 einen Rechtsstreit mit der Pfarrkirche Mundelfingen über zwei Instanzen hinweg – zuerst in Villingen, nachher in Konstanz – aus[162]. Ein Verfahren am 26. Juli 1444, in das u.a. auch das Bickenkloster und das Armenspital zu Villingen sowie einige Villinger Bürger verwickelt waren, endete mit einem günstigen Urteil für die Klosterfrauen: Konrad Lang aus Aasen, der mehrere Güter verwaltete, erhielt die Auflage, davon dem Kloster Auf Hof jährlich 6 Mut Korn zu zinsen[163].

Am 21. Aug. 1456 sprach Graf Konrad von Fürstenberg im Konflikt zwischen dem Konvent einerseits, Vogt und gemeinen Leuten von Neudingen andererseits Recht, indem er die Nutzung von Weideflächen an der Donau in Neudingen neu ordnete[164]. Zwei weitere Gerichtsverhandlungen, in denen das Kloster 1486 gegen *Clösy* Lang aus Aasen[165] und 1489 gegen Hans Martin aus Hondingen prozessierte[166], endeten jeweils mit gütlichen Einigungen.

Die enge Verbindung zu den Grafen von Fürstenberg dauerte an. In den Streitigkeiten zwischen Graf Eberhard von Württemberg und den Fürstenbergern seit 1462 und ebenso bei der kaiserlichen Intervention deswegen

---

[159] FUB III 519.

[160] Vgl. LEIBER, Landgericht, S. 375 f.

[161] FUB VI 247 Anm. 15 – In der Uk. vom 19. Jan. 1450 lautet der Passus: „mit namen hainrich wiler hoffmaister uff hove". Zum Amt des Hofmeisters im Kloster Neudingen vgl. unsere Darlegungen in Kapitel 7, S. 175 f.

[162] RIEZLER, Ukk. 2, S. 23 f. Vgl. auch Kapitel 8, S. 212, dieser Arbeit.

[163] FFA, Kloster-Akten, Lade 1 Fasc. B, Nr. 4.

[164] FUB III 438.

[165] RIEZLER, Ukk. 2, S. 28 f. *Clösy Lang* trat „etlicher spen halb" als Kläger gegen das Kloster auf. Vermutlich waren diese Beschwerden die Folge des Urteils gegen Konrad Lang 1444, der offensichtlich ein Verwandter (Vater?) des Clösy Lang war (vgl. oben).

[166] FFA, Kloster-Akten, Lade 13 Fasc. B, Nr. 2.

1469, worüber an anderer Stelle berichtet wird[167], stand das Kloster natürlich treu hinter seinem Landesherrn[168].

Mit den nahen Kontakten aber wuchs zusehends der Einfluss des Grafenhauses in kirchlichen Fragen[169]. Schon lange vor 1450 kam es verschiedentlich vor, dass sich die Grafen in Eigentumsfragen und Jahrtagsstiftungen beim Kloster einmischten[170]. Ebenso beriefen sie sich im 15. Jahrhundert gelegentlich auch auf ihr Amt als Kastvögte des Klosters Auf Hof[171]. Besonders deutlich wurde dies im Rechtsstreit zwischen den beiden Klöstern Neudingen und Amtenhausen wegen des Zehnts von drei Gütern in Gutmadingen 1485. Zur Lösung der Streitfrage setzten die fürstenbergischen Brüder Heinrich VII. und Wolfgang als Landgrafen der Baar und Kastvögte beider Klöster, wie sie ausdrücklich betonten, ein Gericht ein, das „auf besonderen Befehl" der beiden Herren am 1. Sept. 1485 die Zehntfrage entschied[172].

Ebenso griffen die Grafen von Fürstenberg seit der zweiten Hälfte des 15. Jahrhunderts in ihrem Land in Streitigkeiten zwischen geistlichen Kontrahenten ein. So benötigte die Übereinkunft zwischen dem Konvent Auf Hof und dem Pfarrer Johann Gebhart von Neudingen die Zustimmung Graf Konrads[173]: Der Pfarrer gab die ihm als Lehen übertragene Pfarrkirche wieder an die Klosterfrauen zurück; diese aber versorgten den Leutpriester auf Lebenszeit mit Kost und Logis und übergaben ihm bei jeder Fronfasten 1 Pfd. Heller Fürstenberger Währung.

Die Grafen wirkten 1490 auch bei der Schlichtung in einer Spolienfrage, wo es um das Recht auf den beweglichen Nachlass eines Geistlichen ging, als Vermittler zwischen den Klosterschwestern und dem Leutpriester Markus Märckin von Neudingen mit[174]. Obwohl das Kloster, dem die

---

[167] Vgl. Kapitel 8, S.199 f., dieser Untersuchung.

[168] FUB III 557 u. 557 Anm. 1.

[169] LAUER, Kirchengeschichte, S. 129 ff. Ebenso MEISTER, Kirchenpolitik, S. 1-64.

[170] FUB II 524, ebd. III 131, 173, 181, 182, 223, ebd. VI 247 Anm. 11 + 11a.

[171] FUB III 46 und 121. Erwähnung der Grafen als Kastvögte des Klosters Friedenweiler in FUB III 120. Vgl. LAUER, Kirchengeschichte, S. 131 f., zur Kirchenpolitik des Hauses Fürstenberg gegenüber seinen Klöstern Amtenhausen und Friedenweiler nach 1460.

[172] FUB IV 53. LAUER, Kirchengeschichte, S. 131 f., weist nach, dass das Haus Fürstenberg im 15. Jh. die Vermögensverwaltung seiner Klöster in die Hand bekommen will. – Über die Handhabung des Landrichteramtes durch die Landgrafen von Fürstenberg vgl. LEIBER, Landgericht, S. 284 f. und 288 ff. – Zum Amt des Kastvogts vgl. Kap. 9 dieser Arbeit, S. 228 ff.

[173] FUB III 664.

[174] FUB VII 144.

Neudinger Kirche bekanntlich seit 1303 inkorporiert war, Anspruch auf das Erbe jedes verstorbenen Pfarrers hatte, wurde der Erbstreit folgendermaßen beigelegt: Der Leutpriester oder seine Erben bezahlen am nächsten St. Gallus–Tag 24 rheinische Gulden an die Schwestern, wofür die Erbschaft dann den wirklichen Erben zufällt.

Zugleich mit diesem verstärkten Zugriff des Landesherrn, also der weltlichen Macht, auf kirchliche bzw. klösterliche Angelegenheiten, der im Zusammenhang mit der Ausbildung der Landeshoheit im 15. und 16. Jahrhundert zu sehen ist[175], entwickelten sich auch von geistlicher Seite, nämlich aus dem Dominikanerorden heraus, begründete Einwirkungsversuche auf den Neudinger Konvent. Da im Kapitel 6 dieser Arbeit das allgemeine Verhältnis zwischen dem Kloster und dem betreuenden Orden ebenfalls behandelt wird, genügt hier zum diesbezüglichen Geschehen folgende Vorbemerkung:
Ende des 14. Jahrhunderts geriet der Dominikanerorden in eine existentielle Krise. Die Prediger bemühten sich infolgedessen seitdem und während des gesamten 15. Jahrhunderts mit Nachdruck um eine tief greifende Reform ihres Ordens[176], die sich parallel zu der umfassenden Reformbewegung in der Kirche sowie im gesamten Ordenswesen entwickelte. Viele Klöster, vor allem auch Dominikanerinnenklöster, unterwarfen sich in den folgenden Jahrzehnten den strengen Forderungen der Reformer in der sog. Observanzbewegung, andere versuchten sich der Reform zu entziehen[177]. Ein zeitgenössischer Bericht von 1481 zählt das Kloster Auf Hof zu den 29 noch nicht reformierten Frauenklöstern des Predigerordens in Deutschland[178].

---

[175] Vgl. hierzu STIEVERMANN, Klosterpolitik, S. 88 f., THOMA, Kirchenpolitik, S. 45 ff. Ebenso Kap. 9, S. 231 ff., dieser Untersuchung

[176] Zur dominikanischen Observanzbewegung in der Provinz Teutonia vgl. NEIDIGER, Dominikanerobservante, S. 67-122, BARTHELME, La Réforme Dominicaine, a.a.O., und ebenso LÖHR, Studien in QF XIX, S. 1 ff., 19 ff. und S. 30 ff. Ebd., S. 17, heißt es: „Die Teutonia war seit 1475 offiziell observant und, soweit ich sehe, ist sie damals und das 15. Jahrhundert hindurch die einzige Provinz des Ordens, in der die Observanten die Mehrheit haben und die Konventualen in der Minderheit ... sind.“ Vgl. auch unsere diesbezüglichen Darlegungen in Kapitel 6 dieser Arbeit, S. 151 ff.

[177] DÄNIKER-GYSIN, Töß, S. 24 ff. Zum Gegensatz zwischen Observanten und ihren Gegnern im Dominikanerorden, den Konventualen, vgl. LÖHR, Studien in QF XIX, S. 23 ff.

[178] Johannes MEYER, Chronica brevis Ordinis Praedicatorum, 1481. Vgl. hierzu die Beilage 1 in FDA 13 (1880), S. 194 ff.

Deshalb verwundert es nicht, dass das Kloster Neudingen gegen Ende des 15. Jahrhunderts plötzlich und mit großem Nachdruck in die Reformbemühungen des Ordens eingebunden wird. Für 1483 ist die verstärkte Betreuung der Dominikanerinnen von Kirchberg und Neudingen durch den Rottweiler Prior Konrad Volmar belegt[179]. Als der Ordensmeister der Dominikaner Salvo Cassetta am 18. April 1483 die Rottweiler Prediger besucht, ernennt er den Pater Peter Treyer aus Rottweil zum Kaplan des Frauenklosters Neudingen[180]. Der Ordensgeneral Joachim Turriani, dessen Amtszeit von 1487 bis 1500 dauerte, ernennt am 1. Aug. 1487 den Prior Johannes Schoßler aus Konstanz zum Vikar von sieben Dominikanerinnenklöstern im Bistum Konstanz. Neben Löwental, St. Katharinental, Töss, Oetenbach, Schwyz und Kirchberg ist dies auch das Nonnenkloster zu Neudingen[181]. Der Ernennung Schoßlers folgt am 15. Okt. 1488 die Bestätigung in diesem Amt durch den General[182]. Einige Jahre später, 1494 nämlich, beauftragt der Ordensmeister Vincenzo de Castronovo den Prior Berthold Hutter aus Rottweil direkt mit der Betreuung des Konvents Auf Hof[183]. Diese Regelung hat auch noch um 1501 Bestand[184], woraus sich der Schluss ableiten lässt, dass nun in Neudingen die observante Ordensreform durchgeführt ist.

Die Verbindung zum Dominikanerorden wird in den ersten Jahrzehnten des neuen Jahrhunderts zunächst noch enger. Als 1514 die beiden Gräfinnen Beatrix und Clara Anna von Fürstenberg, beide Klosterfrauen zu Neudingen, auf ihr Erbe zugunsten ihrer Brüder Friedrich und Wilhelm verzichten, haben die beiden gräflichen Nonnen den Dominikanerbruder Dr. Johann Faber zum Berater in dieser Sache[185], der seit 1512 als Generalvikar der Kongregation in der Ordensprovinz Teutonia tätig ist. Danach endet der schriftlich belegte Kontakt zu den betreuenden Predigern.

---

[179] QF VII, S. 80.

[180] QF VII, S. 84: „Fr. Petrus Treyer conv. Rotwilensis fuit factus capellanus monasterii in Nidingen, et nullus inferior potest ipsum inde ammovere, dummodo religiose conversatus fuerit. Dat. Rotwile die 18. Aprilis.“ Vgl. HECHT, Dominikanerkloster Rottweil, S. 79.

[181] QF X, S. 5. Vgl. DÄNIKER-GYSIN, Töß, S. 25.

[182] QF X, S. 22.

[183] QF X, S. 49.

[184] QF X, S. 133.

[185] Mitteilungen I, Nr. 64. Faber war seit 1512 Generalvikar der Kongregation in der Provinz Teutonia des Dominikanerordens (Bestätigung: im Amt: 1519). Über seine Rolle in Zürich um 1520 vgl. WEHRLI-JOHNS, Zürcher Predigerkonvent, S. 185.

Zusammenfassend lässt sich feststellen, dass das Frauenkloster Auf Hof am Ende des 14. und im Laufe des 15. Jahrhunderts zwar schweren Notzeiten ausgesetzt war, letztlich aber alle Krisen mehr oder weniger erfolgreich bestand. Dabei konnte man, wie schon in früheren Zeiten, auf die tätige Hilfe einflussreicher Gönner rechnen, vor allem aus der Grafenfamilie und aus der Familie von Almshofen.

Im Laufe des 15. Jahrhunderts verstärkte sich der Einfluss der Grafen von Fürstenberg als Kastvögte und beginnende Landesherren auf die kirchlich-monastische Entwicklung. Immerhin aber schien der allgemeine Bestand des Klosters um 1500 im Wesentlichen gesichert. In diesem Zeitabschnitt wurde auch die Bindung an den Dominikanerorden erneuert, womit sich die Bedeutung des Klosters als wichtige kirchliche Einrichtung auf der Baar weiter zu festigen schien.

KAPITEL 4
DAS DOMINIKANERINNENKLOSTER IM 16. JAHRHUNDERT

4.1. Ein später Höhepunkt

Zu Beginn des 16. Jahrhunderts schienen die Voraussetzungen für eine positive Weiterentwicklung des Neudinger Frauenkonvents in der Obhut der Dominikanerinnen durchaus günstig. Die schlimmste Not lag bereits mehrere Jahrzehnte zurück. Das Unbehagen über den inneren Zustand der Kirche zeigte sich zwar landauf, landab, aber an der oberen Donau war davon offensichtlich weniger zu spüren als anderswo[1].

Zugleich war das Verhältnis zwischen den Klosterfrauen und dem Grafenhaus um 1500 recht eng. 1495 überließ Graf Heinrich VII. von Fürstenberg auf die Bitte von Priorin und Konvent hin dem Kloster ein leibeigenes Ehepaar[2]. Ebenso war das Kloster bzw. eine Konventfrau für „das Löbl. Gottshauß Neidingen Auf Hof" am 14. März 1495 an einer Schuldverpfändung des Grafen Wolfgang beteiligt[3,4]. Dieser „als Hauptverkäufer" sowie Hans von Reckenbach[5] und Hans von Almshofen nahmen von Kaplan Paul Röttenbacher aus Sumpfohren, Burgvogt Hans Tubenest von Wartenberg und der Neudinger Nonne Engle Röttenbacher einen Kredit von 700 rhein. Gulden auf, wofür sie einen jährlichen Zins von 35 rhein. Gulden entrichten mussten. Diesen Zins zahlte Graf Wolfgang aus der Herbst- und Maisteuer zu Pfohren. Dieser Kontakt in Geldgeschäften zwischen Grafenhaus und Kloster setzte sich übrigens, wie noch zu beobachten sein wird, im 16. Jahrhundert vermehrt fort.

Überhaupt war der Einfluss des Grafen Wolfgang, der nach dem Tod seines Bruders Heinrich, oberster Feldhauptmann im Schweizerkrieg, dem Haus Fürstenberg nach 1499[6] zehn Jahre lang allein vorstand[7], auf den Neudinger Konvent beachtlich. Jedenfalls verstärkte er alsbald seine Ver-

---

[1] LAUER, Kirchengeschichte, S. 129 ff., 143 ff.; THOMA, Kirchenpolitik, S. 7 ff.
[2] FUB IV 182.
[3] FUB IV 130e. Original im FFA, Verw.-Akt., Schuldenwesen 2, Fasc. XIII, Sub Litt. N.
[4] Zu weiteren Schuldverpfändungen der Grafen zu Fürstenberg um 1500 vgl. FUB IV 130 a-n.
[5] Vgl. zu diesem fürstenbergischen Ministerialen: ASCH, Verwaltung, S. 377 f.
[6] Zum Tod Graf Heinrichs bei Dornach vgl. die zahlreichen Quellen in FUB IV 289, S. 272-277. Ebenso FUB VII 192 Anm. 1-7. Eine genaue Darstellung der Vorgänge bei RIEZLER, Haus Fürstenberg, S. 419 ff., S. 448 ff. Zu Heinrich VII. vgl. Kapitel 10, S. 238, 254, dieser Arbeit.
[7] Zu Graf Wolfgang vgl. RIEZLER, Haus Fürstenberg, S. 458-492. Ebenso Kap. 10, S. 249 u. 256.

bundenheit mit den Klosterfrauen, indem er diesen noch vor 1509, seinem Todesjahr, seine beiden Töchter Beatrix und Clara Anna im Kindesalter zur Erziehung anvertraute[8]. Dabei spielte sicherlich auch der grundsätzliche Wunsch des Grafen und seiner Gemahlin Elisabeth von Solms eine Rolle, dass die beiden Mädchen zu gegebener Zeit als Nonnen ins Kloster eintreten sollten, was 1514 dann auch geschah[9].

Die Lage stabilisierte sich in den Jahren unmittelbar nach 1500 weiter, vor allem durch Stiftungen (teilweise für Jahrtage, Leibgedinge u.ä.), an denen auch die Familie von Almshofen wieder beteiligt war, und durch Käufe des Konvents, die beweisen, dass die drückende Geldnot früherer Jahre nicht mehr bestand. Diese Stiftungen und Zukäufe werden in den beiden folgenden Tabellen dargestellt.

Tabelle 3
Stiftungen für das Kloster Auf Hof

Datum	Stifter	Stiftungsobjekt	Zweck
1500, 13. Jan.	Hans von Almshofen	Teil seines Zehnts von Riedböhringen	Leibgeding f. 3 Nonnen[10]
1502, 1.März	Peter Repflin, ehemaliger Hofmeister	Gült von 20 Gulden	Jahrtag[11]
1502, 1. März	Margaretha Rothweiler, Nonne	Eine Wiese (Kauf im Namen des Klosters mit nachfolgender Schenkung)	nach Tod an das Kloster[12]
1502, 12. April	Hans Fuchs: Kauf des Andressen Guts in Neudingen	Daraus jährliche Naturalabgabe aus Hofstatt und Garten (4 Viertel + 6 Viertel Vesen)	Abgabe wegen Herrenrechten[13]
1502, 24. Juli	Oschwald Flatz, der Klosterhirte	Gült von 78 Pfd. (Pfennige)	Jahrtag[14]
1504, 30. April	Hans von Almshofen	Jährl. Gült: Zins aus seiner Hofstatt in Gutmadingen	Kerzenlicht[15]
1504, 30. April	Hans von Almshofen	Jährl. Gült: Zins aus seinem Eigengut in Gutmadingen	Pfründe für Tochter Magdalena[16]
1506, 4.Febr.	Jodocus Henßler, Priester zu Fürstenberg	Henßlers Gut in Neudingen	Jzt mit 3 Priestern[17]

[8] FUB IV 321; vgl. ebd. IV 249. Ebenso: Neudinger Anniversarienbuch, Vorsetzblatt VI.

[9] Mitteilungen I, Nr. 64, S. 29.

[10] FUB VII 190 Anm. 5. Die drei mit Hans v. Almshofen verwandten Nonnen waren seine Schwester Anastasia, seine Tochter Magdalena sowie Bärbel von Reckenbach, seine Nichte.

[11] FFA, Kloster-Akten, Lade 17 Fasc. D, Nr. 12. Ebd. Repertorium 2, S. 326.

[12] FFA, Kl.-Akt., Lade 17 Fasc. D, Nr. 11.

[13] FUB VII 144 Anm. 1.

[14] Anniversarienbuch zum 24. Juli (1502): „dar um sol man ym 2 messen haben und ander gut ad leyhaftig sin". Vgl. das Testament des Hirten im FFA, Kl.-Akten, Lade 24 Fasc. C, Nr. 2.

[15] FUB VII 132 Anm. 6. Es handelt sich hierbei um die Gült für die Kerze in der Klosterkirche „in dem kor des in der ere der iunkfrow marje unnd Sant annen irer gebererin gewicht ..." (FFA, Kloster-Akten, Lade 8 Fasc. A, Nr. 10).

[16] FUB VII 132 Anm. 7. Magdalena von Almshofen trat 1504 als Nonne ins Kloster Auf Hof ein.

[17] FFA, Kl.-Akt., Lade 17 Fasc. D, Nr. 15. Ebenso Idea laudabilis, S. 32 + 32v.

Tabelle 4
Käufe des Klosters

Datum	Kaufobjekt	Verkäufer
1501, 3. Nov.	Erwerb einer Hofstatt in Aasen. „Kaufpreis": Verzicht des Klosters auf jährliche Naturalgült.	Bernhard Göderscher von Villingen[18]
1503, 16. Juni	Steinburg (*Das Stainburglin*, ehemals fürstenberg. Burg) in Neudingen „samt einem Wieherstättlin". Kaufpreis 100 rheinische Gulden.	Burckhart von Reckenberg zu Aulfingen[19]
1504, 14. März	*Funncken Baundt* (3 ½ Mannsmahd Wiese im Gewann Leimgruben) in Neudingen zu 40 rheinischen Gulden	Hans Funk von Neudingen[20]
1504, 21. Dez.	Zinsrecht der *„Ellenden Jarzit"* von einem Gut in Tannheim für 12 Gulden rhein.	Karius Lauser und Jakob Spätt, Pfleger der *„Ellenden Jarzit"* in Villingen[21]
1516, 18. Nov.	Auberlins Gut zu Pfohren. Kaufpreis: 30 Gulden in Fürstenberger Währung	Michael Rottenbacher aus Pfohren[22]
1519, 25. April	Eine Wiese (1 ½ Mannsmahd) beim Stettbronnen in Neudingen für 27 Gulden	Hans Priol von Neudingen[23]

Diese erfreuliche Entwicklung verlangsamte sich dann im zweiten Jahrzehnt, im dritten versickerte sie ganz. Dagegen verkaufte das Kloster 1517 an die Brüder Lutz und Göring von Landau[24] 5 Jauchert Acker auf Blumberger Gemarkung[25].

Für diese ersten zwanzig Jahre des 16. Jahrhunderts sind auch mehrere Tauschgeschäfte des Klosters mit Privatpersonen urkundlich belegt. Am 20.Sept. 1506 traf man eine Absprache mit Bertold Müller zu Fürstenberg, wobei der Steinacker des Klosters und „ein wisli am Sumpfohrer weg anstossend" den Besitzer wechselten[26]. Sodann vergrößerte der Konvent seinen Besitz in Pfohren, indem er am 8. Dez. 1506 mit Lux Martin dessen dortiges Gut gegen Müllers Hof, den das Kloster bisher in Hondingen besaß, eintauschte. Und am 22. Jan. 1509 überließ Benedikt Müller aus Fürstenberg den Klosterfrauen einen 1 Jauchert großen Acker beim Galgen gegen ein gleichgroßes Ackerstück, „der not acker genant"[27]. Letztlich ist ein umfangreicher Vergleich (*ain Schlaich*) vom 26. Nov. 1520 hier zu

[18] FFA, Kl.-Akt., Lade 1 Fasc. A, Nr. 5.
[19] FUB IV 349. Zustimmung des Grafen Wolfgang von Fürstenberg als Lehensherr. Vgl. hierzu: Glunk, Flurnamen, S. 176, Ziffer 543, unter: Steinburg.
[20] FFA, Kloster-Akten, Lade 17 Fasc. D, Nr. 13.
[21] FFA, Kl.-Akt., Lade 29 Fasc. A, Nr. 6. – Die beiden Aussteller der Urkunde nennen sich: „baid deß Rautz und by disen ziten pfleger der ellenden jartzit zuo Vilingen".
[22] FFA, Kl.-Akt., Lade 21 Fasc. B, Nr. 8.
[23] FFA, Kl.-Akt., Lade 17 Fasc. E, Nr. 2.
[24] Das Adelsgeschlecht von Landau war von 1484 bis 1529 im Besitz von Blumberg.
[25] FFA, Verwaltungs-Akten, Vol. III B Fasc. 3, und Mitteilungen I, Nr. 89.
[26] FFA, Kl.-Akt., Lade 17 Fasc. D, Nr. 16.
[27] FFA, Kl.-Akt., Lade 13 Fasc. B, Nr. 1, und ebd., Lade 6 Fasc. C, Nr. 4.

erwähnen, der zwischen dem Kloster und dem Neudinger Leutpriester Gabriel Ostwald, beraten von Vogt Bartli Engesser u.a., wegen Gütern, Hofstätte, Garten, Wiesen usw. erfolgte[28].

Zugleich nehmen in dieser Zeit gerichtliche Auseinandersetzungen, wie sie auch schon im 15. Jahrhundert häufig waren, noch verstärkt zu. Und diese Tendenz wird das Dominikanerinnenkloster bis zu seinem Ende begleiten. Die größte Bedeutung kam dabei einem Rechtsstreit (*Spennen und Zweyungen*) zwischen dem Kloster Auf Hof und den Bauern von Neudingen, vertreten durch Vogt, Richter und Maier des Dorfes, zu[29]. Unbestreitbar stand es um das Verhältnis zwischen dem größten Grundbesitzer im Dorf, dem Konvent also, und den Dorfbewohnern wieder einmal[30] nicht zum Besten. Vor dem Landgericht in der Baar[31] unter Vorsitz des Johann Kuch, Landschreiber und Beauftragter des Obervogts der Grafschaft, Jörg von Reckenbach, kam es am 2. Mai 1503 in sechs Punkten zu folgendem Vergleich[32]:

1. Das Kloster muss dem gemeinsamen Hirten das „holl malter" (den halben Anteil), das ihm zusteht, für das vergangene Jahr nachzahlen und seinem Gehilfen, dem Hirtenknaben, ein Paar Schuhe geben.
2. Trotz ihrer Weigerung haben die Klosterfrauen den Lohn von 1 Malter Vesen für den Schweinehirten anzuerkennen.
3. Für Güter in der Steuerhoheit des Dorfes, die von den Nonnen genutzt werden, sind von diesen entsprechende Steuern zu entrichten.
4. Die Fläche, die einer Klosterschwester zur Bewirtschaftung zusteht, wird auf 3 Jauchert Acker begrenzt.
5. Der Kälberzehnt für die Maier wird erhöht und dem Preis, der im Umland gezahlt wird, angepasst.
6. Die Stückzahl an Großvieh für das Kloster darf 60, „vngeuärlich dryer mer oder minder", nicht übersteigen.

Diese Vergleichsbestimmungen, die, wie man sieht, zum überwiegenden Teil zu Ungunsten der Klosterfrauen ausfielen, geben einen trefflichen

---

[28] FFA, Kl.-Akt., Lade 17 Fasc. E, Nr. 3.

[29] FUB VII 144 Anm. 2.

[30] Erinnert sei an die Streitigkeiten 1456, vgl. FUB III 438. Zum Streit um Weidenutzungen allgemein, Abgrenzung von Weideflächen u.ä. vgl. JÄNICHEN, Wirtschaft, S.375 ff.

[31] Vgl. Gert LEIBER, Das Landgericht der Baar, Allensbach/Bodensee 1964.

[32] Neben FUB VII 144 Anm. 2, vgl. Idea laudabilis, S. 33 +33v. – Ebenso die Ausführungen bei MÜNZER, Neudingen, S. 61.

Einblick in die damaligen Lebensumstände im ländlichen Raum und zeigen außerdem, wie eng in Neudingen das Zusammenleben, aber auch die Interessengegensätze zwischen Kloster und Dorf miteinander verflochten waren. Der Chronist äußert deshalb auch Zweifel an Sinn und Zweck solcher Abmachungen wie der obigen[33].

Zwei weitere Prozesse folgten wenige Jahre später. 1507 setzte sich das Kloster im Streit um 6 Jauchert Feld im „Nidinger Esch" gegen das Ehepaar Verena Herman und Hans Üppinger durch, die behauptet hatten, das erwähnte Feld gehöre von Alters her zu ihrem Klosterlehen[34]. Das Landgericht[35] folgte der gegenteiligen Bekundung der Nonnen. Wenige Wochen später, am 27. Febr. 1508, stand das Kloster, vertreten durch seinen Hofmeister Pale Maiger, wieder vor Gericht[36]. Prozessgegner ist diesmal die Gemeinde Aulfingen, mit der Priorin und Konvent zwar gemeinsam das sog. Schellingsche Gut in Hausen besaßen[37], zugleich aber darüber stritten, ob die jährliche Abgabe nach Neudinger oder Fürstenberger Maß zu bemessen sei. Gegen das Urteil des Gerichts, die Gült sei nach Fürstenberger Maß zu entrichten, legte der Vertreter Aulfingens Berufung ein[38]. Allerdings hat er nachher „die eingelegte appelation ... vor dem Lantgericht zu Fürstenberg verlassen (unterlassen)"[39].

Diese eher alltäglichen Ereignisse wurden jäh unterbrochen durch den Tod Graf Wolfgangs von Fürstenberg auf Schloss Ortenberg im Kinzigtal. Mit ihm – Maximilians I. „Römischer Königlicher Majestät Hofmarschall" – starb am 31. Dez. 1509 eine weit bekannte und auch über die fürstenbergischen Territorien hinaus anerkannte Persönlichkeit[40]. Zu seiner Beisetzung im Kloster Neudingen, zu der zahlreiche geistliche und weltliche Honoratioren erschienen waren[41], kam sogar Bürgermeister Trulleray von

---

[33] Martin Antoni ARRES kommentiert in Idea laudabilis, S. 33: „Es ist solchem nach nüzlich dergleichen Documenten zu wissen, nicht aber räthlich einen offenen Gebrauch hievon zu machen, wenn man sich nicht selbsten in die Augen greiffen will."

[34] FUB IV 453.

[35] Ebd.: Dem Gericht gehören an Joerg von Reckenbach, Obervogt der Landschaft Fürstenberg, und Johannes Krüß, „des hoffs zu Constanz in etlichen sachen gemainer commissarius". Sie handeln im Auftrag des Grafen Wolfgang von Fürstenberg als Streitschlichter und Vermittler (*tadingslut*). Zu dieser Thematik vgl. LEIBER, Landgericht, a.a.O.

[36] FFA, Kloster-Akten, Lade 10 Fasc. A, Nr. 2.

[37] Zu dieser Angelegenheit vgl. Idea laudabilis, S. 41v., 42 + 42v.

[38] FFA, Kl.-Akt., Lade 10 Fasc. A, Nr. 3.

[39] Repertorium 2 (FFA), S. 175.

[40] FUB IV 481. Dieser Titel u.a. in: FUB IV 453. Zu Graf Wolfgang vgl. Kap. 10, S. 256.

[41] KÖTZ, Genealogische Aufzeichnungen, FFA. Vgl. hierzu Kapitel 10 dieser Arbeit, S. 249.

Schaffhausen[42]. Dies ist umso bemerkenswerter, weil im Schweizerkrieg zehn Jahre zuvor Graf Wolfgang einer der engsten militärischen Ratgeber König Maximilians war, die Stadt Schaffhausen sich damals entschieden der Eidgenossenschaft anschloss und der Krieg mit großer Erbitterung geführt worden war[43]. In die Regierung der fürstenbergischen Länder aber teilten sich nach 1510 die Söhne des Grafen Wolfgang, nämlich Wilhelm und Friedrich von Fürstenberg[44].

Aus den nächstfolgenden Jahren sind vor allem zwei Vorgänge zu erwähnen, die beide Nachgiebigkeit und Schwäche der Klosterführung Auf Hof erkennen lassen. 1513 lieh sich Graf Wilhelm von Fürstenberg[45] 575 fl. aus der von den Klosterfrauen verwalteten Egesheimer Pfründe[46]. Zwar stellte er als Sicherheit das Dorf Riedböhringen mit allem Zubehör in Aussicht. Bei der Teilung des fürstenbergischen Territoriums am 25. Febr. 1522 überließ er dann aber bezeichnenderweise die Zuständigkeit für Riedböhringen seinem Bruder Friedrich[47]. Von einem Einspruch des Klosters hiergegen ist nichts bekannt.

Der zweite Akt, in dem der Konvent wenig Standfestigkeit bewies, folgte am 7. Mai 1514[48]. Das Kloster gab hierbei sein Präsentationsrecht bei der Besetzung der Kaplanei in der Pfarrkirche Neudingen gegenüber Vogt, Gericht und Gemeinde Neudingen, mit geringen Vorbehalten, preis. Durch den Kauf des Neudinger Kelnhofs 1303 hatte das Kloster bekanntlich den Kirchensatz und das erwähnte *Jus präsentationis* miterworben[49]. Der Verzicht auf dieses alte Recht erfolgte nun ohne Notwendigkeit, fast ohne Einwand und ohne entsprechende Gegenleistung – ein Vorgang, der Ver-

---

[42] Dies ist bekannt durch den folgenden Eintrag bei den Stadtrechnungen, Stadtarchiv Schaffhausen, A II 5, 174 A: „Item 6 s. roszlon gen Nidingen, burgermaiser Trulleray uf graf Wolfen sellgen grebtt."

[43] Vgl. RIEZLER, Haus Fürstenberg, S. 419 ff. Zur Regierung Graf Wolfgangs ebd., S. 458 ff. Ebenso: Hedwig RÖCKELEIN, Graf Wolfgang als Reisebegleiter Philipps des Schönen, a.a.O.

[44] Vgl. RIEZLER, Haus Fürstenberg, Stammtafel V. Ebenso: TUMBÜLT, Stammtafel.

[45] Über die etwas schillernde Persönlichkeit des Gf. Wilhelm von Fürstenberg vgl. die Biographie von Johannes Volker WAGNER, a.a.O. Graf Wilhelms Bedarf und Verbrauch großer Summen in diesen Jahren ist bekannt: Am 22. Dez. 1513 kauft er das Dorf Unadingen um 3572 fl. rhein. (Mitteilungen I, Nr. 55). Am 14. Aug. 1515 verkauft er an seinen Bruder Friedrich für 3000 fl. jährl. Erbzins Schloss u. Landgrafschaft Fürstenberg mit Wartenberg u. Baar, Schwarzwald und seinen Anteil an Ortenberg; ebenso sein Erbe beim Tod seiner Mutter (Mitteilungen I, Nr. 72).

[46] Es ist anzunehmen, dass dies nicht ohne einen gewissen Druck des Grafen, der als draufgängerisch und rücksichtlos gilt, auf die Klosterfrauen geschah.

[47] Mitt. I, Nr. 154.

[48] Mitt. I, Nr. 58.

[49] Vgl. Kap. 2, S. 46 f., dieser Arbeit. Ebenso FUB II 13 und MAURER, Königspfalzen, S. 464.

wunderung hervorruft[50]. Die Auseinandersetzung wegen dieses Problems wird das Kloster übrigens auch unter der Leitung der Zisterzienserinnen noch bis ins 17. Jahrhundert hinein belasten.

Als Fazit ist festzuhalten: Trotz dieser zuletzt genannten Ereignisse gibt es während der beiden ersten Jahrzehnte des 16. Jahrhunderts keinen Anhaltspunkt, der darauf hinweist, dass das Neudinger Dominikanerinnenkloster nicht mehr funktionstüchtig wäre oder gar vor seinem Untergang stände. Im Gegenteil, es ist sogar eine durchaus geschäftige Betriebsamkeit festzustellen. Diese Entwicklung des Klostergeschehens zwischen 1500 und 1520 findet aber so gut wie keine Beachtung in der Forschung zur Neudinger Klostergeschichte und zur Kirchengeschichte der Baar, was sich allerdings damit erklären lässt, dass ein Großteil der Urkunden aus dieser Zeit und auch die Chronik Idea laudabilis nicht gedruckt vorliegen und somit nur wenig bekannt sind.

4.2. Krise und Niedergang

Nach dem Beginn der Reformation breitete sich fast überall im Lande eine klosterfeindliche Stimmung aus[51], die auch die Dominikanerinnen im deutschen Südwesten teilweise hart traf[52]. Die meisten Nonnenklöster in der Nachbarschaft von Neudingen gerieten in Existenznöte, einige wurden aufgelöst[53].

Auch für das Kloster Auf Hof sieht die Literatur die Entwicklung nach 1520 als plötzlich eintretende Endphase, die rasch zur Auflösung führt. Nach Ansicht von C.B.A. FICKLER bricht die Reformation 1526 über die Baar herein, die Nonnen verlassen mehr oder weniger freiwillig ihr Kloster, worauf die eigene Klosterorganisation wegfällt[54]. Der Autor glaubt dies

---

[50] Auch Martin Antoni ARRES lässt in Idea laudabilis, S. 33v.+34, seinem Unmut freien Lauf: „Eine wohl theure Schenkung, welche sich mit vielem Geld nicht wieder erkauffen liesse!“ Zu den weiteren Auseinandersetzungen vgl. Idea laudabilis, S. 34v.–38v.

[51] LAUER, Kirchengeschichte S. 192 ff. Für die fürstenbergischen Territorien im 16. Jahrhundert vgl. vor allem THOMA, Kirchenpolitik, S.53 ff., 27 f.

[52] WILMS, Geschichte, S. 179 ff.

[53] Zu den fürstenbergischen Frauenkonventen vgl. THOMA, Kirchenpolitik, S. 53 ff. Zu Töss vgl. DÄNIKER-GYSIN, S. 27 f. Zu St. Katharinental vgl. Helvetia Sacra, Abt. IV, Bd. 5, Teil 2, S. 740-840. Ebd., S. 1006-18, zu Kl. Winterthur, und ebd., S. 1025, zu Zürich-Oetenbach.

[54] FICKLER, Einleitung zum Anniversarien-Buch, S. 7.

aufgrund einer angeblichen Lücke bei den Urkunden und bei den Einträgen im Neudinger Anniversarienbuch zwischen 1526 und 1568 (Lückentheorie) schlussfolgern zu können.

Martin MÜNZER hingegen baut seine These auf einem wenig fundierten Passus in der „Untersuchung der Jahrtägen" von 1767 auf[55], wo es heißt: „Es ist aber geschehen, ..., dass selbe (Klosterfrauen) in die höchst bedauernswürdige umständ gekommen, und dergestalten Verfolgung gelitten, daß sie ... das Kloster verlassen ... und nicht mehr zurückgekommen sind, wonach dann Graf Heinricus ob gedachtes Kloster ex jure devolutio an sich gezogen und solches über 50 Jahre lang biß 1565 ... hat lassen administriren." Daraus folgert MÜNZER: „Das Kloster ist verlassen von 1515 bis 1565; bzw. 1562"[56], nachdem die gräfliche Verwaltung im Kloster den Zugriff hat. Seit 1515, so seine Aussage, gibt es das Dominikanerinnenkloster eigentlich nicht mehr.

Beide Thesen sind heute nicht mehr haltbar, weil die Quellenlage ihnen entgegensteht. FICKLERS Lückentheorie ist unschwer zu widerlegen, weil es keine Lücke gibt. Erstens finden sich allein bis 1562 mehr als zwei Dutzend – allerdings bisher nicht gedruckte – Urkunden, welche Tätigkeiten im Kloster, Verwaltungsakte, Rechtsvorgänge (Prozessakten) und Geldgeschäfte nachweisen[57]. Und zum zweiten enthält das Anniversarienbuch, das Fickler als Herausgeber kennt, Jahrtags-Einträge (mit Datum des Sterbejahres) für etliche Personen, die zu dieser Zeit im Kloster lebten[58]. Es sind dies die Sorores Priorin Barbara von Reckenbach (gestorben 1529[59]), Magdalena Fürstenbergerin (1538), Anna Engesser (1537), Anna und Katharina von Reckenbach (1537) sowie Frater Franziscus Doden (1537). Im Übrigen sind weitere Neudinger Konventualinnen dieser Zeit aus Urkunden bekannt[60], wie etwa die Priorin Röttenbacher (1551 erwähnt), Gräfin Clara Anna von Fürstenberg (1540, 1541 und 1550), und Priorin Maria von Felsenberg (1559 und 1570).

---

[55] Untersuchung der Jahrtägen (GLA), Uk. 229/72515, S. 39 + 40.

[56] MÜNZER, Neudingen, S. 62. LUTZ, Herrschaftsverhältnisse, S. 28, übernimmt diese These Münzers ungeprüft.

[57] Diese Ukk. werden im weiteren Verlauf dieses Kapitels zur Sprache kommen (siehe unten).

[58] Die Einträge für die im Folgenden genannten Klosterangehörigen finden sich im FFA, Anniversarienbuch unter: 30. Nov., 22. April, 25. Juli, 24. Dez. (zweimal) und 1. Jan.

[59] Die Priorin Barbara von Reckenbach wird am 14. Dez. 1514 urkundlich erwähnt. Vgl. Mitt. I, Nr. 64.

[60] Mitt. I, Nr. 758; ebd. I, Nr. 64, 416 und 685 Anm. 1.

Aber auch MÜNZER unterlaufen Fehler. Er beachtet beispielsweise nicht, dass der zitierte Eintrag in der „Untersuchung der Jahrtägen" die Jahre um und nach 1560 kennzeichnen will. Dazu passt der Hinweis auf Graf Heinrich VIII., der erst seit 1559 regiert[61]. Zudem steht fest, dass der von Münzer namentlich genannte fürstenbergische Beamte Joachim Bockstorf erst um 1560 zeitweilig als Verwalter des damals fast schon ausgestorbenen Klosters Auf Hof tätig war[62].

Die andere Aussage des Textes, die fürstenbergische Verwaltung greife seit 50 Jahre in das Klosterleben ein, mag für diese Epoche, in der die Landesherren den Ausbau ihrer Territorien gezielt betreiben, zutreffen. Unrichtig ist jedoch, als Urheber dieses Verfahrens Graf Heinrich zu nennen; nicht er, sondern vor allem sein Vater Friedrich ging so vor. Das alles kann jedenfalls <u>nicht</u> heißen, dass das Dominikanerinnenkloster Auf Hof schon seit 1515 praktisch nicht mehr existiert hat. MÜNZERS Folgerung in diesem Sinne ist falsch.

Deshalb ist nun anhand des vorliegenden Quellenmaterials zu untersuchen, von welchen Vorgängen das Neudinger Kloster nach dem Auftreten der Reformation auf der Baar betroffen ist.

Zu Beginn der zwanziger Jahre war in den fürstenbergischen Ländern von den Veränderungen im kirchlichen Bereich noch wenig zu spüren[63]. Dies beweisen auch zwei Kaplaneistiftungen, „die das charakteristische Kennzeichen spätmittelalterlicher Frömmigkeit in unserer Gegend sind."[64] Die eine Stiftung, in welche das Kloster Auf Hof als Lehensträger eingebunden war, wurde am 1. Juli 1521 in der Pfarrkirche Neudingen von Vogt, Richter und Gemeinde des Dorfes in Ausübung ihres Nominationsrechts vorgenommen[65], die zweite erfolgte am 2. April 1522 in Löffingen[66]. Bemerkenswert ist hierbei, dass in beiden Stiftungsbriefen demonstrativ im Sinne

---

[61] TUMBÜLT, Stammtafel.
[62] Vgl. ASCH, Verwaltung, S. 287.
[63] Vgl. hierzu die Ausführungen des Klosterprotokolls aus Friedenweiler, Mitteilungen I, Nr. 88. Ebenso: THOMA, Kirchengeschichte, S. 16-56. TUMBÜLT, Fürstenberg, S. 113 f., und LAUER, Glaubenserneuerung, S. 82.
[64] LAUER, Glaubenserneuerung, S. 82.
[65] Mitteilungen I, Nr. 146. In der Vereinbarung bezügl. der Pfarrkirche Neudingen 1514 war nur vom *Jus präsentationis* die Rede gewesen. Jetzt wurde es – allerdings ohne jede Begründung – bereits zum *Nominationsrecht* erweitert.
[66] Mitt. I, Nr. 146 Anm. 3.

der katholischen Lehre die Wertschätzung des Messopfers betont wird[67]. Klerus und Bevölkerung der Baar ließen bis dahin keine Abfallserscheinungen erkennen[68].

Das änderte sich teilweise mit der Bauernbewegung, die im Lande schon bei Reformationsbeginn seit langem schwelte und im Bauernkrieg in der ländlich geprägten Baar breiten Zulauf fand[69]. Die Bauernzüge 1524/1525 führten auch nach Neudingen und Pfohren, die Burg-Stadt Fürstenberg wurde belagert, das Donaueschinger Schloss zur Übergabe gezwungen[70]. Die Neudinger Klosterfrauen kamen bei diesen Bauernunruhen offenbar mit dem Schrecken davon, denn die Klosterchronik weiß darüber wenig zu berichten[71]. Nach dem Sieg der adligen Herren folgten Unterwerfung und harte Strafe. Jetzt erst, am 21. Mai 1527, erließ Graf Friedrich ein Glaubensmandat, das zu strenger Beachtung der althergebrachten kirchlichen Ordnung aufrief[72]. Die Landgrafschaft blieb unreformiert.

Zu dieser Zeit war das Kloster Neudingen, nach dem Konflikt von 1439 mit dem damaligen Müller Hans Seßler[73], zum zweiten Male in einen Rechtsstreit um die Neudinger Mühle verwickelt. Seit 1516 wurde die Mühle von Konrad Angster betrieben, der sie kauf- und tauschweise erworben hatte, sie aber nun aus der Lehenshoheit lösen wollte[74]. Mit dieser Absicht wandte er sich an Graf Wilhelm von Fürstenberg, der – in Unkenntnis der Rechtslage oder aus nicht näher bekannten Motiven heraus – in das Ersuchen einwilligte und dem Müller die Mühle als freies Eigen überließ, ein mehr als fragwürdiges, aber doch bezeichnendes Verfahren. Die Priorin und der Konvent erfuhren von diesem Vorgang erst im nachhinein und

---

[67] Mitteilungen I, Nr. 146: „...dass ... nichts nützlicher ist, als das Amt der hl. Messe, in dem das Leiden Christi erneuert und Gott um der Verdienste seines Sohnes willen den Lebenden Bekenntnis ihrer Sünden, den armen Seelen Minderung ihrer Pein und die ewige Seligkeit mitzuteilen gebeten wird."

[68] THOMA, Kirchenpolitik, S. 63 ff. LAUER, Kirchengeschichte, S. 183 ff.

[69] REVELLIO, Baar, S. 34 ff. und TUMBÜLT, Fürstenberg, S. 113 f.

[70] Villinger Chronik des Heinrich HUG, S. 101, 112, 115 und 121. Vgl. LAUER, Kirchengeschichte, S. 186. BAUMANN, Bauernkrieg, Nr. 226 u. 238. Ebenso: THOMA, Kirchenpolitik, S. 18 ff.

[71] Idea laudabilis, S. 31+31v. LAUER, Glaubenserneuerung, S. 90: Trotz großen Bauernzorns auf die Klöster kamen „alle Klöster in unserer Gegend noch gut weg." REVELLIO, Baar, S. 41 ff

[72] Mitt. I, Nr. 205. Vgl. THOMA, Kirchenpolitik, S. 32 f., und LAUER, Kirchengeschichte, S. 190. BAUMANN, Bauernkrieg, Nr. 195. LUTZ, Herrschaftsverhältnisse, S. 70 ff., betont den engen Zusammenhang von Territorialisierung und Bauernkriegsereignissen in der Landgrafschaft Baar.

[73] FUB III 286, 287.

[74] Idea laudabilis, S. 38v.–39v.

klagten daraufhin beim Landgericht zu Fürstenberg[75], wo sie „bey Gericht vorgezeigten Stiftungs Brief ohngeachtet, den kürzeren ziehen, und ihre Mühle verlohren halten."[76] Gegen dieses fragwürdige Urteil ging das Kloster, vertreten durch seinen Hofmeister Hans Laminit, in Berufung, die am 7. Sept. 1517 zum Erfolg führte: Die Mühle wurde dem Kloster wieder zuerkannt[77]. Die Konventualinnen, „durch diesen Fürgang gewiziget", verliehen die Mühle zunächst 1522 gegen jährliche „Recognition" an Hans Sumpforrer[78]. Erst im Jahre 1533 kam es zu einer fundierten und langfristigen Regelung, indem die Klostermühle in ein Erblehen umgewandelt und an Hans Riedmüller und seine Erben gegen eine jährliche Abgabe verpachtet wurde[79].

Die Zuständigkeit für die Klöster auf fürstenbergischem Territorium wurde 1524 neu festgelegt: Die beiden Grafen, Wilhelm und Friedrich II., übernahmen für Neudingen die gemeinsame Verantwortung[80]. Im Übrigen wurde auch für das Kloster Auf Hof die Türkensteuer erhoben: 1529 waren es 13 fl., 1532 betrug sie 5 fl.[81].

1524 prozessierte die Klosterführung erneut, und zwar gegen zwei Bauern aus Behla, Hans Mayer und Peter Glück, die sich geweigert hatten, den jährlichen Naturalzins zu entrichten[82]. Ein Gericht zu Hüfingen verurteilte die beiden Angeklagten dazu, ihre jährliche Fruchtgült ohne Wenn und Aber an das Kloster abzuführen[83]. Die Klosterfrauen kauften 1535 der Gemeinde Aulfingen den Jahreszins von jenem halben Gut in Hausen im Kirchtal ab, über das schon zu 1465 und 1508 berichtet wurde[84]. Der Neudinger Chronist Martin Antoni Arres wundert sich über diesen Kauf, da die Konventfrauen das besagte Gut seines Erachtens schon vor Jahrzehnten um 80 rheinische Gulden erworben hatten[85].

---

[75] FFA, Kloster-Akten, Lade 17 Fasc. D, Nr. 1.
[76] Idea laudabilis, S. 39v.
[77] FFA, Kloster-Akten, Lade 17 Fasc. D, Nr. 2.
[78] Idea laudabilis, S. 39v.
[79] Idea laudabilis, S. 40. Der Jahreszins betrug 10 Mtr. Kernen, 10 Mtr. Mühlenkorn Neudinger Maßes, eine Schweineseite oder 5 fl. in Bargeld, 2 Viertel oder 240 Eier, 4 Gänse und 1 Henne oder 1 fl. 16 Kronen, zudem 46 Kronen 2 Rappen als Wiesenzins.
[80] Mitt. I, Nr. 178.
[81] Mitt. I, Nr. 234 und 277 Anm. 2. Vgl. Meister, S. 43.
[82] Idea laudabilis, S. 41v.
[83] FFA, Kloster-Akten, Lade 3 Fasc. A, Nr. 1.
[84] FFA, Kloster-Akten, Lade 10 Fasc. A, Nr. 4. Vgl. Kap. 3 dieser Arbeit, S. 86, und oben, in diesem Kapitel, die Anm. 36-39.
[85] Idea laudabilis, S. 42.

Eine überzeugende Bestätigung dafür, dass die Klosterführung auch nach 1515 ihre Geschäfte weiterführte, bietet zudem ein Aktenbündel mit acht Klosterurkunden aus den Jahren 1518 bis 1545[86]. Während der Untersuchungen zu dieser Arbeit kamen diese Unterlagen im FFA unter den gräflichen Verwaltungsakten (Schuldenwesen) zum Vorschein. Die besagten Urkunden dokumentieren, dass das Kloster im genannten Zeitraum bei acht Privatpersonen bzw. Institutionen Kredite in einer Gesamthöhe von 960 Gulden aufnahm und dafür jährlich 5 Prozent zahlte. Dabei haben alle acht Urkunden dieselben Aussteller, nämlich: „Wir, Priorin und conuent Gemainlich prediger ordens des Gotzhus zu Neidingen in der graffschaft Fürstenberg gelegen ... “[87] Überraschenderweise, aber in die spätere Entwicklung passend, löste Graf Friedrich (II.), vermutlich unmittelbar nach 1550, diese Außenstände des Klosters ab[88].

Der obige Urkundenfund zeigt also ebenfalls eindeutig, dass sich der Neudinger Konvent nicht aufgelöst hat, wenngleich die urkundlich belegte Geschäftstätigkeit in Verwaltungs- und Wirtschaftsangelegenheiten zurückgegangen ist und wenn sich auch, wie bereits aufgezeigt, die Zahl der Klosterangehörigen seit 1520 erheblich vermindert hat. Die Bedeutung des Klosters lässt merklich nach. Zugleich ist auch nicht zu bestreiten, dass bei verschiedenen Maßnahmen die gräfliche Herrschaft im Hintergrund die Weichen zu stellen scheint[89]. Diese Einflussnahme des Grafen Friedrich von Fürstenberg und seiner Verwaltung auf die Ereignisse um das Gotteshaus und seine Entscheidungen verstärkte sich zur Mitte des 16. Jahrhunderts hin immer mehr[90].

Diese Tendenz wird auch bestätigt in einem Brief des fürstenbergischen Kanzlers Mathias Rast[91] vom 11. Juni 1542 an Andreas Amann, Vikar und

---

[86] FFA, Verw.-Akt., Schuldenwesen 2, Fasc. XIII, Passiv Capitalien sub Litt N., Nr. 1-8. Da auf diese Geldgeschäfte im Rahmen der wirtschaftlichen Darlegungen in Kapitel 7, S. 192 f., nochmals eingangen wird, erübrigt sich hier eine nähere Betrachtung dieser Urkunden.

[87] Das Zitat ist entnommen: FFA, Verw.-Akt., Schuldenwesen 2, Fasc. XIII, Lit. N, Nr. 8, vom 27. März 1545.

[88] Vgl. das Umschlagblatt bei den acht Urkunden, überschrieben mit „Obligationes von dem Löb. Gottshaus auf Hof bey Neydingen“.

[89] Über die allmählich zunehmenden Eingriffe Graf Friedrichs II. in die Kirchenpolitik zur Sicherung des katholischen Glaubens vgl. vor allem THOMA, Kirchenpolitik, S. 29 ff., 46 ff. Ebenso: MEISTER, Kirchenpolitik, S. 1 ff. und 18 ff.

[90] LUTZ, Herrschaftsverhältnisse, S. 66 ff., vermittelt einen Überblick über den gezielten Aufbau des fürstenbergischen Territorialstaates im 16. Jh.

[91] Vgl. ASCH, Verwaltung, S. 376 f.

Offizial des Konstanzer Bistums[92]. Rast ersucht darin den Vikar, die Vorladung des Neudinger Pfarrers vor das bischöfliche Gericht in Radolfzell wegen der Bezahlung der *primi fructus* zurückzunehmen. Schon Bischof Burkhart von Hewen habe 1395 gegen die Feier einer Jahrzeit auf diese Abgabe verzichtet[93]. Da das Kloster den Jahrtag wie bisher so auch in Zukunft weiter feiern wolle, sollte das Bistum von der Bezahlungspflicht Abstand nehmen.

Diese, wenn auch vergebliche Einmischung der weltlichen Seite in ein innerkirchliches Verfahren wiederholte sich von nun an. Bei den Beratungen von Priorin und Konvent „auf hove" mit dem Gutmadinger Pfarrer Moritz Wolgemut am 7. Juli 1545 über die Frage, wie denn mit dem Zehnten der Pfarrei Gutmadingen in Zukunft zu verfahren sei, saßen die gräflichen Beamten mit am Verhandlungstisch[94]. Und der Übereinkunft mit den Villinger Johannitern am 2. Jan 1546 wegen des gemeinsamen Zehnts an einem Haus in Pfohren stimmte nur noch Graf Friedrich zu, obwohl er seine Zehnthälfte gemeinsam mit den Klosterfrauen besaß[95]. Diese Bevormundung setzte sich fort. Aus einem Schreiben der fürstenbergischen Oberamtleute ist zu entnehmen, dass Gräfin Anna von Fürstenberg fünf Waisenkinder, deren Mutter tödlich verunglückt war, unter ihren persönlichen Schutz stellte[96]. Sie gab „den Befehl", offenbar ohne Anfrage bei der Priorin, dass eines der Kinder Auf Hof zu erziehen sei.

Die verstärkte Einflussnahme des Hauses Fürstenberg kommentiert auch Martin Antoni ARRES mit einer kritischen Anmerkung: Im Laufe des 14. und 15. Jahrhunderts, so der Chronist, sei das Neudinger Kloster nach und nach durch Jahrzeitstiftungen in den Besitz von drei Zehnten in Pfohren gelangt[97]. Dann aber stellt er süffisant fest, „... dass zu gleicher Zeit (um

---

[92] Mitteilungen I, Nr. 451 und Anm. 2. – Laut Anm. 2 war auch der Pfarrer von Gutmadingen in diese Sache einbezogen, auch er glaubte, dass seine Pfarrei von dieser Abgabe befreit sei.

[93] Vgl. hierzu FUB VI 160 Anm. 5 und REC 7424 und 8500. Vgl. hierzu auch TUMBÜLT, Neidingen, S. 75 f., wo es heißt: „Fast 150 Jahre nachher (nach 1395) kam es über dieses Privileg zum Streit: der damalige Pfarrer von Neidingen wurde wegen Nichtlieferung der primi fructus in den Bann getan. Vergebens berief er sich auf die Urkunde Bischof Burkhards ..."

[94] FFA, Kloster-Akten, Lade 9 Fasc. A, Nr. 1 und 2. Die Originalurkunde dieser Abmachung fehlt zwar, aber im FFA befinden sich zwei gleichlautende Abschriften davon.

[95] Mitt. I, Nr. 559.

[96] Mitt. I, Nr. 574.

[97] Es handelt sich um den Gerung-Zehnt, den das Kloster seit Ende des 14. Jhs besaß (FUB VI 524 Anm 1), den Martins-Zehnt, gestiftet 1433 (Anniversarienbuch unter 23.Jan.), u. den Runne-Zehnt von 1448 (FUB VI 247 Anm. 14a).

1550) diese 3 Zehendlein zu Pfohren (*Pforren*), welche den 4ten Theil des ganzen (der gesamten Einkünfte des Klosters) ausmachten, dem Kloster auf, weiß nicht, was für aine Art entzogen, und von dem Hause Fürsterberg eingeheimset (worden) ..."[98].

Zu diesem Zeitpunkt, etwa um 1550, steht das Kloster, das noch immer dem Predigerorden angehört, nach Meinung des Martin Antoni ARRES unmittelbar vor seiner Auflösung, wie das „in diesem Jahrhundert wegen eingerissener Irrlehre Lutheri" vielen Klöstern ähnlich ergeht[99]. So sieht für ihn die von den Neudinger Konventfrauen – er nennt sie hier: „halbtodte Dominicanerinnen"[100] – am 23. Mai 1547 erfolgreich abgeschlossene Streitsache[101] mit dem Spitalmeister zu Villingen um eine Wiese im Pfefflinger Ried zu Unterbaldingen wie ein letzter Triumph „gleichsam vor ihrem Hinscheiden" aus.

4.3. Die Ausweisung einer Klosterfrau

In diese kritische Endphase fällt eine Affäre, wie sie für das Kloster Auf Hof eigentlich untypisch ist, nämlich der Ausschluss einer Nonne aus dem Konvent „wegen unanständiger Aufführung"[102]. Bei der Betroffenen handelt es sich um Elisabeth von Buch, bis 1549 Subpriorin im Kloster Auf Hof, die einer bekannten Familie des fürstenbergischen Dienstadels auf der Baar entstammte[103].

---

[98] Idea laudabilis, S. 28v.

[99] Idea laudabilis, S. 42.

[100] Idea laudabilis, S. 43.

[101] FFA, Kloster-Akten, Lade 34 Fasc. A, Nr. 1. Den Prozess leitete Melchior Weil, Vogt zu Unterbaldingen „im namen des wolgepornen herren fridrichs graven zu fürstenberg hayligberg und werdemberg, Lantgraven in barr und herr zu haußen im Kintziger Thall ..."

[102] Diese Formulierung stammt von einem FF-Archivar aus dem 18. Jh. zur Kennzeichnung der Urkunde vom 22. Juni 1549 (s.u.).

[103] Erwähnung von Mitgliedern der Familie von Buch vgl. FUB VII 216 Anm. 5 und ebd. 160 Anm. 2. – Zwischen 1500 und 1526 mehrfache Erwähnung eines Heinrich von Buch in wichtigen Funktionen und im Dienste des Grafenhauses, z.B. als Vogt von Emmingen (1500), Schultheiß zu Geisingen (1503), Burgvogt von Donaueschingen (1505 u. 1509),Vogt zu Neufürstenberg (1514), Verhandlungsführer im Auftrag Graf Friedrichs II. (1519) und als Mitglied des Landgerichts (1526). Er könnte der Vater Elisabeths oder zumindest ein naher Verwandter von ihr sein. Vgl. FUB VII 18 Anm. 47; ebd. 19 Anm. 11; 33 Anm. 37; 144 Anm. 2; 160 Anm. 2; FUB VII 195, 215 Anm. 10. Ebenso Mitteilungen I, Nr. 58, 103, 192, 431 usw. – Zur Familie v. Buch vgl. KINDLER VON KNOBLOCH, Bd. 1, S. 173, Ziffer 2. – Im Neudinger Anniversarienbuch wird unter dem 25. Mai ein Conrad von Buch erwähnt. – Vgl. hierzu auch ASCH, Verwaltung, S. 218, 293 f.

Am 22. Juni 1549 stimmte Elisabeth von Buch, „des Edlen vesten Hainrich von Buochs seligen nachgelassne Dochter“[104], in einer umfangreichen Urkunde (ihr Siegel ist abgerissen) – genau betrachtet handelt es sich um einen Urfehdebrief – ihrer sofortigen Ausweisung aus dem Kloster zu: „Ich ... bekenne mich mit dißem brieff offenlich und vor menigklich, das ich obgedachtem Gotzhauß (zu) Nidingen das sein (Seinige) entzogen, und dermassen in merlay weg zu schaden und nachthail gehaust hab, mich auch gegen meiner oberkait, und dem orden gantz freventlich und widerspenig, auch sunst in ander weg, nit wie einer Erbarn closterfrowen gepürtt, gehalten ...“[105]. Sie bezichtigt sich, den Grafen Friedrich von Fürstenberg, die Mitschwestern und die Priorin (in dieser Reihenfolge!) mit ihrem Verhalten gegen sich aufgebracht zu haben. Sie wird niemandem etwas nachtragen wegen „...diß mein wolverschulte gefenngknus straff und was mir darin und darumb begegnet ist ...“[106]. Sie akzeptiert ihre Bestrafung: Ausweisung aus dem Kloster und Verlust ihrer Pfründe. Sie erhält jedoch – erstaunlicherweise – eine jährliche Rente von 8 Gulden „mein lebenlang“[107] und darf auch alle ihre Habseligkeiten mitnehmen[108]. In der Urkunde werden von Elisabeth von Buch schließlich zwei befreundete hochrangige Persönlichkeiten genannt, nämlich Hans Knobloch von Reischach und Hans Christoffer von Knöringen[109], die als Fürsprecher und Garanten für die künftige Besserung der Delinquentin, ähnlich heutigen Bewährungshelfern, fungieren.

Missstände und Vergehen in Klöstern waren sowohl im Spätmittelalter als auch in der Reformationszeit nicht selten[110]. Meist handelte es sich um Disziplinlosigkeit, Ungehorsam, unerlaubtes Verlassen der Klausur, sexu-

---

[104] FFA, Verwaltungs-Akten, Vol. VII Fasc. III l, Nr. 2.

[105] Ebd., Zeile 2 und 3.

[106] Ebd., Zeile 19.

[107] Ebd., Zeile 13.

[108] Bei den Verw.-Akt. im FFA, Vol. VII Fasc. III l, befindet sich eine Inventarliste des Besitzes der Elisabeth von Buch (Nr. 3) bei ihrem Austritt aus dem Kloster 1549.

[109] FFA, Verw.-Akt., Vol. VII Fasc. III l, Nr. 2, Zeile 15, 35 und 36.

[110] Vgl. RI 8, Nr. 3006: Klage Kaiser Karls IV.1359 über die allgemeinen chaotischen Zustände im Lande. Ebenso REC IV 12294 (in Kloster Klingental), ebd. 12936 (in den Nonnenklöstern in Konstanz), ebd. 13076/13077 (für Allerheiligen in Schaffhausen). Bezügl. Kloster Töß vgl. DÄNIKER-GYSIN, S. 23 f.; zu den Klöstern Wittichen und Friedenweiler vgl. THOMA, Kirchenpolitik, S. 63. – Zu Fehlentwicklungen in der Kirche allgemein vgl. Handbuch der Kirchengeschichte, Bd. III/2, S. 682, 685 und 693. Ebenso HAUCK, Kirchengeschichte, Bd. 5, S. 316 ff. u. S. 378.

elle Verstöße u.ä. Allerdings wird das Kloster in Neudingen im Zusammenhang mit solchen Vorfällen vor 1549 nie genannt.

Laut der obigen Urkunde werden nun der Subpriorin Elisabeth von Buch zwei Verfehlungen zur Last gelegt, die beide reichlich allgemein formuliert sind. Zunächst ist da das Eingeständnis eines Eigentumsdelikts, möglicherweise auch nur die Beschädigung von Klosterbesitz. Die genauen Umstände bleiben im Dunkeln. Zwar liegt der Urkunde von 1549 ein Vertragsentwurf von 1544 als Kopie bei[111]. Darin wird Elisabeth von Buch eine jährliche Zinszahlung von 5 Gulden zugesagt, die durch einen Eigenhof des Konvents in Unterbaldingen abgesichert wird. Dafür hat die Klosterfrau ihrer Anstalt 100 Gulden aus ihrer Barschaft zur Verfügung gestellt. Ob dieses Geldgeschäft, offenbar: ein Kredit, etwas mit der späteren Ausweisung zu tun hat, lässt sich nicht feststellen.

Das zweite Vergehen scheint in ungebührlichem Benehmen gegen die Obrigkeit bestanden zu haben – vermutlich fühlte sich vor allem die weltliche Macht, der Landesherr, betroffen. Das konnte damals vieles bedeuten, von mutwilliger Widersetzlichkeit bis hin zu berechtigtem Aufbegehren gegen vermeintliches oder erlittenes Unrecht. Auffallend ist zudem die verhältnismäßig milde Strafe. War hier Rücksichtnahme auf die Familie von Buch und die geleisteten Dienste im Spiel? Oder wollte man an Elisabeth, vielleicht eine Person, die nicht alles, was ihr oder ihrem Kloster widerfuhr, stillschweigend hinnahm, ein Exempel statuieren? Letztlich lässt sich wohl nicht mehr ganz aufklären, was sich wirklich hinter dieser Affäre und dem Ausschluss der Elisabeth von Buch verbirgt.

Die Sache erhält durch ein Schreiben des Niclaus Cloß, Landvogt in Ober- und Nieder-Thurgau, eine kurze Fortsetzung[112]. Dieser teilt mit, dass sich seit einem Jahr in der Zisterzienserabtei Tänikon bei Frauenfeld die Klosterschwester Elisabeth von Buch, früher Nonne in Neudingen, befinde und sich dort gut betragen habe. Er bittet um Wiederaufnahme der Ausgewiesenen im Dominikanerinnenkloster Auf Hof. Der Brief aus dem Jahre 1550 ist bezeichnenderweise an Graf Friedrich von Fürstenberg gerichtet, nicht an die Priorin oder eine andere Stelle des Klosters.

---

[111] FFA, Verwaltungs-Akten, Vol. VII Fasc. III 1, Nr. 1. Der Entwurf ist am Schluss noch undatiert und ohne Siegel.

[112] FFA, Verwaltungs-Akten, Vol. VII Fasc. III 1, Nr. 4.

Da dieser Bitte nicht entsprochen wurde, darf man annehmen, dass der Graf die Wiederaufnahme Elisabeths nicht wünschte. Seine Haltung war wohl auch in dieser Frage, die im Grunde die Belange des Klosters betraf, bereits ausschlaggebend.

4.4. Die Auflösung des Dominikanerinnenkonvents und der Übergang zum Zisterzienserinnenkloster

Zu dieser Entwicklung passt, dass die Oberamtleute der Landgrafschaft Fürstenberg auf Befehl des Grafen Friedrich II. am 21. Aug. 1553 das gesamte Klostergut Auf Hof inventarisierten[113], eine Maßnahme, die im Grunde das Ende einer eigenständigen Verwaltung anzeigt[114]. Ebenso bezeichnend war ein weiterer Vorfall: Am 11. März 1556[115] erhielt Claus Schaller aus Riedöschingen ein Darlehen von 100 fl. aus der Hohenloheschen Stiftung, das ihm die Pfleger der Hohenloheschen Pfründe, Antoni Ackermann, Vogt zu Neudingen, und Marx Merk, gen. Degen, Vogt zu Riedböhringen, anboten. Die Priorin oder ein anderes Mitglied des Konvents wurden nicht mehr in die Sache eingeschaltet[116]. Zwar erfolgte von Priorin und Klosterfrauen am 10. Aug. 1557 eine letzte Beurkundung: Das Kloster verzichtete darin gegenüber Pfarrer Peter Ackermann von der Pfarrei Neudingen auf dessen Erbschaft, wobei dieser sich verpflichtete, dafür die Baulast am Pfarrhof selbst zu übernehmen[117].

Dennoch, als Graf Friedrich am 7. März 1559 starb[118], verfügte das Grafenhaus über das Dominikanerinnenkloster zu Neudingen bzw. das, was

[113] Mitteilungen I, Nr. 821, ebenso ebd. I, 821 Anm. 1. Bei d. Inventarisierung wird die Anwesenheit einer „Frau Mergelin" ausdrücklich erwähnt. Vgl. auch die Spezifikation der jährl. Einkünfte 1560, FFA Verwaltungs-Akten, Vol. IX Fasc. I. Auch dort wird für „Frau Mergelin" (die Priorin ?) ein „Jars Zinsel" abgerechnet.

[114] BARTH, Verwaltungsorganisation, S. 162, kommentiert Eingriffe dieser Art folgendermaßen: „Am wichtigsten war das Eingreifen der Landesregierung in die Verwaltung des Kirchenvermögens. Im Jahre 1551 (und danach) ließ Graf Friedrich die Einkünfte und Lasten aller Kirchen, Kapellen, Pfarreien, Kaplaneien und Bruderschaften beschreiben, damit er zur Unterhaltung der Pfarrherren desto besser Ordnung zu geben wisse."

[115] Datierung in der Original-Urkunde von 1556: „der geben ist uff mittwochen nach dem sontag Oculi ...", das ist der 11. März.

[116] FFA, Kloster-Akten, Lade 23 Fasc. A, Nr. 1. Hierzu: Idea laudabilis, S. 43v. Der Kommentar des Martin Antoni ARRES, ebd., S. 44.

[117] Mitt. I, Nr. 878.

[118] Mitt. I, Nr. 786 Anm. 1.

noch davon übrig war, nach seinem Gutdünken. Das war die Folge der Kirchenpolitik des Grafen[119], die konsequent auf die Beherrschung der kirchlichen Angelegenheiten durch den Landesherrn und somit auf den Ausbau der Landeshoheit ausgerichtet war.

Das Kloster Auf Hof lag zu diesem Zeitpunkt in Agonie[120]. Der Neudinger Chronist kennzeichnet die Situation etwas mehr als 200 Jahre später folgendermaßen: „Ich meines Theils bin überfraget, und ausser Stande den zerfall und das aussterben dieser Kloster Frauen das eigentliche Jahr zu bestimmen ... Dieses (aber) ist gewiß, dass von obigen 1547ten jahr, und innert denen nachgefolgten 9 Jahren bis auf 1556 namlichen der bruch geschehen seyn müsse ...“[121] Es lebten zwar noch ein oder zwei ältere Nonnen im Kloster, aber es stand jetzt (um 1560), in der Tat, weitgehend leer und ungenutzt[122].

Dem Grafen Friedrich folgte auf der Baar sein Sohn Heinrich VIII. nach, dem es bei den fürstenbergischen Klöstern[123], sicherlich auch aus religiöser Überzeugung, mehr um ihren sinnvollen Wiederaufbau ging und weniger um gräfliche Machterweiterung[124]. Zumindest hat Graf Heinrich schon bald nach seinem Regierungsantritt in diesem Sinne die Absicht geäußert, das Kloster in Neudingen wiederzubeleben[125], nach Möglichkeit sogar im Zusammenwirken mit dem bisherigen Orden, den Predigern[126], ein Gedanke, der sich allerdings durch die nachfolgenden Geschehnisse seit 1562 von selbst zerschlug.

Am 20. April 1562 erhielt Graf Heinrich von seinem Hofmeister Georg Güss von Güssenberg[127] die Nachricht, es hätten sich Klosterschwestern aus Lauingen, die aus ihrem dortigen Kloster St. Agnes „gethan worden

---

[119] THOMA, Kirchenpolitik, S. 9 und 29 ff. Auch BARTH, Verwaltungsorganisation, S. 160.

[120] LAUER, Glaubenserneuerung, S. 90.

[121] Idea laudabilis, S. 43v. Hierzu passend zitiert Kardinallegat Morone 1576 den Grafen Heinrich (Mitteilungen II, Nr.417), der geäußert habe, die Klöster Friedenweiler und Neudingen seien „zur Zeit seines Vaters sel. ausgestorben“. Graf Friedrich II. starb 1559.

[122] Untersuchung der Jahrtägen (GLA), S. 40.

[123] Der Meinung Else MELTZERS, Maria Hof, S. 9: die Grafen Friedrich und Heinrich hätten sich dem Kloster gegenüber loyal verhalten und nicht durch Gütergewinnung zu seiner Aufhebung beigetragen, ist, was den Grafen Friedrich II. betrifft, heftig zu widersprechen. Bei Graf Heinrich VIII. hingegen standen materielle Interessen offenbar nicht im Vordergrund, wenngleich sie, wie unten noch deutlich wird, auch nicht völlig auszuschließen sind.

[124] THOMA, Kirchenpolitik, S. 108.

[125] Mitteilungen II, Nr. 75, und ebd., Nr. 75 Anm. 2. – Vgl. desgl. das Schreiben des fürstenbergischen Hofmeisters Güss an den Grafen von Zimmern vom 6. März 1566.

[126] Mitt. II, Nr. 150.

[127] Zu Hofmeister Güss vgl. ASCH, Verwaltung, S. 340.

seien", bei ihm (Güss) auf dem Wartenberg eingefunden[128,129]. Sie seien bereit, die zum größten Teil leer stehenden Klostergebäude Auf Hof künftig als ihre Unterkunft zu nutzen.

Die Lauinger Nonnen – es handelte sich um Zisterzienserinnen: fünf Klosterfrauen und vier Laienschwestern[130] – waren „unabgeholt"[131] aus dem Fürstentum Pfalz-Neuburg weggegangen, wo seit 1542 das protestantische Bekenntnis eingeführt worden war und um 1560 Pfalzgraf Wolfgang das *Cuius regio, eius religio* des Augsburger Religionsfriedens in seinem Sinne konsequent durchführte[132]. Da die geflohenen Frauen einen Teil des Klosterguts mitgenommen hatten, rief dies umgehend den Pfalzgrafen und die pfalz-neuburgischen Räte auf den Plan, welche die Herausgabe des mitgeführten Klosterguts verlangten[133]. Gleichzeitig ließ der Pfalzgraf den in und um Lauingen verbliebenen Klosterbesitz einziehen[134]. Ein Briefwechsel zwischen Graf Heinrich VIII. und Pfalzgraf Wolfgang[135] bewirkte nur, dass beide Seiten – sowohl die Nonnen, unterstützt vom Grafen von Fürstenberg, als auch der Pfalzgraf – den Rechtsweg einschlugen, um in den Besitz des jeweils anderen Teils des Lauinger Klostervermögens zu gelangen. Die Prozesse zogen sich bis ins 17. Jahrhundert hinein ergebnislos hin[136].

Unabhängig davon überließ Graf Heinrich, der sich nun für die Umwandlung des Klosters Auf Hof in ein Zisterzienserinnenkloster einsetzte, den Frauen aus Lauingen die Klosteranlage zur Nutzung. Inwieweit die Motive des Grafen für diese Ansiedlung idealistisch und uneigennützig waren, sei dahingestellt. Wie es scheint, haben auch materielle Überlegungen, also

---

[128] Mitteilungen II, Nr. 75.

[129] Über die Vorgänge um die Schwestern aus Lauingen vgl. MELTZER, S. 7 ff.; LAUER, Kirchengeschichte, S. 218-220, und MÜNZER, Neudingen, S. 63 f.

[130] MELTZER, Maria Hof, S. 48-50, kommt zu diesem Ergebnis. In Idea laudabilis, S. 48, heißt es hingegen unbestimmt: „... dass ihrer beyläufig 10, oder 11, gewesen seyn müssten."

[131] D.h.: ohne fremde Hilfe. So drückt sich Güss im oben erwähnten Schreiben vom 20. April 1562 aus, wohl um seine eigene Rolle bei dieser Flucht herunterzuspielen. Seit Febr. 1562 gab es nämlich schriftliche Verhandlungen wegen der Übersiedlung nach Neudingen. Zu dieser Korrespondenz vgl. FFA, Verwaltungs-Akten, Vol. I Fasc. VII; und Kloster-Akten, Lade 24. Ebenso Mitteilungen II, Nr. 75 Anm. 4. – Vgl. hierzu LAUER, Kirchengeschichte, S. 219. Zudem hatte Güss vor seinem Dienst beim Grafen von Fürstenberg lange Zeit in Lauingen gelebt; diese Aussage findet sich bei MELTZER, Maria Hof, S. 11, Anm. 3.

[132] MELTZER, Maria Hof, S. 12 ff.

[133] Mitt. II, Nr. 75 Anm. 1.

[134] MELTZER, Maria Hof, Anhang I, S. 51 f.

[135] Mitt. II, Nr. 75 Anm. 2.

[136] MELTZER, Maria Hof, Anhang I, S. 52.

Geld, dabei eine Rolle gespielt. Denn bei den Akten im FFA zu gräflichen Schuldsachen befindet sich die Kopie einer Urkunde vom 12. Okt. 1565, ausgestellt von Graf Heinrich von Fürstenberg, nach deren Inhalt „...unß (dem Grafen) die ehrwürdigen und gaistlichen frawen Suppriorin und Conuent von Laugingen ... eintausendt gulden... versprochen ... und zue unsern Handen gelieffert (haben)..."[137]
Graf Heinrich wurde also von den Zisterzienserinnen aus Lauingen, die eine Bleibe suchten, ein Kredit von 1000 fl. eingeräumt, ein beachtlicher (Schuld)betrag, der aber offenbar nie zurückgezahlt wurde. Zumindest ist dieses Kreditgeschäft noch in einer späteren Aufstellung (vermutlich aus dem 17. oder 18. Jahrhundert) der „Schulden Praetersiones (Schuld-Ansprüche) an das Hochfürstlich Hohe Hauß Fürstenberg von dem Löbl. Gottshauß Maria Hoff bey Neydingen", als unerledigt aufgeführt[138]. Die Leitung des neuen Konvents Auf Hof in Neudingen übernahm 1565 Otilia Brünner als Priorin[139], die schon in Lauingen an der Spitze der Klosterfrauen gestanden hatte.
Indes beschäftigte die Frage der Ordenszugehörigkeit des Klosters und die Zuständigkeit für die Lauinger Nonnen – Dominikaner oder Zisterzienser? – noch jahrelang die Gemüter: Dr. Johann Götz, bischöflicher Rat zu Konstanz, machte Hofmeister Güss am 6. Juni 1565 darauf aufmerksam, dass ein Kloster nur vom Papst selbst einem anderen Orden übertragen werden könne[140]. Der Wunsch des Grafen sei zwar verständlich; die Einweisung der geflohenen Zisterzienserinnen in das neue Domizil Auf Hof bewirke aber keine neue Ordenszuständigkeit für das Kloster. Außerdem seien die Lauinger Frauen nach wie vor der Visitation des Zisterzienser-Abtes von Kaisheim in Pfalz-Neuburg unterstellt und befänden sich nicht, wie es die Nonnen und der Graf zwar wünschten, in der Obhut des Abtes von Salem, des zuständigen Visitators des Zisterzienserordens für die

---

[137] FFA, Verw.-Akt., Schuldenwesen 2, Fasc. XIII. Eine Abschrift davon befindet sich im Kopialbuch, Lit. A et 1, S. 82 f.
[138] FFA, Verw.-Akt., Schuldenwesen 2, Fasc. XIII, Umschlagblatt (17. oder 18. Jh.).
[139] Der Name der Priorin: Otilia Brünner ergibt sich auch aus verschiedenen anderen Schreiben, welche die Priorin erhält oder selbst verfasst. Vgl. FFA, Verw.-Akt., Vol. I Fasc. VII; ebenso Mitteilungen II, Nr. 136. – Dagegen lautet der Name dieser Priorin bei MELTZER, Maria Hof, S. 50: Ottilia Vetter(in).
[140] Mitt. II, Nr. 143.

Baar[141]. Götz empfahl, Graf Heinrich solle sich in dieser Angelegenheit direkt an den Heiligen Stuhl wenden.

Als Dr. Götz wenige Monate später selbst nach Rom reiste, war er bereit, sich beim Papst für die Vorstellungen des Grafen zu Fürstenberg nachdrücklich einzusetzen[142]. Der Graf fasste deshalb am 8. Sept. 1565 seine Auffassung nochmals zusammen: Aus praktischen Gründen komme für ein Fortbestehen des Klosters Neudingen nur noch die Umwandlung in ein Zisterzienserinnenkloster in Frage, da dort „nur noch eine betagte gute Frau vorigen Ordens“ untergebracht sei[143], während die Zisterzienserinnen aus Lauingen nach Jahren des Elends und der Verfolgung in ihrem neuen Domizil ihren Frieden gefunden haben und dort das Klosterleben wieder erneuern. Eine Rückkehr zu den Dominikanern lehnt Graf Heinrich deshalb hier wie auch in einem zeitgleichen Schreiben an den Abt von Salem kategorisch ab[144].

Mit dieser eindeutigen Willenserklärung des Schirmherrn und Gönners sind die Weichen für eine künftige Entwicklung gestellt. De facto schließt hiermit die Geschichte der Dominikanerinnen in Neudingen. Somit bleibt die Frage nach der Ursache für dieses Ende.

Zunächst ist auf die Reformation und ihre Auswirkungen hinzuweisen, auch auf die Veränderungen im Denken der Menschen. Sodann machte auch die ausgebildete „Staatskirche“, wie sie unter Graf Friedrich II. in seinen Ländern entstanden war, vor dem Kloster in Neudingen nicht halt. Und schließlich muss dem Predigerorden, der in den kritischen Jahren seit 1520 kaum noch im Kloster Auf Hof in Erscheinung trat[145], ein gerüttet Maß an Versagen vorgeworfen und damit eine Teilschuld für das Ende der Dominikanerinnenzeit gegeben werden. Ein kleiner Trost mag dabei sein, dass das Frauenkloster in Neudingen dank der Unterstützung des Grafenhauses[146], vor allem des Grafen Heinrich VIII., später quasi des zweiten Klosterstifters, eine Fortsetzung für rund 240 Jahre erfährt.

---

[141] Ebd., Nr. 136 u. 151. Sowohl die Priorin (1564) als auch der Graf (1565) hatten sich brieflich an den Abt von Salem um Hilfe gewandt, besonders wegen der Entsendung eines Beichtvaters.

[142] Mitt. II, Nr. 149.

[143] Ebd., Nr. 150. Es handelt sich hier wohl um Maria Felsenberger, die 1570 starb.

[144] Mitt. II, Nr. 151.

[145] Letztmals traten die Rottweiler Prediger 1538 in Erscheinung, als sie dem Neudinger Konvent einen Kredit von 200 fl. gewährten. Vgl. Kapitel 7, S. 193.

[146] THOMA, Kirchenpolitik, S. 108 ff.

Nach 1565 trat zunächst Stillstand in der Frage der Ordenszugehörigkeit ein. Erst 1573 brachte Graf Heinrich wieder Bewegung in die Angelegenheit. Er bat am 29. April dieses Jahres den Abt des Klosters Tennenbach, Visitator des Zisterzienserinnenklosters Lichtental, von dort zwei Nonnen nach Neudingen abzuordnen[147], wovon eine das Amt der Priorin übernehmen solle, da sich derzeit keine Nonne im geeigneten Alter hierfür in Neudingen vorfinde[148]. Das Kloster Lichtental kam der Bitte schließlich unter gewissen Bedingungen nach[149].

Gleichzeitig belebte sich nach 1573 der Streit zwischen Predigerorden und Zisterziensern um die Zuständigkeit in Neudingen aufs Neue[150]. Ein Höhepunkt hierbei war sicherlich der Besuch des Abtes Nicolaus Boucherat von Citeaux, des Generalbevollmächtigten der Zisterzienser, am 4. Okt. 1573 in Neudingen[151]. Abt Nicolaus erklärte den von Graf Heinrich gewünschten Ordenswechsel deshalb für so schwierig, weil er teils gegen das Konzil von Trient, teils gegen die Ordenssatzung der Zisterzienser und gegen päpstliche Privilegien verstoße[152].

Dennoch übergab Heinrich von Fürstenberg das Kloster Neudingen formal dem Zisterzienserorden. Im sog. Übergabebrief vom 12. April 1578 erhob er schwere Vorwürfe gegen die Dominikaner, die ihrer Fürsorgepflicht nicht nachgekommen seien: Das Kloster Neudingen sei in Not gewesen, „one hilf und zuthun Prediger ordens, also das dieselben sich dises closters die so lange zeit nit mer angenomen“[153].

Doch auch danach und trotz des allmählichen Einlenkens der Dominikaner bedurfte es auch weiterhin noch umfangreicher Bemühungen, um einen Ordenswechsel zu erreichen[154]. Graf Heinrich ließ nichts unversucht und schaltete dabei auch die Äbte von Salem und Tennenbach ein. Mit einem Schreiben vom 10. April 1582 wandte er sich sogar an Vikar Johannes, den Prior der Freiburger und Würzburger Ordensprovinz der Pre-

---

147 Mitt. II, Nr. 317.

148 Ähnlich war man auch 1570 beim Kloster Friedenweiler vorgegangen. Auch dort hatten Zisterzienserinnen aus Lichtental das Klosterleben wieder erneuert.

149 Mitt. II, Nr. 317 Anm. 1.

150 Zur Schlussphase im Streit um den Ordenswechsel im Neudinger Kloster vgl. MELTZER, Maria Hof, S. 15-49, und THOMA, Kirchenpolitik, S. 111 f.

151 Mitt. II, Nr. 326.

152 Ebd., Nr. 328: Übersetzung der genauen Anweisungen des Abtes von Citeaux.

153 Mitt. II, Nr. 462, S. 305-309. Der Übergabebrief befindet sich in handschriftlicher Abschrift im Kopialbuch „Copia Underschidlicher Stiftungen“ im FFA, Lit. A et 1.

154 Mitt. II, Nr. 524 + Anm. 1, 561.

diger um Hilfe. Ein ähnlich lautendes Ersuchen richtete er im folgenden Jahr direkt an den Ordensgeneral der Dominikaner in Rom.[155] Schließlich bereinigte Papst Gregor XIII. die Verhältnisse und verfügte in einer Bulle vom 1. Juli 1584, die an den Grafen Heinrich von Fürstenberg gerichtet war, die Übergabe der Klöster Friedenweiler und Auf Hof bei Neudingen an den Zisterzienserorden[156].

Abschließend sei zu diesem Neubeginn Martin Antoni ARRES, der Chronist des 18. Jahrhunderts, zitiert: „Merckwürdig ist hiebey, dass der Dominicaner in den nunmehrigen H. Cistercienser Orden unter papst Gregor dem XIII ten ... hier abgeändert und hiedurch das bisherige Kloster zu Neudingen uf Hof, nach löbl. Herkommen dieses Ordens, das ohnvergleichliche Prädikat Maria bekam, somit fürtershin und bis auf unsere Zeiten Mariahof benannt wurde“[157].

[155] Ebd., Nr. 524 + Anm. 1.
[156] Ebd., Nr. 570.
[157] Idea laudabilis (GLA), S. 31.

TEIL II

TATBESTÄNDE UND ENTWICKLUNGEN

KAPITEL 5
DER KONVENT

5.1. Die Gesamtzahl der Dominikanerinnen

Während der rund 300 Jahre seines Bestehens gehörte dem Dominikanerinnenkloster Neudingen, soviel ist bisher deutlich geworden, eine durchaus beachtliche Zahl von Klosterschwestern an. Wie viele Nonnen es genau waren, lässt sich nicht mehr feststellen, da statistische Angaben, Namens- oder Jahreslisten, Tabellen u.ä. nicht vorliegen. Auch Schwesternbücher und Vitensammlungen, wie sie in Töss (bei Winterthur) und St. Katharinental (bei Diessenhofen) hilfreich zur Verfügung stehen[1], fehlen. Selbst das Anniversarienbuch, das wichtigste Hilfsmittel bei dieser Fragestellung, oder einige Dutzend diesbezüglicher Urkunden sowie die Klosterchronik „Idea laudabilis“ helfen bei der Suche nach der Gesamtzahl – wie auch nach der sozialen Herkunft – der Konventualinnen nur bedingt weiter. Um davon auch nur eine ungefähre Vorstellung zu erhalten, ist man deshalb auf wenige punktuelle Angaben, aber auch auf Mutmaßungen und eigene Schätzungen angewiesen.

Verwertbare Hinweise auf die Größe des Neudinger Konvents und seine zahlenmäßige Entwicklung im Laufe der drei Jahrhunderte in der Betreuung der Prediger ergeben sich aus einer Handvoll Urkunden. Die <u>erste</u> ist eine Bulle vom 5. Febr. 1344[2]. Papst Klemens VI. inkorporiert darin, wie bereits erwähnt, die Pfarreien Neudingen und Gutmadingen dem Kloster Auf Hof, weil es wegen der großen Anzahl an Klosterschwestern und aus anderen, mehr politischen Umständen verarmt und in Not geraten sei[3]. Daraus lässt sich folgern, dass das Kloster in den siebzig Jahren seit der Klostergründung ungewöhnlich aufgeblüht war – zunächst sicherlich als Folge einer verständlichen Anfangsbegeisterung – und einen großen Zulauf an gläubigen Frauen erlebte. Diese euphorische Entwicklung, bei gleichzeitigen Kriegswirren und anderen Nöten, hatte allerdings die materiellen Möglichkeiten des Gotteshauses stark überfordert, die zur Versor-

---

[1] FOLINI, Katharinenthal/Töss, S. 265 ff., 348 ff. FOLINI/PALAIA, Dominikanerinnenklöster, S. 92.
[2] FUB V 473.
[3] Zur genauen Begründung vgl. Kapitel 2, S. 52 ff., und die dazu gehörigen Anmerkungen.

gung der Nonnen notwendig waren. Ein ähnlicher Zustrom von Frauen, die religiös leben wollten, ist auch von benachbarten Klöstern, z.B. Töss, Amtenhausen, St. Katharinental und Berau (bei St. Blasien) bekannt[4]. Offenbar breitete sich in der ersten Hälfte des 14. Jahrhunderts die allgemeine Frömmigkeitsbewegung immer mehr aus, was die Anziehungskraft von Nonnenklöstern im Allgemeinen und von denen der Dominikanerinnen im Besonderen steigerte[5]. In mehreren Fällen kam es daher zur Festlegung von Höchstzahlen (nach Art des Numerus clausus) für die Größe des Konvents, so in Münsterlingen mit 52 und in St. Agnes in Freiburg mit 40 Konventfrauen; in Töss wurde die Obergrenze 1358 auf 100 Klosterinsassen festgelegt[6].

Über Bemühungen um eine zahlenmäßige Beschränkung ist im Falle des Neudinger Klosters zwar nichts bekannt. Die Konventsgröße dürfte aber 1344, wie spätere Vergleichszahlen vermuten lassen[7], immerhin 40 bis 45 Schwestern betragen haben, was die Versorgungsmöglichkeiten erheblich überstieg. Dieser erstaunliche Andrang wurde jedoch schon bald durch die Zeitumstände korrigiert. Der Ausbruch der großen Pest um 1348 und die weiteren Pestepidemien in der zweiten Jahrhunderthälfte bewirkten mittel- bis langfristig eine spürbare Verminderung des Personalbestandes[8], auch wenn die Baar offensichtlich von der Pest, erheblich weniger als andere Regionen, nur am Rande berührt wurde[9].

In diesem Zusammenhang ist auf die Untersuchungen des amerikanischen Historikers David HERLIHY über die spätmittelalterliche Bevölkerungsentwicklung hinzuweisen, die ergeben, dass in Mitteleuropa die durchschnittliche Lebensdauer, die im 13. Jahrhundert noch 35 bis 40

---

[4] FOLINI/PALAIA, Dominikanerinnenklöster S. 94. DÄNIKER-GYSIN, Töß, S. 39 f. u. 45. In Töss z.B. lebten damals etwa 100 Nonnen; im Nekrolog von St. Katharinental sind bis in die Jahre um 1400 über 600 Nonnen als verstorben aufgezeichnet. Vgl. FOLINI, Katharinenthal und Töss, S. 46 ff., 51 ff. Bei GRUNDMANN, Religiöse Bewegungen, S. 312 f., weitere Belegzahlen, z.B. für Straßburg 500 Schwestern; für Kirchberg (bei Sulz) um 1290 achtzig Nonnen.

[5] Laut ZIMMER, Dominikaner, S. 26 f., befand sich der Predigerorden im 13. Jh. „in dynamischer Entwicklung". Ähnlich äußern sich EUGSTER/BAUMER-MÜLLER, St. Katharinental, S. 783. Dazu Zahlenmaterial bei WILTS, Beginen, S. 278.

[6] DÄNIKER-GYSIN, Töß, S. 45. Zu St Katharinental vgl. WILTS, Beginen, S. 58

[7] Vgl. im Folgenden die Aussagen zu 1364 und 1413.

[8] Bernd Ingolf ZADDACH, Die Folgen des Schwarzen Todes (1347-1351) für den Klerus Mitteleuropas, Stuttgart 1971, S. 39 f. und S. 146. Ebd. auch Beispiele: Kloster St. Emmeran (bei Regensburg) zählte 1330 noch 32, 1385 nur noch 14 Konventuale. Das Kloster Lichtental ging von 80 Nonnen 1345 auf 60 im Jahr 1360 zurück. Und in Wettingen lebten 1379 noch 33 Insassen, nachdem es vor der Jahrhundertmitte 50 gewesen waren.

[9] Zur Pest-Literatur vgl. Anm. 142 im Kapitel 2.

Jahre betrug, bis ins späte 14. Jahrhundert durch die Pest auf unter 20 Jahre absank[10]. Diese Aussage gilt, zumindest tendenziell, auch für den südwestdeutschen Raum. Die Angst vor der Seuche veränderte die Lebensverhältnisse überdies. Das Vertrauen der Bevölkerung in Kirche und Geistlichkeit sank rapide[11].

Die negativen Auswirkungen auch für die Klöster, nicht zuletzt im Bistum Konstanz, waren beträchtlich[12]. Der Konstanzer Bischof Heinrich III. von Brandis sah sich während seines Episkopats[13] zur Linderung ihrer Not in seinem Sprengel zu zahlreichen Hilfsmaßnahmen veranlasst. Zwischen 1357 und 1383 inkorporierte er 13 Pfarrkirchen und fünf Filialkirchen in vormals blühende Klöster, denen Verarmung drohte, wie etwa Zwiefalten, St. Gallen und Einsiedeln[14]. Begründet wurde diese Verarmung – außer durch Kriege und Feuersbrünste – durchweg mit der Pest und ihren Folgen, nämlich Depopulation, Landflucht, Misswachs und Verödung ganzer Landstriche[15]. Auch wenn die Pest und ihre Folgen die Baar nicht mit voller Härte heimsuchten, so ist doch anzunehmen, dass das Kloster in Neudingen zumindest teilweise in Mitleidenschaft gezogen wurde. Immerhin kam der Apostolische Stuhl in Avignon am 14. Nov. 1362 der Bitte des Konvents nach und stellte einen Ablass aus, der 1363 in der Diözese Konstanz allgemein bekannt gegeben wurde und zumindest vorübergehend dem Kloster als willkommene Geldquelle diente[16].

Jedenfalls scheint sich der personelle Einbruch schon bald nach 1350 angekündigt zu haben, wie sich aus der zweiten Urkunde, die etwas über die Größe des Konvents aussagt, ergibt. Im ältesten Güterrodel des Klosters vom 2. Juli 1364[17] nämlich werden die Abgaben der Klosterbesitzungen an das Kloster Ort für Ort mit allen Zinsleuten aufgeführt, und zugleich werden häufig die Nutznießer der jeweiligen Abgabe namentlich erwähnt.

---

[10] HERLIHY, Der Schwarze Tod, S. 45. Hierzu auch BULST, Tod, S. 144, und TANZ, Pest, S. 53.
[11] BERGDOLT, Schwarzer Tod, S. 162 ff. ZADDACH, Folgen, S. 70 ff., 146-148.
[12] Laut WILMS, Geschichte, S. 77, starben 1348-1350 etwa 124 000 Ordensleute an der Pest. Zahlen zur Pest auch bei BULST, Tod, S. 144.
[13] Zur Regierung dieses Bischofs vgl. Rüdiger SCHELL, Heinrich III. von Brandis, a.a.O.
[14] REC II 5353, 5483, 5736. Vgl. auch REC II 5460, 5915, 6013, 6674 a und 6705.
[15] Vgl. Textstellen aus Schreiben Bischof Heinrichs III. in REC II 5353, 5675, 6674a, 6705. Zur wirtschaftlichen Lage des Ordensklerus um 1350 vgl. ZADDACH, Folgen, S. 125, 130. Zur diesbezüglichen Situation im benachbarten oberen Neckargebiet vgl. REICHENMILLER, S. 30. Vgl. außerdem BULST, Tod, S. 157.
[16] FUB VI 160 Anm. 1 und REC II 5802.
[17] FUB VI 29, S. 58-62. Das Original befindet sich als Urbarium Nr.16 im FFA.

Es liegt nahe, dass es sich bei diesen in vielen Fällen um die 1364 im Kloster lebenden Schwestern handelt. Allerdings bleibt bei der Identifizierung der Klosterfrauen ein gewisser Unsicherheitsfaktor, weil für die jeweils genannte Person meist die Bezeichnung „soror"/Schwester fehlt und mitunter auch kein Vorname genannt wird.

Indessen kann man dennoch unter Einbeziehung des Anniversarienbuchs und/oder anhand von Urkunden gut verwertbare Erkenntnisse gewinnen, wie dies das folgende Beispiel verdeutlicht. Im Güterrodel findet sich die Formulierung: „Dez wirt der von Bochingen vnd ir swester von Grünburg 4 scheffel kernen vnd der Spaichinen 1 malter kernen ... "[18]. Anhand des Anniversars, in dem die drei Frauen an ihrem Jahrtag erwähnt werden, lässt sich sodann leicht erschließen, dass es sich dabei um die drei Sorores (Nonnen) Benedikta von Bochingen (14. Januar), Agnes von Grünburg (5. Januar) und Katharina Spaichinger, deren Jahrtag am 25. Januar begangen wird[19], handelt. Mit dieser Methode lassen sich für das genannte Stichjahr mit einiger Gewissheit 22 Schwestern namentlich feststellen[20]. Einige andere Frauen sind hinsichtlich ihrer Zuordnung nicht eindeutig bestimmbar[21]. Somit ist davon auszugehen, dass der Neudinger Konvent 1364 aus Priorin und 22 (oder 23) Nonnen bestand[22].

Erst Ende des 14. Jahrhunderts dürfte sich die Zahl der Klosterfrauen wieder stabilisiert und allmählich leicht erhöht haben, was auch die dritte Urkunde, die über die Anzahl der Konventualinnen Auskunft gibt, zeigt. Am 25. März 1413 erlässt der Generalvikar des Bistums Konstanz im Auf-

---

[18] FUB VI 29, S. 58.

[19] FICKLER, Anniversarien-Buch, Abt. I, S. 21, 23, 25.

[20] Diese 22 Klosterfrauen von 1364 waren (in Klammer der jeweilige Jahrtag laut Anniversar und /oder urkundl. Erwähnung): Adelheid Fischer (6. März), Anna Klein (27. Febr.), Benedikta von Bochingen (14. Jan.), Agnes von Grünburg (5. Jan.), Katharina Spaichinger (25. Jan.), Agnes (oder Anna) von Blumberg (1. Febr. oder 14. Aug.), Brida von Emmingen (18. Febr. und Uk. v. 1369: FUB II 419), Ursula (21. Juli) u. Margaretha Kuch (23. Juli), Agnes von Rettenberg (oder Rötenberg) (15. Sept. oder 6. April), Verena von Geisingen (26. Febr.), Elisabeth Im Turn (10. Okt.), Elli und Elsi Guggenbühl (Uk. v. 1343: FUB V 383 Anm. 1), zwei (bis vier) Frauen von Almshofen (FUB V 302 Anm. 2+3), Agnes von Schwandorf (18. Nov.), Anna (oder Ita) Repf (27. Juni), Mechthild v. Hödorf (Heudorf) (21. Okt.), Adelheid Bilger (4 Febr.), Heilwig (Haylen) von Bern (30. Mai und Uk. v. 1373: FUB II 448). Elisabeth (Elsbeth) von Fürstenberg (29. April und Ukk. 1359 und 1364: FUB II 343, FUB VI 29.)

[21] Als Sorores 1364 nicht eindeutig belegt (in Klammer die Textseite des Güterrodels im FUB VI 29): Elli die Fischerin (S. 58) und die „swester" Benediktas von Bochingen (S. 61).

[22] Ein Unsicherheitsfaktor ist auch der zweimalige Eintrag im Güterrodel „der kern wirt den von Almshoven". Aus einer Uk. (FUB V 302 Anm. 3) wissen wir, dass 1354 vier Töchter des Hug von Almshofen, nämlich Agnes, Margarete, Verena u. Brigitte (*Bryd*), in Neudingen waren. Unsicher ist aber, ob 10 Jahre später (zur Zeit des) Urbars noch alle vier lebten. Die Erwähnungen im Rodel können sich also auf 2, 3 oder 4 Nonnen aus der Familie von Almshofen beziehen.

trag Bischof Ottos III. einen Spendenaufruf zugunsten des Not leidenden Klosters Neudingen[23], dessen Konvent, wie es in dieser Quelle heißt, aus der Priorin und 28 Nonnen besteht[24]. Der zahlenmäßige Tiefstand scheint somit Anfang des 15. Jahrhunderts überwunden, zur gleichen Zeit, „als sich die Population (insgesamt) ... auf sehr niedrigem Niveau neu einpendelte (und) die Lebenserwartung auf etwa 30 Jahre stieg."[25]
An dieser durchschnittlichen Anzahl an Nonnen dürfte sich bis zur Reformation, also bis 1520 etwa, nur wenig geändert haben. Danach beginnt der allmähliche Niedergang des Dominikanerinnenklosters. Es ist davon auszugehen, dass in der Zeit nach 1525 immer seltener Novizinnen um Aufnahme im Kloster Auf Hof nachsuchten. Die Zahl der Klosterangehörigen wird immer kleiner und hat sich bis zum Jahr 1535 halbiert, wie der Chronist der „Idea laudabilis" beklagt: „Allein ... sie leben noch, aber kaum zur Hälfte, denn sie beginnen allgemach in Zügen zu greissen ..."[26] 1562 wohnte nur noch eine Klosterfrau des bisherigen Ordens im Neudinger Kloster [27]. Die letzte Priorin aus der Zeit des Predigerordens wird 1559 erwähnt[28]. Sie starb, wie das Anniversar kurz festhält, 1570 und ist dort unter dem 20. März als „Maria Felsenbergerin" eingetragen[29].

Somit lässt sich also feststellen, dass das Kloster in Neudingen zwischen 1274 und 1565 unterschiedlich stark belegt war: In der Anfangsphase vor 1350 wuchs der Konvent wohl bis auf 45 Klosterschwestern an, deren Zahl in der Pestperiode des 14. Jahrhunderts auf 20 und weniger zurückging. Im 15. Jahrhundert dürften etwa 25 bis 28 Nonnen die durchschnittliche Belegung gewesen sein, eine Anzahl, die sich in den 40 Jahren nach 1520 allmählich auf Null hin bewegte.
Wenn man diese Schwankungen der Konventgröße berücksichtigt und zugleich je Schwester eine durchschnittliche Verweildauer im Kloster von

---

[23] FUB VI 160.
[24] Der lateinische Text lautet: „... monasterium sanctimonialium in Nidingen Vff Hoff, in quo hactenus priorissa et viginti octo moniales divinis laudibus vigilabant,..."
[25] HERLIHY, Der Schwarze Tod, S. 45 f.
[26] Idea laudabilis (GLA), S. 42 v. – Hierzu auch MELTZER, Maria Hof, S. 8.
[27] Mitt. II, Nr. 75 Anm. 2.
[28] Mitt. I, Nr. 878 Anm. 2.
[29] FICKLER, Anniversarien-Buch, Abt. I, S. 35. Auch: KINDLER VON KNOBLOCH, Bd. 1, S. 346.

20 bis 25 Jahren[30] rechnet, so ergibt sich für die fast 300 Jahre, in denen die Neudinger Konventualinnen dem Dominikanerorden angehörten, eine geschätzte Gesamtzahl von 330 bis 360 Nonnen.[31,32]

5.2. Die soziale Herkunft der Klosterfrauen

Von diesen 330 bis 360 Dominikanerinnen sind 213 namentlich bekannt[33]. Die meisten von ihnen, nämlich 187, werden im Neudinger Anniversarienbuch an ihrem Jahrtag aufgeführt[34]. 82 Namen von Nonnen sind in Urkunden genannt, wovon 26 dieser Klosterfrauen nicht im Anniversar erscheinen, also nur urkundlich in Erscheinung treten oder – ganz wenige – aus anderen Quellen, wie der Neudinger Chronik „Idea laudabilis" und den Schriften von Oswalt GABELKOVER oder Andreas KÖTZ bekannt sind. Dabei ist keineswegs auszuschließen, dass im Anniversar noch einige Nonnen zusätzlich genannt werden, die aber als solche nicht erkennbar sind, weil die Bezeichnung „Soror" fehlt[35]. Zugleich ist daran zu erinnern, dass das Neudinger Totenbuch zwei Lücken (im November und Dezember) mit etwa 25 Tagen aufweist. Hiermit könnten auch etwa 15 bis 20 Eintragungen von Klosterfrauen verloren gegangen sein.

---

[30] Die Zahlen sind geschätzt. Da viele Nonnen schon als Kinder den Schleier nahmen (vgl. hierzu SCHLOTHEUBER, Klostereintritt, S. 127 ff. Laut WILMS, Geschichte, S. 28 f., konnte die Zulassung zur Profess mit 13 Jahren erfolgen) u. Klosterinsassen häufig älter wurden als die anderen Zeitgenossen (infolge von asketischem Lebenswandel, ev. weniger Alltagsstress), so erscheint die erwähnte durchschnittliche Anwesenheit von 20-25 Jahren im Kloster durchaus realistisch gerechnet.

[31] Für die Berechnung sind 4 Phasen zugrundegelegt: In Anfangsphase und Blütezeit (1274-1350) lebten im Kl. Auf Hof insgesamt: 120-130 Nonnen. – In der Pestzeit (1350-1400): 45-50 Nonnen. – Während der Periode der Normalisierung (1400-1525): 140-155 Nonnen. – Im Niedergang (1525-1565): 20-25 Nonnen. – Das geschätzte Gesamtergebnis liegt damit in etwa bei 330 bis 360 Klosterfrauen.

[32] TUMBÜLT, Neidingen, S. 85, geht von „annähernd 600 Nonnen" aus, da er in den fast 300 Jahren jährlich zwei Neuzugänge im Kloster Neudingen annimmt. Diese Zahl dürfte zu hoch sein. Zur Größe von Dominikanerinnenklöstern im Bodenseeraum vgl. WILTS, Beginen, S. 278.

[33] Vgl. Anhang A1 u. A2, S. 270 ff., dieser Untersuchung. Dort sind alle namentlich feststellbaren Nonnen im Dominikanerinnenkloster Auf Hof zwischen 1274 und ca. 1565 aufgelistet.

[34] Bei diesen speziellen Untersuchungen ist das handgeschriebene Anniversarienbuch (Anniversar) im FFA dem teilweise unvollständigen Druck FICKLERs vorzuziehen, erst recht dem „Necrologium monasterii Nidingensis dicti Uf Hof" von Franz Ludwig BAUMANN in MGH, Bd. I.

[35] Das Anniversar (FFA) führt z.B. unter dem 3. März den Jahrtag der „frena von fützen" ohne die Bezeichnung „soror" auf. Eine Urkunde vom 5. Mai 1428 hingegen hält fest, dass das Kloster Auf Hof an diesem Tag seiner „jungfrowen" Frenen (Verena) v. Fützen 2 ½ Malter Vesen aus einem Gut in Pfohren für ihr Leibgeding verkauft. Nach dem Willen der Nonne soll diese Gült nach ihrem Tod an das Seelamt des Klosters fallen, das damit eine Jahrzeit für sie (Frena), ihre Eltern und weitere Vorfahren ausrichten soll.

Bei der Aufnahme ins Kloster Auf Hof spielte die soziale Herkunft der künftigen Klosterfrauen offenbar keine ausschlaggebende Rolle, es wurde kein besonderer Geburtsstand vorausgesetzt[36]. Die Konventsmitglieder lassen sich somit den drei hauptsächlichen Gesellschaftsschichten der damaligen Zeit zuordnen, nämlich dem landsässigen Adel, dem Bürgertum und den landsässigen Bauern. Damit wird die von Andreas WILTS vorgenommene, von FOLINI/PALAIA modifizierte Einteilung der Gesellschaft in drei Schichten auch im Folgenden zugrunde gelegt[37]. Vorweg sei allerdings angemerkt, dass eine Zuordnung zu einer der drei genannten sozialen Schichten in etlichen Fällen nicht möglich ist, weil eine Reihe von Klosterschwestern nur mit ihrem Vor- oder nur mit ihrem Zunamen in der Jahrzeitliste erwähnt werden, wie etwa in den folgenden Einträgen[38]: „Bertha (ain) closnerin" und „Margareta ain priorin"[39] oder „Soror Erkenrat", „Soror Krellin" und „Soror Escherin"[40].
Ansonsten gehören von den namentlich bekannten Nonnen ca. 120 aufgrund der Namenstradition und der vorhandenen Urkunden zum Adel[41]. Hiermit erscheint der Adelsanteil im Neudinger Konvent erstaunlich hoch. In der gesamten Berichtszeit zwischen 1274 und 1565 betrug er wohl um die 50 Prozent der Klosterangehörigen, wobei er in den euphorischen Anfangsjahrzehnten nach der Gründung noch erheblich höher gewesen sein dürfte[42].
Die Konventualinnen aus dem gräflich-fürstenbergischen Hause sind dabei dem Hochadel[43] zuzurechnen, zu dem auch die Klosterfrauen aus den hochfreien Familien von Hewen und von Zimmern (Nobiles, Edelfreie) gehören. Die meisten anderen adligen Nonnen entstammen dem heimischen Ministerialadel, wobei Karl Siegfried BADER in diesem Zusammenhang auf

[36] Vgl. TUMBÜLT, Neidingen, S. 79.
[37] Vgl. WILTS, Beginen, S. 292 f. u. Anm. 2, und FOLINI/PALAIA, Dominikanerinnenklöster, S. 95. Die zuletzt genannten Autoren meinen: „Das Modell (von Wilts) spiegelt den gegenwärtigen Stand der Forschung wider und erleichtert es, die Ergebnisse zu vergleichen."
[38] Sofern die im Text genannten Namen dem Anniversarienbuch entnommen sind, werden bei den Fußnoten die Jahrtagsdaten in der Reihenfolge der Namensnennung aufgeführt.
[39] Anniversarienbuch im FFA und bei FICKLER, Anniversarien-Buch unter: 23. Juni, 14. April.
[40] Ebd. unter 24. März, 9. Sept. und 13. Sept.
[41] Vgl. KINDLER VON KOBLOCH, Geschlechterbuch, 4 Bde, a.a.O. SABLONIER, Adel im Wandel, S. 22-85. TUMBÜLT, Neidingen, S. 78-86. GRÜBEL, Frauenfrömmigkeit, S. 63 und 48 weist auf die besondere Begeisterung adliger Damen für die Ideale der Mendikantenorden hin.
[42] Dies lässt sich auch aus den zahlreichen Schenkungen des lokalen Adels in den ersten Jahrzehnten nach der Klostergründung schlussfolgern.
[43] Zu den verschiedenen Adelskategorien vgl. besonders SABLONIER, Adel, S. 22 f.

den niederen Lehensadel verweist[44]. Vor allem aus der Familie der Herren von Almshofen (*Almshouen*, *Almshoven u.ä.*)[45], die, wie auch ihre zahlreichen Stiftungen ergeben, ein besonderes Verhältnis zum Kloster Auf Hof pflegten, gehörten über ein Dutzend weibliche Familienmitglieder dem Neudinger Konvent an. Aber auch die Herren von Blumegg, von Blumberg, von Eschingen und von Baldingen, von Bern und von Falkenstein, von Geisingen, von Schwandorf (*Swaindorf*), von Heudorf, von Stühlingen und von Wolfurt u.a., ebenso die Ritter und fürstenbergischen Dienstmannen von Tierberg, von Studengast – diese stellten immerhin sechs Klosterfrauen –, ebenso die Guggenbühl (sechs Nonnen), die von Reckenbach (fünf Nonnen) sowie die Geschlechter derer Zum Tor und von Wart u.v.a. gaben ihre nicht verehelichten Töchter fast drei Jahrhunderte lang in dieses Kloster auf der Baar.

Wesentlich schwieriger ist die soziale Zuordnung der anderen 50 Prozent. Nur die Nonnen, die aus den „besseren" Familien der wenigen Städte im ländlichen Umland kommen oder zum stadtsässigen Adel (oft mit Bürgerrecht) gehören, werden in den Quellen als dem städtischen Bürgertum zugehörig gekennzeichnet. So ist das etwa bei jungen Frauen aus den Villinger Familien der Egesheimer[46] und der Guntfrid oder aus dem ritteradligen (Konstanzer) Geschlecht Im Turm (*In Turn*)[47]. Von der ursprünglichen Schaffhauser Patrizierfamilie von Göberg nahmen fünf, aus der Familie des Walther Brot aus Schaffhausen zwei Töchter den Schleier im Kloster Auf Hof[48]. Die Klosterfrau Anna Stölzlin war Bürgerin der Freien Reichsstadt Rottweil[49], Verena Mangolt stammte aus Diessenhofen[50]. Selbst aus der Augsburger Familie der Langmantel von Radau kommt eine der Neudinger Klosterfrauen[51]. Beim größten Teil der Konventsmitglieder, die einen „gewöhnlichen" Namen haben, bleibt dagegen unklar, ob sie (klein)bürgerlicher oder bäuerlicher Herkunft sind. Anzunehmen ist

---

[44] BADER, Die Baar, S. 132.

[45] August VETTER, Die Herren von Almshofen. In: Schriften des Vereins für Geschichte und Naturgeschichte der Baar, 45. Band (2002). Weitere Schreibweisen vgl. ebd., S. 5.

[46] In den Ukk. finden sich auch die Schreibweisen: Egensheimer, Egenshammer, Engisamer, u.a.

[47] Vgl. SABLONIER, Adel, S. 295 und 97, Anm. 158. KINDLER VON KNOBLOCH, Geschlechterbuch, Bd. 1, S. 264 ff.

[48] FUB I 633.

[49] RIEZLER, Ukk. 1, S. 431. DERS., Ukk. 2, S. 5.

[50] FICKLER, Anniversarien-Buch, Abt. II, S. 22.

[51] Vgl. hierzu die Aufstellung bei TUMBÜLT, Neidingen, S. 79 ff.

allerdings, dass angesichts der ländlich-bäuerlichen Umgebung die Zahl von Nonnen mit bürgerlicher Abstammung im Kloster Neudingen erheblich geringer war als in den Konventen bei Winterthur oder Zürich. Dort, in den Dominikanerinnenklöstern Töss, St. Katharinental, Löwental, Oetenbach u.a., hatte „stets das Stadtbürgertum ein größeres Gewicht, zumeist stellte es sogar die Mehrheit der Konventualinnen."[52]

Sicherlich nicht so in Neudingen. Von den nichtadligen, nicht zuweisbaren Klosterschwestern[53], die fast ausschließlich nur im Neudinger Jahrzeitbuch erscheinen, tragen viele einfache Vor- und Familiennamen, z. B.: Verena Hensler (von „Henslers Gut" in Neudingen stammend?[54]), Elisabeth *Bumenin* (Baumann?), Agnes Schäppin (Schäpp) und Elisabeth Nufer[55]. Mitunter erinnert der „Zuname" nur an eine spezielle Tätigkeit oder Eigenschaft der Genannten, wie etwa bei: Verena Hafner(in), Margareta Kuchin (Kuch), Anna Siechmeister(in), Adelheid Flach, Adelheid Bilger (Pilger?), Verena Schwäger(in) und Anna Klein[56]. Die Namen großer bürgerlicher Geschlechter sind das zwar nicht, aber dennoch bleibt die Zuordnung der Namensträgerin zu einer bestimmten Gesellschaftsschicht, zum bürgerlichen Milieu oder zum Bauerntum, offen.

Zahlreich sind die Beispiele, bei denen der Vorname der betreffenden Klosterfrau nur mit ihrem Herkunftsort ergänzt wird, wie bei: Adelheid von *Uffhan* (Aufen), Margaretha Nidingerin, Katharina Spaichingerin und *Luggi* (Luitgart) *von Pforren* (Pfohren). Ebenso ist es bei Adelheid von Sumpfohren, Dorothea *Allmasshoffer(in)* oder Anna *Wolfhuserin*[57]. Vermutlich handelt es sich hier um einfache Mädchen vom Dorf, womit ihre Abstammung von einer Bauernfamilie zwar wahrscheinlich, aber keineswegs sicher ist. Ebenso wird bei einigen Nonnen die verwandtschaftliche Kennzeichnung angewandt: Anna, die Tochter Kaeterlin Winterkelers[58], oder Schwester

[52] WILTS, Beginen, S. 47. Vgl. FOLINI/PALAIA, Dominikanerinnenklöster, S. 98, und vor allem die Schautafeln, ebd., S. 107 f. Bezüglich der sozialen Herkunft der Konventualinnen in den beiden Dominikanerinnenklöstern in Katharinental und Töss vgl. auch die neueste Untersuchung von Christian FOLINI, Katharinenthal und Töss (2007), S. 164 ff.

[53] Vgl. hierzu das Necrologium von BAUMANN, S. 309-314, der die meisten gerade dieser Nonnen aus der Jahrtagsliste streicht.

[54] Vgl. FFA, Kl.-Akt., Lade 17 Fasc. D, Nr. 15.

[55] Anniversarienbuch im FFA und bei FICKLER unter: 10. Juli, 15. Sept., 3. Okt., 11. Okt.

[56] Ebd. unter: 22. Sept., 8. Okt., 10. Mai, 19. März, 4. Febr., 3.Febr., 27. Febr.

[57] Ebd. unter: 17. Mai, 10. Okt., 25. Jan., 20. März, 10. März, 28. Febr., 14. Aug.

[58] RIEZLER, Ukk. 2, S. 5.

Haedewige, die Tochter des Walther, des Bruders von Hermann dem Schreiber[59].

Durch die Erwähnung oder das Fehlen von Gültstiftungen im Jahrtagsbuch werden mitunter auch die materiellen Unterschiede und damit die unterschiedliche soziale Herkunft der Klosterfrauen deutlich. Die einfachste Form des Eintrags beschränkt sich auf die bloße Namensnennung:

- „Obiit Soror Ita Repfen" oder „O. Soror Margaret Längin."[60]

Dabei kann die Kürze der Notiz auch ein Merkmal von Bescheidenheit sein. Bei einer größeren Anzahl von Konventualinnen aus dem Adel, gehobenem Bürgertum und begütertem Bauernstand wird allerdings die Jahrtagsregelung mit einer ansehnlichen Gült, meist in Naturalien, seltener in barer Münze, ausdrücklich angezeigt und mit einem Hinweis auf die liturgische Gestaltung der Gedenkfeier versehen:

- „O. Soror Katherina von Almashofen die alt. Gilt 1 malter kernen und 1 malter bona. Vigil"[61].
- „O. Margareta Büssin soror, gilt 1 malter geltz"[62].

Das kann bis zu demonstrativ umfangreichen Gülten und u.U. bis zu entsprechenden Gestaltungsanweisungen für die Totenmesse gehen:

- „O. Soror Margareta Langmentlin von Radow. Gilt 11 gulden geltz Jarlichs, 1 vigil mit 8 priestern"[63].
- „O. Soror Ratgebin. Gilt 1 malter kernen. 6 viertal roggin 5 Schilling und 8 viertal kernen und 3 Schilling. Vigil."[64]

Obwohl, wie dargestellt, die Neudinger Klosterschwestern zur Zeit des Predigerordens – aufs Ganze gesehen – zur einen Hälfte adliger, zur anderen Hälfte bürgerlicher oder bäuerlicher Herkunft waren, steht fest, dass der Adel (vorweg das Haus Fürstenberg) im Klostergeschehen unbestritten den Ton angab. Das zeigt sich ganz deutlich auch bei den Priorinnen, von denen zwei (bzw. drei) aus dem Grafenhaus selbst, die übrigen alle wohl aus adligen Familien stammten[65]. Dieses adlige Übergewicht ergab sich fast von selbst durch die Position der Grafen, die sich von Anfang an als Gründer und Schutzherren dieser monastischen Einrichtung verstan-

[59] FUB V 302.
[60] Anniversarienbuch im FFA und bei FICKLER unter: 27. Juni und 27. März.
[61] Anniversarienbuch im FFA unter: 2. Febr.
[62] Ebd. unter: 19. Mai.
[63] Ebd. unter: 4. Juli.
[64] Ebd. unter: 1. Febr.
[65] TUMBÜLT, Neidingen, S. 78. Vgl. Tabelle 5 (Priorinnen) in Kapitel 7, S. 172.

den. Sie hatten die Kastvogtei inne. Ihre Hauspolitik begünstigte und trug in dieser Zeit „ihr" Hauskloster, das zudem Hüter der fürstenbergischen Memoria und der Familiengrablege wurde, wie im Weiteren noch darzulegen sein wird.

Dennoch bleibt festzuhalten, dass das Kloster Auf Hof ein Haus war, zu dem alle Schichten der damaligen Gesellschaft Zugang hatten. Zugleich aber gewinnt man aus den Quellen auch den Eindruck, dass trotz dieses Übergewichts der herrschenden Adelskreise das Neudinger Kloster kein „Stift für adlige Damen", also kein elitäres Frauenkloster war. Denn nachweislich war es – je länger das Kloster bestand, umso mehr – Mädchen und jungen Frauen aus nichtadligen und sogar aus einfachen Verhältnissen möglich, in dieses „Gotzhaus" einzutreten, um hier nach christlicher Überzeugung, Entsagung und Buße zu leben.

5.3. Die Klosterfrauen aus dem Hause Fürstenberg (eine Vorschau) und aus der Familie der Herren von Almshofen.

In den 300 Jahren, in denen das Kloster Neudingen vom Predigerorden betreut wurde, haben sich zwei Familien, wie schon bei der chronologischen Darstellung der Klosterhistorie deutlich geworden ist, durch zahlreiche Zuwendungen und aufwändige Unterstützungsmaßnahmen um die Entwicklung des Klosters besonders verdient gemacht: Das Grafenhaus selbst und das Ministerialengeschlecht derer von Almshofen, das zu den treuesten Gefolgsleuten der Grafen gehörte[66]. Beide Familien fallen zugleich auch durch eine ansehnliche Zahl an Frauen auf, die in Neudingen ihr Gelübde ablegten.

Wie viele fürstenbergische Gräfinnen ihr Leben im Kloster Auf Hof zubrachten, ist bislang nicht genau untersucht. Fest steht mit einiger Gewissheit, dass acht weibliche Familienangehörige dort ganz reguläre Konventsmitglieder waren. Bei drei Töchtern aus dem Grafenhause ist es umstritten, ob sie dem Kloster in Neudingen angehört haben oder überhaupt Nonnen waren. Hingegen liegt bei drei weiteren fürstenbergischen Gräfin-

---

[66] VETTER, Almshofen, a.a.O.

nen die Vermutung nahe, dass sie am Ende ihres Lebens als Witwen den Schleier nahmen und ins Kloster eintraten. Somit ergibt sich überschlägig eine Anzahl von 11 bzw. 12 Frauen aus dem Hause Fürstenberg, die in den 300 Jahren der Dominikanerinnenzeit Auf Hof lebten – eine überraschend große Zahl.
Soviel sei vorweg angemerkt: Eine detaillierte Untersuchung darüber, wann, wie viele und welche Gräfinnen von Fürstenberg dem Kloster Neudingen angehört haben, und ebenso die Hintergründe und Umstände dafür, erfolgt im Kapitel 9.3. dieser Arbeit. Dort soll die Rolle des Klosters Auf Hof als Hauskloster der gräflichen Familie unter den verschiedenen Aspekten besonders untersucht und gewürdigt werden.

Gleichermaßen zahlreich sind die Neudinger Konventualinnen aus den verschiedenen Zweigen der Familie von Almshofen. Diesen wollen wir uns im Folgenden bereits in aller Ausführlichkeit zuwenden. Bei eingehender Überprüfung aller Quellen – also des Gedenkbuchs wie der einschlägigen Urkunden – lassen sich 13 Klosterfrauen aus diesem Geschlecht feststellen[67], wobei die meisten dieser Almshofer Klosterfrauen bereits im 14. Jahrhundert in Neudingen lebten.
Es beginnt 1325, am 16. Januar, mit der urkundlichen Regelung des Erbteils der beiden Nonnen Bertha und Katharina, Töchter des Ulrich von Almshofen[68], durch ihre Schwester Hiltburg, die Witwe des Meiers Eberhard von Trossingen. Diese teilt vier Eigengüter zu Döggingen (*Teggingen*) unter ihre oben genannten Schwestern sowie ihre beiden Töchter zur Nutznießung auf, wobei eine ihrer Töchter, Heilwig (die Tochter des Meiers[69]), ebenfalls dem Neudinger Konvent angehört.
1348 veranlasste Hug von Almshofen, genannt der Boner, fünf seiner Töchter, nämlich Anna, Agnes, Grete, Verena und Bride (Brigitte), ins Neudinger Kloster einzutreten[70]. Vier davon sind ebenso 1354 nachweisbar[71], bei dreien von ihnen handelt es sich vermutlich auch noch um die

[67] VETTER, Almshofen, S. 43, zählt elf, im Stammbaum, ebd. S. 46/47, zwölf Nonnen dieser Familie. TUMBÜLT, Neidingen, S. 79 f., greift mit insgesamt 17 Namen zu hoch
[68] FUB II 136. Im Anniversarienbuch im FFA unter: 10. Nov. und 2. Febr.
[69] Vgl. TUMBÜLT, Neidingen, S. 83.
[70] FUB V 302 Anm. 2. Vgl. VETTER, Almshofen, S. 23.
[71] FUB V 302 Anm. 3.

1400 erwähnten Grete, Verena und Bride[72]. Die jüngste der Schwestern, Bride, versah 1384 und 1385 sogar das Amt der Küsterin[73]. Zugleich erscheint 1364 im Urbar des Klosters ein Hinweis auf „der alten von Almshofen iarzit“[74]. Diese Frau dürfte mit der im Jahrzeitbuch unter dem 2. Febr. eingetragenen „Soror Katharina von Almashofen die alt“ gemeint sein[75]. Zudem erfolgt 1385 zugunsten der Nonnen Ursula und Anna, Töchter des Friedrich Bick von Almshofen, ein Gültkauf der Brüder ihres verstorbenen Vaters, Hug und Johann von Almshofen[76]. Die Klosterfrau Ursula lebte 1426 noch und erscheint in einer Urkunde vom 16. Mai zusammen mit ihrer wesentlich jüngeren Cousine Nesen (Agnes) von Almshofen, der Tochter des Heinrich von Almshofen zu Immendingen[77]. Agnes stand später fast 20 Jahre lang dem Kloster als Priorin vor. Ihre Tätigkeit fand infolge dieser langen Amtszeit schon häufig Erwähnung[78].

Danach dauerte es fast 50 Jahre, bis wieder Frauen dieses Geschlechts zu den Klosterinsassen Auf Hof gehörten. Sie kamen von der Immendinger Hauptlinie[79]. Aus einem Stiftungsbrief, den Hans von Almshofen zu Immendingen am 13. Jan. 1500 ausstellte, geht hervor, dass zu dieser Zeit seine Schwester Anastasia und seine Tochter Magdalena Auf Hof lebten[80].

Neben diesen hauptsächlich urkundlichen Belegen enthält auch die Chronik Idea laudabilis einen Hinweis auf zwei Nonnen aus dieser Familie. Der Chronist behauptet, der ältere Hug von Almshofen habe 1292 ein Gut zu Hondingen „der Lutgard und Adelheid, so glaublich seine Schwestern und Klosterfrauen auf Hof waren“, geschenkt[81]. Es gibt zwar diese Schenkung, auch werden die beiden Frauen in der Schenkungsurkunde von 1292 als

---

[72] FUB VI 160 Anm. 6. Dazu VETTER, Almshofen, S. 25.

[73] FUB VI 81 Anm. 2 und ebd. VI 91 Anm. 1.

[74] FUB VI 29, S. 59.

[75] Anniversarienbuch im FFA unter: 2. Febr. Es handelt sich bei Katharina der Alten um eine eigenständige Person, die nicht identisch ist mit der oben genannten gleichnamigen Tochter Ulrichs von Almshofen. Für diese liegt ein gesonderter Eintrag im Anniversar vor. So wird dies auch von TUMBÜLT, Neidingen, S.80, gesehen.

[76] FUB VI 91.

[77] FUB III 182. Zu Agnes von Almshofen vgl. auch VETTER, Almshofen, S. 30 und 48.

[78] Vgl. Kap. 3, S. 76-85. Ebenso Anhang A 1, S. 270. Dort sind zu „Agnes von Almshofen“ unter „Belegstellen“ alle Urkunden, in denen diese Klosterfrau genannt wird, zusammengestellt.

[79] VETTER, Almshofen, Stammtafel S.46/47.

[80] FUB III 190 Anm. 5.

[81] Idea laudabilis, S. 3 v.

Klausnerinnen in Bräunlingen namentlich aufgeführt[82], allerdings nicht als Schwestern des Stifters. Da auch sonst nirgendwo die Aussage der Chronik bestätigt wird, kann diese, fast 500 Jahre nach der Beurkundung, nicht als beweiskräftig angesehen werden. Damit bleibt es also dabei, dass 13 Töchter aus der Familie von Almshofen zwischen 1274 und 1565 Klosterfrauen in Neudingen waren.

Als Ergebnis der Ausführungen in diesem Abschnitt bleibt festzuhalten: Dass aus der Familie der Landesherren (von Fürstenberg) und aus einem regional bedeutenden Rittergeschlecht (von Almshofen) so viele weibliche Mitglieder – zum einen 11 oder 12, zum anderen 13 Frauen – dem Neudinger Konvent beitraten und dort wirkten, dokumentiert einerseits die Bedeutung dieses Klosters als religiöses und damit kulturelles Zentrum im späten Mittelalter auf der Baar. Andererseits lässt die fortwährende Förderung und Nutzung durch adlige Entscheidungsträger den Schluss zu, dass dies nicht nur aus Gründen der Versorgung lediger Töchter geschah, wenngleich bei einigen Zwei- und Mehrfach-Einweisungen von Mädchen[83] dieser Eindruck entstehen kann. Es hat offensichtlich bei dieser Jahrhunderte überdauernden Verbundenheit ganzer Geschlechter mit dieser klösterlichen Einrichtung auch der religiöse Glaube und die damals permanente Sorge um das Seelenheil zugrunde gelegen, was bei beiden Familien auch in der Tatsache seinen Niederschlag findet, dass sie auch zahlreiche männliche Geistliche hervor brachten.[84]

5.4. Klosterleben nach der Augustinerregel

Wie erinnerlich hatte Bischof Johannes von Tusculum, Legat des Apostolischen Stuhles, in seinem Schreiben vom 6. Sept. 1287 dem Prior der Rottweiler Prediger die Anweisung gegeben, den Klosterschwestern in Neudingen die Regel des hl. Augustinus zu übertragen[85]. Diese ‚älteste

[82] FUB I 625.
[83] Hug von Almshofen übergibt 1348 fünf Töchter, Graf Wolfgang zu Fürstenberg um 1505 zwei Mädchen im Kindesalter der klösterlichen Obhut.
[84] Vgl. die Stammtafeln beider Geschlechter bei RIEZLER, Haus Fürstenberg, a.a.O, bzw. bei VETTER, Almshofen, S. 46 f.
[85] FICKLER, Anniversarien-Buch, S. 9 f.

Mönchsregel des Abendlandes“[86], die AUGUSTINUS etwa um 400 verfasst hatte, war in der ersten Hälfte des 13. Jahrhunderts für den Dominikanerorden vom Ordensgründer selbst und seinen direkten Nachfolgern in einem längeren Normbildungsprozess um ordensspezifische Statuten erweitert worden[87]. Diese modifizierte Form, „die Regel von San Sisto“, benannt nach dem ersten Dominikanerinnenkloster in Rom, wurde 1225 vom Nonnenkloster St. Marx (Markus) in Straßburg, dem ersten dominikanischen Frauenkloster nördlich der Alpen, angewandt[88]. Im 13. Jahrhundert wurde sie – bestehend also aus Augustinerregel (Augustinusregel) plus sog. dominikanischen Konstitutionen[89] – häufig bei der Neugründung von Nonnenklöstern des Predigerordens, wie in Adelhausen, Töss, Oetenbach und St. Katharinental, als ordnende Grundlage übernommen[90]. Da es lange Zeit keine verbindliche Textvorlage der Konstitutionen gab, wurde 1257 Humbert von Romanis, damals Ordensgeneral der Dominikaner, mit der Ausarbeitung einer allgemein gültigen Vorlage betraut[91]. Auch die Klosterfrauen des Klosters Auf Hof bei Neudingen erhielten nach der schon mehrfach erwähnten Verleihung der Augustinerregel (1287) bei der Inkorporation 1305 in den Dominikanerorden, wie an anderer Stelle ausführlich dargelegt[92], diese Ordenskonstitutionen übertragen[93].

Ein spezielles Bild vom religiösen Leben im Kloster Neudingen entsteht damit aber nicht. Überhaupt, dieser Einwurf sei hier erlaubt: Die Quellen, die hierzu erforderlich wären, fließen bedauerlicherweise nur sehr spärlich. Dabei würden gerade Materialien dieser Art über das Selbstverständ-

---

86 Winfried HÜMPFNER, Überlieferung, in BALTHASAR, Ordensregeln, S. 137.

87 Vgl. CYGLER/MELVILLE, Augustinusregel und dominikanische Konstitutionen, S. 419-454. Die Autoren stellen die historischen Abläufe im Rahmen des Entwicklungsprozesses der dominikanischen Ordensregel dar (ebd., S. 420-431). Zu Regel und Konstitutionen vgl. auch ZIMMER, Dominikaner, S. 26 ff.

88 ZIMMER, Dominikaner, S. 47 u. 51 f. Vgl. hierzu auch: DÄNIKER-GYSIN, Töß, S. 11 f.

89 Das Regelwerk von San Sisto bzw. St. Marx ist im Urtext nicht mehr erhalten. Da der Maria-Magdalenen-Orden aber, in den zwanziger Jahren des 13. Jhs gegründet, auf die Konstitutionen von San Sisto festgelegt wurde, lässt sich der Text rekonstruieren. Im Druck bei: André SIMON, L'Ordre des Pénitentes, Fribourg 1918, S. 144-153.

90 ZIMMER, Dominikaner, S. 51 ff. Dort werden auch noch andere Klostergründungen der Dominikaner aufgeführt. Zu Töss: vgl.. DÄNIKER-GYSIN, Töß, S. 11, und WEHRLI-JOHNS, Töss, S. 901. Zu St. Katharinental: vgl. EUGSTER/BAUMER-MÜLLER, St. Katharinental, S. 781 ff. – Vgl. zu Oetenbach den gleichnamigen Artikel von WEHRLI-JOHNS/SCHNEIDER-LASTIN, S. 1020 ff.

91 Dieser Text liegt vor bei Lukas HOLSTENIUS, Constitutiones Sororum Ordinis Praedicatorum. In: Codex Regularum monasticarum et canonicarum, Bd. 4, S. 128-140. Augsburg 1958.

92 Vgl. zu Seelsorgeregelung, Cura monialium, Kommission und Inkorporation des Kl. Neudingen die Ausführungen in Kapitel 1, S. 32 ff., dieser Arbeit.

93 Die Konstitutionen für die Dominikanerinnenklöster hatten zunächst keine einheitliche Fassung. Zu den Unterschieden vgl. GRUNDMANN, Religiöse Bewegungen, S. 233.

nis, die Lebensweise und die geistliche Tätigkeit der Nonnen am meisten aussagen. Auch Anweisungen und Kommentare zur Ordensregel, selbst liturgische Schriften und Gebetbücher, ganz zu schweigen von einem Konventstagebuch[94] o.ä., fehlen in Neudingen[95]. Wie hier die Klosterregel im Detail durchgeführt wurde, welche Bestimmungen des Augustinus und der Konstitutionen besonders konsequent, welche weniger beachtet wurden, ist nicht auszumachen[96]. Ebenso ist über die Aufnahmebedingungen[97] ins Kloster Auf Hof, über das Mindestalter der Mädchen (*citra undecimum annum*[98]) und den Gaststatus der Kinder, die mitunter schon fünfjährig in die klösterliche Obhut kamen[99], über den Bildungsstand der jungen Frauen und Mädchen oder die Aufnahmeriten[100] nichts bezeugt. Es findet sich auch kein Hinweis zu Einkleidung und Noviziat, zu Profess und Oblation in Neudingen[101].

Im Folgenden werden deshalb die allgemeinen Grundzüge der (modifizierten) Augustinerregel dargelegt[102] – zuerst kurz gefasst ihre geistig-ideellen Gebote und Auflagen, sodann die mehr praktischen Anordnungen –, so wie sie aller Wahrscheinlichkeit nach auch in unserem Kloster auf der Baar Geltung hatten. Das Anliegen der vorliegenden Darstellung ist somit nicht, in eine systematische Textuntersuchung der Augustinerregel und

---

[94] Vgl. SCHLOTHEUBER, Klostereintritt, S. 313-478. Dort wird der Wert eines Konventstagebuchs am Beispiel der Zisterzienserinnenklosters Heilig-Kreuz bei Braunschweig dargestellt.

[95] Zu einigen Büchern aus dem Kl. Auf Hof vgl. unten S. 140 mit Anm. 160.

[96] Vgl. hierzu CYGLER/MELVILLE, Augustinusregel, S. 420 bzw. 430 ff. Ebd., S. 427, wird die Augustinusregel als „erwiesenermaßen besonders flexibel" bezeichnet. – Zu Dominikanerorden, Augustinerregel und Konstitutionen vgl. auch Petra ZIMMER, Dominikaner und Dominikanerinnen, in Helvetia Sacra, Abt. IV, Band 5, Teil 1, S. 26 f. und 48 ff.

[97] HOLSTENIUS, Constitutiones, Caput XIV-XVI, S. 133 f.

[98] SIMON, L'Ordre, (De receptione puellarum), S. 145.

[99] SIMON, ebd. Vgl. SCHLOTHEUBER, Klostereintritt, S. 127 ff. Hier sei an die beiden Töchter des Grafen Wolfgang von Fürstenberg, Beatrix und Clara Anna, erinnert, die auch schon im frühen Kindesalter zur Erziehung ins Neudinger Kloster gegeben wurden (FUB IV 321).

[100] Zu Aufnahmeriten vgl. SCHLOTHEUBER, Klostereintritt, S. 127 ff.

[101] Vgl. ebd., S. 104-264.

[102] Zur AUGUSTINERREGEL: Latein. Zitate sind im Folgenden entnommen: VERHEIJEN, La Règle de Saint Augustin, Band 1, S. 417-437 (Praeceptum), und S. 148-152 (Ordo Monasterii). Zitate/Hinweise in deutscher Sprache beruhen auf der Übersetzung in Hans Urs VON BATHASAR, Die großen Ordensregeln, Einsiedeln 1974, S. 158-171, (im Folgenden gekennzeichnet mit: Regel des Augustinus in BALTHASAR). Ebd., S. 158-160 befindet sich die Übersetzung des Ordo Monasterii des Augustinus, (zitiert als Erste Regel des Augustinus) – Die folgenden Ausführungen zu den KONSTITUTIONEN basieren auf: Lukas HOLSTENIUS, Constitutiones Sororum, Band 4 S. 128-140, und André SIMON, L'ordre des Pénitentes, (1918), S. 144-153. Weiter auf den Artikeln im Sammelband der Akademie der Augustiner-Chorherren von Winsheim, Band 3, besonders von FUCHS, CYGLER/MELVILLE und KRAMP. Desgleichen sei verwiesen auf HÜMPFNER, Überlieferung, S. 137-150, und ZUMKELLER, Einführung, S. 150-157. Auch: SCHEEBEN, Jordan der Sachse, Kapitel 6 (Der Konvent), wo die Lebensbedingungen im Kloster aus der Perspektive der Domnikanermönche dargestellt werden.

der Konstitutionen einzutreten oder gar ihren textgeschichtlichen Werdegang zu untersuchen.

„Primum, propter quod in unum estis congregati, ut unianimes habitetis in domo et sit uobis anima una et cor unum in deum“[103]. Also: Das oberste Ziel des Gemeinschaftslebens ist es, einträchtig zusammenzuwirken und ein Herz und eine Seele in Gott zu sein. Diesen programmatischen Satz stellt AUGUSTINUS an den Beginn seiner monastischen Regel. Damit einher geht das Streben nach Vollkommenheit im Dienste Gottes. Deshalb stellt die Augustinerregel an all diejenigen, Männer oder Frauen, die einem Orden beitreten wollen, drei unerlässliche Forderungen, zu denen sie sich grundsätzlich und aus Überzeugung bekennen müssen: Dies sind erstens die Armut, zweitens das Leben in der Gemeinschaft und zum dritten unbedingter Gehorsam[104].

Die Armut wird beschrieben als Verzicht auf jeglichen Eigenbesitz zur Überwindung von Egoismen. Favorisiert wird dagegen die strikte Gütergemeinschaft, die von innerer Überzeugung getragen sein soll und nicht nur äußerlich erscheinen darf[105]. Die logische Konsequenz davon ist ein Leben in und für die Kommunität in Nächstenliebe, Sorge und Verantwortung, was bis zur Aufopferung für dieses Ideal reichen kann. Das Gemeinschaftsgefühl, die selbstlose Liebe, schließt jede individuelle Neigung aus: „Die Liebe nämlich ... ist so zu verstehen, dass sie das Interesse der Gemeinschaft dem eigenen, nicht aber das eigene Interesse dem der Gemeinschaft vorzieht.“[106] Umschlossen wird diese solchermaßen geformte Klostergemeinschaft von unbedingtem Gehorsam[107], den Augustinus als „freien, freudigen Gehorsam“ im Sinne „einer geistig-übernatürlichen Vater-Sohnschaft“ versteht[108]. Er soll das Verhältnis zwischen den Oberen und den Untergebenen im Kloster prägen[109].

Auf dieses starke Fundament stellt die Augustinerregel gleichsam drei feste Säulen: das Gebet, die Askese und die Keuschheit. Sie sollen den

---

[103] VERHEIJEN, La Règle, Bd. 1, S. 417. Vgl. die Augustinerregel bei BALTHASAR, S. 161. Ebenso: CYGLER/MELVILLE, Augustinusregel, S. 433.

[104] VERHEIJEN, La Règle, Bd. 1, S. 419 ff. Regel des Augustinus in BALTHASAR, S. 161 ff.

[105] Regel des Augustinus in BALTHASAR, S. 161 f.

[106] Zitiert nach: Ebd., S. 167. Vgl. VERHEIJEN, La Règle, Bd. 1, S. 430.

[107] CYGLER/MELVILLE, Augustinusregel, S. 434: „Und in der Tat ist das einzige Gelübde, welches der Dominikanerprofeß eigentlich ablegt, das Gehorsamsgelübde.“

[108] ZUMKELLER, Einführung, S. 155. Vgl. dort auch Hinweise zum Folgenden.

[109] Zur Bedeutung des Gehorsams für Dominikanerinnen: EHRENSCHWENDTNER, Bildung, S. 334.

Überbau, das angestrebte Mönchsideal, tragen. Die Regel gebietet also Keuschheit, die durch zuchtvolles Verhalten, vor allem im Benehmen gegenüber Frauen, und durch Zurechtweisung, Überführen und Bestrafen, ja Selbstanzeige von Missetätern gefestigt werden muss[110]. Ebenso kann die Askese zur Abkehr von den weltlichen Dingen, vor allem zur Bewältigung der fleischlichen Schwächen, beitragen. Die Regel verlangt Fasten und Enthaltsamkeit im Essen und Trinken, überhaupt den Verzicht auf irdische Kostbarkeiten, was besonders auch für die Kleidung gilt[111]. Große Bedeutung kommt bei alledem der Verinnerlichung und Sammlung im Gebet zu, gleichviel, ob es sich dabei um das stille Beten des einzelnen Mönchs oder einer Nonne handelt oder um das gemeinsame Chorgebet, ob in Form des Psalmgesangs oder des Hymnus[112].

Die Befolgung dieser Anleitung, so versteht es AUGUSTINUS, führt letztlich zum höchsten Ideal des Mönchtums, das in der Liebe zu und in Hingabe an Gott verwirklicht wird[113].

Von diesen idealen Vorstellungen beseelt oder zumindest fest überzeugt sollte eigentlich jede der jungen Frauen sein, die ins Kloster Neucingen eintrat. Einschränkend ist dabei zu berücksichtigen, dass nicht alle Regelbestimmungen in gleicher Weise für Mönche wie Klosterfrauen galten, zum Beispiel nicht die zur Klausur und zum Besitz[114]. Außerdem bestand auch zwischen der Aufgabenstellung für die Dominikaner, die von Predigt und Studium sowie vom Kampf gegen Häresie bestimmt sein sollte, und der Lebensführung der dominikanischen Konventualinnen in der ortsgebundenen Klausur (Stabilitas loci), mit Gebet und Arbeit, ein augenfälliger Unterschied.

In der Profess[115] verpflichteten sich die Nonnen ausdrücklich zur Einhaltung der geltenden Gebote, zu denen noch verschiedene praxisbezogene

---

[110] VERHEIJEN, La Règle, Bd. 1, S. 426. Vgl. Regel des Augustinus in BALTHASAR, S. 165.

[111] VERHEIJEN, La Règle, Bd. 1, S. 423 f., und Regel des Augustinus in BALTHASAR, S. 163.

[112] VERHEIJEN, La Régle, Bd. 1, S. 420 f. Regel des Augustinus in BALTHASAR, S. 162.

[113] VERHEIJEN, La Règle, Bd. 1, S. 148. Erste Regel des Augustinus in BALTHASAR, S. 158, u. Regel des Augustinus in BALTHASAR, S. 161. Vgl. ZUMKELLER, Einführung, S. 156.

[114] Vgl. unsere Darlegungen in Kapitel 6, S. 151 f.

[115] Die Professformel, zitiert nach CYGLER/MELVILLE, Augustinusregel, S. 425, Anm. 28: „Ego N. facio professionem et promitto obedientiam Deo et beate Marie et tibi N., magistro ordinis Predicatorum, et successoribus tuis, secundum regulam beati Augustini et institutiones fratrum ordinis Predicatorum, quod ero obediens tibi tuisque successoribus usque ad mortem." Deutsche Übersetzung bei WILMS, Geschichte, S. 30 f. Vgl. zur Profess auch SCHLOTHEUBER, Klostereintritt, S. 152 ff.

Anordnungen der Augustinerregel und der Konstitutionen hinzukamen. Zuvorderst ist hier das klösterliche Horarium zu erwähnen, die allgemein bekannte Einteilung des Klostertages in eine zeitlich geordnete Struktur[116]. Hierzu dienen die Tagzeiten mit den Andachten und Messen, Lesungen und Lobgesängen u.ä., beginnend mit der Matutin um Mitternacht und endend mit der Komplet, die im Sommer gegen halb neun Uhr am Abend stattfand, im Winter eine Stunde früher. Dazwischen aber sollten die Konventsmitglieder jede freie Gelegenheit nutzen, um in die Geheimnisse des Glaubens einzudringen[117].

Die zweite praktische Anordnung galt der klösterlichen Klausur, die nur im Auftrag, also „zur Besorgung irgendeines Geschäftes fürs Kloster“[118] verlassen werden durfte. Diese Bestimmung führte zur fast völligen Abgrenzung der weiblichen Ordensmitglieder von der Außenwelt[119], engte somit die Klosterschwestern viel stärker ein als die Mönche, weil diese als Prediger im Sinne ihres Ordens sehr oft außerhalb des Klosters Aufträge und Pflichten wahrnehmen mussten. Die Bestimmungen in den Konstitutionen zur Klausur von Frauenklöstern sahen vor, dass nur der Generalmeister (Magister ordinis) bzw. der Ordensprovinzial einmal jährlich die Klausur eines Klosters betreten durften. Dem einfachen Ordensbruder war dies generell nur im Ausnahmefall in Anwesenheit eines Vorgesetzten erlaubt[120]. Peinlich genau wurde auch auf das Schweigegebot innerhalb des Klosters geachtet: „Silentium teneant Sorores in Oratorio, in Claustro, in Dormitorio, in Refectorio.“ Ausgenommen waren nur der Kapitelsaal und Räumlichkeiten, wo die Konventualinnen „vero loqui poterunt de licentia speciali“[121].

Durch die Augustinerregel wurde auch die Nahrungsaufnahme der Nonnen geregelt. Diese hatte Augustinus ursprünglich auf ein Mahl täglich beschränkt, eine Vorschrift, die später für Frauenklöster auf zwei Mahlzei-

---

116 VERHEIJEN, La Règle, Bd. 1, S. 148 f., Erste Regel des Augustinus in BALTHASAR, S. 158 f. Vgl. SCHEEBEN, Jordan, S. 96.

117 SCHEEBEN, Jordan, S. 93.

118 Erste Regel des Augustinus in BALTHASAR, S. 159. VERHEIJEN, La Règle, Bd. 1, S. 151.

119 EHRENSCHWENDTNER, Bildung, S. 333, erläutert: „Die Klausur (für die Frauenklöster) sollte nicht nur das Eindringen von Einflüssen des Saeculum in den inneren Bereich des Konventes verhindern; sie unterband auch eine Wirkung der Schwestern nach außen: Öffentliches Auftreten oder gar Lehren war den Dominikanerinnen, wie allen anderen Frauen auch, im Normalfall durch die kirchliche Gesetzgebung verwehrt.“

120 HOLSTENIUS, Constitutiones, Caput XXX, S. 138 f.

121 HOLSTENIUS, Constitutiones, Caput XIII, S. 132 f.

ten im Sommer und eine im Winter abgeändert wurde[122]. Dabei war nach der Regel Fleisch nur für Kranke und Schwache erlaubt[123]; Wein hingegen wurde am Samstag und Sonntag auf Verlangen hin ausgeschenkt[124]. Das Mahl sollten die Nonnen schweigend einnehmen und dabei lediglich der Lesung bei Tisch zuhören[125].

Schließlich ist auf die praktischen Bestimmungen bezüglich der täglichen (körperlichen) Arbeit im Dienste der Klostergemeinschaft zu verweisen, wobei Augustinus das Ideal der Arbeit dem Gebet gleichsetzt[126]. Hierfür war die Zeit vom frühen Morgen bis zur Sext (um die Mittagszeit) und nachmittags von der Non bis zur Vesper vorgesehen. Dabei war an Gartenarbeit, bei Frauen zudem noch an Handarbeiten gedacht[127]. Von der Sext bis zur Non (vom Mittag bis 3 Uhr), sah die Regel des Augustinus übrigens das Lesen von Büchern und Schriften vor[128].

Dieses klösterliche Leben wurde eingegrenzt von einer Vielzahl von Geboten, deren Übertretung Bestrafung nach sich zog. Die Verstöße waren in den Konstitutionen in fünf Schweregrade eingeteilt[129]. Zu den leichten Vergehen zählten u.a. die Kränkung von Mitschwestern (*scandalizare*) und üble Nachrede (*turpem sermonem dicere*), ebenso Zuspätkommen bei Tisch und Vernachlässigung von Pflichten. Eine mittelschwere Bestrafung sollte die Klosterschwester treffen, die beim Gottesdienst lachte oder andere Nonnen zum Lachen reizte (*in Choro riserit, vel alias ridere fecerit*)[130]. Ähnliches drohte der Konventualin, die in der Kirche unaufmerksam oder abgelenkt wirkte[131]. Schwerer wogen Trotz und Widersetzlichkeit

---

[122] Hinsichtlich der Essgewohnheiten in St. Marx zu Straßburg u. im Kloster Töss vgl. DÄNIKER-GYSIN, Töß, S. 11. Vgl. hierzu auch SCHEEBEN, Jordan, S. 101 ff.

[123] HOLSTENIUS, Constitutiones, Caput V, S. 131: „Pulmenta sint in Conventu sine carnibus, praeterquam in infirmariis."

[124] VERHEIJEN, La Règle, Bd. 1, S.150: „Sabbato et dominica, sicut constitutum est, qui uolunt uinum accipiant." Vgl. Erste Regel des Augustinus in BALTHASAR, S. 159. – Zur Definition von *Wein* vgl. SCHEEBEN, Jordan, S. 102.

[125] Vgl. hierzu EHRENSCHWENDTNER, Bildung, S. 176 ff. Zur Aufgabe der Tischleserin äußert sich Johannes MEYER in seinem Ämterbuch, S. 205.

[126] ZUMKELLER, Einführung, S. 154: „Als selbstloser Dienst an der Gemeinschaft ist die Zeit der Arbeit ebenso gut verwendet, als wenn man sie nach eigenem Belieben Gebet und heiliger Lesung widmen würde."

[127] Erste Regel des Augustinus in BALTHASAR., S. 159. Vgl. auch WILMS, Geschichte, S. 29.

[128] VERHEIJEN, La Règle, Bd. 1, S. 150. Erste Regel des Augustinus in BALTHASAR, S. 159.

[129] HOLSTENIUS, Constitutiones, Caput XVII-XXI, S. 134-136. Ebenso: SIMON, L'Ordre, S. 147-150. Von dort werden auch die lateinischen Begriffe im Text in (...) entnommen. Längere Zitate werden gesondert gekennzeichnet.

[130] HOLSTENIUS, Constitutiones, Caput XVIII, S. 135.

[131] Ebd., S. 134.

(*contumacia et rebellio*) gegen Vorgesetzte, vor allem, wenn dies zu verschwörerischen Umtrieben ausartete[132]. Hiergegen sollten Priorin oder Subpriorin ein Verfahren einleiten[133]. Auch der Bruch des Schweigegebots zählte zu den schwereren Verstößen[134]. Größte Schuld und härteste Strafe luden jene Klosterfrauen auf sich, die uneinsichtig und ohne Sühnebereitschaft sündhafte Vergehen wiederholten. Solchen Unverbesserlichen (*incorrigibiles*) und ihren Komplizinnen drohte Einkerkerung:

- „Ad correctionem autem talium, habeantur aliqua loca apta: in quibus non solum praedictae incorrigibiles; sed etiam contagiosae, et suspectae probabiliter, de nocumento inferendo in personis, vel rebus, vel de fuga, poterunt recludi."[135]

Dieses Einsperren (*persona incarceretur*) war bei Klosterfrauen (neben der Ausweisung aus dem Kloster) offenbar die höchste Strafe. Von Schlägen, wie sie (jungen) Mönchen angedroht wurden[136], sieht der Strafkatalog bei Frauen jedenfalls ab. Treue Befolgung der Regel stellte in Aussicht, dass „euer Heil Anlass sein wird zu nicht geringer Freude."[137]

Im Neudinger Kloster sind Alltagsverfehlungen und Regelverstöße – abgesehen von der „Affäre Elisabeth von Buch"[138] – nicht bekannt. Auch liegt keine Regelanweisung zur erweiterten Augustinerregel, wie eingangs bereits ausgeführt, im Wortlaut vor. Es gibt auch nur wenige vereinzelte Hinweise, die überhaupt auf die praktische Anwendung der Augustinerregel während der 300jährigen Zugehörigkeit zum Dominikanerorden Bezug nehmen. Sicherlich unterlagen manche Bestimmungen und deren Handhabung gewohnheitsmäßig und mit der Zeit erheblichen Veränderungen, etwa das absolute Schweigegebot, die besonders strenge Klausur oder die Haltung zu persönlichem Besitz. Im Übrigen aber darf man durchaus

---

[132] SIMON, L'Ordre, S. 149, "Si qua per conspiracionem vel coniuracionem contra prelatos suos vel prelatas se presumpserit erigere manifeste."

[133] SIMON, L'Ordre, S. 147: "Si qua per contumaciam vel manifestam rebellionem inobediens prelate sue fuertit, vel cum prelato suo, priorissa lites habuerit."

[134] Vgl. WILMS, Geschichte, S. 29 und 53.

[135] HOLSTENIUS, Constitutiones, Caput XXI, S. 136.

[136] Erste Regel des Augustinus bei BALTHASAR, S. 160: „Wenn es sich mit seinem Alter verträgt, wird er sogar Schläge bekommen."

[137] Ebd., S. 160.

[138] Vgl. Kapitel 4, S. 105 ff., dieser Arbeit.

annehmen, dass im Kloster Auf Hof das meiste genauso verlief wie in anderen Frauenklöstern der Prediger auch.

Dies betrifft zuvorderst die Ordenstracht der Schwestern, die einheitlich war und aus einem langen weißen Gewand mit Gürtel und einem schwarzen Kapuzenmantel bestand. Das weiße Kleid war aus Wolle, denn „lineis (Leinen) non utantur ad carnes“[139]. In rauen Gegenden, sicherlich auch auf der Baar, waren in der kalten Jahreszeit auch Mäntel aus Pelzen erlaubt, die allerdings nur aus Ziegen- und Schafsfell, nicht aus Fellen von Waldtieren, sein durften[140]. Weiter standen den Schwestern zwei Tuniken und zwei dicke Hemden (*duas tunicas et duas camisias grossas*[141]) zur Verfügung. Während die Hemden bis zum Knie (*usque ad genu*) reichen sollten, durften die beiden Tuniken bis an die Knöchel (*usque ad talos*) gehen[142]. Die Klosterfrauen konnten auch niedrige Schuhe (*soccos*), Kopftücher (*pepla*) und Tücher (*vela*) benutzen. Siebenmal im Jahr (*septem vicibus in anno*)[143] soll der Kopf gewaschen (lavari capita) und die Haare geschoren werden (tonderi capilli). Dabei darf die Tonsur nicht modisch sein, sondern so, „ut decet religiosas personas.“[144]

Bei der Frage, auf welche Weise Familie und Freunde am klösterlichen Dasein einer nahe stehenden Person teilhaben konnten, darf auf die Erkenntnisse Christian FOLINIS in St. Katharinental und Töss Bezug genommen werden, wo die Quellen hierzu doch etwas aufschlussreicher sind[145]. Trotz der klösterlichen Abgeschlossenheit blieben demnach die Verbindungen zu Verwandten und Wohltätern erhalten. Bei Besuchen erfolgte der direkte Kontakt über ein Redefenster am Rande der Klausur[146], das von „Fenstergesellinnen“, d.h. reifen und religiösen Schwestern, gewis-

---

[139] HOLSTENIUS, Constitutiones, Caput X >De Vestitu<, S. 132. Vgl. auch GLEBA, Klöster, S. 114, und TUMBÜLT, Neidingen, S. 69. SCHEEBEN, Jordan, S. 98 ff., beschreibt detailliert den Ordenshabit der Dominikanermönche. Daraus ergeben sich Parallelen zur Kleiderfrage bei den Dominikanerinnen.

[140] SCHEEBEN, Jordan, S. 100.

[141] SIMON, L'Ordre, S. 146.

[142] HOLSTENIUS, Constitutiones, Caput X, S. 132.

[143] Ebd., Caput XII, S. 132. Bei SIMON, L'Ordre, S. 146, ist von acht Tonsuren die Rede.

[144] HOLSTENIUS, Constitutiones, Caput XII, S. 132.

[145] FOLINI, Katharinenthal und Töss, vor allem die Ausführungen im Kapitel 2.4. über „Beziehungen zu Verwandten und Freunden“, S. 90-146. Vgl. ebenso: FOLINI/PALAIA, Dominikanerinnenklöster, S. 101 f.

[146] HOLSTENIUS, Constitutiones, Caput XXIX, S. 138: „in aliquo loco intermedio inter Sorores et exteriores aptetur aliqua fenestra ferrata competentis magnitudinis, in qua fient sermones.“

senhaft überwacht wurde[147]. Der Kontakt war nach den dominikanischen Konstitutionen ausdrücklich erlaubt[148]. Andere Berührungen mit der Außenwelt, etwa im Rahmen von Amtsgeschäften und sonstigen Aufgaben von Konventualinnen, wurden wohl auch im Kloster Neudingen zumeist über Laienbrüder abgewickelt.

Dass der Tagesablauf nach den üblichen Gebetszeiten eingeteilt war, lässt sich ebenso bestimmt festhalten. Ob es aber dabei ortspezifische Abweichungen gegenüber der Augustinerregel gab, ist nicht bekannt. Zu den Tagzeiten findet sich in den Neudinger Quellen nur <u>ein</u> vager Hinweis: Die Nonne Agnes von Almshofen, die spätere Priorin, äußert am Schluss einer Kaufurkunde, die am 30. Juni 1417 ausgestellt wurde, die Befürchtung, dass in ihrem Kloster „die sieben ziet und ander gots dienst"[149] in Wegfall geraten könnten und letztlich sogar der Bestand der ganzen Klosteranstalt gefährdet sei[150]. Hintergründe und gesicherte Zusammenhänge mit dieser Äußerung fehlen.

Was die Ernährungssituation angeht, so wurde dazu in früheren Kapiteln dieser Untersuchung mehrfach darauf hingewiesen, dass im Neudinger Kloster zeitweise großer Mangel und Unterversorgung herrschten. Das strenge Fasten, das die Regeln für die Nonnen vorschrieben, konnte im Kloster Auf Hof den geschilderten Notständen entsprechend sicherlich ohne besondere Schwierigkeiten eingehalten werden. Etwas verbessert wurde die Versorgungslage zeitweilig nur durch die bekannten Verfügungen begüterter Jahrzeitstifter und –stifterinnen für Speise und Trank (Pitanzien)[151]. Der Ausschank von Wein kam dabei fast immer vor, der Verzehr von Fisch häufig, von einem Fleischgericht, das der Stifter anordnete, ist nur einmal die Rede[152].

Und noch ein Aspekt ist erwähnenswert: Die Augustinerregel betont an mehreren Stellen die wichtige Funktion der „Bücher", besonders der Heili-

---

[147] SIMON, L'Ordre, S. 150: Tres autem de maturioribus et religiosioribus sororibus fenestre parlatorii preponantur ..." Vgl. FOLINI, Katharinenthal und Töss, S. 141 f. FOLINI/ PALAIA, Dominikanerinnenklöster, S. 101.

[148] HOLSTENIUS, Constitutiones, Caput XXIX >De Edificiis<, S. 138.

[149] FFA, Kl.-Akt., Lade 30 Fasc. A, Nr. 4.

[150] Auf diese Urkunde (und zwei ähnlich lautende) wird in Kapitel 3, S. 75, und vor allem in Kapitel 6, S. 143 f., näher eingegangen.

[151] Zu diesen sog. Pitanzstiftungen vgl. FUB II 234, 281, 343, ebd. V 383 Anm. 1, 472, ebd. VI 30 Anm. 4, 91 + Anm. 1+2, 247 Anm. 1, 7 und 8 u.a.m.

[152] FUB III 147: „an win oder an broett, an vischen oder an <u>flaisch</u>, wie sye das alle gemainlich aller gernest haben wellent."

gen Schrift. Neben der Lesung bei Tisch und der täglichen Lektüre der Mönche nach der Essenseinnahme bis zur Non, galt auch die Weisung, dass jede Woche einmal die Regel des Augustinus vorgelesen werden sollte (*semel in septimana uobis legatur*)[153]. Ebenso war in den meisten Klöstern des Predigerordens eine Bibliothek mit festen Ausleihzeiten eingerichtet[154]. Die Regel sah die tägliche Buchausleihe, die durch einen dafür eingesetzten Verwalter organisiert wurde, vor[155].

Dass es auch in Neudingen zur Zeit der Dominikanerinnen eine solche geordnete Bücherei gegeben hat, dürfte sicher sein, zumal, wie Marie-Luise EHRENSCHWENDTNER anmerkt, „der Besitz von Büchern für das spirituelle Leben der Dominikanerinnenkonvente wohl immer wesentlich (war)“[156]. Über den Umfang der Bibliothek im Kloster Auf Hof – vermutlich war sie klein – ist allerdings nichts bekannt. Was die Verwendung von liturgischen Büchern betrifft, so geht aus etlichen Urkunden hervor, dass das Vorlesen und Singen der Klosterfrauen bei Jahrtagsfeiern, vor allem im 15. Jahrhundert, erwünscht war und von den Stiftern sogar angeordnet wurde[157]. Zudem übergab die Priorin Agnes von Almshofen der Neudinger Klosterküsterei 1448 ein Gut in Pfohren, von dessen Ertrag u.a. „die liehter vnd buocher zu der er (Ehre) gottes“ ausgebessert werden sollten[158]. Ein weiterer Beleg für die hohe Wertschätzung der Bücher mit religiösem Inhalt spricht aus einem Eintrag im Neudinger Anniversar zum 22. Juli.

---

[153] VERHEIJEN, La Règle, Bd. 1, S. 437.

[154] Johannes MEYER, Ämterbuch, S. 202 f., erteilt zahlreiche Ratschläge an die Klosterfrauen seiner Zeit, die das Amt der Buchmeisterin in einem Dominikanerinnenkloster innehaben. Marie-Luise EHRENSCHWENDTNER, Bildung, S. 337, gibt über Meyers diesbezügliche Anweisungen die folgende Wertung ab: „Johannes Meyer geht gar soweit, dass er Predigt, Eucharistieempfang und Bücherbesitz auf eine Stufe stellt, wenn er der Bibliothekarin in seinem >Ämterbuch< einschärft, >dz es von dem grösten tröst ist, den güttwilligen beschloßenen clöstern haben mögen im dz si hand offt und dick dz gottlich wortt der bredigen und och offt und dick cz heilligt wirdigt sacrament und óch fil güter bewerter buecher<.“ (zitiert v. EHRENSCHWENDTNER nach der Hs. VON MEYERS Buch im Stadtarchiv Freiburg, B 1 (H), Nr. 108, f. 114v.

[155] VERHEIJEN, La Règle, Bd. 1, S. 433 u. 432. Erste Regel des Augustinus in BALTHASAR, S. 168. Vgl. auch SCHEEBEN, Jordan, S. 96 ff. Als namhaftes Beispiel sei auf die Prediger-Bibliothek in Zürich hingewiesen: Vgl. WEHRLI-JOHNS, Zürcher Predigerkonvent, S. 190 ff. – Zu den Buchbeständen in Bibliotheken von Dominikanerinnenkonventen verweist EHRENSCHWENDTNER, Bildung, S. 307 ff. Dabei nennt sie: Bibeltexte, Evangelienbücher, Legenden, Gebete, Stoffe für Meditation, Predigtsammlungen. Ebd., S. 312, 314, weist die Autorin auch daraufhin, dass lateinische Werke häufiger, deutsche Schriften seltener vorkamen.

[156] EHRENSCHWENDTNER, Bildung, S. 336.

[157] FUB III 121, 147, ebd. IV 544, ebd. VI 247 Anm. 13a.

[158] FUB VI 247 Anm. 13a. – In Uk. vom 4. Aug. 1419 wird das Seelbuch erwähnt, in welchem der Ablauf der Seelmessen aufgezeichnet ist (FFA, Kl.-Akt., Lade 13 Fasc. A, Nr. 15).

Dort wird am Jahrtag der „fraw von Bochingen“ voller Dankbarkeit und Stolz vermerkt: „da von haben wir unser best buoch“[159].

Im Übrigen werden Druckwerke (16. Jahrhundert) aus dem Kloster Neudingen mit zeitgenössischem Besitzeintrag (*gehort in die gemein uff Hoff*) derzeit auf Antiquariats-Auktionen angeboten. Sie stammen aus den Beständen der Fürstlichen Hofbibliothek in Donaueschingen (Stempel), die vor einigen Jahren vom Haus Fürstenberg veräußert wurden[160].

[159] FICKLER, Anniversarien-Buch, Abt. II, S. 7.

[160] Der Verfasser dieser Untersuchung hatte vor einiger Zeit (2006) Gelegenheit, drei Bücher aus dem Neudinger Kloster in der privaten Sammlung von EKKEHARD BESCHLE aus Titisee-Neustadt (Schwarzwald) einzusehen. Verfasser und Titel: 1) S. FRIDOLIN, Der Geistlich May, hg. v. Herzogin Jacobe von Bayern, München 1550. 2) Petrus SANCHEZ SJ, Das Buch vom Reich Gottes. Dt. Übersetzung: München 1611“, und 3) Johann GEILER VON KAISERSBERG, Predigen Teutsch und vil gütter leeren, Augsburg 1508. Der Besitzeintrag lautet: „Das buch gehert gen laugingen ins frawencloster.“ Es kam wohl zuerst durch die Lauinger Nonnen ins Kloster Auf Hof und gelangte von dort später ins Kloster Friedenweiler.

KAPITEL 6
GEISTLICHE BETREUUNG UND RELIGIÖSE AUFGABEN

6.1. Die Betreuung durch die Rottweiler Predigerbrüder und die Rolle der Weltgeistlichen (Klosterkapläne)

In der Urkunde von 1287, von der schon verschiedentlich die Rede war, vertraute Johannes von Tusculum, der päpstliche Legat, das Neudinger Frauenkloster u.a. der Obhut der Rottweiler Predigerbrüder an[1]. Der Dominikanerkonvent in Rottweil war am 3. Okt. 1266 Mitglied der Provinz Teutonia im Dominikanerorden geworden[2]. Wenig später wurde der Terminierbezirk Rottweil, zu dem Neudingen nachher gehörte, östlich des Schwarzwaldkamms neu gebildet[3].

Die endgültige Aufnahme des Klosters Auf Hof in den Dominikanerorden – wie erinnerlich: 1305–07 – erfolgte somit zu einem relativ späten Zeitpunkt, als die Konflikte und Irritationen um die Frage der Eingliederung von dominikanischen Frauenkonventen und Beginensammlungen in den Predigerorden oder die Handhabung der Armutsfrage in Nonnenklöstern bereits der Vergangenheit angehörten, – Themen, die noch um 1250 hochbrisant waren[4]. Ebenso war der Streit im Orden um die Betreuungsmodalitäten für Dominikanerinnen hinsichtlich der *Cura monialium*[5] im Großen und Ganzen beigelegt. Damit waren gute Voraussetzungen gegeben, dass sich die Beziehungen zwischen den Predigern aus Rottweil und den Neudinger Schwestern ungestört entwickeln konnten.

Allerdings muss hier daran erinnert werden, dass das Kloster bei seiner Entstehung 1274 gemäß der Verfügung des Konstanzer Bischofs einen Priester *(sacerdotem)* erhielt[6], der den Klosterfrauen von Anfang an für Gottesdienst und Seelsorge ständig zur Verfügung stand und im sog. Beichtigerhaus untergebracht war. Dieser Klosterkaplan ist in den vorliegenden Quellen öfter ein Weltkleriker, seltener kam er aus den Reihen

---

1 FICKLER, Anniversarien-Buch, S. 10. Vgl.. Kapitel 1, Anm. 73.
2 HECHT, Dominikanerkloster Rottweil, S. 19.
3 HECHT, Dominikanerkloster Rottweil, S. 23.
4 Vgl. RÜTHER, Bettelorden, S. 282 f.; ebenso GRÜBEL, Frauenfrömmigkeit, S. 48.
5 GRUNDMANN, Relig. Bewegungen, S. 284 ff. ZIMMER, Dominikaner, S. 38 ff., 43 ff. GRÜBEL, Frauenfrömmigkeit, S. 48; RÜTHER, Bettelorden, S. 282f. Vgl. DECKER, QF XXXI, a.a.O
6 Vgl. FUB I 496. Vgl. Kapitel 1, Anm. 74.

des betreuenden Dominikanerordens[7]. Daneben gab es die geistliche Fürsorge des Ordens, die sich aber eher im Stillen vollzog, vornehmlich in Form von Visitationen und Beratungen. An dieser Stelle ist auf einige Entwicklungen und Fakten hinzuweisen, die allgemein über die geistliche Betreuung in Nonnenkonventen bekannt sind[8].

Die Klosterfrauen des Dominikanerordens waren in ihrem hierarchisch gegliederten Konvent einer strengen Klausur unterworfen, die sie kaum einmal verlassen durften. Betteln oder gar Umherziehen war ihnen, im Gegensatz zu ihren Ordensbrüdern, strikt verboten[9]. Die betreuenden Predigerbrüder hatten den Auftrag, die Nonnen in Glaubensfragen anzuleiten, ihnen das Wort Gottes auszulegen und sie in der *Vita religiosa* zu stärken[10]. „Schwesternseelsorge hieß, dass im Kloster die Ordnung aufrechterhalten, entsprechende Predigten vorgetragen und die Beichte abgenommen wurde."[11] Eine weitere Aufgabe war das Spenden der Sakramente und das Messelesen, ebenso das Erteilen der Kommunion. Verständlich ist jedenfalls, dass die zuständigen Predigerkonvente bemüht waren, für diese verantwortungsvolle Tätigkeit tüchtige, gut vorbereitete und erfahrene Ordensmitglieder bereitzustellen[12].

Aus den Städten ist bekannt, dass die Betreuung durch Dominikanermönche in den Frauenklöstern des Ordens teilweise „geistliche <u>und</u> weltliche Fürsorge"[13] umfasste. Oft nahmen sie neben der Seelsorge auch die Verwaltung des Klosterbesitzes wahr, weil die Nonnen wegen der strengen Klausur die Bewirtschaftung und Verwaltung ihrer Güter gar nicht wahrnehmen konnten. Konversen (Laienbrüder) des Ordens traten als Schaffner in Erscheinung[14]. Zugleich kam es, z.B. in Straßburg und Basel, auch zu ernsten Konflikten mit dem städtischen Klerus, oft genug aus ma-

---

[7] DÄNIKER-GYSIN, Töß, S. 21, verweist auf die Ordensregularien von 1245, nach denen es den Kloster-Oberen gestattet war, auch Weltkleriker in Dominikanerinnenklöstern einzusetzen. Vgl. hierzu weiter unten die Ausführungen zu den Betreuungspersonen.

[8] Im Folgenden werden herangezogen: RÜTHER, Bettelorden, a.a.O., und GRÜBEL, Frauenfrömmigkeit, a.a.O. Vor allem aber auch der Artikel von Petra ZIMMER, Dominikaner und Dominikanerinnen, in Helvetia Sacra, IV/5, S. 25 ff. Ebenso: DÄNIKER-GYSIN, Töß, S. 152 ff.

[9] RÜTHER, Bettelorden, S. 283. GRÜBEL, Frauenfrömmigkeit, S. 54.

[10] RÜTHER, Bettelorden, S. 285. GRÜBEL, Frauenfrömmigkeit, S. 46 f.

[11] RÜTHER, Bettelorden, S. 284. Zur Cura monialium vgl. ZIMMER, Dominikaner, S. 35 ff.

[12] RÜTHER, Bettelorden, S. 285. Vgl. auch ZIMMER, Dominikaner, S. 41 f.

[13] GRUNDMANN, Religiöse Bewegungen, S. 212.

[14] FOLINI, Katharinenthal und Töss, S. 246 ff., 251 f. FOLINI/PALAIA, Dominikanerinnenklöster, S. 101 f. GRÜBEL, Frauenfrömmigkeit, S. 48 und 89. WILMS, Geschichte, S. 47 f.

teriellen Gründen[15]: Spenden und Nachlässe flossen nicht nur Weltklerikern, sondern jetzt auch in beachtlichem Maße den Mendikanten zu. Diesen waren freie Begräbnisse in den Kirchen gestattet, ein einträgliches Geschäft; steuerliche Privilegien für die Orden kamen hinzu[16]. All dies bedeutete Geldverluste für die Weltgeistlichkeit und gestaltete die Verhältnisse, neben den allgemeinen Vorbehalten, zusätzlich schwierig.

Sicherlich spielten solche Vorgänge im ländlich geprägten Neudinger Kloster eine geringe Rolle. Dennoch ist anzunehmen, dass es zwischen den (weltgeistlichen) Klosterkaplänen am Ort und den Predigerbrüdern aus Rottweil in geistlichen und organisatorischen Fragen gelegentlich zu unterschiedlichen Ansichten und damit zu Spannungen kam. Schließlich waren ja beide Partner mit dem gleichen kirchlichen Anliegen beschäftigt, die Konventualinnen bestmöglich zu beraten.

In diesem Zusammenhang verdienen drei Urkunden aus den Jahren 1417 bis 1419, deren Aussagen sich inhaltlich und in der Tendenz gleichen, besondere Aufmerksamkeit. Es handelt sich um Jahrzeitstiftungen der drei Klosterfrauen Agnes von Almshofen, Margrette von Blumegg und Agnes von Wolfurt, die schon an anderer Stelle erwähnt wurden[17]. Was in diesen drei Urkunden im Hinblick auf mögliche Spannungen zwischen Weltgeistlichen und Ordensbrüdern hinweist, ergibt sich aus dem Vorbehalt, der die drei Schriftstücke fast wortgleich abschließt. Er wird hier gemäß den Originalurkunden von 1418 bzw. 1419 zitiert:

- „Were ouch, daz diß closter abgieng von armuot oder von andere sach wegen ... oder daz es mit weltlicher priesterschaft besezt wurd, daz got alles lang wende (verhindern möge) ...“[18]
- „...so sol denne der couent predier ordens ze Rötwil dye obges. (Gült) eweklich nemen, habn und niessn ane unser und alle megliche wider rede und alle die Recht habn ...“[19]

Das Kloster Neudingen befand sich, wie die obigen Urkundenauszüge besagen und wie schon verschiedentlich festgestellt wurde, im zweiten

---

[15] RÜTHER, Bettelorden, S. 289 ff., GRÜBEL, Frauenfrömmigkeit, S. 36 ff. ZIMMER, Dominikaner, S. 29 f. Bzgl. der Auseinandersetzungen zwischen Weltklerus und Ordensgeistlichkeit ist auf RÜTHER, S. 258-275, ebenso: HAUCK, Kirchengeschichte, Bd. V/1, S. 327 f., zu verweisen.

[16] GRÜBEL., Frauenfrömmigkeit, S. 36.

[17] Vgl. Kapitel 3, S. 70, 72 (Tabelle 2) und S. 75.

[18] FFA, Kl.-Akt., Lade 17 Fasc. C, Nr. 7 (1418).

[19] FFA, Kl.-Akt., Lade 21 Fasc. A, Nr. 9 (1419). Vgl. Ebd., Lade 30 Fasc. A, Nr. 4 (1417).

Jahrzehnt des 15. Jahrhunderts in akuter Not. Die drei Klosterfrauen sehen die religiöse Ordnung in Gefahr und befürchten die Ablösung des für ihr Kloster verantwortlichen Dominikanerordens durch Weltgeistliche (*weltlich priesterschaft*), was sie offensichtlich, wie die angedrohte Übertragung ihrer Jahrtagsstiftungen und Gülten auf die Prediger in Rottweil zeigt, entschieden ablehnen[20]. Letztlich deuten die obigen Zitate sogar die Befürchtung an, das Kloster Auf Hof könne – aus welchem Anlass und auf wessen Betreiben auch immer – aufgelöst werden.

Es stellt sich die Frage nach dem Grund für diese bekennerhaften Äußerungen und ihre urkundliche Fixierung. Vielleicht steht hinter diesen Formulierungen nur die bloße Angst vor der unsicheren Zukunft, angesichts der unruhigen Zeiten[21]. Es ist aber auch möglich, dass es sich um Konfliktstoff im Kloster Auf Hof selbst handelte, weil sich der Einfluss von Seiten weltgeistlicher Priester auf das klösterliche Geschehen, vielleicht sogar mit Unterstützung des gräflichen Kastvogtes, im Laufe der Zeit erheblich verstärkt hatte. Gerade dies mag bei manchen besonders idealistischen Ordensfrauen schlimme Befürchtungen geweckt haben. Jedenfalls bekennen sich die drei genannten Klosterschwestern offen zum Predigerorden, zu dessen Vertretern sie offenbar mehr Vertrauen haben als zu dem (oder den) Weltkleriker(n) in ihrem Kloster.

Deren Stellung in Neudingen hatte sich seit 1370 bzw. 1396 mit der Hohenloheschen Stiftung erheblich gefestigt, die nach dem Willen der fürstenbergischen Stifterfamilie immer an einen <u>Weltgeistlichen</u> vergeben werden sollte[22]. Erst mit der Errichtung der Egesheimer Pfründe, die mit ziemlicher Sicherheit einem <u>Predigerbruder</u> vorbehalten war[23], kam es zu einem gewissen Ausgleich und, wie es scheint, danach zu einem allmählichen Übergewicht der Ordensgeistlichen. Immerhin amtierten seit 1433 <u>drei</u> Geistliche gleichzeitig im Kloster Neudingen[24]: der eigentliche Klos-

---

[20] FUB VI 30 Anm. 4, ebd. III. 121 und VI 247 Anm. 8a.

[21] Seit 1411 bedrohte die sog. Lupfener-Fehde mit Krieg, Verwüstung und Hungersnot die Baar. Vgl. hierzu Kap. 3.3. und die dortige Anm. 76. Außerdem: LEIBER, Landgericht, S. 68 ff., und RIEZLER, Haus Fürstenberg, S. 314 ff.

[22] FUB II 434. In der Urkunde von 1370 heißt es: Beim Tod eines Pfründinhabers soll die Pfründe „ainem andern <u>wéltlichen priester</u>“ verliehen werden. Vgl. hierzu unten, S. 165.

[23] FUB III 223. Bezgl. der Bestimmungen zur Egesheimer Stiftung und der Handhabung des Patronatsrechts vgl. ebenfalls Kapitel 6, S. 167.

[24] Vgl. LAUER, Kirchengeschichte, S. 147. Über Kaplaneistiftungen im Spätmittelalter allgemein, vgl. ebd., S. 143.

terkaplan „Vff Hof, der zuo den frawen gehört", der Kaplan der Hohenloheschen Pfünde und derjenige der Egesheimer Stiftung[25].

An dieser Stelle scheint es erforderlich, sich dem fraglichen Personenkreis – den (weltgeistlichen) Klosterkaplänen und den Predigerbrüdern – näher zuzuwenden und nach Namen zu fragen. Vertreter beider Personengruppen sind sowohl im Neudinger Anniversarienbuch[26] als auch in etwa 15 bis 20 Urkunden vermerkt. Immerhin lassen sich dabei 62 männliche Personen namentlich feststellen, die als Brüder (*bruodere*), Kapläne (*capplan*), Priester (*prister, phaff*) oder Vikar bezeichnet werden. Die meisten von ihnen dürften während der Dominikanerinnenzeit in unterschiedlicher Funktion im Neudinger Klosterbereich tätig gewesen sein.
Die mit fast 50 Personen umfangreichste Gruppe umfasst „die Brüder": Diese werden teilweise mit Vor- und Zunamen (Bruder *Walther Han* oder *Hans Erlich*[27]), teils nur mit dem Familiennamen (Bruder *von Bachenstein*[28]), sehr häufig aber nur mit dem Vornamen (Bruder Ulrich, Wölfle, Peter, Rudolf[29]) genannt. Bei den meisten, nur als „Bruder" gekennzeichneten Personen handelt es sich fraglos um Angehörige des Predigerordens[30]. Einige von ihnen werden im Anniversarienbuch ausdrücklich als Angehörige der Dominikaner herausgestellt, wie etwa „Bruder Götze von Mengen prediger", „her Hans Lang prediger ordens" und „Bruder Gebhart prediger"[31]. Sie kamen im Rahmen der *Cura monialium* ihren geistlichen Pflichten nach.
Daneben finden sich unter den Brüdern nachweislich auch Laien, die dem Predigerorden angehörten, und im Kloster, wie dies bei den Dominikanern üblich war[32], zu Verwaltungstätigkeiten und handwerklichen Arbeiten ein-

---

[25] Bei Jahrzeitstiftung des Konrad Tierberg 1436 werden die drei Kapläne bei der Aufteilung der Korngült berücksichtigt (vgl. FUB VI 19 Anm. 18).
[26] Zur Handhabung des Anniversarienbuchs, sowohl des handgeschriebenen Orignals wie der gedruckten Ausgabe von C.B.A. FICKLER ,vgl. die Hinweise in der Einleitung, Anm. 27. – Zur Liste der männlichen Geistlichen im Kl. Auf Hof vgl. Anhang B, S. 283 ff.
[27] FICKLER, Anniversarien-Buch, Abt. I, S. 45 und 29.
[28] Ebd., Abt. I, S. 34.
[29] Ebd., Abt. I, S. 40, 39, und Abt. II, S. 22. Ebenso: Anniversarienbuch im FFA unter: 1. Aug. – Zur Handhabung der Vornamen bei Klosterangehörigen vgl. SCHEEBEN, Jordan, S. 94.
[30] So sieht es auch TUMBÜLT, Neidingen, S. 87.
[31] FICKLER, Anniversarien-Buch, Abt. I, S. 35; ebd., Abt. II, S. 12 und 10.
[32] Vgl. WILMS, Geschichte, S. 48. DÄNIKER-GYSIN, Töß, S. 42 ff., GRÜBEL, Frauenfrömmigkeit, S. 31 f. und 89. Hierzu vor allem auch SCHEEBEN, Jordan, S. 94 f.

gesetzt waren. So wird in einer Urkunde von 1314 der Bruder Berthold als Pfister (Bäcker)[33] und 1325 ein anderer Bruder gleichen Namens als Klosterschaffner erwähnt[34]. Bruder Richard „von Costentz“ erscheint im Anniversar als „lesmaister“[35] (Vorleser, Sprachlehrer?). Ebenso dürften die als „Conversi“ auftretenden Brüder, nämlich Konrad Gerung[36] und Hans Guggenbühl, der 1343 die Versorgung und die späteren Jahrzeiten für seine drei Kinder regelte[37], aller Wahrscheinlichkeit nach ebenfalls als Klosterpfleger mit Verwaltung oder organisatorischen und wirtschaftlichen Aufgaben beschäftigt gewesen sein[38].

Die ansehnliche Zahl an Klosterbrüdern aus dem Predigerorden beweist auf der einen Seite die Einbindung des Neudinger Konvents in das Betreuungssystem der Dominikaner. Andererseits aber sagt die Zahl allein noch nicht allzu viel aus über den Einfluss der Prediger auf die Handhabung und die Gestaltung inhaltlicher Normen und kultischer Formen im Kloster. Nur wenige dieser Predigerbrüder, nämlich sechs, waren als Klosterkapläne für einen längeren Zeitraum im Kloster Neudingen eingesetzt[39]. Laut dem Anniversarienbuch gehörten hierzu u.a. Bruder Hans Karlstetter und ein Bruder Konrad, ebenso Hans Munch[40]. Urkundlich festgehalten, und deshalb zeitlich in Neudingen einzuordnen, sind die beiden Dominikaner, Kaplan Peter Treyer 1483 und Vikar Dr. Johann Faber 1514[41]. Der Großteil der oben genannten Predigerbrüder war aber, wie man annehmen darf, vom Hauskloster in Rottweil nur sporadisch und dann für kurze Zeit zu Visitationen abgeordnet[42]. Nach der Empfehlung der Augustinerregel waren wohl häufig zwei Brüder hierzu delegiert[43].

---

[33] FUB II 74.
[34] FUB II 136.
[35] FICKLER, Anniversarien-Buch, Abt. I, S. 34.
[36] Ebd., Abt. II, S. 16.
[37] FUB V 383 Anm. 1. Im Anniversar (FFA) erscheint Hans Guggenbühl unter dem 11. Okt.
[38] Zu den diesbezüglichen Verhältnissen in St. Katharinental und Töss vgl. FOLINI/PALAIA, Dominikanerinnenklöster, S. 101 f.
[39] TUMBÜLT, Neidingen, S. 87, weist den Konventbruder Konrad Nordhalter von Aulfingen den Klosterkaplänen zu. Ob er zu diesen gehört hat, lässt sich aber nicht nachweisen.
[40] FICKLER, Anniversarien-Buch, Abt. I, S. 38, ebd., Abt. II, S. 6 und 14.
[41] HECHT, Dominikanerkloster, Rottweil, S. 79, und Mitt. I, Nr. 64.
[42] Auch FOLINI/PALAIA, Dominikanerinnenklöster, S. 104, berichten, dass Brüder des betreuenden Konstanzer Predigerklosters meist nur „ein bis zwei Tage“ in St. Katharinental tätig waren.
[43] VERHEIJEN, La Règle, Band 1, S. 151: „Si opus fuerit ad aliquam necessitatem monasterii mitti, duo eant.“ Eine solche „Zweierdelegation“ ist bereits am 13. Jan. 1299 mit den Brüdern Philipp und Heinrich von Straßburg (Argentina) im Kloster Auf Hof nachweisbar (FUB I 651).

Die Wirkung der Betreuung durch den Orden ist nur schwer einzuschätzen. Die geistliche Tätigkeit der Klosterkapläne, die Weltkleriker waren, dürfte größeres Gewicht gehabt haben, weil sie ständig im Kloster bzw. im direkten Umfeld desselben waren. Außerdem hatten diese Priester (13 von ihnen sind namentlich fassbar) ihre Kaplanei im Kloster für Jahrzehnte oder gar auf Lebenszeit inne. Sie wurden von der Klosterleitung (bzw. den Grafen) mit ihrem Amt betraut, waren ständig in die inneren Verhältnisse des Klosters eingebunden und konnten andauernd, quasi „von Amts wegen", mitreden und mitbestimmen. Im Anniversarienbuch werden sie als „her" betitelt und teilweise als „unser capplan" angesprochen, wie z. B. Hans Kuppenhain, Konrad Menger und Hans Murnhart[44].

Aus dieser Personengruppe ragt vor allem Kaplan Hans (*Johann*, *Hansen*) von Tannheim (*Tanhan*) heraus, der aus dem ehemaligen fürstenbergischen Dienstmannengeschlecht der Herren von Tannheim, Bürger in Villingen, stammte[45]. Außer durch seinen Jahrtag am 10. Okt.[46] ist er durch mehrere urkundliche Erwähnungen zwischen 1344 und 1363 bekannt, die seine besonders starke Position im Kloster anzeigen. Als er am 11. Jan. 1344 dem Kloster einen Saum Wein jährlich, etwa 150 Liter, abkauft[47], legt er bereits exakt die Verwendung dieses Weins für den Fall seines Todes als Messwein und Tischwein bei besonderen Anlässen fest. Zugleich kann er sich erlauben, dem gesamten Klosterpersonal für den Fall, dass seine Anordnung versäumt wird, Strafe anzudrohen[48]. Am 5. Mai 1346 (2 Stiftungen) und am 16. April 1350 stellte er der Küsterin des Klosters mehrere Gülten in Aussicht[49], die er mit seinen beträchtlichen Geldmitteln von verschiedenen Klostergütern in Hondingen und Neudingen erworben hatte. Diese Spenden sollen nach den genauen Anweisungen dieses engagierten Priesters der Klosterkirche Auf Hof, der Neudinger Dorfkirche und der Kapelle im Gnadental zugute kommen. 1363 gehörte Hans von Tannheim auch zu der Abordnung des Klosters, die beim Bischof in Kon-

---

[44] FICKLER, Anniversarien-Buch, Abt. I, S. 25 und 37; ebd., Abt. II, S. 23.

[45] KINDLER VON KNOBLOCH, Bd. 1, S. 198 ff. Vgl. Stammtafel bei BERNER, Tannheim. S. 110 f. Zeitgleich mit Kaplan Hans waren drei seiner Schwestern Nonnen im Neudinger Kloster.

[46] FICKLER, Anniversarien-Buch, Abt. II, S. 19.

[47] FUB V 472.

[48] Vgl. hierzu unser Kapitel 2, S. 60.

[49] FFA, Kloster-Akten, Lade 13 Fasc. A, Nr. 10. Und: FUB V 360 Anm. 3 und FUB II 280.

stanz den päpstlichen Ablassbrief von 1362 in Empfang nahm[50]. Schließlich wird noch aus einer Urkunde von 1384 deutlich, dass er bei seinem Tod dem Kloster einen Hof in Aufen hinterlassen hat[51].

Auch Klosterkaplan Eberhard Nell war kein Prediger (*ain sant Johanser*)[52], er genoss aber großes Ansehen und hatte Einfluss[53]. Am 3. Febr. 1390 wurde Nell, der auch Leutpriester in Neudingen war, zum juristischen Bevollmächtigten des Klosters beim Gericht in Rottweil (*zu Rotwil in offenem Gericht*) ernannt[54]. Dies ist insofern von großem Interesse, als sich andere Frauenklöster der Dominikaner schon im 14. Jahrhundert von Prioren und Laienbrüdern ihres Ordens vor Gericht vertreten ließen[55]. Beim Neudinger Nonnenkloster war dies erst 1418 der Fall, als der Predigerbruder Heinrich Baldinger die Vertretung der Klosterfrauen vor dem Stadtgericht in Geisingen wahrnahm[56].

Eine wesentliche Rolle spielte auch der jeweilige Kaplan, der auf der Hohenlohe-Pfründe saß, auch wenn die Stiftungsurkunde bestimmte, er dürfe nicht im Kloster selbst seinen Wohnsitz nehmen[57]. Wichtig war dieser Stelleninhaber vor allem, nachdem die Besetzung dieser Kaplaneipfründe 1396 vom Grafenhaus an sich gezogen worden war[58]. Als Inhaber dieser Stiftung sind bekannt: Johann Hafner (1370), der ebenfalls 1363 der Neudinger Delegation bei Bischof Heinrich III. in Konstanz angehört hatte[59], Hans Humel[60] und Heinrich Spiess (1425)[61]. Alle diese namentlich bekannten Klosterkapläne aus den Reihen des Weltklerus lebten im 14. und in den ersten Jahrzehnten des 15. Jahrhunderts.

Anhand des vorliegenden Quellenmaterials die soziale Herkunft der 62 Brüder und Priester erforschen zu wollen, erscheint müßig, weil unergiebig. Zunächst sind zahlreiche Namen nicht vollständig (nur Vornamen).

---

[50] FUB VI 160 Anm. 1. Vgl. auch Kapitel 2, S. 61, und Kap. 8, S. 203.
[51] FUB VI 81 Anm. 2.
[52] FICKLER, Anniversarien-Buch, Abt. I, S. 48.
[53] Ebd. der Eintrag: „hat vil gutz geben".
[54] RIEZLER, Ukk. 2, S. 9.
[55] Vgl. GRÜBEL, Frauenfrömmigkeit, S. 89.
[56] FUB VI 160 Anm. 8.
[57] FUB II 434.
[58] Vgl. Kapitel 8, S. 204 ff.
[59] FUB II 434. Vgl. ebd. VI 160 Anm. 1: Dort wird Hafner in der lat. Uk. erwähnt als „Johanne dicto Hafner presbytero".
[60] FICKLER, Anniversarien-Buch, Abt. I, S. 39.
[61] FUB III 173 und 178. Vgl. auch FFA, Kl.-Akt., Lade 17 Fasc. A., Nr. 10.

Überdies aber waren Abstammung und Reichtum, ja die soziale Herkunft überhaupt, für die meisten Mitglieder eines Bettelordens nebensächlich. Dass daneben auch einige wenige Welt- und Ordensgeistliche über Besitz verfügten, lässt sich manchmal aus ihrer Gült schließen, sofern diese im Neudinger Anniversarienbuch beim Sterbetag eingetragen ist: So stiftet Kaplan Burckhart (*her Burchart capplan*) 6 Scheffel Kernen[62], Bruder Walther von Wolterdingen 1 Malter Kernen[63] und zu der gemeinsamen Gült von Bruder Walther Busse und Bruder Heinrich vermerkt das Anniversar: „gilt 9 viertal kernen und 17 viertal habern. 1 vigil."[64]

Schließlich ist hier nochmals festzuhalten, dass die geistliche Betreuung der Neudinger Dominikanerinnen auf zwei Ebenen die meiste Zeit über zufrieden stellend verlief, wenngleich Spannungen aus Konkurrenzdenken nicht auszuschließen sind. Während dabei die Wirkung der eher sporadisch tätigen Prediger aus Rottweil für die gesamte Betreuungszeit nur schwer einzuschätzen ist, zeigt die kontinuierliche Tätigkeit der weltgeistlichen Klosterkapläne mehr Konturen.

6.2. Das Kloster Auf Hof und die dominikanische Klosterreform

Nach diesen lokalen Betrachtungen erscheint es angebracht, einige Fakten zur allgemeinen Geschichte des Dominikanerordens im ausgehenden Mittelalter in gebotener Kürze nachzutragen und dabei darauf zu achten, ob und inwiefern sich Auswirkungen auf die Neudinger Verhältnisse feststellen lassen.

Geistesgeschichtlich war das 14. Jahrhundert die Epoche der deutschen Mystik[65]. Die Unio mystica, das Streben nach Vereinigung mit Gott, fand gerade im Dominikanerorden zahlreiche eifrige männliche und weibliche Anhänger. Hieronymus WILMS bezeichnet die Dominikanerinnenklöster,

---

[62] FICKLER, Anniversarien-Buch, Abt. I, S. 42.
[63] FICKLER, Anniversarien-Buch, Abt. II, S. 8.
[64] Anniversarienbuch im FFA zum 24. Juni.
[65] Literatur zur MYSTIK: Friedrich-Wilhelm WENTZLAFF-EGGEBERT, Deutsche Mystik zwischen Mittelalter und Neuzeit, 3. Aufl., Berlin 1969. Ebenso: zahlreicher Beiträge in Kurt RUH (Hg.), Abendländische Mystik im Mittelalter. Symposion Kloster Engelberg 1984. Berichtbände VII, hg. von Albrecht SCHÖNE, Stuttgart 1986. Und: Handbuch der Kirchengeschichte, Band III/2, S. 460-479. Zur „deutschen Mystik" vgl. GRUNDMANN, Religiöse Bewegungen, S. 524 ff.

deren Zahl zu dieser Zeit in der Ordensprovinz Teutonia in erfreulicher Weise auf 65 anstieg, als „die Pflanzschule des praktischen mystischen Lebens“[66]. Frauenklöster im Bistum Konstanz, wie Töss, St. Katharinental, Oetenbach oder Kirchberg (bei Sulz) u.a., wurden zu Zentren der Mystik[67]. Hier entstand memoriale Literatur wie die Vitensammlung der Elsbeth Stagel in Töss[68] oder die Chronik der Anna von Munzingen in Adelhausen[69]. Das Neudinger Kloster aber wird in diesem Zusammenhang nirgendwo erwähnt, es kann keine Elsbeth Heinburg oder Adelheid Pfefferhart vorweisen, die in Katharinental „nach wahrer Frömmigkeit strebten“[70], keine Adelheid Langmentelin wie das Kloster Schönensteinbach[71] – keine mystischen Erscheinungen, keine Visionen, keine Überlieferung von Gnadenerlebnissen. Sofern man im Kloster Auf Hof mit der Mystik, dieser extremen Form frommen Lebens, in Berührung kam, hat dies jedenfalls keine nachweisbaren Spuren hinterlassen[72].

Der Dominikanerorden musste mit dem Schwarzen Tod und seinen Folgen nach 1350 einen katastrophalen Einbruch hinnehmen. Bernd Ingolf ZADACH schätzt die Dezimierung der Mönche und Nonnen, Orden übergreifend, in Deutschland auf ein Viertel ihres bisherigen Bestandes, dem ein weiterer ähnlich großer Aderlass folgte, „was teils auf die anderen Pestepidemien zurückzuführen ist, teils auf die wachsenden Schwierigkeiten bei dem allgemeinen Bevölkerungsrückgang neue Konventuale zu gewinnen“[73]. WILMS beziffert allein die Verluste an Dominikanern und Dominikanerinnen, die der Pest zum Opfer fielen, mit 124000 Personen[74]. Dieser Aderlass an Ordensmitgliedern war natürlich auch auf der Baar zu spüren, wenngleich keine entsprechenden Quellen hierfür vorliegen. Die

---

[66] WILMS, Geschichte, S. 75. Vgl. HENZE, Dienst, S. 61.

[67] FOLINI, Katharinenthal und Töss, S. 335 ff. ZIMMER, Dominikaner, S. 46 f. WILMS, Geschichte, S. 84. HENZE, Dienst, S. 61 f. Zu Kritik an „mancherlei ekstatischen Erscheinungen“ in Töss, Oetenbach u. St. Katharinental vgl. HAUCK, Kirchengeschichte, Bd. V/1, S. 384 ff.

[68] DÄNIKER-GYSIN, Töß, S. 14 ff,. 30 ff., 52 ff.; WEHRLI-JOHNS, Töss, 911 f. – Vgl. hierzu auch FOLINI/PALAIA, Dominikanerinnenklöster, S. 92, und ebd., Anm. 5.

[69] KÖNIG (Hg.), Die Chronik der Anna von Munzingen. FDA 13 (1880), S. 129-236.

[70] WILMS, Geschichte, S. 101, 104. Vgl. EUGSTER/BAUMER-MÜLLER, St. Katharinental, S. 786 f. WALZ, Dominikaner, S. 45.

[71] WILMS, Geschichte, S. 163 ff.

[72] WILMS, Geschichte, S. 84 f., bemerkt: „Aus dem Fehlen ähnlicher Aufzeichnungen von andern Klöstern lässt sich nicht folgern, dass dort das mystische Streben weniger lebendig war. Manche Aufzeichnungen mögen verloren gegangen sein ...“

[73] ZADDACH, Die Folgen, S. 39 f.

[74] WILMS, Geschichte, S. 129.

damit verbundene Abwärtsentwicklung des Predigerordens wurde sicherlich noch verstärkt durch die Kirchenspaltung nach 1378, die den Predigern, parallel zu den beiden Päpsten in Rom und Avignon, zwei Generalmeister mit zwei Obedienzen einbrachte[75].

Die bedrückenden Zeitumstände hinterließen weitere Spuren auf dem Entwicklungsgang des Dominikanerordens. Die Forschung – hier themenspezifisch beschränkt auf WILMS, LÖHR, GRÜBEL, EGGER, RÜTHER, und ZIMMER für die allgemeine Entwicklung[76] sowie DÄNIKER-GYSIN, WEHRLI-JOHNS und HECHT für einzelne Klöster[77] – stellt einhellig fest, dass beim Dominikanerorden im Laufe des 14. Jahrhunderts die anfängliche Begeisterung und der schwungvolle Glaubenseifer deutlich nachließen. Von Abnützungs- (EGGER) und Dekadenzerscheinungen (WEHRLI-JOHNS) ist die Rede. „Ursprüngliche Bußgesinnung und Klosterzucht waren im Laufe der Zeit einer laxeren Lebensform gewichen."[78] Die Hauptursachen der einsetzenden Krise werden vor allem in zwei grundlegenden Bereichen gesehen: Bei der teilweise fehlenden Ordensdisziplin und – besonders – in der Vernachlässigung der Armutsfrage[79].

Im disziplinarischen Bereich wird in den Quellen – Ordens- und Klosterchroniken, Beschwerdeschreiben, Visitationsprotokolle u.ä.[80] – die Auflösung des Gemeinschaftslebens und das Fernbleiben vieler Konventualen vom Chorgebet und dem gemeinsamen Essen beklagt[81]. Hinzukommt die Lockerung der Klausur, der Besuch von Personen des anderen Geschlechts im Kloster, das Benützen öffentlicher Bäder durch Konventsmitglieder, die Ausstattung der Zellen zu behaglichen Aufenthaltsräumen und anderes mehr.

Fast noch desolater und sehr bedenklich war die Situation in der Armutsfrage/Besitzfrage, wo seit den Anfängen des Ordens einerseits die freiwil-

---

[75] NEIDIGER, Dominikanerobservante, S. 67. Vgl. TÜCHLE, Bd. 2, S. 78 ff. und 106.

[76] Vgl. WILMS, Geschichte, S. 136 ff., LÖHR, Studien in QF XIX, S. 1 ff., 19 ff. u. 30 ff., GRÜBEL, Frauenfrömmigkeit, S. 29 ff., EGGER, Beiträge, S. 11 f., RÜTHER, Bettelorden, S. 307 ff. und ZIMMER, Dominikaner, S. 25 ff. Vgl. zudem TÜCHLE, Bd. 2, S. 187 ff.

[77] Vgl. DÄNIKER-GYSIN, Töß, S. 22 f., WEHRLI-JOHNS, Zürcher Predigerkonvent, S. 179 ff., und HECHT, Dominikanerkloster Rottweil, S. 63 ff.

[78] RÜTHER, Bettelorden, S. 307. WEHRLI-JOHNS, Zürcher Ptredigerkonvent, S. 179 f.

[79] So wird die Angelegenheit im Großen und Ganzen bei allen genannten Autoren gesehen; kurz und prägnant formuliert bei EGGER, Beiträge, S. 11.

[80] EGGER, Beiträge, S. 12.

[81] LÖHR, Studien in QF XIX, S. 2 f.; DÄNIKER-GYSIN, Töß, S. 23; HECHT, Dominikanerkloster Rottweil, S. 63 f.; EGGER, Beiträge, S. 11 f.

lige Armut des einzelnen Ordensmitglieds (individuelle Armut) gefordert wurde, zum anderen auch das Verbot von Gemeinbesitz der einzelnen Möchsgemeinschaft (kollektive Armut) im Raume stand[82]. Ein schrittweises Abrücken von diesen Idealvorstellungen begann schon Mitte des 13. Jahrhunderts, als die Besitzlosigkeit für Frauenkonvente gelockert und aufgehoben wurde[83]. Die strikte Armut erwies sich für Klosterfrauen bei der Deckung ihres Lebensunterhalts als nicht haltbar. Denn den Dominikanerinnen war bekanntlich, im Gegensatz zu ihren Ordensbrüdern, das Umherziehen, Almosensammeln und Betteln, die ansonsten einzige erlaubte Versorgungsmöglichkeit, wegen der strengen Klausur untersagt[84]. Damit waren für ihren Lebensunterhalt feste Einnahmen und Besitz notwendig. Folglich musste sich das ursprüngliche Besitzverbot in den Nonnenklöstern hin zur Duldung von klösterlichem Kollektivbesitz und schließlich zur Erlaubnis von persönlichem Eigentum der Konventualinnen verschieben[85].

Im Klosteralltag des ausgehenden 14. Jahrhunderts wurde das große dominikanische Ideal, die Armut, vielerorts in Männer- wie Frauenklöstern nicht mehr konsequent befolgt[86]. Nur wenige Mönche und Nonnen verzichteten auf privaten Besitz. Auch an das Gebot der kollektiven Besitzlosigkeit, d.h. Verzicht auf Besitz des Konvents außerhalb der Klosteranlage, hielt man sich kaum noch. EGGER bemerkt am Beispiel von Basel: „(Davon) wich der Orden ab etwa 1300 immer mehr ab, indem er dazu überging, Güter zu erwerben und feste Einkünfte ... zu nehmen.“[87]

Besonders wegen dieser für einen Mendikantenorden fatalen Entwicklung formierte sich im Dominikanerorden schon vor 1400 eine Reformpartei, die ein Zurück zur strengen Observanz der alten Ordensregeln verlangte[88], also: strenge Klausur, möglichst umfassende Besitzlosigkeit, usw. Infolgedessen gilt das 15. Jahrhundert als die Epoche der Reformbemühungen im Dominikanerorden. Viele Klöster, vor allem auch Dominikane-

---

[82] LÖHR, Studien in QF XIX, S. 3 f. Vgl. zur Armutsfrage auch ZIMMER, Dominikaner, S. 27 f.
[83] GRÜBEL, Frauenfrömmigkeit, S. 31 und 88. RÜTHER, Bettelorden, S. 283.
[84] GRÜBEL, Frauenfrömmigkeit, S. 88 f.
[85] DÄNIKER-GYSIN, Töß, S. 22 f., macht dies am Beispiel des Klosters Töss deutlich.
[86] LÖHR, Studien in QF XIX, S. 3. WEHRLI-JOHNS, Zürcher Predigerkonvent, S. 214 ff. DÄNIKER-GYSIN, Töß, S. 23 u.a.
[87] EGGER, Beiträge, S. 11.
[88] NEIDIGER, Dominikanerobservante, S. 68 ff. und S. 84 ff. WILMS, Geschichte, S. 168. EGGER, Beiträge, S. 11. Vgl auch WALZ, Dominikaner, S. 51.

rinnenkonvente, unterwarfen sich in den folgenden Jahrzehnten den strengen Auflagen der Observanzbewegung, andere versuchten sich der Reform zu entziehen[89].

In diesem Zusammenhang scheint das Verhalten der Prediger von Rottweil und der Neudinger Nonnen kurz nach 1440 besonders erwähnenswert. In dieser Zeit veräußerten die Rottweiler Dominikaner überraschenderweise ihre gesamten Besitztümer in der südlichen Baar, das meiste davon an den Neudinger Konvent. Am 1. Juni 1442 verkauften sie das „Prediger Gütli" in Donaueschingen[90]; am 11. Nov. 1448 ihren Anteil am Villinger Spitalzehnt[91]. Dem folgte am 25. Juli 1451 der Verkauf eines Gutes in Hüfingen, eine Stiftung für das Predigerkloster Rottweil von 1339[92], und eines weiteren Gutes in Ober-Aufen (*Oberuffa*)[93].

Es könnte nun durchaus sein, dass hinter diesen (offenbar gezielten) Verkäufen lediglich wirtschaftliche Notwendigkeit stand. Nahe liegender aber ist, dass die Rottweiler Prediger ihr Vermögen vermindern wollten, um in der Armutsfrage dem observanten Ordensgebot, zumindest nach außen, zu genügen. Sie veranlassten deshalb, wie es scheint, das von ihnen betreute Neudinger Kloster, bei drei von diesen Veräußerungen als Käufer aufzutreten. Denn bei den Nonnenklöstern der Dominikaner bestand ja keine Einschränkung im Besitz[94]. Das sieht bedenklich nach Umgehungsstrategie oder – etwas milder formuliert – zumindest nach einem moderaten Anpassungsversuch an das Armutsgebot aus. Indessen war dieses Dazwischenschalten des Klosters Auf Hof, quasi als „Verwaltungsträger"[95], ein Verfahren, das von zahlreichen Predigerkonventen damals angewandt wurde. Das Frauenkloster in Neudingen unter Priorin Agnes von Almshofen übernahm diese Rolle und unterstützte das Ausweichmanöver seiner Rottweiler Betreuer.

Diese Abneigung gegen die Auflagen der Observanzbewegung, kann nicht überraschen, denn immerhin stellten sie eine Beeinträchtigung der

---

[89] DÄNIKER-GYSIN, Töß, S. 24 ff.
[90] FUB VI 19 Anm. 19, RUB Nr. 1056, S. 454.
[91] FUB VI 247 Anm. 14, RUB Nr. 1120, S. 480.
[92] FUB V 455.
[93] FUB VI 26 Anm. 13 + 13a.
[94] ZIMMER, Dominikaner, S. 27 f. EGGER, Beiträge, S. 11. HENZE, Entstehung, S. 17. Vgl. unsere obige Darstellung zur Armutsfrage.
[95] EGGER, Beiträge, S. 11: „Um äusserlich dem Armutsgebot nachzukommen, wurden zunächst Beginensammnungen und Nonnenklöster ... als Verwaltungsträger dazwischengeschaltet."

gewohnten Lebensweise dar[96]. In den Quellen, die das Klosterleben in Neudingen beleuchten, finden sich bis in die achtziger Jahre des 15. Jahrhunderts keine Anzeichen für eine Betätigung im Sinne der observanten Ordensreform. Der Dominikaner Johannes MEYER berichtet 1481 in seiner *Chronica* von 31 reformierten Frauenkonventen des Predigerordens in Deutschland. Dem stehen 29 nicht reformierte Frauenklöster gegenüber. Eines davon, so der Chronist, war das Kloster Auf Hof[97].

Die Gründe dafür, dass es in Neudingen lange Zeit an Reformeifer fehlte, dürften vor allem in der Einstellung zur Armutsfrage zu finden sein. Denn, wie aus unserer Darstellung der Klostergeschichte in den Kapiteln 1 bis 4 dieser Arbeit ersichtlich ist, war das Leben in der Klostergemeinschaft Auf Hof nebenbei zeitweise von wirtschaftlichen Überlegungen und vom Bemühen um die Vermehrung des Klosterbesitzes, durch Käufe und Verkäufe, Stiftungen und Zinserträge mitgeprägt[98]. Ebenso zeigen zahlreiche Urkunden, dass viele Klosterfrauen zu Lebzeiten über beachtlichen Privatbesitz[99], Vermächtnisse, Leibgedinge und andere Zuwendungen verfügen konnten[100]. Gerade hier aber wollte die observante Reform eine einschneidende Rückbesinnung.

Vielleicht wurde diese Zurückhaltung im Neudinger Kloster gefördert durch das zeitweilige Übergewicht der Weltkleriker. Möglicherweise brachten die Rottweiler Dominikaner den Reformen für sich selbst und damit auch für den Neudinger Konvent wenig Interesse entgegen. Vielleicht, auch das ist zu bedenken, waren Disziplin und Armutshaltung hier noch nicht so auffällig beschädigt wie in vielen anderen Klöstern. Denkbar ist auch, dass die Schirmherren, die Grafen von Fürstenberg, einen stärkeren Einfluss der Ordensreformer in ihrem Hauskloster fürs Erste ablehnten.

Wie dem auch sei, das Kloster Auf Hof fand, gemeinsam mit anderen nichtobservanten Klöstern, gegen Ende des 15. Jahrhunderts plötzlich auf höchster Ebene des Dominikanerordens verstärkte Beachtung. Wie schon

---

[96] Vgl. LÖHR, Studien in QF XIX, S. 2.

[97] Johannes MEYER, Chronica brevis Ordinis Praedicatorum, 1481, Bl. 93. Vgl. Beilage 1 in FDA 13 (1880), S. 194 ff. Auch in der Karte bei BARTHELME, La Reforme, Anhang, ist Neudingen bei den „Couvents non reformés“ aufgeführt. Zur Reformbewegung in Oetenbach vgl. WEHRLI-JOHNS/SCHNEIDER-LASTIN, S. 1024, in Töss: vgl. WEHRLI-JOHNS, S. 910 ff.

[98] LÖHR, Studien in QF XIX, S. 4: Kompromiss hinsichtlich des Gemeinbesitzes. Allerdings hätte dies gegenüber dem Ist-Zustand in Neudingen noch immer einen harten Einschnitt bedeutet.

[99] Hier sei nur auf die Stiftung der Anna Egesheimer 1433 verwiesen; vgl. Kapitel 6, S. 166 ff.

[100] LÖHR, Studien in QF XIX, S. 3f: Die Reform wollte Individualbesitz generell unterbinden.

an anderer Stelle (Kapitel 3) ausgeführt wurde, schalteten sich sogar die Ordensmeister Salvo Cassetta 1483 und Vincenzo de Castronovo 1494[101] sowie der Ordensgeneral Joachin Turriani 1487 in die Entwicklung ein[102]. Die Prioren von Rottweil und Konstanz wurden 1483 und 1487 im Bistum Konstanz mit der Betreuung verschiedener Dominikanerinnenklöster, u.a. auch des Neudinger Konvents, beauftragt. Die Reformbewegung setzte sich also um 1500 auch auf der Baar durch.

Nach dem Beginn der Reformation fehlen schriftliche Unterlagen für Kontakte zum betreuenden Predigerkonvent fast völlig. Die Rottweiler Dominikaner, die zweieinhalb Jahrhunderte lang die Geschicke im *Closter Vfen Hove ze Nidingen* mitgestaltet hatten, spielten gerade in dieser Phase, die für den Bestand des Dominikanerinnenklosters entscheidend war, am Ort des Geschehens, abgesehen von einer Kreditsache 1538[103], nur noch eine untergeordnete Rolle[104]. Ganz zum Schluss ist der Neudinger Konvent sogar den Dominikanern in Freiburg unterstellt[105].

Erst als sich das Kloster 1565 schon in Auflösung befand, trat der Predigerorden noch einmal in Erscheinung, indem der Ordensprovinzial Protest einlegte gegen die Absicht des Grafen Heinrich VIII. von Fürstenberg, das Kloster dem Zisterzienserorden zu übergeben[106]. Diese verspätete, zu diesem Zeitpunkt auch aussichtslose Haltung wird von den Dominikanern schließlich unmittelbar vor der Überreichung der päpstlichen Inkorporationsbulle an die Zisterzienser am 1. Juli 1584 aufgegeben[107].

6.3. Jahrzeitstiftungen, Kirchenlichtspenden u.a.

Die bisherigen Ausführungen haben verschiedentlich deutlich gemacht, dass zum religiösen Jahresablauf im Kloster Neudingen, wie anderswo auch, im 14. und 15. Jahrhundert zunehmend die Jahrzeitfeiern als bestimmender Faktor dazugehörten. Diese Einrichtung hatte bereits eine

---

[101] QF VII, S. 84, und QF X, S. 49 und 133. Vgl. HECHT, Dominikanerkloster Rottweil, S. 79.
[102] QF X, S. 5. Vgl. DÄNIKER-GYSIN, Töß, S. 25.
[103] FFA, Verw.-Akten, Schuldenwesen 2, Fasc. XIII, Nr. 6. Vgl. Kap. 7, S. 192 f., dieser Arbeit.
[104] Mitteilungen II, Nr. 462.
[105] Ebd. Nr. 462. Vgl. LAUER, Kirchengeschichte, S. 192.
[106] Mitt. II. Nr. 151.
[107] Mitt. II, Nr. 524 + 524 Anm. 1; ebd., Nr. 570.

lange Tradition[108], die der tiefen Sorge der gläubigen Menschen um ihr Seelenheil im Jenseits entsprang.
Die erheblich vermehrte Anwendung von Jahrtagsstiftungen im späten Mittelalter aber, so stellt Sigrid SCHMITT in ihrem einschlägigen Beitrag nachdrücklich fest[109], ging auf den Wandel der Jenseitsvorstellungen im 13. Jahrhundert zurück. Vorher galt – nach Augustinus – die Meinung, dass die Seelen der Toten ruhelos auf eine Be- und Verurteilung der irdischen Taten bis zum Jüngsten Gericht warten müssten und dass die Gebete der Lebenden und die Fürbitte der Heiligen zwar gut, aber nicht ausschlaggebend seien. Die verstärkte Gewichtung des „Fegefeuers" – vor allem unter dem Einfluss des Thomas von Aquin – war der erste Schritt zu einer neuen Sicht der Dinge[110]: Unmittelbar nach dem Tode stand demnach ein vorläufiger Urteilsspruch, und „die Seelen der Verstorbenen wurden nun sogleich mit einer zeitlichen Sündenstrafe im >Fegefeuer< belegt."[111] Dieser Aufenthalt am Ort der (möglichen) Läuterung konnte – und das war der zweite neue Denkansatz – durch intensives Beten und Bitten gläubiger Christen im Diesseits verkürzt werden, und somit stand hinter der Gedächtnisfeier am Jahrtag (Sterbetag) die Vorstellung, dass es den Lebenden, wie es Cornell BABENDERERDE ausdrückt, möglich sei, „nach dem Tod eines Menschen auf dessen weiteres Schicksal durch Gebete und Handlungen einwirken zu können."[112]
Als „theologischen und dogmatischen Triumph" bezeichnet der französische Mediävist Jacques LE GOFF diese veränderte Bewertung des Fegefeuers: „Seine Existenz war (nun) gewiss, es war zu einer Glaubens- und Kirchenwahrheit geworden."[113] Die Religiosität – in ihrer positiven Er-

---

[108] Vgl. hierzu SCHULER, Anniversar, S. 67 ff. Zu Anniversarien und Totengedenken vgl. Lexikon für Theologie und Kirche, 2. Aufl., 10 Bände, hg. von Josef HÖFER und Karl RAHNER, Freiburg 1957-1965, Bd. 1, S. 578 f., und Bd. 10, S. 271. Ebenso: BAUMANN, Totenbücher, S. 465 ff.

[109] SCHMITT, Fromme Stiftung, S. 13 f. Ebenso: AUGE, Erinnerungskultur, S. 109, SCHULER, Anniversar, S. 106 ff., BABENDERERDE, Totengedenken, S. 337 ff. HENZE, Dienst, S. 59.

[110] Zu den verschiedensten Denkmodellen zum Jüngsten Gericht und zum Fegefeuer im 13. Jahrhundert vgl. Jacques LE GOFF, La naissance de purgatoire, in dt. Übersetzung: Die Geburt des Fegefeuers, Stuttgart 1984, S. 157-186 und 350 ff.

[111] SCHMITT, Fromme Stiftung, S. 14.

[112] BABENDERERDE, Totengedenken, S. 337. SCHMITT, Fromme Stiftung, S. 14, weist darauf hin, dass sich seit dieser Zeit die Grabinschrift vor allem auf das Sterbedatum konzentrierte.

[113] LE GOFF, Fegefeuer, S. 350. Ebd. führt der Autor auch aus: „Als die Kirche das Fegefeuer aus den theologischen Höhen in die Niederungen der täglichen Lehre, in die seelsorgerische Praxis, herabsteigen ließ, hatte es großen Erfolg … (Das Purgatorium) wurde in der Aussicht auf eine Lokalisierung geboren, da ein Ort für die Reinigungsstrafen notwendig war."

scheinung wie in ihren abstrusen Formen – war am Ende des Mittelalters ein fester Bestandteil im Alltag der Bevölkerung, ungeachtet der Standesunterschiede, und dies gleichermaßen in den Städten wie im ländlichen Raum[114]. Jahrzeitfeiern mit Seelmessen, Vigilien und Gebeten gaben den Gläubigen, die häufig schlimme Kriegszeiten, Pest, Not und tiefe Angst erlebt hatten, über den Tod hinaus Trost und Hoffnung. Für Jahrzeiten war man, zumal in der begüterten Schicht, bereit, ansehnliche „ewig" dauernde Stiftungen zu tätigen, in Form von Gütern, Liegenschaften und reichhaltigen Gülten. Immerhin trug diese Art der Erinnerung und ihre Ausgestaltung auch zur „Festigung bzw. Steigerung des sozialen Status der Familie" bei[115]. Jahrtagsgedächtnisse, gleichsam als Jenseitsvorsorge, breiteten sich jedenfalls immer mehr aus.

Begehrt waren vor allem Jahrtage, die in Klöstern von Nonnen oder Mönchen, die hierfür besonders geeignet erschienen, gefeiert wurden[116]. Bei den Dominikanern allerdings war die Annahme von Jahrtagstiftungen (Geld, Liegenschaften u.ä.) ursprünglich nicht erlaubt. Man schaltete dann häufig zur Problemlösung einen der dominikanischen Frauenkonvente, deren Besitzfähigkeit ja uneingeschränkt galt, als Zwischenglied zum Stifter ein. Erst später, etwa um 1300, wurden dann Jahrzeitstiftungen auch im Predigerorden offiziell akzeptiert[117]. Als Folge davon fanden in der Bevölkerung Jahrzeitfeiern und Messstiftungen bei den Dominikanern, wie bei anderen Mendikanten, großen Anklang, besonders auch deshalb, weil „jede Stiftung (bei einem Bettelorden) zugleich ein Bußwerk, nämlich eine Spende an die Armen" war[118]. Da für die vielen (zeitgleichen) Jahrtage und Messopfer ein geweihter Ort in der Kirche notwendig war, wurden im Langhaus zahlreicher Predigerkirchen, diesseits des Lettners, je nach Bedarf mehrere Altäre errichtet, um dem großen Zulauf der Laien zum Gebetsgedenken gerecht zu werden[119].

---

[114] Zum innerkirchlichen Leben im Spätmittelalter vgl. Handbuch d. Kirchengeschichte, Bd. III/2, S. 676 ff. Für den süddeutschen Raum vgl. TÜCHLE, Bd. 2, S. 385 ff. Für die fürstenberg. Länder vgl. LAUER, Kirchengeschichte, S. 150 ff., und THOMA, Kirchenpolitik, S. 13-15.

[115] AUGE, Erinnerungskultur, S. 109.

[116] HENZE, Dienst, S. 62-64. FEY, Adelsbegräbnisse, S. 81. ALTHOFF, Verwandte, S. 65.

[117] GRÜBEL, Frauenfrömmigkeit, S. 33 und 88, ebenso S. 31.

[118] ZIMMER, Dominikaner, S. 33.

[119] Ebd., S. 32 ff. Petra ZIMMER nennt als Beispiele für die zahlreichen Altäre: die Dominikaner-Konventskirche in Genf mit etwa 20, in Basel mit 16 und in Lausanne mit 13 Kapellen u. Altären. In St. Verena in Zürich gab es 5, in St. Katharina in St. Gallen „mindestens drei Altäre".

In Neudingen wurden laut dem Anniversarienbuch im Stichjahr 1494[120] etwa 650 bis 700 Jahrtage gefeiert. Zudem sind noch etliche zusätzliche Jahrzeitstiftungen, die nur in urkundlichen Verfügungen vorliegen, bekannt. Alle gelten für Verstorbene aus den verschiedenen sozialen Schichten; aber naturgemäß handelt es sich bei vielen Betroffenen zuvorderst um vermögende Personen, denen es leichter fiel, die Kosten für das Totengedächtnis und die Totenfeiern zu tragen.

Betrachtet man diese Eintragungen eingehender, so zeigt sich, dass am häufigsten Einzelpersonen ohne Nennung von Wert und Umfang ihrer Stiftung vorkommen. Dem schließen sich Jahrtage von Ehepartnern, teilweise mit Sohn oder Tochter, an. In diesen Fällen heißt es ganz lapidar:

- „Obiit (O.) Adelhait Kellerin“ oder „O. Rudi Muller“ oder „O. die Fräslin“[121].
- „O. Walther Brot und sin husfraw“ oder „O. Gertrut von Swartzenberg und ir huswirt“ oder „O. Hainrich Äscher und Adelhait sin swester“[122].
- „O. Mächthilt von Ortenberg und ir wirt Rudolf und Adelhait ir tochter.“[123]

Breiteren Raum nehmen im Jahrzeitbuch Hinweise ein, in denen die Person des Stifters/des Toten, seine Familie, sein Wohn– oder Herkunftsort und das Stiftungsgut (Gült, belastetes Gut oder Liegenschaft usw.) aufgeführt werden. Nicht selten findet sich dabei auch eine kurze Anweisung zur Gedenkfeier:

- „O. Adelhait Vögtin von Sumphorren Karle ir sun und Anna ir tochter, gilt 1 malter geltz. O. des Karlens fraw von Sumphorn, hat geben ain aigen acker gilt 6 viertal korns. O. Anna Vogtin ir swester. Den allen 1 vigil.“[124]
- „O. Eberhart Gut und Herman sin vater und Friderich sin bruder gilt ain gütlin zu Fridlingen. Den allen 1 vigil.“[125]

Dabei zeigen Jahrzeitregelungen mitunter großen Familiensinn, indem ganze Verwandtschaftsverhältnisse in die Jahrzeit eingebunden wurden und so zur Familien-Memoria beitrugen. Solche Verfügungen gingen vornehmlich von adligen Stiftern (auch vom Haus Fürstenberg[126]) aus, die auf diese Weise das Gedenken an ihre nächsten Verwandten pflegten und manchmal auch die Vorfahren und Nachkommen generell einbezogen.

---

[120] Hinsichtlich der Benutzung des Neudinger Anniversarienbuchs bzw. FICKLER, Anniversarien-Buch, a.a.O., in dieser Arbeit vgl. die Erläuterungen in der Einleitung, Abschnitt 4, S. 12 ff.
[121] Anniversarienbuch im FFA unter: 28. Juli, 6. April, 28. Dez.
[122] Ebd. unter: 18. Nov., 3. Juni, 4. August.
[123] Ebd. unter: 10. Febr.
[124] Ebd. unter: 6. Mai.
[125] Ebd. unter: 30. Juli.
[126] Zu Jahrtagsstiftungen von und für Mitglieder der Familie Fürstenberg vgl. Kap. 10, S. 236 ff.

- „Obiit Hainrich von Almashofen der alt zu der Nuwenburg und Hainrich von Almashofen sin sun und Anna von Almashofen geborn von Erizingen sin eliche husfraw und Hainrich von Almashofen und Anna von Wil sin eliche husfraw, gilt 1 malter vesen 1 malter habern von Gutmadingen und 3 mut vesen und 3 mut von Beringen habern ..., mit 9 priestern und 1 vigil“[127].
- Laut einer Urkunde vom 29. Aug. 1465 stifteten Witwe Ursula von Heudorf (*Hewdorf*), geb. Blarer, ihre mündigen Söhne Burkhard und Hans Mathias von Heudorf sowie Ortolf von Heudorf aus Waldsberg als Vormund ihres noch unmündigen Sohnes Heinrich Sigmund mit dem Verkaufserlös von 80 rhein. fl. für drei Güter in Gutmadingen und Hausen sowie eine Wiese im Gnadental eine Jahrzeit, „welche denselben die strengen und festen Herr Hanns von Heudorf, Ritter, und Hainrich von Heudorf, Gebrüder sel., zu einer Jahrzeit für sich, ihre Vordern und Nachkommen versprochen haben.“[128]

Darüber hinaus legte man oftmals bereits bei den Jahrtagsstiftungen die Regularien für die künftige jährliche Totenfeier fest, also: die Art des Gottesdienstes, Vorlesung und Gesang, eventuell den Ornat der Priester und die Zahl der beteiligten Geistlichen, die im 15. Jahrhundert immer mehr zunahm[129], u.a.m. Nach dem Zeitgeschmack des Spätmittelalters wurden solche Äußerlichkeiten allgemein überaus hoch bewertet. Große Jahrtage/Jahrzeiten galten auch als Indiz für die Frömmigkeit von Stiftern oder Verstorbenen und waren überdies beredter Ausdruck ihrer gesellschaftlichen Stellung[130]. Hierfür einige allgemeine Beispiele:

- Die Jahrzeit von Bertold Kuch ist 1345 „mit Messen, Vigilien und anderem Gebet und Spenden“ zu begehen[131]; die Jahrtage von Schultheiß Bertold Ganser von Fürstenberg 1402, Hans Hagenbuch und seiner Ehefrau Adelheid 1418 sowie des Kaplans Heinrich Spiess 1425 sind jeweils „mit 4 Priestern“ zu feiern[132].

Und einige Anweisungen mit (noch) größerem Aufwand:

- „O. Udelhilt von Blumegg geborn von Furstenberg ain gräfin und irer kinder ... und her Rudolf von Blumegg ... mit 6 priestern und 1 vigil.“[133] Für Konrad Felsen-

[127] Anniversarienbuch unter 25. Juli. Vgl. VETTER, Almshofen, Stammtafel. S. 47. Zu Heinrich v. Almshofen vgl. die beiden Ukk. von 1404 und 1412 (FUB VI 91 Anm. 2 und 156 Anm. 3).
[128] RIEZLER, Ukk. 2, S. 26. Vgl. FUB VI 222 Anm. 3.
[129] Zu den religiösen Gebräuchen und Zeremonien in dieser Zeit vgl. HAUCK, Kirchengeschichte, Bd. V/1, S. 336, 367 f., 375 f. Ebenso LAUER, Kirchengeschichte, S. 152 ff., 158 f., 169 ff.
[130] TÜCHLE, Bd. 2, S. 385, fasst zusammen: „Die subjektivistische Gefühlsbetonung ..., die Sucht nach Häufung und Massierung, das Wichtignehmen der letzten Verästelungen und Nebensächlichkeiten ... feierte Triumphe. Die Überbewertung der Zahl im religiösen Leben war Laien und Geistlichen gemeinsam.“
[131] FUB V 277 Anm. 2.
[132] FUB VI 247 Anm. 7, FFA, Kl.-Akt., Lade 6 Fasc. A, und FUB III 173.
[133] Anniversarienbuch im FFA unter: 23 Juli. Vgl. hierzu Uk. vom 16. März 1374 (FUB II 455).

berg, Vogt zu Fürstenberg, galt 1451 dieselbe Bestimmung[134]. Und weiter: „O. Anno dni M CCCC XXX VI (1436) Conrad Tierberg und haut geordinet ain hoff zu Tuneschingen gelegen … und sol man haben 6 prister und sel mes singen und 1 vigil und die 4 prister usrichten nach inhalten des hopt brieffs."[135] Zu 1462 vermerkt das Anniversar, dass für den Jahrtag von Hans und Heinrich von Heudorf und ihre Ehefrauen „14 Priester, 1 vigil" vorgesehen sind[136].

Schließlich soll noch auf einige Besonderheiten bei den Neudinger Jahrzeitstiftungen, die übrigens nach 1470 stark zurückgingen, hingewiesen werden. So sei an die Verfügung des Konstanzer Bischofs Burkhard von Hewen 1395 erinnert, der das Kloster Auf Hof bekanntlich von der Abgabe der primi fructus für die Pfarreien Neudingen und Gutmadingen befreit, als Gegenleistung aber vom Neudinger Konvent fordert, alljährlich am Allerseelentag für alle verstorbenen Konstanzer Bischöfe ein Seelenamt mit Vigil abzuhalten[137]. Einfachere Leute verfuhren bei der Stiftung ihres Jahrtags, der ihnen Herzensangelegenheit war, weniger aufwändig. So lauten zwei Einträge im Anniversarienbuch:

- „O. Elyzabet Studengastin gilt 1 some wins von Mannebach"[138] bzw.
- „O. Hans Hafner Magdalena sin husfraw, haben geben das gemalt altertuch."[139]

Und die Küsterin Brigitte von Almshofen zeigt sich am 15. Juli 1385 besonders gebefreudig und stiftet im Namen der Klosterküsterei eine Jahrzeit für alle, die der *Custerie* je Gutes getan haben, wobei sie alle Personen, die im Klosterfriedhof beigesetzt sind, mit einschließt. Die Jahrtagsfeier soll stets am Namenstag des Ordensstifters, des heiligen Dominikus[140], begangen werden[141]. –

Auch die Spende von Kirchenlicht und großen Kerzen bewies nach damaliger Auffassung gottgefälliges Verhalten und religiöses Engagement. Zwar wurden Schenkungen dieser Art nur von wenigen Personen getätigt, aber man schätzte diese Stiftungen dennoch hoch ein, was schon daraus

---

[134] FUB VI 26 Anm. 13a.
[135] Ebd. unter: 9. Nov. Hierzu auch Uk. vom 18. Juli 1436 (FUB VI 19 Anm. 18).
[136] FICKLER, Anniversarien-Buch, Abt. II, S. 15.
[137] FUB VI 160 Anm. 5. Vgl. hierzu die Ausführungen in Kap. 8, S. 205 f.
[138] Anniversarienbuch im FFA unter: 20. April.
[139] Ebd. zum 1. Dez.
[140] Laut Lexikon für Theologie und Kirche, Bd. 3, S. 483, ist dieser Namenstag am 4. August.
[141] FUB VI 91 Anm. 1. Die Original-Urkunde enthält zum Jahrtag folgende Weinverfügung: Es ist „...an sant Dominicus tag ze herbst ieglicher frowen us und us in unserm closter (ze) gebn ain halb maße guotes wines, und darumb sullent wir... alweg ierglich began, d'vorgenante aller selen iarzit mit vigilien und mit selmessen, als in unserm cloust sitte und gewonlich ist ...". (FFA, Kloster-Akten, Lade 13 Fasc. A, Nr. 11).

hervorgeht, dass sie in Urkunden Erwähnung finden. Die Besorgung des Kirchenlichts gehörte ansonsten im Kloster Auf Hof zu den amtlichen Aufgaben der Küsterin[142].

Im Neudinger Kloster lässt sich die erste Kerzenspende für 1306 nachweisen[143]. Der Villinger Bürger Bertold von Tannheim stiftete dem Konvent ein Gut in Kirchdorf, dessen Erträge nach lebenslanger Nutzung zugunsten seiner Töchter, die im Kloster Auf Hof als Nonnen Aufnahme fanden, für einen Jahrtag für ihn selbst und seine Ehefrau sowie für das Kirchenlicht in der Klosterkirche Verwendung finden sollte[144]. Einem anderen Mitglied der Familie war zur Mitte des Jahrhunderts die Ausstattung des Kirchenraums mit Kerzenlicht ebenfalls ein wichtiges Anliegen. Der schon mehrfach erwähnte Klosterkaplan Hans von Tannheim[145] kaufte 1346 und 1350 vom Kloster mehrere Gülten, die nach seinem Tod von der jeweiligen Küsterin u.a. für die große Kerze vor dem Kruzifix in der Klosterkirche Auf Hof und zudem für ein Maß Öl zur Nutzung in der Gnadentalkapelle verwandt werden sollten[146]. Aus einer Urkunde vom 23. Aug. 1384 geht schließlich hervor, dass der Kaplan dem Kloster seinen Hof in Aufen vererbt hat, mit der Auflage, den Ertrag für den Unterhalt des Georgenlichts in der Klosterkirche zu verwenden[147].

Aus den Jahren 1363 und 1364 sind zwei Willensbekundungen des Bruders Konrad Nordhalter von Aulfingen zu Kirchenlichtspenden bekannt. So legte er am 7. April 1363 fest, dass „um seiner und seiner Vorderen Seelen willen“ von der Abgabe aus seinem Gut in Sumpfohren ein „ewiges Licht“ in der Klosterkirche (vor dem Fronaltar) und das Licht in der St. Nikolaus-Kapelle Auf Hof unterhalten werden sollen[148]. Dieser Auftrag an die Küsterin wurde im Güterrodel von 1364 wiederholt[149].

---

142 Vgl. Kapitel 7 dieser Arbeit, S. 174, und ebd. Anm. 26 (mit Quellenangaben).

143 FUB V 301.

144 Der Güterrodel von 1364 vermerkt bezüglich dieses Gutes zu *Kiltdorf*: „...de giltet 5 ½ schoeffel kernen vnd 5 schoeffel habern vnd 4 hvnr und ½ viertal aiger. Hiermit sol man began Berhtoltz von Tanhan iarzit vnd siner frowen vnd och die kertzen mit besseren, die da hoeret zo vnserm herren.“ (FUB VI 29, S. 61).

145 Vgl. in diesem Kapitel, S. 147 f.

146 FUB V 360 Anm. 3. Ebd. V 383 Anm. 2 und ebd. II 280.

147 FUB VI 81 Anm. 2. Ebd. heißt es auch: Da der Hof zu Aufen aus wirtschaftlichen Gründen verkauft werden musste, wurde das Georgenlicht in Zukunft über eine jährliche Gült vom Kornzehnt zu Neudingen finanziert. Vgl. hierzu Kap. 3, S. 66, und ebd., Anm. 19

148 FUB VI 21. Zum Licht der Nikolaus-Kapelle (*sant Nichlaus lieht*) enthält der Güterrodel mehrere Verfügungen: vgl. FUB VI 29, S. 61.

149 FUB VI 29, S. 59.

Gerade dieser älteste Güterrodel des Neudinger Klosters beweist, welche Bedeutung der Ausstattung von Kirchen mit Kerzenlicht – ideell wie materiell – damals zukam. Der Rodel enthält nicht weniger als acht Verfügungen darüber, wo Naturalabgaben nach dem Willen der Nutznießer für Kerzen verwendet werden sollen. Das reicht von der Bestimmung, „die pfenning von des Tochingers guot, die hoerent an das vorder lieht vor Vnsers Herren marter bild ...“[150] über den Hinweis, dass die Abgabe der Mucheremerin von Gutmadingen „an daz lieht vf den dormenten“[151] gehört, bis zur Erklärung, dass vom erwirtschafteten Ertrag des Angsten-Guts zu Hondingen ein Teil dem Fronaltar zugute kommen soll, der andere „an des kilchherren lieht.“[152]

Es dauerte bis 1447, dann erst wird wieder eine Kirchenlichtspende urkundlich erwähnt. Am 27. Juli dieses Jahres vermachte Graf Egen von Fürstenberg dem Kloster 10 Schilling Heller von seinem Teil des Zolls zu Hondingen, und zwar für das Licht „Unser lieben frowen in dem chor in der katzen“[153]. Und im folgenden Jahr übergab Priorin Agnes von Almshofen ihr Gut in Pfohren der Küsterin zur Verwendung für Kirchenlicht und zur Förderung des klösterlichen Buchbestandes[154]. Die letzte Kerzenspende erfolgte am 30. April 1504. Hans von Almshofen zu Immendingen erklärt hierbei, dass er den jährlichen Zins von 1 Mut Vesen aus seiner Hofstatt in Gutmadingen einbringt für die Kerzen „so da zu Nidingen Uff Hoff im closter in dem kor des in der Ere der iunkfrow Marje unnd sant Annen irer gebererin gewieht, zu brinnen angefengt ist“[155].

Schließlich ist hier auch an die Pitanzstiftungen zu erinnern, also die Aufbesserung der kärglichen Mahlzeiten für die Nonnen durch reiche Jahrtagsstifter[156]. Diese Schenkungen als milde Gaben weisen in Neudingen, wie erwähnt, nicht zuletzt auch auf Versorgungsschwierigkeiten im 14. und 15. Jahrhundert hin[157].

---

[150] FUB VI 29, S. 58.
[151] Ebd., S.60. Zum Kichenlicht, vor allem dem Ewigen Licht vgl. BROWE, Eucharistie, S. 1-10.
[152] FUB VI 29, S. 60. Zur Bedetung von Kerzen am Fronaltar vgl. BROWE, Eucharistie, S. 10.
[153] FUB III 375. MÜNZER, Neudingen, S. 60, deutet „in der katzen“ als Verschreibung.
[154] FUB VI 247 Anm. 13 a.
[155] FUB VII 132 Anm. 6. Möglicherweise handelt es sich auch hier um den oben genannten Chor „Unser lieben frowen“.
[156] Vgl. hierzu SCHULER, Anniversar, S. 88 f. GRÜBEL, Frauenfrömmigkeit, S. 34.
[157] Zu „Pitanz“ vgl. auch Lexikon für Theologie und Kirche, Bd. 8, S. 526.

An dieser Stelle bietet es sich an, einige Bemerkungen zur Neudinger Klosterkirche in der Zeit der Dominikanerinnen einzufügen. Zum Äußeren der alten Kirche lässt sich bekanntlich nach der Neugestaltung der Anlage um 1730 wenig Fundiertes anmerken. Und von der Innenausstattung haben sich aus dem 15. und 16. Jahrhundert lediglich vier Totenschilde erhalten, die sich auch heute noch im Eingangsbereich der Grabkirche aus dem 19. Jahrhundert befinden[158]. Alles andere ist zerstört. Erkenntnisse zur Ausgestaltung des Kirchenschiffes, z. B. mit Altären, ergeben sich deshalb eher beiläufig aus Hinweisen in Urkunden, aus der Neudinger Chronik „Idea laudabilis" und durch Abbildungen oder Vergleiche mit anderen Klosterkirchen des Predigerordens.

So lässt die große Zahl von Jahrzeitstiftungen im Kloster Auf Hof auch die Vermutung zu, dass sich im Kirchenraum mehrere Altäre befanden, was die Urkunden zu den Kerzenspenden bestätigen. So gab es einen Fronaltar[159] und einen Altar „usserthalb dem chor", an dem die Messe im Rahmen der Hohenloheschen Stiftung gefeiert werden sollte[160]. Wahrscheinlich stand um 1500 ein Marienaltar in dem erwähnten Chor zu Ehren Marias und ihrer Mutter Anna[161] und vermutlich leuchtete das Georgenlicht vor einem (vierten) Altar zu Ehren des hl. Georg, zumal dieser Heilige noch um 1770 als Kirchenpatron Erwähnung findet[162]. In der Nähe dieser Altäre befand sich auch das große Kruzifix[163].

Die Chronik „Idea laudabilis" enthält bei der Beschreibung des Kirchenraums im 18. Jahrhundert eine Ergänzung zum Bisherigen: Als Blickfang inmitten des Raumes – so berichtet der damalige Chronist – „stehet das hochfürstliche Fürstenberger Mausoleum"[164]. Die in Stein gehauene Inschrift „Anno Domini 1337 obiit Comes Heinricus de Fürstenberg ..." zeigt, dass es sich um das Doppelgrabmal mit den Liegefiguren der Grafen

[158] Zu diesen Totenschilden vgl. Kapitel 10, S. 253 ff.
[159] FUB VI 21; FUB VI 29, S. 60.
[160] FUB II 434.
[161] FUB VII 132 Anm. 6.
[162] Idea laudabilis, S. 123. Aus den Darlegungen des Chronisten ebd., S. 121v. und 122, geht hervor, dass auch in der neu gestalteten Kirche vier Altäre standen: der Hochaltar (für die Jungfrau Maria, ihre Mutter Anna u.a.), der Seitenaltar bei der Kanzel (für die Hlg. Benedikt, Bernhard u.a.), der Seitenaltar beim Fenster (für St. Georg, St. Joseph u.a.) – diese drei Altäre waren 1723 geweiht worden – sowie der Kreuz-Altar, der erst 1767 aufgestellt wurde.
[163] FUB V 383 Anm. 2; FUB II 280.
[164] Idea laudabilis, S. 123.

Heinrich II. und Heinrich III. handelt, das in einem späteren Abschnitt noch eingehend besprochen wird[165].

6.4. Die beiden großen Kaplaneistiftungen: Die Hohenlohesche und die Egesheimer Stiftung

Eine andere, gerade im süddeutschen Raume weit verbreitete Folge dieser ständigen Sorge um das Weiterleben nach dem Tode bestand – neben tiefer Volksfrömmigkeit, neben den Jahrzeitstiftungen, der ausufernden Heiligenverehrung, dem Ablasswesen u.a. – vor allem darin, dass in zunehmendem Maße sog. Kaplaneistiftungen geschaffen wurden[166]. Zwei solcher Mess- bzw. Altarpfründen wurden im späten Mittelalter auch im Kloster Neudingen gestiftet[167].

Die erste Einrichtung dieser Art, die sog. Hohenlohesche Stiftung, erfolgte 1370, bald nach dem Tode der Gräfin Adelheid von Fürstenberg, geb. von Hohenlohe, nach der diese Stiftung auch benannt wurde. Ihr Ehemann, Graf Heinrich IV., führte am 6. Nov. 1370 in seinem und im Namen seines inzwischen ebenfalls verstorbenen Oheims Konrad von Fürstenberg und autorisiert durch den letzten Willen der Gräfin Adelheid die Stiftung aus ihrem Nachlass durch (*mit irem aigenlichen guot*[168]). Der Graf erließ hierfür die folgende Verfügung[169]:

1. In der Klosterkirche Auf Hof soll ihres „sele heiles willen"[170] eine Ewigmesse[171] mit einer (Altar-)Pfründe eingerichtet werden.
2. Der Pfründinhaber muss täglich eine Messe lesen, und zwar „zuo dem vordern altâr usserthalb dem chor". Um Schwierigkeiten zu vermeiden, soll er seine Messe zur gleichen Zeit halten wie der Klosterkaplan.

---

165 Vgl. Kapitel 10, S. 252 f.

166 LAUER, Kirchengeschichte, S. 143 ff. Vgl. Tüchle, Bd. 2, S. 385 ff. und 259 ff.

167 Vgl. TUMBÜLT, Neidingen, S. 89 ff. WÄLDELE, Hohenlohesche Pfründe, Die Heimat Nr. 3, u. DERS., Egesheimer Pfründe, Die Heimat Nr. 1. Ebenso: RIEZLER, Haus Fürstenberg, S. 294, THOMA, Kirchenpolitik, S. 14, und MÜNZER, Neudingen, S. 56 f.

168 TUMBÜLT, Neidingen, S. 89, und WÄLDELE, Hohenlohesche Pfründe, Die Heimat Nr. 3 (1936), erklären: die Gräfin habe die Stiftung mit ihrem Schmuck bestritten. Dies trifft so nicht zu: Von „suis ornamentis" ist erst in dem Bestätigungsgesuch 1396 (s. u.), nicht schon 1370 die Rede.

169 FUB II 434.

170 Zitate entstammen FUB II 434 und RIEZLER, Ukk. 2, S. 1-3.

171 Nach BABENDERERDE, Totengedenken, S. 342, stellt eine Ewige Messe „eine besonders intensive Form des Gedächtnisses" dar.

3. Der Kaplan, der die Pfründe innehat, muss „in dem dorf ze Nidingen séßhaft sin mit hús und nüt vff dem kloster noch anderswa“[172].
4. Nebeneinkünfte der Pfründe, Mess- oder Opfergeld, kommen dem Kloster und der Küsterei zugute und zwar, „was zuo der meß der selben pfruonde wirt und geuallet, ... , es werde gefrumt oder geopfret, es si an pfennigen oder an andren dingen“.
5. Sollte der Pfründner (der Hohenloheschen Stiftung) für den Klosterkaplan als Aushilfe einspringen müssen, so sollen die Klosterschwestern ihn verpflegen (*bekosten*) und dafür sorgen, dass er seinen übrigen Aufgaben unbehindert nachkommen kann (*die meß zuo der selben pfruonde besorgen*).
6. Kommt es zum Konflikt, weil sich ein Pfründner (Kaplan) unwürdig verhält, so sind die Klosterfrauen Auf Hof berechtigt, ihn zu entlassen.
7. Bei Vakanz der Pfründe haben Priorin und Konvent allein das Patronatsrecht: „...won wenn ain pfruondner abgât oder enist, so sont si die pfruonde darnach in den néhsten zwain mânoden ungeuârlich verlihen ainem andern wéltlichen priester ...“ Erst danach darf die gräfliche Stifterfamilie eingreifen.

Die Verleihungsurkunde informiert zudem darüber, dass Graf Heinrich und sein Onkel Konrad, noch zu dessen Lebzeiten, den „erbern priester, hern Johansen den Hafner[173], Hainrich dez Hafners sun von Fürstemberg“, als ersten Inhaber dieser Messpfründe, also als ersten Kaplan auf der Hohenloheschen Stiftung, eingesetzt haben[174].

Zu dieser Urkunde von 1370 gehört, gleichsam mit erklärenden Ergänzungen, die Bitte Graf Heinrichs IV. um Bestätigung der Stiftung und die bischöfliche Genehmigung des Stiftungsbriefs 1396[175], die hier in drei wesentlichen Punkten angefügt wird:

- Der (oben erwähnte) Altar, der für die Hohenloheschen Stiftung angefertigt werden musste, befindet sich nun in der Klosterkirche „ext-

[172] Ebd., S. 2. Was genau hinter dieser Anordnung steckt, ob damit der weltgeistliche Kaplan dem Einfluss der Prediger im Kloster entzogen werden soll, wird aus den Quellen nicht klar.

[173] Zu Johann Hafner vgl. auch FUB VI 160 Anm. 1.

[174] FUB II 434 und RIEZLER, Ukk. 2, S. 1. Diese Uk. wird zum Teil auch als Bestallungsurkunde des Johann Hafner als erstem Pfründner der Hohenloheschen Stiftung bezeichnet, im Grunde aber erhält schon mit ihr die Stiftung Rechtskraft.

[175] FUB II 560 und ebd. 560 Anm. 1.

ra chorum in latere sinistro“ und ist geweiht „in honore virginis Marie et sanctorum apostolorum Petri et Pauli“[176].

- Zur Dotation dieses Altars, der als „perpetuum ecclesiasticum beneficium“ bezeichnet wird, stellt das Grafenhaus zum einen den sog. Schinerzehnt in Riedböhringen, der 28 Malter abwirft, zum anderen den dazugehörigen Kleinzehnt mit einem jährlichen ertrag von 3 Pfd. und 5 Schilling Heller (*trium librarum Hallensium cum quinque solidis monete*) zur Vefügung. Hinzukam eine beachtliche Gült aus der Abgabe von 7 Lehensleuten in Hondingen[177].
- Graf Heinrich IV. von Fürstenberg beansprucht jetzt (1396) mit Nachdruck das Patronatsrecht über die Kaplaneipfründe <u>für sich</u> und seine Nachkommen.

Indem er diesen Anspruch zugleich von Bischof Burkhard von Hewen bestätigen lässt, umgeht er somit seine feierliche Verpflichtung von 1370[178]. Priorin und Konvent des Klosters nehmen diesen willkürlichen Eingriff in ihr verbrieftes Recht stillschweigend hin[179]. Die Regelung von 1396 blieb in den folgenden 200 Jahren maßgebend[180]. Die Hohenlohesche Stiftung an sich überdauerte die Zeit. Die Tradition dieser Messfeier wurde bis ins 20. Jahrhundert gepflegt[181].

Die zweite Kaplaneistiftung war die Egesheimer Pfründe. Sie ist benannt nach der Stifterin Anna Egesheimer aus Villingen, die zum Zeitpunkt der Stiftung schon seit Jahren Nonne in Neudingen war. Diese stiftete am 23. Juni 1433 im Einvernehmen mit der Priorin Agnes von Almshofen und dem Konvent ihres Klosters sowie „mit Gunst und Erlaubniß“ des Grafen Egen von Fürstenberg (als Kastvogt?) eine ewige Messe mit einer Kaplaneipfründe im Kloster Auf Hof zu ihrem und ihrer Eltern Seelenheil[182]. Der Kaplan seinerseits war verpflichtet, „ir und allen den iren“ einen Jahrtag zu

---

[176] RIEZLER, Ukk. 2, S. 11 ff.
[177] Ebd., S. 12, werden die Namen folgender „honesti viri“ aus *Haindingen* genannt: „ ... Johannes Vintzel, et Johannes Nydinger et Nycolaus Frischi et Hainricus Lútdolt et Johannes Apt et Hainricus Eberlin et Stephanus Fritschi, omes habentes propriam residenciam in villa Haindingen predicta ...“
[178] FUB II 434. Vgl. auch WÄLDELE, Hohenlohesche Pfründe, Die Heimat Nr. 3.
[179] Vgl. Kapitel 8, S. 206 f.
[180] Bezgl. des Einspruchs gegen diese Regelung 1613 vgl. Mitt. II, Nr. 1233.
[181] MÜNZER, Neudingen, S. 57.
[182] FUB III 223.

halten[183]. Für die Stiftung stellte die Klosterfrau eine Reihe von Einkünften aus ihrem ansehnlichen Besitz bereit. Sie nennt:

- 25 rheinische Gulden in Gold, die jährlich aus einem Hauptbrief mit der Stadt Freiburg fällig werden,
- 7 Gulden jährlich „voruß und vorab“ aus einem weiteren Hauptbrief über 15 fl., den sie mit Junker Engelhard von Blumegg abgeschlossen hat, und
- eine jährliche Naturalgült aus 2 Mtr. Vesen, 1 Mtr. Hafer, ½ Viertel Eier und 4 Hühnern von einem Hofgut in Sunthausen[184].

Die Auflagen für den Inhaber der Egesheimer Pfründe enthalten einige wörtliche Anklänge an den Text der Hohenloheschen Stiftung, der offensichtlich als Vorlage diente. Dies wird auch in der folgenden Aufzählung der wichtigsten Punkte deutlich:

1. Der Kaplan, dem diese Pfründe verliehen ist, muss „Jartzit began alle jar järlichen zu viermalen in dem jar und allweg mit fünf priestern“[185].
2. Die Stifterin (*Ich obgenante swester anna die Egenhamerin*) behält das Patronatsrecht auf die Pfründe auf Lebenszeit bei; danach geht es an die Priorin und den Konvent über[186].
3. Der Pfründner „der sol meß haben zuo ieglichen ziten wenn es mir oder den frowen uff hofe nach minem tode füglich und eben ist.“ Dabei soll er sich „die pfrond verdienen“ mit Gesang und Lesung.
4. Er ist für Geldspenden und Opfergaben bei der Messe in der Regel nicht zuständig. „ Er sol auch kein wirtschaft noch unredliche gesellschafft haben.“
5. Bei ungebührlichem Verhalten behält sich Anna Egesheimer das Recht vor, dem Priester die Pfründe zu entziehen und „die pfrond ainem andern (zu) verlihen.“[187]

---

[183] FICKLER, Anniversarien-Buch, Abt. I, S. 33.

[184] FUB III 223.

[185] FFA, Kloster-Akten, Lade 25 Fasc. A, Nr. 1. Bei Zitaten aus der Stiftungsurkunde wird auf den handschriftlichen Text des Originals im FFA zurückgegriffen, da das Regest der Uk. in FUB III 223 einen Teil der Auflagen nicht wiedergibt. Der Eintrag im Anniversarienbuch im FFA zum Todestag Annas am 9. März: „ain Jarzit ... mit 7 priestern“, weicht von der Stiftungs-Uk. ab.

[186] FUB III 223.

[187] In FFA, Kl.-Akt., Lade 25 Fasc. A, Nr. 1, heißt es: „... und wenn sich ain capplain uff der vorgenanten pfronde anders haltet denn got löblich und den frowen erlich ist als dick dz beschieht, so mag ich denselben capplain oder die frowen uff hofe, wenn ich nit mer in leben bin, wol ertsetzen und die pfrond ainem andern verlihen.“

6. Die Klosterfrau bestätigt abschließend, dass das Kloster unter Federführung der Priorin Agnes von Almshofen ihr Vorhaben unterstützt und eine Hofstatt im Klosterbezirk (*ain hoffstatt uff hof*) für den jeweiligen Kaplan als Unterkunft bereitstellt[188].

Dem folgen später noch weitere Hilfsmaßnahmen des Klosters[189] und anderer Gönner[190]. Ebenso werden zusätzliche Auflagen für den Pfründner in einer späteren Urkunde der Priorin Agnes vom 20. Dez. 1443 – Schwester Anna Egesheimer war bereits 1436 gestorben – präzisiert[191]. Der Egesheimer-Kaplan hat danach mit den Zinseinnahmen aus der Stiftung für die Instandhaltung seiner Behausung zu sorgen, u.a. muss er sie alle vier Jahre renovieren. Wenn das Haus verfällt, stehen die genannten Zinserträge dem Kloster zur Verfügung, welches dann Sorge dafür trägt, dass ein neues Haus bedarfsgerecht erbaut wird.

Es ist anzunehmen, dass dieser Kaplan dem Willen der Stifterin entsprechend ein Predigerbruder war. Schließlich gehörte Anna Egesheimer jahrzehntelang dem Predigerorden an. Sie hatte außerdem ein gutes Verhältnis zu ihrer Priorin Agnes von Almshofen, die sich bei der Einrichtung der Egesheimer Pfründe stark engagierte. Agnes aber war nach allem, was über sie bekannt ist, eine entschiedene Fürsprecherin der Betreuung des Klosters Auf Hof durch die Dominikaner.

Anna Egesheimer trägt den Namen einer einflussreichen Patrizierfamilie aus Villingen[192], die über beachtlichen Besitz verfügte. 1407 erhielt Anna, die schon damals dem Neudinger Konvent angehörte, das gesamte Vermögen ihrer Mutter überschrieben[193]. Diese, Margaretha Egesheimer, war die Witwe des Johann (Henslin) von Tannheim, der seinerseits ebenfalls „aus einem alten ratsfähigen Geschlecht der Stadt Villingen" stammte[194]. Die reichhaltige Erbschaft der Witwe vom 17. Juni 1407 umfasste u.a.:

---

[188] FUB III 223 und FFA, Lade 25 Fasc. A, Nr. 1.

[189] Vgl. den Kauf des Vögtinen-Guts in Pfohren 1434 durch. die beiden Klosterfrauen Priorin Agnes von Almshofen und Anna Egesheimer bzw. das Kloster (FUB III 228) und die Weitergabe des Guts (Besitz der Priorin) an die Egesheimer Stiftung 1443 durch Priorin Agnes u. den Konvent (FUB VI 247 Anm. 12). Zugleich gibt die Priorin eine Wiese in Neudingen, die sie Adam Cron aus Schaffhausen 1444 abkauft (FFA, Kl.-Akt., Lade 36 Fasc. B, Nr. 6) in die Egesheimer Stiftung.

[190] FUB VI 19 Anm. 18.

[191] FUB VI 247 Anm. 12.

[192] KINDLER VON KNOBLOCH, Bd. 1, S. 280.

[193] FUB VI 19 Anm. 10. Das Original ist im FFA, Kl.-Akt., Lade 36 Fasc. B, Nr. 4.

[194] KINDLER VON KNOBLOCH, Bd. 1, S. 198 ff.

Zwanzig Gulden Jahreszins von der Stadt Villingen, ein kleines Gut in Aasen „daz der Bühler da buwt", ihr Haus „an der kaeßgassen" in Villingen, ein Gut in Donaueschingen (*min gütli gelegen ze Tunoweschingen*) und zudem ihr sonstiges bewegliches und unbewegliches Hab und Gut (*ligend guot und varend guot*), „es syent pfenning, gulda, silber golde, silbergeschier, damat genider bette, bettenwat, husgeschier und hußrat", auch die gesamten Ersparnisse[195]. Vor allem mit den jährlichen Einkünften aus diesen Objekten[196], die man in der Folgezeit gewinnbringend angelegt hat, und aus einer Anzahl kleinerer Anlagen scheint die Egesheimer Pfründe im Wesentlichen finanziert worden zu sein[197]. Sie bestand anscheinend noch im 18. Jahrhundert.

Bei der abschließenden Gesamtbetrachtung der beider Kaplaneistiftungen stellt sich als erstes die Frage, ob durch die Bestallung eines Predigerbruders mit der Egesheimer Pfründe ein Gegengewicht des Ordens gegen die Dominanz der weltgeistlichen Kapläne im Kloster Neudingen geschaffen werden sollte. Der Gedanke, dass dies so gewesen sein könnte, ist nicht ganz von der Hand zu weisen. Ein eindeutiger Nachweis ist allerdings bei der gegebenen Quellenlage nicht zu führen.
Als zweites ist festzuhalten, dass die Einrichtung der beiden Kaplaneipfründen, wie schon angemerkt, vor allem Ausdruck zeittypischer Frömmigkeit war. Ob dabei die große Wertschätzung des Gottesdienstes, wie Jakob WÄLDELE betont[198], (zumindest) bei der Stifterin der zweiten Pfründe im Vordergrund stand, also die (praxisbezogene) Absicht, im Kloster Auf Hof über drei Geistliche zu verfügen und dementsprechend den Konventfrauen mehrmals täglich Messen anbieten zu können, sei einmal dahingestellt.

---

[195] FUB VI 19 Anm. 10.

[196] In FFA, Kl.-Akt., Lade 36 Fasc. B, befinden sich neun Urkunden (Nr. 1-9), mit der Aufschrift „In die Egisheimer Pfründt gehörig" (18. Jh.). Es sind dies: Zwei Ukk. von einem Güter- und einem Gültkauf des Heinrich (Haini) Egesheimer von 1374 und 1383 (Nr. 1, 2), urkundl. Belege der Vorbesitzer von 1333 u. 1354 (Nr. 8,9), ein Vergleich von 1399 (Nr. 3), zwei Ukk. von 1343 und 1344, an denen Priorin Agnes von Almshofen beteiligt ist (Nr. 5 und 6), sowie ein Schuldbrief von 1502 (Nr. 7). Auch der oben erwähnte Nachlass der Margaretha Egesheimer von 1407 gehört zu diesem Aktenbündel (Nr. 4).

[197] Zur Finanzierung der Egesheimer Pfründe in der Dominikanerinnenzeit vgl. Repertorium 2 im FFA, S. 919-921.

[198] WÄLDELE, Egesheimer Pfründe, Die Heimat Nr. 1 (1936).

Viel eindrucksvoller zeigt sich nach unserer Auffassung die Frömmigkeit in der Sorge um das Seelenheil – das eigene wie das aller Familienmitglieder. In beiden Stiftungen wird in der memorialen Pflichterfüllung nicht nur rückwirkend an die bereits verstorbenen Vorfahren erinnert, „sondern (es sollte) auch die Verbindung zu den Nachkommen hergestellt werden, um zu demonstrieren, dass die gräfliche Dynastie (bzw. die Patrizierfamilie) auch in Zukunft Bestand haben werde.“[199] Das Gebet für die lebenden und das Gedenken an die toten Verwandten war Pflicht und Auftrag[200], und diese Verpflichtung galt im ausgehenden Mittelalter, wie die beiden Pfründstiftungen im Kloster Auf Hof deutlich machen, offensichtlich genauso für eine hochadlige Familie wie für die Angehörigen des städtischen Großbürgertums[201]. Überdies aber, so Oliver AUGE, diente diese Erinnerungskultur auch der Selbstdarstellung und Repräsentation sowie der sozialen Statusdokumentation der Familie und des ganzen Stiftergeschlechts[202].

---

199 BABENDERERDE, Totengedenken, S. 343.

200 ALTHOFF, Verwandte, S. 65.

201 AUGE, Niederadelige Erinnerungskultur im Kloster Lorch, Stuttgart 2004, S. 99 –118, untersucht diesen Tatbestand auch für die niederadeligen Familien der Woellwarth und Schechingen im Umfeld des Klosters Lorch.

202 AUGE, Erinnerungskultur, S. 118.

KAPITEL 7
KLOSTERORGANISATION UND WIRTSCHAFT

7.1. Ämter und Aufgaben

Voraussetzung für eine gut funktionierende Klostergemeinschaft ist eine geordnete Verwaltung mit klar strukturierten Ämtern und Zuständigkeiten. Der Dominikaner Johannes MEYER, Beichtvater im Frauenkloster Adelhausen, ein Kenner der internen Verhältnisse in den Predigerklöstern des ausgehenden Mittelalters, nennt in seinem Ämterbuch von 1454[1] insgesamt 23 Ämter, die in den Frauenklöstern der Dominikaner besetzt wurden. Im Kloster Auf Hof sind davon sechs Ämter bekannt und urkundlich belegt. Für Neudingen gilt wohl auch, was Marie-Claire DÄNIKER-GYSIN für das Dominikanerinnenkloster Töss feststellt: „Jedes Lebensgebiet im Kloster wurde auf solche Weise geregelt und besonderen Amtsträgerinnen unterstellt, die ... Rechenschaft über ihre verschiedenen Tätigkeiten abzulegen hatten."[2]

Oberstes und wichtigstes Amt war das der Priorin. Sie ist zuallererst für die Leitung des geistlichen Lebens zuständig[3], sie sorgt für die Einhaltung der Ordensvorschriften und führt auch die weltlichen Geschäfte, sie hat vollständiges Informationsrecht. Gemeinsam mit dem Konvent obliegt ihr die rechtliche Vertretung des Klosters. Wie bereits verschiedentlich zitiert enthalten die meisten Klosterurkunden die Formel „den erberen vnde gaistlichen vrowan der priorinvn vnd dem conuente des closters ze Nidingen Vffen Hove"[4]. Die Priorin hat die Oberaufsicht über die Klosterangehörigen, sie vermittelt in Konflikten und sorgt für den inneren Frieden[5]: „Si sol öch sechen eygenlich, dz guetter frid si in dem closter, vnd von der gemeinen einhelligkeit des conventes sol si sich nit lichtiklichen teilen on redlich sach."[6] Sie erlaubt und verbietet, z.B das Ein- und Ausgehen im

---

[1] Johannes MEYER, Das Ämterbuch von 1454, kommentiert und in Auszügen hg. von J. KÖNIG, in FDA 13 (1880), S. 196-207.

[2] DÄNIKER-GYSIN, Töß, S. 55.

[3] MEYER, Ämterbuch, S. 197: Hauptsorge der Priorin soll sein, „...dz das geistlich leben zue nem und zue einem söllichen sol si me uffsehens haben, denn zue allen andren sachen".

[4] RIEZLER, Ukk. 1, S. 411.

[5] SCHEEBEN, Jordan, S. 90.

[6] MEYER, Ämterbuch, S. 197.

Kloster oder das Verlassen und Betreten der Klausur, ebenso die Aufnahme von Novizinnen[7].

Gewählt wurde die Priorin vom Konvent bzw. von einem dazu bestimmten Gremium älterer Schwestern[8]. Wie es scheint, war die Führungsposition (und auch das Subpriorat) in Neudingen dem Adel vorbehalten; zwei, wahrscheinlich sogar drei Priorinnen gehörten sogar dem Grafenhaus an.[9] Allerdings sind nur neun Inhaberinnen des höchsten Amtes mit Namen bekannt.

Tabelle 5
Die Priorinnen des Klosters Auf Hof[10]

Datierung	Priorin	Belegstelle
nach 1284	Domina Agnes Priorissa (Ehrentitel?), "Stifterin dis closters", wahrscheinlich Gräfin Agnes von Fürstenberg, geb. von Truhendingen (ohne „soror")	Anniversar: 5. Jan. Als „Domina Agnes" in Ukk. 1270, 1288, 1293 und 1294[11]
nach 1341	Martha von Fürstenberg, Gräfin (Tochter Graf Friedrichs I.)	FUB II 234. Anniversar: 23. Juni
1388	Anna von Fürstenberg, Gräfin (Tochter Graf Heinrich III.)	FUB II 384 + Anm. 1, 414, 524 + Anm. 1. Anniversar: 23. Jan.
1433–1452	Agnes von Almshofen, bereits 1417 Klosterfrau in Neudingen, Priorin 1433 – 1452[12]	FUB III 223, 228, 286, ebd. VI 247 Anm. 12, 13, 13°, 14 und 15. Anniversar: 17. Nov.
vor 1494[13]	Anna („ain priorin")	Anniversar: 10. Mai
vor 1494	Margareta ("ain priorin")	Anniversar: 14. April
1514, 1529	Barbara von Reckenbach, „An. 1529 priorin des gotzhus" 1529 verstorben	FUB VII 190 Anm. 5, Mitt. I, Nr. 64. Anniversar: 30. Nov.
1551	Röttenbacher (ohne Vornamen)	Mitt. I, Nr. 758.
1559	Maria von Felsenberg, gestorben 1570	Mitt. I, Nr. 878 Anm. 2. Anniversar: 20. März

Stellvertreterin und, im besten Sinne, Gehilfin in der Amtsführung der Priorin ist die Subpriorin[14]. Eine ihrer wichtigsten Aufgaben ist es, als „ein

---

[7] DÄNIKER-GYSIN, Töß, S. 25. Vgl. hierzu SCHLOTHEUBER, Klostereintritt, S. 104-264.
[8] WILMS, Geschichte, S. 46 f., basierend auf HOLSTENIUS, Constitutiones, Caput XXIV, S. 136 f.
[9] Vgl. Kapitel 5, S. 125, und Kap. 9, S. 223 und 226.
[10] Vgl. auch die Liste der Priorinnen bei TUMBÜLT, Neidingen, S. 78.
[11] Zu „Domina Agnes Priorissa" vgl. Kapitel 1, S. 31 f.
[12] Vgl. Kapitel 3, S. 79 ff., und unter „Agnes von Almshofen" in Anhang A 1, S. 270.
[13] Die beiden im Anniversarienbuch ohne Familiennamen aufgeführten Priorinnen Anna und Margareta können zeitlich nicht genau eingeordnet werden. Sie waren lediglich in der Vorlage, die dem Schreiber des Anniversars 1494 zur Abschrift diente, bereits genannt. Sie amtierten also im Kloster Auf Hof im 14. oder 15. Jh.
[14] Laut FOLINI/PALAIA, Dominikanerinnenklöster, S. 100, gab es dieses Amt, das 1259 in die Konstitutionen des Dominikanerordens aufgenommen wurde, auch in Töss. Zwei Amtsinhaberinnen sind dort namentlich bekannt.

getriuwe mittlerin“ bei Spannungen, also bei der Streitschlichtung, tätig zu werden: „Insunderheit gehört ir zuo, dz si den stat des closters vnd der priorin vnd der swesteren vnd der brüderen des hoffes irs closters dem visitator vnd dem provincial getruwlich sige erzelen und sagen.“[15] Außerdem gehört die Organisation der Zeremonien bei Gottesdiensten, Prozessionen (*ungewenlicher procession*) und Zusammenkünften ebenso zu ihrem Amt wie die Beachtung der Kloster- und Ordensregeln und die Führung der Amtsbücher u.ä.

Im Neudinger Kloster gibt es mehrere Hinweise auf dieses Amt. Zunächst wird die Subpriorin in drei Urkunden von 1335, 1336 und 1340 gemeinsam mit anderen Ämtern der Klosterleitung erwähnt, ohne dass die als Subpriorin amtierende Klosterschwester namentlich in Erscheinung tritt[16]. Danach dauert es rund 200 Jahre, bis wieder eine Subpriorin Erwähnung findet. Es ist Elisabeth von Buch. Die Affäre, oder besser: die Auseinandersetzung mit Graf Friedrich II. von Fürstenberg, in die sie kurz vor 1550 verwickelt war und die mit ihrer Ausweisung aus dem Kloster Auf Hof endete, wurde bereits eingehend dargestellt[17].

Neben diesen beiden Führungspositionen[18] im Neudinger Konvent sind schon frühzeitig die Ämter der Schaffnerin und der Küsterin bezeugt. Die erstere – die Schaffnerin – lenkte die ökonomischen Verhältnisse des Klosters, sie kontrollierte die Ausgaben und Einnahmen: deshalb „sol si haben ein register in dem si schriben teglichen mit allem fliß wz si in nimpt und vs gibt, also dz nut vnderwegen blibe von vergeslichen wegen“[19]. Auch hatte dieses Amt die Aufsicht über die Unterkünfte der Kapläne, der Beichtiger, der Laienbrüder und des Gesindes, ebenso über die Ökonomiegebäude[20]. 1335, 1336 und 1340 erscheint eine Schaffnerin in drei Urkunden als Teil der Klosterführung[21], danach nicht mehr. Die Schwierig-

---

15 MEYER, Ämterbuch, S. 198.

16 FUB V 360 Anm. 1, ebd. 302 Anm. 1 und 360 Anm. 2.

17 Vgl. Kapitel 4, S. 105 ff.

18 Ob bei der personellen Auswahl für nachgeordnete Ämter ebenfalls auf die soziale Herkunft geachtet wurde – wie in Tölz beim Amt der „Kellerin“, vgl. FOLINNI/PALAIA, Dominikanerinnenklöster, S. 100 – ist ungewiss. Die bekannten Amtsinhaberinnen gehören in Neudingen zumeist dem ansässigen Adel an; es werden aber nur wenige mit Namen genannt.

19 MEYER, Ämterbuch, S. 199.

20 Ebd.; vgl. auch DÄNIKER-GYSIN, Töß, S. 53. GRÜBEL, Frauenfrömmigkeit, S. 89.

21 FUB V 302 Anm. 1, 360 Anm. 1 und Anm. 2. – Im Anniversar im FFA findet sich zum 30. Juli der Eintrag: „O. mächthild schafnerin gilt I malter“ (ohne „soror“). Es ist fraglich, ob dies einer Mechthild Schaffner gilt oder einer Nonne Mechthild, die im Kloster Schaffnerin war.

keiten, gerade dieses arbeitsintensive Amt, das den Kontakt zur Außenwelt benötigte, bei gleichzeitig strenger Klausur erfolgreich zu führen, begründete wohl auch die Einsicht, dass für die Besitzverwaltung und das Rechnungswesen eine Männerbesetzung besser wäre[22]. 1325 ist erstmals mit *Bruder Berthold* ein Schaffner im Kloster Auf Hof tätig, vermutlich ein Laienbruder[23], ein Tatbestand, wie er im 13. Jahrhundert auch aus Basel und St. Katharinental bekannt ist[24].

Zugleich wird in den obigen Urkunden auch erstmals das Amt der Küsterin genannt, was in der Folgezeit häufiger geschieht. Dabei war dieses Amt, soweit seine Kompetenzen bekannt sind, vergleichbar mit dem eines Kirchen-Messners, indem „dz si habe gar ser und fast grossen fliß zue der kilchen und zu allem, dz zu der kilchen gehört"[25]. Die Amtsinhaberin hatte also den störungsfreien Ablauf der Messe vorzubereiten. Ihr oblag es, das Kirchenlicht vor den Altären, die Kerzen und das Öl für die Öllampen zu besorgen[26]. Sie war in Neudingen offenbar für den Messwein, und damit offensichtlich auch für den Wein überhaupt, zuständig[27], was andernorts Sache eines gesonderten Amtes, nämlich der Kellerei, war[28]. Es ist anzunehmen, dass sie auch die Oblaten bereitstellte. 1384 und 1385 wird die damals amtierende Küsterin in zwei Urkunden mit ihrem Namen bezeichnet. Es handelte sich um die Klosterfrau *Bride* (Brigitte) von Almshofen[29]. Danach kommt die Küsterei (*Custri*) nur noch in einer Urkunde vom 29. April 1448, ohne Nennung einer Amtsinhaberin, vor[30].

Dagegen tritt ein neues Amt besonders hervor, das weder im Ämterbuch des Johannes MEYER Erwähnung findet noch in einem anderen Kloster so ausgeprägt in Erscheinung tritt: das Seelmeisteramt (Seelamt). Schwerpunkte seiner Zuständigkeit scheinen Nachlässe und Erbschaften[31] und ebenso die Sorge für Einhaltung und Durchführung von Jahrtagsfeiern[32]

---

[22] WEHRLI-JOHNS, Töss, S. 909.
[23] FUB II 136. Vgl. TUMBÜLT, Neidingen, S. 88.
[24] GRÜBEL, Frauenfrömmigkeit, S. 89 u. 90. FOLINI/PALAIA, Dominikanerinnenklöster, S. 101.
[25] MEYER, Ämterbuch, S. 200.
[26] FFA, Kl.-Akt., Lade 13 Fasc. A, Nr. 10. FUB VI 21, ebd. VI 81 Anm. 2.
[27] FUB V 472, VI 21 und 91 Anm. 1.
[28] MEYER, Ämterbuch, S. 199.
[29] FUB VI 81 Anm. 2; ebd. VI 91 Anm. 1. – Ihr Jahrtag ist der 2. Juni (vgl. FICKLER, Anniversarien-Buch, Abt. I, S. 46).
[30] FUB VI 247 Anm. 13a.
[31] FUB IV 512. Ebd. VI 247 Anm. 11a.
[32] RIEZLER, Ukk. 2, S. 7. FFA, Kl.-Akt., Lade 8 Fasc. A, Nr. 7, ebd., Lade 21 Fasc. A, Nr. 10.

gewesen zu sein, zudem auch die Verwaltung von Gülten, die zum Teil zur besseren Verköstigung der an den Jahrtagsfeiern beteiligten Klosterinsassen (Pitanz) dienen sollten[33]. Die früheste Erwähnung einer Seelmeisterin im Kloster Auf Hof erfolgt am Ende des 14. Jahrhunderts. Danach tritt das Amt in den Urkunden häufig auf, verschwindet aber nach dem 5. Mai 1428[34] ebenso plötzlich aus den Quellen.

Seit dem 14. Jahrhundert findet man zur juristischen Beratung geistlicher Anstalten vielerorts eine neue Institution, die mit dafür ausgebildeten männlichen Amtsinhabern besetzt wird. Es ist dies der Hofmeister des Klosters[35]. In Neudingen erscheint dieses Amt erst relativ spät: Aus einer Urkunde der Priorin Agnes von Almshofen vom 19. Jan. 1450 geht hervor, dass sie „Heinrich Wiler, hoffmaister uff hove" zum Bevollmächtigten des Klosters vor Gericht einsetzt[36]. Dies ist notwendig, weil weibliche Personen, selbst die Priorin, damals bekanntlich vor Gericht nicht tätig werden durften[37], Prozesse aber immer häufiger vorkamen.

Nach Heinrich Wiler hatte in den Jahren um 1500 auch Peter Repflin dieses Amt inne. Jedenfalls wird am 1. März 1502 „von dem erbaren ... hoffmaister by nidingen" mit 20 fl. „bei allhiesigem Gottshauß" eine Jahrzeit für sich und seine Ehefrau gestiftet[38]. In der Folgezeit gewann dieses Amt, und damit auch der klösterliche Amtsinhaber, zunehmend an Einfluss. Im Prozess zwischen der Gemeinde Aulfingen und dem Kloster am 27. Febr. und 5. Juni 1508 wurde der Konvent von Hofmeister *Pale Maiger* vertreten[39]. Während des Mühlenstreits des Klosters mit dem Müller Conrad Angster 1516 fungierte zunächst Hofmeister *Martin Mayger,* „hoffmayster und anwalt der würdigen und gaistlichen frowen" als Rechtsbeistand[40], in der Berufungsverhandlung am 7. Sept. 1517 nahm Hofmeister Hans Laminit die Interessen der Klosterfrauen wahr[41].

---

[33] FUB III 64, 147, und ebd. VI 91.
[34] FUB VI 247 Anm. 11a.
[35] Vgl. FOLINI/PALAIA, Dominikanerinnenklöster, S. 102. MÜLLER, S. 55, erklärt für Katharinental: „In den Aufgabenbereich des Hofmeisters fielen ...: die Oberaufsicht über den Grundbesitz, Gerichtsangelegenheiten und das, was sich als >Außenpolitik< bezeichnen ließe."
[36] FFA, Kloster-Akten, Lade 21 Fasc. B, Nr. 7. Hier wird auf die Original-Uk. verwiesen, weil nur dort, nicht aber im Regest in FUB VI 247 Anm. 15, der Hofmeister erwähnt wird.
[37] Vgl. LEIBER, Landgericht, S. 375 f.
[38] FFA, Kl.-Akt., Lade 17 Fasc. D, Nr. 12. Vgl. ebenso Repertorium 2, S. 326.
[39] FFA, Kl.-Akt., Lade 10 Fasc. A, Nr. 2 + 3.
[40] FFA, Kl.-Akt., Lade 17 Fasc. D, Nr. 1.
[41] FFA, Kl.-Akt., Lade 17 Fasc. D, Nr. 2.

Selbst 1547, als das Kloster Auf Hof sich bereits in Auflösung befand, war die Stelle noch besetzt. In der Streitsache um eine Wiese im Pfefflinger Ried zu Unterbaldingen werden die Konventualinnen von „Hanns Engesser hoffmayster In namen und als bevelchhaber der Gaystlichen frouwen" vertreten[42]. Offen bleibt, ob diese Amtsträger völlig unabhängig walteten oder an Weisungen des gräflichen Kastvogtes gebunden waren. Auch nach dem Übergang des Klosters an den Zisterzienserorden 1584 blieb das Hofmeisteramt besetzt. Im Anniversarienbuch lautet ein Eintrag zum 28. Juni: „Obiit Der Ersame und achtbare Hanß Henssler des Gottshauß uff Hoff gewester Hoffmaißter Und getrewer diener über die vierzig Jar. Anno 1623."[43]

Neben diesen mehrfach erwähnten Klosterämtern gab es laut einer Urkunde vom 5. Dez. 1431 auch eine Meierin namens Anna im Kloster[44]. Es ist dies die einzige Erwähnung dieses Amtes. Sie deutet auf die zumindest zeitweilige besondere Betreuung der klösterlichen Landwirtschaft durch eine Amtsschwester, wohl eine Laienschwester[45], hin, wie sich aufgrund des erheblichen Arbeitsaufwandes und der notwendigen Kompetenz folgern lässt. Eine gesonderte Zuständigkeit für die Landwirtschaft machte zudem beim Kloster Auf Hof Sinn. Denn schließlich besaß man ansehnliche landwirtschaftliche Nutzflächen und Güter[46].

Ansonsten ist anzunehmen, dass es im Kloster Auf Hof noch weitere Ämter oder zumindest Zuständigkeiten• und Aufgabenbereiche gab, beispielsweise eine Klosterfrau, welche die Novizinnen betreute[47], oder mehrere Krankenschwestern (Siechmeisterinnen), vielleicht auch eine Stelle für die Gärtnerei, die Bücherei oder die Gebäudeunterhaltung u.ä. Doch darüber steht in den Quellen nichts.

---

[42] FFA, Kl.-Akt., Lade 34 Fasc. A, Nr. 1.

[43] FFA, Anniversarienbuch unter: 28. Juni.

[44] FUB III 213.

[45] Laienschwestern sind für Neudingen, sowohl urkundlich als auch im Jahrzeitbuch, kaum einmal genannt. Ganz anders stellt sich dies in den Klöstern Töss und St. Katharinental dar: Vgl. hierzu FOLINI/ PALAIA, Dominikanerinnenklöster, S. 98 f.

[46] Dies ergab ja schon die Darstellung der Klostergeschichte in den Kapiteln 2-4. Vgl. außerdem die anschließenden Ausführungen zur Wirtschaftsentwicklung des Klosters in der Zeit der Zugehörigkeit zum Predigerorden.

[47] Vgl. EHRENSCHWENDTNER, Bildung, S. 99 ff.

7.2. Zur Wirtschaftssituation: Quellenlage, Grundzüge der Entwicklung, Streuung des Klosterbesitzes

Ein mittelalterliches Kloster als Ort des Zusammenlebens einer mehr oder weniger großen Anzahl von Menschen war gezwungenermaßen auch eine Einrichtung mit wirtschaftlichen Aufgaben, angepasst an das soziale Umfeld[48]. Hier musste für die, wenn auch noch so einfachen Lebensverhältnisse Daseinsvorsorge getroffen werden. Neben der primären Sorge um die menschlichen Grundbedürfnisse gehört dazu als zweites die Klosterausstattung als Voraussetzung für das monastische Leben, also: eine Kirche oder Kapelle, Gebäude für Unterkunft und Versorgung, Arbeitsgeräte, nach Möglichkeit Bücher, usw. Trotz aller Bereitschaft zu Bedürfnislosigkeit und Armut, wie das von Klöstern der Bettelorden erwartet wurde, setzte sich, wie man weiß, bei Frauenkonventen schon frühzeitig die Einsicht durch, dass letztlich materielle Einkünfte in Naturalien oder in Geld und dementsprechend auch ein gewisser Besitz zum Überleben notwendig sind. In die diesbezügliche Entwicklung im Dominikanerinnenkloster Auf Hof soll im Folgenden ein Einblick vermittelt werden.

Zu den wirtschaftlichen Vorgängen im Allgemeinen besteht die Überlieferung zur Hauptsache in zahlreichen Urkunden und einigen Urbaren, nebenbei auch in Eintragungen im Neudinger Anniversarienbuch und Hinweisen in der Chronik „Idea laudabilis“[49]. Dabei sind einer halbwegs erschöpfenden Untersuchung der ökonomischen Grundlagen und Handlungsabläufe enge Grenzen gesetzt, vor allem dadurch, dass es keine fortlaufende und lückenlose „Buchführung“ im heutigen Sinne, auch keine Auflistung von Einnahmen und Ausgaben, gibt.

Der Urkundenbestand ist zwar umfassend, aber trotzdem nicht lückenlos. Mitunter liegen einzelne Urkunden über Erwerb, Verkauf oder Rückkauf von Gütern oder landwirtschaftlichen Nutzflächen und Gülten nicht (oder

---

[48] Vgl. zu den allgemeinen Ausführungen: Handbuch der Kirchengeschichte, Bd. III/1, S. 515 ff., 525 ff.; Bd. III/2, S. 214 ff. HAUCK, Kirchengeschichte, Bd. 4, S. 325-428. Darin zu Mönchtum im 12. Jh. vgl. S. 383 ff.; zu den Predigern, S. 402 ff. Ebenso: GLEBA, Klöster, S. 35, u. LAUER, Kirchengeschichte, S. 110 ff. „Zur Wirtschaftsweise der Konvente“ in St. Katharinental u. Töss vgl. FOLINI, Katharinenthal und Töss, S. 231 ff.

[49] Vgl. auch die Hinweise zur Quellenlage insgesamt in der Einleitung, Abschnitt 4, S. 15 f.

nicht mehr) vor, teilweise enthalten sie Widersprüche u.ä., so dass die entsprechenden Vorgänge unklar sind und nur indirekt erschlossen werden können. Punktgenaue Zahlen[50], etwa von den Gesamteinkünften des Klosters, sind illusorisch. Nicht selten fehlen die vollständigen Urbare und gerade die Aufzeichnungen der laufenden Einkünfte, die zur Ergänzung der Urkunden notwendig wären. Zudem gibt es für unser Kloster, wie schon verschiedentlich angemerkt wurde, nur einen vollständigen Rodel (Urbar) von 1364[51]. Dieser belegt zwar einigermaßen zuverlässig den Stand von Klostervermögen und Zinseinkünften, nennt meist sogar die Nutznießer dieser Abgaben – häufig sind es Konventsfrauen –, aber er bietet eben nur punktuell, für das genannte Stichjahr, einen tieferen Einblick[52]. Daneben ist das sog. Haupturbar von 1436 noch am ehesten zu verwenden[53], während weitere Urbare und Güterbeschreibungen aus der Zeit zwischen 1381 und 1492 unvollständig, nicht gut erhalten und teilweise unleserlich sind oder manchmal nur einige Dörfer betreffen[54]. Sie sind somit nur begrenzt verwendbar[55]. Für einen Vergleich über einen längeren Zeitraum reichen sie nicht aus, weil die Klostergüter beispielsweise nicht eindeutig gekennzeichnet sind, oder nur der Name des Bauern genannt wird, der im Berichtsjahr gerade das betreffende Gut bewirtschaftet und zinst, z. B.: „... (es) gond die vier malter korngeltz ab aime guot, daz gelegen ist ze tunow eschingen (Donaueschingen) und zuo disen ziten buwet Eberlin Vischer...“[56].

Auch das Anniversar ist hier nur bedingt brauchbar, da Gült- und Güterstiftungen zu den Jahrtagen in der Regel ohne Angabe des Stiftungsjahres sind und sehr viele Einträge einen Stiftungsbetrag nicht aufführen oder die

---

[50] Zu den möglichen Fehlerquellen vgl. BADER, Amtenhausen, S. 73.

[51] FUB VI 29. Das handschriftl. Original befindet sich, gebunden in Buchform, als Urbar Nr. 16 im FFA. Vgl. die Auswertung dieses Urbars in Abschn. 3 dieses Kapitels.

[52] Vgl. Anhang C nach dem Textteil., S. 286 ff.

[53] FFA, Haupturbar (*Haubt Urbarium*), Urbar Nr. 1 von 1436. Vorangestellt sind darin u.a. die wichtigsten Bestimmungen des gräflichen Privilegs von 1299 und der Egesheimer-Stiftung von 1436, Hinweise zu Kelnhof und Kirchensatz von Neudingen u.a.m. Dieses Urbar umfasst nur 20 Dörfer, diese zum Teil lückenhaft.

[54] Es handelt sich um folgende Urbare bzw. Güterbeschreibungen zu 1381 (Urbar Nr. 17); 1448 (Nr. 14), vor allem für Neudingen, mit Zusätzen des 18. Jhs.; 1492 (Nr. 15), nur für Pfohren. Diese Urbare wurden gesichtet und, soweit geeignet, (mit)ausgewertet, allerdings nicht systematisch bearbeitet.

[55] Eine ähnliche Bewertung dieser Urbare findet sich auch im FUB VI 29, S. 62, vom Herausgeber von Band VI, F.L. BAUMANN.

[56] Zitiert nach Uk. vom 10. Nov 1439 (FFA, Kl.-Akt., Lade 4 Fasc. A, Nr. 2). Ähnliche Formulierungen kehren stereotyp in Ukk. mit wechselnden Namen von Zinsleuten wieder.

betreffende Jahrzeit gar keine (erwähnenswerte) Ausstattung hatte, weil es sich um einen „einfachen“ Gläubigen oder eine besitzlose Nonne handelte – ein Tatbestand, der bei vielen der 650 bis 700 Jahrtagsregelungen anzunehmen ist[57]. Noch seltener hilfreich bei allgemeinen Finanzfragen ist die Neudinger Klosterchronik, die für Entwicklungen im 16. Jahrhundert eher zufällig die eine oder andere Ergänzung bietet[58].

Somit liegt der Schwerpunkt für die besitzgeschichtlichen Betrachtungen bei den mehr als 200 Urkunden, die im FFA in Donaueschingen bei den Akten des Neudinger Klosters in 35 Laden aufbewahrt werden[59], alphabetisch geordnet, teilweise nach alten Ortsnamen der betroffenen Dörfer und Weiler. Das zugehörige Repertorium 2, das auch einen Teil der älteren Urkunden in Regestenform zusammenfasst, stammt erst aus dem 18. Jahrhundert[60]. Trotz dieses umfangreichen Materials werden aber etliche Fragen offen bleiben, da, wie gesagt, Zusammenhänge unklar sind und möglicherweise Fehlerquellen auftreten[61]. So werden sich die folgenden Ausführungen häufig auf allgemeine Trends und Tendenzen, auf Wirtschaftsverfahren und Einkommensformen sowie auf statistische Zahlenvergleiche für einzelne Zeiträume beschränken.

Wie eingangs bereits angedeutet, zeigte sich auch für das Kloster in Neudingen schon früh die Notwendigkeit, über feste Einnahmen und Zinsen zu verfügen und dafür Besitzungen zu erschließen, damit sich der Konvent selbst versorgen konnte. Die Wirtschaftsgeschichte des Klosters wird deshalb wesentlich bestimmt vom ländlichen Umfeld. Der Erwerb von landwirtschaftlichen Gütern unterschiedlicher Größe, von Äckern und Wiesen zur Bewirtschaftung war unumgänglich. Die Ländereien waren auf Lebenszeit als Lehen ausgegeben, um feste Einkünfte, vornehmlich in Naturalien, zum kleineren Teil in Geld, zu sichern[62]. Dabei ist aufgrund urkundlicher Hinweise durchaus anzunehmen, dass vom Kloster Auf Hof aus mit Lehensleuten und Leibeigenen – natürlich ohne körperliche Mitarbeit der Klosterfrauen – in gewissem Umfang bäuerliche Eigenwirtschaft

---

[57] Vgl. Anniversarienbuch im FFA (Hs.) und FICKLER, Anniversarien-Buch. a.a.O.
[58] Vgl. z.B. Idea laudabilis, S. 41v., wo von einem Streit des Klosters mit zwei Bauern aus Behla wegen der Höhe des Jahreszinses berichtet wird. U.ä.m.
[59] Vgl. Einleitung, Abschnitt 4, S. 16 f.
[60] Vgl. Repertorium 2 von 1740 im FFA.
[61] Vgl. zu Fehlerquellen auch BADER, Amtenhausen, S. 73.
[62] So auch TUMBÜLT, Neidingen, S. 76.

betrieben wurde[63]. Innerhalb der Klosteranlage standen im westlichen Teil zudem mehrere Ökonomiegebäude, also Scheunen und Ställe[64]. Und wie dies seit dem Ende des 14. Jahrhunderts öfters der Fall war, gab es wegen der landwirtschaftlichen Konkurrenz des Klosters genügend Konfliktstoff für Streit mit der lokalen Bauernschaft, besonders aus Neudingen, oder mit einzelnen Bauern aus dem Umland[65].

Bei all dem bildete die Nähe zum Haus Fürstenberg eine auffallende Komponente, nicht nur in den Jahrzehnten nach der Klostergründung[66], sondern auch später. Das starke Interesse der Grafen an Besitzentwicklung und Fortbestand des Klosters erklärt sich aus ihrer Rolle als Kastvögte, womit sie auch die Aufsicht über die Wirtschaftsführung des Klosters innehatten[67]. Zudem verzichteten die Fürstenberger, meist ohne Einschränkung, bei eigenen Güterschenkungen und Verkäufen an den Konvent auf ihre lehensherrlichen Rechte; ebenso verfuhren sie bei vielen Stiftungen des regionalen Adels[68]. Auf die fast exterritoriale Sonderstellung des Klosters durch das gräfliche Privileg von 1299 und ähnliche Verfügungen wurde (und wird noch) an anderer Stelle hingewiesen[69]. Diese enge Bindung blieb, von kurzen Unterbrechungen abgesehen, das prägende Element der Klosterentwicklung bis ins 16. Jahrhundert.

Wesentlich weniger Einfluss auf die weitere Gestaltung von Klosterbesitz und Einkünften hatte dagegen die Tatsache, dass man zu den Dominikanern, also einem Mendikantenorden, gehörte. Außer der stereotypen Zu-

---

[63] Aus der Uk. v. 2. Mai 1503 geht hervor, dass das Kloster schon lange Ackerbau und Viehzucht betrieb: So wurde die Bewirtschaftungsfläche für die einzelne Nonne festgelegt und die Stückzahl an Großvieh im Besitz des Klosters begrenzt. Die Klosterfrauen besaßen Pferde u. Schafe. „Auf dem Hofe" gab es „Sauen", die vom Dorfhirten und seinen Helfern täglich auf die Weide getrieben wurden (FUB VII 144 Anm. 2). Vgl. auch zwei Ukk. von 1445 bzw. 1495, mit denen die Grafen Heinrich VI. und Heinrich VII. dem Kloster jeweils ein leibeigenes Ehepaar überstellten, welches den Nonnen „mit diensten und andern sölichen sachen" helfen sollte (FUB III 361 u. FUB IV 182). – Zur Bewirtschaftung des Grundbesitzes in St. Katharinental, z.T. auch in Eigenwirtschaft, vgl. MÜLLER, St. Katharinental, S. 65 f., 67.

[64] FUB VI 160 Anm. 6. Vgl. die Bannkarte des Landesdenkmalamtes, Grobanalyse, Abb. 14. Daraus der Auszug: Lageplan des Klosters Maria Hof von 1794 (Abbildung 2, S. 268).

[65] „Spennen und Zweyungen" mit der Neudinger Bauernschaft gab es besonders um 1370 (FUB II 436), 1456 (FUB III 438), 1503 (FUB VII 144 Anm. 2); ebenso wichtig ist ein Urteil von 1460 FUB IV 532a). Streitigkeiten mit einzelnen Bauern oder anderen Gemeinschaften sind bekannt von 1444 (FFA, Kloster-Akten, Lade 1 Fasc. B, Nr. 4), 1486 (RIEZLER, Ukk. 2, S. 28 f.), 1507 (FUB IV 453), 1524 (GLA Idea laudabilis, S. 41v.) usw.

[66] Vgl. die gräflichen Vergünstigungen von 1274 bis 1341 in Tabelle 6 im Kapitel 9, S. 220.

[67] HIRSCH, Kastvogt, S. 199 f., 204 f. Vgl. Kapitel 9, S. 229 f.

[68] Die entsprechenden Ukk. (vgl. Kapitel 2) enthalten fast immer den Zusatz „vuer ain ledig aigen eweclich" (FUB II 13, Uk. vom 09. April 1303).

[69] Vgl. Kapitel 2, S. 44, und Kap. 9, S. 220 f.

satzformel „Brediger ordens“ zum Klosternamen[70] erinnert in den zahlreichen Urkunden eigentlich bis ins 15. Jahrhundert hinein nur wenig an diesen Umstand. So lassen sich auch nirgendwo bei der Organisation von Wirtschaft und Finanzen Überlegungen erkennen, etwa die Geld- und Naturalienspenden oder Güterschenkungen abzulehnen, weil man einem Bettelorden angehört: Nachdem das strikte Armutsgebot für dominikanische Frauenklöster schon zur Gründungszeit des Neudinger Klosters nicht mehr bestand[71], gab es hier auch keinen Anlass, nach Besitzlosigkeit zu streben. Für die Dominikanerinnen Auf Hof gilt uneingeschränkt die Feststellung: „Tatsächlich entfalteten die Frauenklöster (der Bettelorden) schon früh eine beachtliche wirtschaftliche Aktivität.“[72]

Demzufolge soll nun aufgezeigt werden, in welchen Ortschaften und in welchem Umfang Güter und Grundbesitz des Neudinger Konvents vorhanden waren und woher man die jährlichen Einkünfte bezog. Dabei spricht nichts dagegen, bei dieser Darlegung die von Karl Siegfried BADER für das Kloster Amtenhausen angewandte Einteilung der Orte mit Klosterbesitz in drei Gruppen zu übernehmen[73]:

1. Besitzungen in unmittelbarer Nähe des Klosters,
2. der klösterliche Streubesitz auf der Baar und
3. die „ergänzende Gütergruppe“[74], mit einem besonderen Verwendungszweck, räumlich weiter entfernt.

Zur ersten Gruppe gehören die Liegenschaften, die vom Kloster aus direkt bewirtschaftet werden konnten und die für die täglichen Bedürfnisse der Klosterinsassen lebenswichtig waren. Dazu sind neben der Klosteranlage Auf Hof die Neudinger Mühle, bekanntlich eine gräfliche Schenkung von 1299[75], und der Kelnhof in Neudingen (mit dem Kirchensatz) zu rechnen, den das Kloster vier Jahre später (1303) durch Kauf vom Grafenhaus erwarb[76]. Hierzu zählt auch zwecks ständiger Vorhaltung von Holz – Brennholz und Bauholz – das sog. Bruderholz. Dieses Waldstück südöstlich des

[70] So u.a. in der Uk. vom 11. Jan. 1344 (FUB V 472); selten: “sant Dominicus ordens”, wie in der Uk. vom 20. Dez. 1341 (FUB II 234).
[71] Vgl. zur Armutsfrage die Ausführungen in Kapitel 6, S. 151 f., dieser Arbeit.
[72] GRÜBEL, Frauenfrömmigkeit, S. 31. Die Predigerbrüder ändern erst Anfang des 14. Jh. ihre ablehnende Haltung zu festen Einkünften und Zinsen (vgl. ZIMMER, Dominikaner, S. 27).
[73] BADER, Amtenhausen, S. 63.
[74] Ebd.
[75] FUB I 651.
[76] FUB II 13.

Dorfes ist eine Schenkung des Ritters Konrad von Tengen von 1296[77]. Zu diesem frühen Besitz in Neudingen kommen bis zum Beginn des 16. Jahrhunderts noch die Wildenmühle[78], vier Güter bzw. Höfe und die Steinburg[79] und außerdem zahlreiche landwirtschaftlich genutzte Flächen, Äcker und Wiesen, hinzu, die vom Kloster aus leicht erreicht werden konnten[80]. Damit bildete das Dorf Neudingen, zu dessen Gemarkung lange Zeit auch Berg und Burg Fürstenberg gehörten, von Anfang an den natürlichen Mittelpunkt des Klosterbesitzes[81].

Die räumlich gestreuten Besitzungen des Klosters, der zweite Bereich also, dem der größte und wertvollste Teil des Klostervermögens zuzurechnen ist, liegen in Dörfern im Gebiet der jungen Donau, rund 15 bis 20 km im Umkreis von Neudingen; sie reichen zudem weit in die westliche Baar bis Dittishausen und in die Gegend von Löffingen. Die im FFA gesammelten Urkunden zu Besitz und Einkommen stammen aus 36 Orten[82], nämlich: Aasen, Allmendshofen, Behla, Donaueschingen, Öfingen (*Effingen*), Eschach, Eglisau, Fürstenberg, Geisingen, Gutmadingen, Hausen im Tal (Kirchenhausen), Hintschingen, Hüfingen, Hondingen, Kirchen im Tal (Kirchenhausen), Kirchdorf, Neudingen, (Ober)Baldingen, Pfohren, Riedböhringen, Riedöschingen, Sunthausen, Sumpfohren, Tannheim, Wolterdingen, Döggingen (*Teggingen*), Aufen (*Uffen*), Hubertshofen (*Uffertshoffen*), Unterbaldingen sowie Dittishausen, Epfenhofen, Heidenhofen, Mauenheim, Mundelfingen, Wangen und Mauchen (vgl. Abbildung 3). Der Rodel von 1364 nennt 24[83], das sog. Haupturbar von 1436 nur 20 Dörfer. Die Differenzen ergeben sich zum größten Teil daraus, dass sich die Orte mit Klosterbesitz durch neue Gülten aus Jahrzeitstiftungen sowie durch Kauf und Verkauf von bisherigen Gütern und Zinsen immer wieder änderten. Auch gingen kleinere Flecken und Weiler ab und wurden Wüstungen wie

---

[77] FUB V 277.

[78] FUB II 66.

[79] FUB V 360, ebd. II 199, III 351, IV 349 und FFA, Kloster-Akten, Lade 17 Fasc. D, Nr. 15.

[80] FUB II 193, 212, 219, 401, 452; ebd. III 147, 438; IV 453; V 277 Anm. 2, und VI 160 Anm. 3, VI 222 Anm. 3. Und: FFA, Kl.-Akt., Lade 17 Fasc. D, Nr. 8, 11, 16; ebd. Fasc. E, Nr. 8, und RIEZLER, Ukk. 1, S. 430.

[81] Vgl. Abbildung 3, S. 269. Zu weiteren Details vgl.: MÜNZER, Neudingen, S. 115.

[82] Die Reihenfolge entspricht in etwa der Ordnung der Laden im FFA. Vgl. FFA, Kl.-Akt., Laden 1-35, und Repertorium 2. Die Sammlung dieser Zeugnisse (Urkunden und Akten) erfolgte vor allem im 18. Jh. Dort erwähnte Orte, die erst nach der Zeit der Dominikanerinnen hinzukamen, werden hier nicht aufgeführt.

[83] FUB VI 29, S. 58-62; ebenso: Urbar Nr. 16 (Hs.) im FFA. Vgl. Anhang C dieser Arbeit..

das zum Beispiel bei Aitlingen (im Aitrachtal), bei Mauchen (bei Unadingen) und Wangen (bei Löffingen) u.a. [84], der Fall war, so dass sie in späteren Urbaren fehlen. Auf der Gemarkung von Baldingen wurde seit dem 15. Jahrhundert meist nach Ober- und Unterbaldingen (*Niderbaldingen*) unterschieden[85]. Die Ausweisung von Gewannen erfolgte für Fürstenberg ursprünglich zusammen in einem Zuge mit Neudingen. Erst mit der „zunehmenden Verselbständigung Fürstenbergs" nach 1460 wurde getrennt ausgewiesen[86].

Gemeinsam geht aus dem Urkundenbestand wie aus den verschiedenen Urbaren hervor, dass sich Klosterbesitz und Einkünfte[87] neben dem Zentralort Neudingen vor allem auf die direkten Nachbarorte Pfohren, Hondingen und Gutmadingen konzentrieren[88]. Je weiter die Gemeinden von Neudingen entfernt sind, desto weniger Besitz- und Einkommensnachweise liegen vor. Eine Ausnahme dabei bildet Tannheim, wo der Neudinger Konvent 1359 von Graf Hug von Fürstenberg 15 Güter erworben hatte, wobei der Graf den Kaufpreis für eine Jahrtagsstiftung und ein Leibgeding stiftete und sich überdies ein Rückkaufsrecht einräumen ließ[89]. Dass dieser Vorgang unklar erscheint, darauf wurde bereits an anderer Stelle hingewiesen[90]. Denn die meisten dieser Güter befinden sich offensichtlich 1426 – noch oder wieder – im Besitz eines Hans von Fürstenberg[91]. Was in den Jahren zwischen 1359 und 1426 in dieser Sache geschehen ist, lässt sich nach den heutigen Erkenntnissen nicht mehr genau nachvollziehen. Eigenartig berührt überdies, dass im Hauptturbar 1436 für

---

[84] Vgl. BAUMANN, Abgegangene Orte (der Baar), S. 51, 55 f. und 58. Zu abgegangenen Orten auf Gemarkung Neudingen vgl. Landesdenkmalamt, Grobanalyse, S. 5. Auch: TUMBÜLT, Neidingen, S. 76.– Zu Wüstungen in Deutschland vgl. Wilhelm ABEL, Die Wüstungen des ausgehenden Mittelalters, 2. Aufl., Stuttgart 1955.

[85] Im Urbarium Nr. 16 v. 1364 werden die Zinsleute von „Baldingen" genannt. Dagegen 1436 im Haupturbar, S. 5, getrennte Erwähnung des Heuzehnts von Ober- und Unterbaldingen, u.ä..

[86] Vgl. GLUNK, Flurnamen, S. 12 ff.

[87] Vgl. Abbildung 3. Dort werden die Orte aufgezeigt, in denen das Kloster Besitz hatte und/oder aus denen jährliche Zinseinkünfte flossen, wobei die Anzahl der urkundlich erwähnten Güter u. Höfe, Hofstätten, Ländereien, Gülten usw. für den jeweiligen Ort angegeben sind.

[88] Die Zahl der Güter und Gülten und damit der jährlichen Zinseinkünfte des Klosters liegt in diesen drei Dörfern zwar weit unter der Anzahl von Neudingen, aber erheblich über dem urkundlich belegten Bestand der weiter entfernten Ortschaften. Zur besonderen Situation in Gutmadingen, wo neben Neudingen auch das Kloster Amtenhausen Besitz hatte, vgl. BADER, Amtenhausen, S. 75, Anm. 43.

[89] FUB II 343.

[90] Vgl. Kapitel 3, S. 78.

[91] FUB III 179.

Tannheim keine Klostergüter mehr aufgeführt werden[92], ein zwischenzeitlicher Verkauf aber nicht bekannt ist.
Zu der dritten Gütergruppe zählen Besitzungen besonderer Art und an speziellen Orten. Hier ist das Habseck, der Klosterwald zwischen Hubertshofen und Mistelbrunn, zu nennen[93]. Ebenso gehören hierzu der zeitweilige Besitz eines geerbten Hauses in Rottweil[94], die Einnahmen aus dem Rheinzoll bei Eglisau[95] und die Nutzung von Reben für den im Kloster notwendigen Wein. Die Lokalisierung dieses Weinbergs in „Aigstat" – in Eichstetten am Kaiserstuhl oder in Aach im Hegau – wird unterschiedlich bewertet[96]. Allerdings besagt die Urkunde vom 11. Jan. 1344, dass Priorin und Konvent ihrem Kaplan Hans (von Tannheim) jährlich „ainen some" vom besten Weiss- und Rotwein, der in ihrem Weinberg „ze Achstat" wächst, „ume ahzehen phunt Brisger" verkaufen[97]. Dieser Hinweis auf die Breisgauer Münze (und nicht auf den „Costenzer", wie er wohl im Hegau im Umlauf war,) spricht dann doch eher für Eichstetten am Kaiserstuhl.

7.3. Überblick über Besitz und Einkünfte

Die Grundlage des Neudinger Klosterbesitzes wurde, wie schon erläutert, zweifellos in den ersten 70 Jahren nach der Entstehung des Klosters gelegt. Nachdem der Hügel „Auf Hof" 1274 „dem Konvent der frommen Frauen" (*conuentui religiosarum dominarum*[98]) zur Verfügung gestellt worden war, gab es von Grafenhaus und landsässigem Adel materielle Zuwendungen gleichsam zur Grundausstattung, vermehrt nach 1295, um damit die Unterhaltung des Klosters mittelfristig abzusichern. Zur Neudinger Mühle, dem Bruderholz und dem Kelnhof, die oben bereits genannt wurden, kamen durch Schenkung der Meierhof in Hondingen (1297) und

---

[92] Vgl. Haupturbar, a.a.O.
[93] FUB II 54.
[94] Riezler, Ukk. 2, S. 9. Original im FFA, Kl.-Akt., Lade 24 Fasc. C, Nr. 4.
[95] FUB II 384.
[96] Während TUMBÜLT, Neidingen, S. 76, das klösterliche Rebgelände in Eichstetten am Kaiserstuhl vermutet, gibt MÜNZER, Neudingen, S. 53, Aach (Stadt) den Vorzug.
[97] FUB V 472: Der Ort Achstat oder Aigstat erscheint auch im Anniversarienbuch im FFA zum 21. August: „Eberlin Vischer gilt 1 som wins von aigstat, den alle 1 vigil."
[98] FUB I 496.

durch Kauf der Meierhof in Aasen (1299) hinzu[99]. Bis 1341 folgten dann durch Schenkung bzw. Kauf weitere 26 Güter und Höfe, außerdem eine weitere Mühle (die Wildenmühle)[100]. Zudem besaß der Konvent zahlreiche Ländereien. Der Waldbestand des Klosters hatte sich (nach dem Bruderholz) durch Schenkungen im Pfaffental und an der Länge oberhalb von Geisingen vergrößert. Bei Hubertshofen hatten die Klosterfrauen 1310 das Habseck, ein Waldstück mit rund 25 ha, gekauft[101].

Obgleich die namhafte Ausstattung und die Unterstützung durch begüterte Wohltäter eine gesicherte Grundlage für die weitere Entwicklung zu sein schien, endete die frühe Blütezeit des Klosters abrupt. Priorin und Konvent sahen sich um 1340 plötzlich mitten in einer wirtschaftlichen Krise. Schuld daran waren politische Umstände, aber auch eine überaus hohe Belegung mit Klosterfrauen, wofür die Einkünfte nicht ausreichten[102]. So verschlechterten sich die Verhältnisse nach 1345. Die großzügigen Güterstiftungen von früher, die sehr oft mit einer Jahrtagsregelung verbunden waren[103], ließen nach: In den nächsten drei Jahrzehnten reduzierten sich die Schenkungen auf drei Güter/Gütli und ein Wohnhaus[104]. Auch Güterkäufe des Konvents lassen sich nur noch dreimal nachweisen. Dabei handelt es sich allerdings um 18 Kaufobjekte, wobei hier der „Großkauf" des Klosters mit 16 Gütern aus fürstenbergischem Besitz (in Tannheim und Wolterdingen) besonders zu Buche schlägt, angesichts der sich wandelnden Wirtschaftslage aber auch Fragen aufwirft[105]. Zudem fällt auf, dass die Klosterführung in diesen Jahren erstmals sechs Güter, möglicherweise wegen wirtschaftlicher Schwierigkeiten, verkaufen muss[106].

Trotz dieser Veränderungen verfügten die Dominikanerinnen im Kloster Auf Hof hundert Jahre nach der Klostergründung über den ansehnlichen

---

[99] FUB I 642 und 655.

[100] Wie aus Kap. 2, S. 41-52, ersichtlich, besaß das Kloster um 1345 (inclus. der erwähnten Grundausstattung) insges. 32 Güter, Höfe, Mühlen u.ä. (davon 21 Objekte durch Schenkung, 11 durch Kauf). Zu Äckern und Wiesen vgl. FUB II 25, 66, 193, 212, 219 und ebd. V 277 Anm. 2 u.a.

[101] Zum Walderwerb vgl. FUB II 187 u. FUB II 54. Zum Habseck bemerkt MÜNZER, Neudingen, S. 46: „Das Habseck südlich der Straße von Hubertshofen nach Mistelbrunn ... war eine große Erwerbung, die beim Kloster verblieb bis zur Säkularisierung 1803 und dann an die fürstliche Standesherrschaft fiel."

[102] FUB V 473. Vgl. hierzu Kapitel 2, S. 52 ff., dieser Arbeit.

[103] Vgl. FUB V 277, 301, 302, 302 Anm. 1, 360 Anm. 1, 455, und ebd. II 136, 187, 234 und v.a.

[104] FUB V 302 Anm. 2, ebd. VI 247 Anm. 1, FUB II 454, und RIEZLER, Ukk 1, S. 431.

[105] Auf diesen Vorgang wurde bereits verschiedentlich hingewiesen: Vgl. Kapitel 2, S. 57, und Kap. 3, S. 78.

[106] FUB V Anm. 1, ebd. VI 21, 21 Anm. 1 und II 385.

Besitz von nahezu 50 Gütern unterschiedlicher Größe – darunter zwei Mühlen und zwei Meierhöfe, zahlreiche Güter, Höfe und kleinere Güter (*Gütli*) – mit landwirtschaftlichen Nutzflächen. Fast alle diese Besitzungen waren verpachtet. Vor allem daraus bezog man das jährliche Einkommen (Gülten, Zinsen)[107], das zum größten Teil in Naturalabgaben, zum kleineren in Geld bestand. An Naturalien nennen die Quellenbelege vornehmlich Kernen (gedroschenes Winterkorn) und Hafer, seltener Vesen (Dinkel in der Spreu), Roggen und Bohnen, teilweise auch Hühner, Eier und Schweineschultern[108]. Diese Einkünfte, die, wie das Urbar (Rodel) von 1364 zeigt, durchaus beachtlich waren, flossen in die laufenden Kosten für den Klosterbetrieb und die Lebenshaltung der Klosterinsassen. Weitere Einnahmen brachten die beiden Kirchensätze von Neudingen und Gutmadingen, ein Teil des Rheinzolls von Eglisau[109], verschiedene einträgliche Zehnten (Aitlinger-, Baarer-, Runne- und Widums Zehnt u.a.m.[110]) und die beiden Kaplaneistiftungen[111].

Eine ständige Einnahmequelle für den Konvent bestand von Anfang an in der Mitgift oder Aussteuer der Novizinnen, für die damit ein Leibgeding (*lipting*) eingerichtet wurde. Es findet sich kein Nachweis dafür, dass in Neudingen ein fester Betrag oder Güterwert als Aufnahmegeld vorgesehen war[112]. Die Höhe des Eintrittsgeldes (oder gar eine Freistellung davon[113]) wurde, wie es scheint, eher freiwillig vereinbart und entsprach dann den wirtschaftlichen und sozialen Verhältnissen, aus denen das eintrittswillige Mädchen oder die junge Frau kamen. So stiftete 1294 Walther Brot beim Klostereintritt seiner Kinder ein Gut „zu rehter gift"[114], eine Aus-

---

[107] Bei den Schenkungs-, Kauf- und Verkaufsurkunden werden in der Regel die genauen Gülten u. Jahreszinsen vermerkt. Vgl. auch die Aufstellungen in Kapitel 2-4.

[108] Vgl. hierzu TUMBÜLT, Neidingen, S. 76 f.

[109] Zu den Kirchensätzen vgl. FUB II 13 u. II 234, ebenso FUB V 473. Zum Rheinzoll in Eglisau vgl. FUB II 384 + Anm. 1.

[110] Vgl. zum Aitlinger-Zehnt FUB II 330 und II 330 Anm. 1. Zum Baarer-Zehnt vgl. FUB II 455, ebd. II 17, 52, 64, ebd. IV 512. Zum Runne-Zehnt vgl. FUB II 507. Zum Widums Zehnt vgl. FUB II 448.

[111] Vgl. Kapitel 6, S. 164 ff.

[112] In verschiedenen Frauenklöstern wurde die Mitgift/Aussteuer offensichtl. anders gehabt. Vgl. z.B. zu Oetenbach HALTER, Geschichte, S. 75; zu Töss vgl. DÄNIKER-GYSIN, Töß, S. 47; zu Rottenmünster vgl. REICHENMILLER, Reichsstift, S. 17 u. 19. Zur entsprechenden Handhabung im Zürcher Predigerkonvent vgl. WEHRLI-JOHNS, S. 215.

[113] Am 29. April 1448 (FUB VI 247 Anm. 13 a) schenkt Priorin Agnes von Almshofen ihrem Kloster ein Gut, das sie mit eigenen Mitteln gekauft hat, und legt fest, dass diese Stiftung u.a. auch als Leibgeding für ein oder zwei (ärmere) Nonnen genutzt werden kann.

[114] FUB I 633.

sage, wie sie mit so direktem Bezug auf die Aussteuer in den Quellen nur dreimal vorkommt[115]. Viel öfter enthalten die Urkunden ohne nähere Begründung einen allgemeinen Hinweis dafür, dass für eine oder mehrere Nonnen aus deren Verwandtschaft ein Leibgeding gestiftet worden sei. Dieses sollte nach lebenslanger Nutzung durch die Klosterfrau in den Besitz des Klosters Auf Hof übergehen[116] und war häufig mit einer Jahrzeitregelung verbunden[117].

Ansonsten hatte der Konvent auch laufende Einnahmen an Naturalien oder Geld von außen stehenden Pfründnern, die auf Klosterbesitz ihren Lebensabend verbrachten[118]. Im Neudinger Anniversarienbuch (Original) sind acht Personen an ihrem Jahrtag als „ain pfruntner" bzw. „ain pfrundnerin" gekennzeichnet[119]. Über ihre soziale Herkunft lässt sich aber anhand dieser Namensliste nichts Gesichertes feststellen. Gleichermaßen fehlt eine klare Regelung, wie sich diese Pfründner im Einzelfall im Kloster „eingekauft" haben. Allerdings ist am Beispiel des bekanntesten Pfründners Auf Hof, Hans mit der Kunst[120], zu vermuten, dass die Pfründner, männlich wie weiblich, bei der Übernahme der Pfründe ihre Habe gänzlich oder größtenteils dem Kloster nach ihrem Ableben durch Vermächtnis in Aussicht stellen mussten[121].

Die Gründe dafür, dass Neudinger Klosterfrauen in einigen Urkunden als mit Pfründen ausgestattet erwähnt werden, lassen sich nicht ausmachen. Es hat den Anschein, dass der Begriff „Pfründe" zuweilen nicht in seiner

---

[115] Vgl. FUB I 645 und ebd. VII 132 Anm. 7.

[116] In 32 Ukk. werden Leibgedinge erwähnt. Davon sind nach dem Tod der Inhaberin 28 für das Kloster Auf Hof bestimmt, nur vier fallen an den Stifter zurück: Vgl. FUB VI 26 Anm. 4 und ebd. 96, FUB II 414 und 455.

[117] Übergang des Leibgedings ans Kloster mit Jahrzeitregelung: vgl. FUB II 136, 234, 343, 384 Anm. 1; FUB III 52, 664; FUB IV 504; FUB V 301, 302 Anm. 1 und 2, 383 Anm. 1; FUB VI 89, 89 Anm. 1, 91, 247 Anm. 8, 30 Anm. 4, 247 Anm. 11 a; FUB VII 190 Anm. 5, 132 Anm. 7, FFA, Kl.-Akt., Lade 6 Fasc. A, und FFA, Verw. Akt., Fasc. III 1, Nr. 2. Ohne Jzt.: FUB I 633, ebd. II 280, V 429, VI 19 Anm. 10, Riezler, Ukk 1, S. 431.

[118] Erinnert sei an Hans mit der Kunst: vgl. FUB III 131; ebenso: Kapitel 3, S. 77 ff. dieser Arbeit.

[119] Die acht Eintragungen im Anniversarienbuch (FFA) betreffen:

21. März: „die Ysenhüttin pfruntnerin",
29. März: Hans mit der Kunst, (vgl. vorhergehende Anm.),
25. April: Hans Fuglin, 9. Mai: Hans Ysenhut,
7. Juni: Heinrich Pfister, 24. Aug.: Mechthild Plenkin,
14. Sept.: Welthin Hahn, 22. Sept.: Berthold Pfister.

Bei FICKLER, Anniversarien-Buch, sind nicht alle Namen verzeichnet.

[120] Zu Hans mit der Kunst vgl. oben Anm. 118. Ebenso die Ukk.: FUB VI 160 Anm. 8, FUB III 131, FUB VI 247 Anm. 11, FUB III 213 Anm. 1.

[121] Vgl. FOLINI/PALAIA, Dominikanerinnenklöster, S. 102 f.: Die Übergabe einer Pfründe war zumindest in St. Katharinental ähnlich geregelt. Vgl. auch MÜLLER, St. Katharinental, S. 49 f.

eigentlichen Bedeutung gebraucht wurde und die Konventsmitglieder einfach als „im Kloster verpfründet" galten. U.a. enthält die schon mehrfach genannte Urkunde des Grafen Hug von Fürstenberg vom 15. Juli 1359 den Hinweis, dass die Klosterfrau Elisabeth von Fürstenberg im Neudinger Kloster „Pfründe hat". Zudem wird bei der Erwähnung einer Pitanzstiftung erläutert, diese sei für „jegliche frowen in dem obgenant closter diu pfründ hant"[122] vorgesehen. Ähnliche Formulierungen erscheinen in Urkunden von 1343, 1374, 1514 und 1549[123].

In den Notzeiten des 14. und 15. Jahrhunderts konnte sich das Kloster Auf Hof, wie schon aus der Schilderung der geschichtlichen Ereignisse ersichtlich wurde, auf die Unterstützung von kirchlicher Seite verlassen. Dreimal eröffneten, wie erinnerlich, entsprechende Maßnahmen dem Konvent Sondereinkünfte: 1344 bestätigte eine Bulle von Klemens VI. die Inkorporation von zwei Pfarreien (samt deren Kirchensatz), 1362/63 erhielt das Kloster einen Ablass der Kurie als besondere Einnahmequelle, und 1413 gab ein Erlass des Konstanzer Bischofs wegen drohender Verarmung den Neudinger Klosterfrauen die Ausnahmeerlaubnis für eine bistumsweite Kollekte[124].

Außerdem kommt – anfänglich nur wenig, später immer häufiger– eine neue Form der Klostereinkünfte auf: die Zahlung eines Gültzinses an den Konvent für die Ausrichtung einer Jahrzeit[125]. Hierfür stellte der Stifter keine Güterschenkung (Gut, Hof, Hofstatt) bereit, deren Grundzins nachher dem Kloster zufloss, sondern er vermachte dem Kloster für die Jahrtagsfeier eine jährlich fällige Zinsertragsschenkung (Gült/Zins), die er – so jedenfalls war es in Neudingen meistens – aus Klosterbesitz erwarb, seltener direkt aus eigenen Mitteln entnahm.

Die Prediger hatten derartige Einkünfte zunächst wegen der kontroversen Diskussion in ihrem Orden über die Besitzlosigkeit grundsätzlich abgelehnt. Erst im Laufe des 14. Jahrhunderts änderten sie aus praktischen

---

[122] FUB II 343.

[123] FUB V 383 Anm. 1; ebd. II 454; Mitt I, Nr. 64. FFA, Verw.-Akt., Vol. VII, Fasc. III 1, Nr. 2.

[124] Die zugehörigen Ukk. sind: FUB V 473, FUB VI 160 Anm. 1 und FUB VI 160. Vgl. ebenso die Ausführungen in Kapitel 2 und 3 – Hier ist auch auf eine spätere Unterstützungsmaßnahme (40 Tage Ablass) des Konstanzer Bischofs Hermann von Breitenlandenberg 1473 für die Renovierung der Kapelle im Gnadental hinzuweisen (FUB III 609).

[125] Zum Übergang von der Güter- zur Gülten- und Rentenwirtschaft in Töss vgl. DÄNIKER-GYSIN, Töß, S. 41 f., im Kloster der Prediger in Zürich vgl. WEHRLI-JOHNS, Zürcher Predigerkonvent, S. 212 ff.

Erwägungen ihre Haltung, u.a. um den Gläubigen die liturgischen Dienste der Seelgerätstiftung auch weiterhin anbieten zu können[126]. Die erste Jahrtagsregelung über den Erwerb einer Gült ist im Neudinger Kloster 1314 urkundlich belegt[127]. Mechthild von Tengen, die Witwe des fürstenbergischen Dienstmannes Rudolf von Ortenberg, lässt sich am 15. Juli dieses Jahres von Graf Heinrich II. bestätigen, dass sie mit einem jährlichen Gültzins in Höhe von 2 Scheffel Kernen und 2 Scheffel Hafer aus einem Hof des Klosters zu Baldingen eine Jahrzeit gestiftet hat. Diesen Jahrtag soll das Kloster in Neudingen künftig „zu ihrem, ihres (verstorbenen) Wirtes Rudolf, ihrer Vordern und Nachkommen Seelenheil" alljährlich begehen.[128]. Bis 1370 wurden auf diese Weise vier weitere Jahrtagsfeiern eingerichtet[129].

Aus dieser Zeit stammt, wie mehrfach erwähnt, der einzige vollständige Güterrodel des Klosters Auf Hof, aus dem sich mit einiger Genauigkeit die Jahreseinkünfte – hier aus dem Jahr 1364 – errechnen lassen[130]. Im Berichtsjahr, in dem auf der Baar die Güterwirtschaft noch bei weitem das Gültverfahren überwog, flossen die Einnahmen aus insgesamt 154 Zins-Objekten in 24 Orten. Wie oben schon angedeutet, stand das Dorf Neudingen auch hier mit 50 Zinsobjekten und 32 Zinsleuten an der Spitze der Ortschaften mit Klosterbesitz. Die Abgaben erfolgten zum überwiegenden Teil in Naturalien, deren gesamte Menge sich auf 243 Malter + 5 Viertel Kernen, 17 Mtr. Roggen, 114 Mtr. Hafer, 2 Mtr. + 7 Viertel Vesen, 7 Scheffel +1 Viertel Bohnen, 88 Hühner und 13 Gänse, 1590 Eier und 2 Schweineschultern belief. Hinzukam weiter eine Gesamtabgabe in Münzgeld von 12 Pfund 7 Schilling und 6 Pfg.

Nach kurzer Konsolidierung drohte dem Konvent Auf Hof seit 1384/85 neuerlich wirtschaftliche Not. In dieser Phase, die sich bis weit ins erste Drittel des 15. Jahrhunderts hinzog – den Höhepunkt bildete der bischöfliche Almosen-Appell 1413 –, wurde die frühere Stiftung von Gütern für eine „ewige" Jahrtagsmesse fast völlig abgelöst. Aus den Urkunden erge-

---

[126] WEHRLI-JOHNS, Zürcher Predigerkonvent, S. 213. Vgl. ZIMMER, Dominikaner, S. 27, ebenso GRÜBEL, Frauenfrömmigkeit, S. 33 und 29.

[127] FUB II 74.

[128] Zitat aus dem vollständigen Text bei RIEZLER, Ukk. 1, S. 413. Vgl. auch FUB II 74.

[129] Vgl. Tabelle 1 in Kapitel 2 dieser Arbeit, S. 58 f.

[130] Vgl. Anhang C, S. 286 ff.

ben sich für diese Stiftungsform gerade noch sieben Jahrtage[131]. Güterkäufe des Klosters zur Erweiterung des Eigenbesitzes fallen völlig aus. Die Jahrzeitstiftung über den Kauf von Gülten aber wurde seit dieser Zeit zur wichtigsten Einnahmequelle der Klöster allgemein[132], gerade auch der Bettelordenklöster, zumal die Seelgerätstiftungen immer mehr in Gebrauch kamen[133]. Zwischen 1384 und 1430 wurden in Neudingen 23 neue Jahrtage durch Gültkäufe, die urkundlich nachgewiesen sind, gestiftet[134]. Dazu zu zählen sind mit Sicherheit zahlreiche nicht urkundlich belegte Jahrzeitregelungen, bei denen das Stiftungsgut einem „Normalpreis" entsprach oder nicht erwähnenswert schien. In mehreren Fällen dienten diese Gültzinsen den begünstigten Personen – meist waren es Neudinger Konventualinnen – zuvor als Leibgedinge[135]. Erst nach dem Ableben dieser Nonnen standen in solchen Fällen die Stiftungsmittel dem Kloster für die Jahrtagsfeiern zur Verfügung. In diesen schwierigen Jahren, während des ersten Drittels des 15. Jahrhunderts, erfuhr der Neudinger Konvent des Weiteren neben der bekannten Unterstützung durch den ansässigen Adel außerdem durch zwei Erbschaften und die zweite Kaplaneistiftung eine merkliche finanzielle Erleichterung[136].

An dieser Stelle ist nochmals ein Wort zur Besitzfrage (Armutsfrage) im Kloster Neudingen angebracht[137]. Dass es Auf Hof Gemeinbesitz des Klosters gab, daran lässt die Klostergeschichte keinen Zweifel. Aber auch gegen den privaten Besitz einzelner Klosterfrauen (Einzelbesitz) wurde nichts eingewendet. Die Besitzfähigkeit der Schwestern war trotz ihrer Zugehörigkeit zu einem Bettelorden nie in Frage gestellt. Schon 1292, 1306 und 1307 finden sich, wie oben dargelegt, erste Zuweisungen von

---

[131] FUB VI 160 Anm. 3; 128 Anm. 3; FUB II 524; FUB III 17; FUB VI 136 Anm. 3; ebd. 30 Anm. 4 und ebd. 247.

[132] WEHRLI-JOHNS, Zürcher Predigerkonvent, S. 213, bezeichnet die Jahrzeitzinsen als neue Einnahmequelle und „eigentliche Grundlage für den Besitz der Bettelorden im Spätmittelalter".

[133] BAUMANN, Totenbücher, S. 466, betont: „Es ist klar, dass bei dieser allmählich eintretenden Ausdehnung der Jahrtage das Einkommen aus denselben für die Gotteshäuser von Wichtigkeit wurde, weshalb dieselben auch nach und nach der Aufzeichnung der Anniversarien immer mehr Sorgfalt widmeten."

[134] Vgl. hierzu auch die Ausführungen in Kapitel 3, S. 70 ff., und Tabelle 2, S. 71 ff.

[135] Vgl. u.a. FUB VI 91; ebd. 89 Anm. 1; ebd. 160 Anm. 4. FFA, Kloster-Akten, Lade 13 Fasc. A, Nr. 13, und ebd. Lade 6 Fasc. A, FUB VII 190 Anm. 5, u.v.a.

[136] Es handelt sich um die erwähnten Erbschaften der Anna Stölzlin 1367/1374 (RIEZLER, Ukk. 1, S. 431, DERS., Ukk. 2, S. 5. Ebenso: FFA, Kl.-Akt., Lade 24 Fasc. C, Nr. 5) und des Hans mit der Kunst 1419 (FUB III 131). Zur Egesheimer Stiftung vgl. Kapitel 6, S. 166 ff.

[137] Vgl. hierzu. STIEVERMANN, Klosterpolitik, S. 87. LÖHR, Studien, in QF XIX, S. 3 f.

Leibgedingen an Klosterfrauen[138]. Auch die Grafenfamilie versorgte 1368, wie schon angesprochen, ihre Tochter Anna, die spätere Priorin, sogar mit zwei Weintavernen in Hondingen und Pfohren als lebenslanges Leibgeding[139]. Und die umfangreiche private Erbschaft einer Nonne bildete bekanntlich die Basis der Egesheimer-Stiftung[140].

Einzelbesitz spielte im Kloster in Neudingen vor allem um die Mitte des 15. Jahrhunderts eine wichtige Rolle. Einige begüterte Klosterfrauen kauften nämlich – vermutlich aus religiösen Gründen – mit ihren eigenen Mitteln für ihr Kloster Güter und Höfe, die sie einige Zeit später dem Kloster schenkten. Vorweg ist hier Priorin Agnes von Almshofen zu nennen, die mehrfach während ihrer Amtszeit so verfuhr[141]. In gleicher Weise setzten auch die Nonnen Anna, die Meierin des Klosters, 1431, Anna Egesheimer 1433 und 1434, Margareta Langmantel von Radow 1453 und Margaretha Rothweiler um 1502 ihr Privateigentum für „ihr Gotteshaus" ein[142]. Im Zusammenwirken mit Graf Heinrich V. (gest. 1441) und dessen Bruder Graf Egen (gest. 1449) gelang es diesen Klosterfrauen zwischen 1430 und 1460 die wirtschaftliche und finanzielle Lage des Klosters erheblich zu stabilisieren[143]. Der Besitzstand des Klosters erfuhr in dieser Zeit gleichsam eine zweite, wenn auch geringere Expansion. Im Übrigen könnte die Möglichkeit, über privates Vermögen so frei zu bestimmen, auch für den Konvent mit ein Grund gewesen sein, sich der observanten Reformbewegung bis in die Zeit um 1480 zu entziehen[144].

Infolge der positiven Entwicklung nimmt es nicht wunder, dass das Neudinger Kloster nach 1450 bis zum Beginn der Glaubensspaltung frei von Not und Armut erscheint. Die wirtschaftlichen Transaktionen reduzieren sich allerdings auf verhältnismäßig wenige Vorgänge. Güterstiftungen

---

[138] FUB I 625, ebd. V 301 und 302.

[139] FUB II 414.

[140] FUB VI 19 Anm. 10.

[141] Vgl. hierzu die Darlegungen (mit Quellenangaben) in Kapitel 3, S. 79 f. Als Beispiel sei hier verwiesen auf: FUB VI 247 Anm. 13 und 247 Anm. 13a.

[142] FUB III 213, 223, 229; ebd. VI 247 Anm. 12. Ebenso: FFA, Kloster-Akten, Lade 17 Fasc. D, Nr. 8; und ebd. Nr. 11. – Zu Margaretha Rothweilers Jahrtag im Anniversarienbuch (FFA) am 29. Dez. lautet der Eintrag: „Obiit Margaretha Soror Rothwilerin , von der (der) Convent 3 gulden geltz hat."

[143] Vgl. Kapitel 3, S. 78 ff., dieser Arbeit.

[144] Vgl. MEYER, Chronica, in FDA 13, S. 194 f. Ebenso sei an die diesbezüglichen Darlegungen in Kapitel 6, S. 153 f. erinnert.

werden seltener, ohne jedoch ganz aufzuhören[145]. Ebenso zögerlich erfolgen drei Güterkäufe des Klosters bis 1500[146]. Überraschend sind dann, unmittelbar nach der Jahrhundertwende bis 1519, die zahlreichen Zeugnisse für die Vermehrung des Klostereigentums bzw. für zusätzliche Einnahmen. Es handelt sich hierbei um fünf Schenkungen verschiedener Art (ein Gut, einen Zehntanteil, Naturalstiftungen u.a.)[147] und vier Stiftungen für Jahrtage, Leibgedinge u.a.[148] sowie um sechs Käufe von Gütern, Bewirtschaftungsflächen und um ein Zinsrecht[149]. Dem steht schließlich nur der Verkauf eines Ackers gegenüber[150].

Nach dem Reformationsbeginn und den Bauernunruhen nach 1524 veränderte sich die allgemeine Geschäftstätigkeit im Neudinger Kloster schon bald und nachhaltig. Urkundliche Belege zu Besitzerweiterung durch neue Güter und Liegenschaften, zu Gült-Stiftungen oder zusätzlichen Einkünften, zu Käufen oder Verkäufen fehlen von nun an fast völlig. Überhaupt enthalten die bekannten Quellen über die wirtschaftlichen Verhältnisse im Kloster in den unsicheren Zeiten der zwanziger und dreißiger Jahre kaum noch Neuigkeiten[151].

Allerdings zeigt ein Faszikel im FFA[152] mit acht (bislang unbeachteten) Urkunden des Klosters, ausgestellt zwischen 1518 und 1545, Schuldsachen betreffend, dass die für das Kloster Verantwortlichen im genannten Zeitraum bei acht Privatpersonen bzw. Institutionen Kredite in einer Höhe von 960 Gulden aufnahmen und dafür einen jährlichen Zins von 5 Prozent

---

[145] FFA, Kl.-Akt., Lade 13 Fasc. B, Nr. 2. Ebenso Repertorium 2, S. 231. – Vgl. für diese und die folgenden Anmerkungen auch die einzelnen Darlegungen in Kapitel 3, S. 85 ff., und Kapitel 4, S. 92 ff.

[146] FFA, Kl. Akt., Lade 17 Fasc. D, Nr. 8 (1453); FUB VI 222 Anm. 3 (1465), und FUB VII 132 Anm. 2 (1470).

[147] FUB VII 190 Anm. 5; ebd. 144 Anm. 1; ebd. 132 Anm. 6. FFA, Kl.-Akt., Lade 17 Fasc. D, Nr. 11.. Idea laudabilis, S. 32 + 32v.

[148] FFA, Kl.-Akt., Lade 17 Fasc. D, Nr. 12. FUB VII 132 Anm. 7, und ebd. 190, FICKLER, Anniversarien-Buch, Abt. II, S. 7. Vgl. Tabelle 3 in Kapitel 4, S. 93

[149] FFA, Kl.-Akt., Lade 1 Fasc. A, Nr. 5. FUB IV 349. FFA, Kl.-Akt., Lade 17 Fasc. D, Nr. 13. Ebd. Lade 29 Fasc. A, Nr. 6. Ebd. Lade 21 Fasc. B, Nr. 8, und Lade 17 Fasc. E, Nr. 2. Hierzu vgl. Tabelle 4 in Kapitel 4, S. 94.

[150] Mitt. I, Nr. 89.

[151] Zu nennen sind lediglich eine Tauschabsprache 1520 (FFA, Kl.-Akt., Lade 17 Fasc. E, Nr. 3), ein Gerichtsurteil wegen eines Streits um einen Güterzins (Idea laudabilis, S. 41v.) u. der Kauf eines jährlichen Zinses „ab einem halben gut in Hausen im Kirchtal“ (Idea laudabilis, S. 41v., 42 und 42v.).

[152] FFA, Verw.-Akt., Schuldenwesen 2, Fasc. XIII, Passiv Capitalien sub Litt. N., Nr. 1-8. – Vgl. die Ausführungen zu diesen acht Urkunden im Kap. 4, S. 103.

„verkauften"[153]. Die acht „Obligationes von dem Löbl. Gottshaus auf Hof bey Neydingen"[154] und die Geldverleiher sind:

- 1518, 6. Dez: Alexius Rösch von Fürstenberg 100 fl.
- 1532, 14. Nov.: die St. Andreas Pfründe zu Neudingen 160 fl.
- 1532, 23. Juni: Michael, ein Lehensbürger zu Villingen 100 fl.
- 1533, 20. März: Pfarrer und Kapläne zu Villingen 100 fl.
- 1534, 26. März: Georg Schmid, Vogt zu Neudingen 100 fl.
- 1538, 18. Nov.: die Dominikaner zu Rottweil 200 fl.
- 1538, 3. Dez.: die St. Andreas Pfründe zu Neudingen 100 fl.
- 1545, 27. März: Lorenz Höring, Pfarrer zu Villingen 100 fl.

Diese Außenstände des Klosters wurden (wahrscheinlich unmittelbar nach 1550) von Graf Friedrich II. von Fürstenberg getilgt. Der zuständige gräfliche Finanzbeamte vermerkte hierzu (vermutlich im 17. Jahrhundert) lakonisch: „...vorstehende Capitalia (hat) H. Graf Friedrich zu Fürstenberg, ohngeachtet dieselben Hocherwelten Herrn Grafen nichts angegangen, obgenanten Creditoribus heimbezahlt, und das gottshaus auf Hof dießer Schulden liberiret."[155]

Der ganze Vorgang legt zweierlei offen: Erstens gerät das Frauenkloster Auf Hof in den dreißiger und vierziger Jahren des 16. Jahrhunderts, aus welchen Gründen auch immer, mehr und mehr in finanzielle Schwierigkeiten. Der Niedergang des Klosters zeichnet sich auch im wirtschaftlichen Bereich ab. Und zweitens war die erwähnte Schuldentigung durch Graf Friedrich – trotz des materiellen Vorteils für den Konvent – nichtsdestoweniger ein willkürlicher Übergriff auf die Rechte des Klosters, was ganz seiner machtbewussten und rücksichtslosen Kirchenpolitik entsprach[156]: Auch in dieser Angelegenheit werden die wenigen noch vorhandenen Dominikanerinnen nicht mehr um ihre Meinung gefragt. Der Territorialherr fühlt sich allein zuständig für die weitere Entwicklung des Klosters bzw. für dessen Auflösung. Erst sein Sohn, Graf Heinrich VIII., wird – zumindest partiell – einen anderen Weg einschlagen.

---

[153] Die entsprechende Stelle in FFA, Verw.-Akt., Fasc. XIII, Nr. 1 lautet: „Wir geben Inen och zu koffen in Krafft dis briefs fünff guldin gutter geber und genemer rechts Jarlichs Zinses und geltes." Ähnliche Formulierungen auch in den anderen Ukk. dieses Faszikels

[154] Aufschrift auf dem Umschlagblatt, welches das genannte Aktenbündel umgibt.

[155] Vermerk auf dem Umschlagblatt von FFA, Verw.-Akt., Schuldenwesen 2, Fasc. XIII, Passiv Capitalien sub Litt. N.

[156] Zur Kirchenpolitik Friedrichs II. vgl vor allem THOMA, Kirchenpolitik, S. 29 ff. u. 46 ff. LUTZ, Herrschaftsverhältnisse, S. 23 ff. und STIEVERMANN, Klosterpolitik, S. 85 ff. Vgl. ebenso unsere Darlegungen in Kapitel 4, S. 103 ff., 108 f.

Zum Schluss dieser Betrachtungen über Wirtschaft und Finanzen stellt sich die Frage, wie die diesbezügliche Lage des Klosters Auf Hof zur Dominikanerinnenzeit einzustufen ist – eher als stabil oder eher als unsicher und prekär. Wenn man die Zahlen zu Besitz und Einkünften gesondert in Augenschein nimmt, neigt man zu einer optimistischen Einschätzung: die Ausstattung wirkt ansehnlich und solide. Dieser Eindruck relativiert sich allerdings entschieden, wenn man die vermutlich hohen laufenden und investiven Kosten für das Kloster berücksichtigt, z.B. durch zeitweise zu hohe Belegungszahlen[157] oder – als Folge davon – durch unumgängliche Um- und Ergänzungsbauten, die, obwohl in den Quellen nicht erwähnt, zwischen 1274 und 1565 erfolgt sein müssen[158]. Besonders trübt sich das Bild ein, wenn man die Zeitumstände – Kriege, Seuchen, Missernten und ihre Folgen – mit einbezieht, die auch wirtschaftlich ihre Spuren hinterlassen haben. Immerhin aber reichte die feste Basis des Klosters bis ins erste Drittel des 16. Jahrhunderts aus, die mitunter bedrückenden Zeitereignisse zu überstehen. Erst in der Reformationszeit begann auch der bleibende ökonomische Niedergang.

[157] Vgl. FUB V 473.

[158] Vgl. in Idea laudabilis, S. 123 ff., den anfänglichen Gebäudebestand Auf Hof im 13. Jh., der völlig unzureichend für einen funktionierenden Klosterbetrieb war.

KAPITEL 8

DIE AUSSENBEZIEHUNGEN DES KLOSTERS

Das Dominikanerinnenkloster bei Neudingen, das erst nach den „Umbrüchen in Welt und Kirche“[1] im 12. und 13. Jahrhundert entstand[2], gehört eher zu jenen Abteien und Klöstern im spätmittelalterlichen Deutschland, die sich aus der Suche nach dem rechten Glaubensweg bildeten[3]. Die große Ausstrahlung manch eines anderen abendländischen Klosters fehlt hier, auch die Rolle auf Reichsebene war eher unbedeutend. Das Kloster Auf Hof gehörte zum Bistum Konstanz; es unterhielt allgemeine Beziehungen zu anderen kirchlichen Einrichtungen, vorwiegend zu Klöstern und Pfarreien in seiner Nachbarschaft. Vor allem aber bestand, wie deutlich geworden ist, ein besonders enges Verhältnis zum Haus Fürstenberg (was in Teil III dieser Arbeit gesondert untersucht wird).
Diesen Vorgaben entsprechend beschränken sich die nennenswerten Außenbeziehungen des Klosters über die 300 Jahre in der Obhut der Prediger vorwiegend auf die bereits mehrfach genannten Institutionen, nämlich auf die Kurie, auf Königs– bzw. Kaiserhof, auf den Bischof von Konstanz und einige kirchliche Einrichtungen im Konstanzer Bistum, u.a. die beiden anderen fürstenbergischen Klöster, Amtenhausen und Friedenweiler. Die zeitgleichen Quellen, zumeist Urkunden, sind dabei nicht gerade zahlreich, aber dennoch für jeden Bereich wichtig, weil sie den Gesamteindruck, den das Klosters hinterlässt, mitprägen.

8.1. Die Kontakte von Kurie und Königs– bzw. Kaiserhof zum Kloster Auf Hof

Dass die Gründung des Klosters Neudingen in den siebziger Jahren des 13. Jahrhunderts im südlichen Deutschland, etwas abseits vom damaligen Weltgeschehen, sowohl aus der Sicht des Papsttums als auch für den

---

[1] GLEBA, Klöster und Orden im Mittelalter, Darmstadt 2002, S. 117.
[2] Ebd., S. 98 ff. und 104 ff., über die grundlegenden Veränderungen für Klöster und Orden im 12. und 13. Jahrhundert.
[3] Ebd., S. 117.

deutschen König kein herausragendes Ereignis war, ist nach Lage der Dinge verständlich. Daran änderte auch die Tatsache nur wenig, dass diese Klostergründung vom Schutz und von der Gönnerschaft eines überregional bedeutenden Grafengeschlechts getragen wurde.
Es dauerte immerhin mehrere Jahre, bis sich eine der beiden höchsten Autoritäten, in diesem Falle: der Apostolische Stuhl, in die Entwicklung des neu gegründeten Klosters auf der Baar einschaltete. Vom 6. Sept. 1287 datieren, wie erinnerlich, zwei Schreiben des päpstlichen Beauftragten Bischof Johann von Tusculum. Das eine richtete er direkt an den Prior der Prediger in Rottweil, dem er darin den Neudinger Konvent zur Betreuung übergab[4]. Das andere war an Priorin und Klosterfrauen in Neudingen adressiert, denen er darin die Privilegien, die sie 1274 vom Konstanzer Bischof erhalten hatten, bestätigte[5]. Beide Schreiben sind bereits an anderer Stelle eingehend behandelt und bewertet worden[6].
Erwähnenswert ist hier aber das dritte Schreiben des päpstlichen Legaten vom gleichen Tag, ebenfalls in Neufchateau sur Meuse ausgestellt, ein Rundbrief, in dem er sich an alle Nonnenklöster des Dominikanerordens in der deutschen Ordensprovinz wandte[7]. Er erweiterte die Zuständigkeit der Dominikanerinnenklöster, indem er ihnen erlaubte, für die Pfarreien, deren Patronat sie besitzen, mit Zustimmung ihres Ordensprovinzials Kapläne des Predigerordens zu präsentieren. Das Schreiben, das auch das Kloster Neudingen als künftiges Mitglied der Dominikanerprovinz betraf, hatte hier zwar noch keine sofortige Auswirkung. Es wird sie jedoch bekommen, wenn dem Gotteshaus Auf Hof einige Jahrzehnte später Pfarreien des Umlandes inkorporiert werden.
Danach trat die Kurie auf der Baar erst wieder 1313 in Erscheinung, wobei der Neudinger Konvent von der päpstlichen Aktion, die sich gegen ein Mitglied des fürstenbergischen Hauses richtete[8], nicht selbst betroffen war. Papst Klemens V. befiehlt von Avignon aus, wo die Päpste bekanntlich seit 1309 residierten, dem Abt Diethelm II. von Reichenau, die Wirkung

---

[4] FICKLER, Anniversarien-Buch, Abt. I, S. 9.
[5] Dieses Schreiben findet sich im Wortlaut bei RIEZLER, Ukk. 1, S. 394. Auszüge in FUB V 235 (Regest).
[6] Vgl. hierzu die Darstellung in Kapitel 1, S. 32 ff.
[7] WUB Nr. 3662, S. 153.
[8] FUB II 67 und FUB V 331. Ebenso die Anmerkungen 1-3 zu FUB V 331.

von Exkommunikation und Interdikt beobachten zu lassen, welche Bischof Gerhard IV. von Konstanz über Graf Egen von Fürstenberg-Haslach verhängte, weil dieser das Kloster Katharinental bei Diessenhofen um einen Hof bei Pfaffenweiler (*Curia Lutoltzhofe*) samt seiner Sägemühle und um Einkünfte des Hofes *Überach* (Überauchen) beraubt hatte[9]. Obwohl die Generalvikare des Bistums Konstanz große Anstrengungen unternahmen, um durch Dekane und Pfarrer in der Villinger Raumschaft die Urteile gegen Egen und dessen fortgesetzten Ungehorsam der Öffentlichkeit bekannt zu machen[10], lenkte der Graf, der Stadtherr von Villingen war, erst am 15. Okt. 1314 ein und schloss einen Sühneausgleich mit dem Konvent von St. Katharinental[11].

Dreißig Jahre später erfolgte der erste nachweisbare Kontakt zwischen einem Inhaber des Stuhles Petri und dem Konvent von Neudingen. Papst Klemens VI. bestätigte am 5. Febr. 1344 dem notleidenden Kloster die Einverleibung der Pfarreien Neudingen und Gutmadingen, deren Vorstufe 1303 durch Erwerb des Neudinger Kirchensatzes (beim Kauf des dortigen Kelnhofs) bzw. 1341 durch gräfliche Stiftung des Gutmadinger Kirchensatzes bereits erfolgt war[12]. Für die Notlage nennt die päpstliche Bulle zwar mehrere Gründe, betont aber, „... quod dictum monasterium et persone ipsius ... propter seruitia, que diuersis dominis, comitibus, baronibus quondam Lupoldo duci Austrie adherentibus, fidelibus ecclesia contra dampnatum Ludouicum de Bauaria fecisse dicuntur ... premuntur maxima egestate.“[13] Zudem wird das Kloster auch für die Einhaltung des allgemeinen Interdikts gegen Kaiser Ludwig gelobt[14]. Damit ist die obige Inkorporations-Bestätigung auch als Dank für geleistete Dienste am Rande des Machtkampfes zwischen Papsttum und Kaisertum im zweiten und dritten Jahrzehnt des 14. Jahrhunderts zu verstehen.

---

[9] REC II 3620, FUB II 67 und FUB V 331.

[10] REC II 3620, 3629, 3630, 3641.

[11] FUB II 76. Vgl. hierzu RIEZLER, Haus Fürstenberg, S. 227.

[12] Text in FUB V 473 u. RIEZLER, Ukk. 1, S. 423 ff. Regest in REC II n 173. Vgl hierzu MÜNZER, Neudingen, S. 54. Ebenso: Idea laudabilis (im GLA), S. 12v. + 13. Zum Erwerb des Neudinger Kirchensatzes vgl. FUB II 13, und zur Stiftung des Kirchensatzes von Gutmadingen vgl. FUB II 234.

[13] RIEZLER, Ukk. 1, S. 423 f.

[14] Ebd., S. 424: „ ... ac etiam pro eo, quod ipse tamquam deuote filie ipsius ecclesie interdictum ecclesiasticum per processus apostolicos prolatum in illis partibus diligentissime seruauerunt hactenus et obseruant, ...”

Während dieser päpstliche Gunsterweis noch vor der großen Pest erfolgte, gibt uns eine Urkunde aus der kaiserlichen Kanzlei vom 13. Okt. 1359 einen Blick frei in die zwischenzeitlich chaotischen Verhältnisse nach der ersten Pestwelle[15]. In diesem Schreiben, das auf die Klagen aus mehreren Bistümern zurückgeht, verurteilt Kaiser Karl IV. die zahlreichen Willkürakte von weltlichen Amtsinhabern und Stadträten gegenüber geistlichen Personen[16], erklärt ungerechtfertigte Amtshandlungen für ungültig und droht bei Raub, Mord, Verstümmelung, Freiheitsberaubung usw. und anderen ungerechtfertigten Übergriffen gegen Priester härteste Strafen an. Offenbar litten besonders Weltkleriker, aber wohl auch Mönche und Klosterfrauen in diesen bewegten Zeiten unter den Anfeindungen der Öffentlichkeit[17]. Auch diesen Personenkreis nahm Karl IV. in seinen Schutz. Magister Simon, dem Meister des Dominikanerordens, stellte der Kaiser am 23. Aug. 1355[18] und am 10. Juni 1359[19] jeweils einen Schutzbrief für den ganzen Predigerorden aus, wobei die Frage offen bleibt, wie viel Sicherheit ein solches Schreiben tatsächlich brachte.

Das Kloster Neudingen seinerseits erfuhr gerade jetzt eine weitere Vergünstigung von Seiten der Kurie. Am 14. Nov. 1362 wurde von den Erzbischöfen Jacob Leopatrensis und Nicolaus Laycisanensis sowie weiteren 16 Bischöfen in Avignon für das Neudinger Kloster ein Ablassbrief (*literas indulgentiarum*) ausgestellt[20], der, wie man nach Lage der Dinge annehmen darf, zum Zeitpunkt seiner Veröffentlichung im folgenden Jahr (1363) sehr willkommen war[21].

Diese Gunstbezeigung war zugleich die letzte nachweisbare Verbindung zum Apostolischen Stuhl für die nahezu 200 Jahre, in denen Dominikane-

---

[15] Der lateinische Text dieser Urkunde ist gedruckt bei LECHNER, Sterben, S. 110. Deutsche Übersetzung (Auszug) in RI VIII, Nr. 3006. Das für das Kloster Neudingen bestimmte Original befindet sich im FFA, Kl.-Akt., Lade 24 Fasc. A, Nr. 6.

[16] Bei LECHNER, S. 110:"quod nulla bona temporalia in potestatem ecclesiasticam transferantur, neve clerici in sacris constituti ad agendum et testificandum in civilibus et maxime in piis causis aliquatenus admittantur, quod excommunicati laici publice denunciati in civili foro minime repellantur. Item ... res et bona clericorum occupant et arrestant, oblationes fidelium diminuunt et et restringunt ... contractus inter clericos et laicos factos legitime ad libros civitatum, villarum et locorum recusant inscribere ac sigillare; donata et legata ad fabricas et ecclesiarum structuras contra prelatorum voluntatem et aliorum, quorum interest, presumant usurpare ..." usw. – Vgl. GRAUS, Pest, S. 144 ff., und MEIER, Pest, S. 167 ff.

[17] ZADDACH, Folgen, S. 67. BERGDOLT, Schwarzer Tod, S. 162.

[18] RI VIII, Nr. 2227. Vgl. hierzu TUMBÜLT, Neidingen, S. 76.

[19] RI VIII, Nr. 2937.

[20] FUB VI 160 Anm. 1 und RIEZLER, Ukk. 1, S. 429.

[21] Vgl. hierzu die Ausführungen auf S. 203.

rinnen noch Auf Hof lebten und wirkten[22]. So fehlt es auch an letzter Klarheit, welche Haltung der Neudinger Konvent im großen Schisma nach 1378 einnahm. Allerdings liegt nahe, dass die Klosterführung in den ersten Jahren nach dem Ausbruch der abendländischen Kirchenspaltung, wie die benachbarten Schwarzwaldklöster, Avignon präferierte[23].

Schließlich standen auch Herzog Leopold III. von Österreich, der auch Stadtherr von Villingen war, und dessen Verbündete, die Grafen von Fürstenberg, hinter Papst Klemens VII.[24]. Ebenso neigte das Bistum Konstanz unter Bischof Heinrich III. von Brandis und seinen Nachfolgern, zumindest zeitweise zwischen 1380 und 1388 zur avignonesischen Obedienz[25]. Bekanntlich beendete erst das Konstanzer Konzil diese unsicheren Zustände in der Kirche, aber zugleich, wie Hermann TÜCHLE feststellt, „war die frühere Autorität des Papsttums schwer erschüttert. Im gleichen Maß, in dem Ansehen und Macht des Papsttums sanken, stieg der Einfluss der Fürsten und Städte auf kirchlichem Gebiet."[26]

Durch eine kaiserliche Verfügung Friedrichs III., ausgestellt in Graz, wird das Frauenkloster in Neudingen 1469 noch einmal in einen politischen Vorgang auf Reichsebene einbezogen, und zwar in Streitigkeiten zwischen Graf Eberhard von Württemberg und die Grafen von Fürstenberg, die sich seit 1462 hinzogen[27]. Aufgrund von Klagen zahlreicher württembergischer Landeskinder aus Tuningen, Schwenningen, Biesingen (*Büsenheim*) und ebenso aus Baldingen ünd Öfingen hatte Graf Eberhard sich beim Kaiser beschwert: Die fürstenbergischen Grafen Heinrich VI., Konrad und Egen und ebenso Priorin und Konventfrauen des Klosters Auf Hof hätten veranlasst, dass etliche seiner (Eberhards) Untertanen wider-

---

[22] Auch in dem vielbändigen Repertorium Germanicum, dem Verzeichnis der in den päpstlichen Registern und Kameralakten vorkommenden Personen, Kirchen und Orte des Deutschen Reiches, seiner Diözesen und Territorien von Beginn des Schismas bis zur Reformation, hg. vom Deutschen Histor. Institut in Rom, finden sich keine Hinweise auf Kontakte zwischen der Kurie und dem Kl. Auf Hof nach der fraglichen Zeit. Ebenso führt BRAUN, Klerus, S37 ff.. aus, dass die Einwirkung der Kurie auf die Klöster im Bistum Konstanz überhaupt gering gewesen sei.

[23] TÜCHLE, Bd. 2, S. 81.

[24] LAUER, Kirchengeschichte, S. 129.

[25] Vgl. hierzu HAUPT, Schisma, S. 277 f.; DANN, Bistum Konstanz, S. 48; FEGER, Bodenseeraum III, S. 60; SCHELL, Heinrich III. von Brandis, S. 186-192.

[26] TÜCHLE, Bd. 2, S. 88.

[27] FUB III 557. Schreiben Kaiser Friedrich III. an das Landgericht in der Baar zu Fürstenberg vom 3. Juni 1469. RIEZLER, Haus Fürstenberg, S. 347, nennt diese damals häufig auftretenden Konflikte mit dem Hause Württemberg „nachbarliche Irrungen über Gränzen und Zuständigkeit des fürstenbergischen Landgerichts ..." Vgl. LEIBER, Landgericht, S. 61 f.

rechtlich vor das Landgericht der Baar geladen worden seien[28]. Dort seien seine Rechte und die seiner Hintersassen, trotz seines Einspruchs, weiterhin willkürlich verletzt worden. Kaiser Friedrich gebietet daraufhin dem Landgericht der Baar (und damit auch dem Grafenhaus) nachdrücklich, von solchen Verfahrensweisen Abstand zu nehmen[29]. Es ist anzunehmen, dass das Kloster auf Betreiben der Grafen zu Fürstenberg, seiner Kast- und Schirmvögte, in dieser Angelegenheit mitgewirkt hat. Der Streit zwischen Eberhard von Württemberg und den Fürstenbergern zog sich trotz einer gewissen Beruhigung unmittelbar nach dem kaiserlichen Einspruch noch jahrelang hin. Letztlich löste sich die Sache allerdings von alleine auf, nachdem Graf Wolfgang von Fürstenberg 1497 zum Württembergischen Landhofmeister aufgestiegen war.
Mit dem kaiserlichen Schreiben von 1469 versiegen die wenigen Quellen endgültig, welche die Verhältnisse von Papst und Kaiser zum Kloster in Neudingen vom 13. bis 16. Jahrhundert beleuchten. Das Baar-Kloster hatte eben über seine Region hinaus keine weit reichend gewichtige Bedeutung. Seine Aufgabe bestand eher darin, in der ländlich geprägten Baar als religiöse Institution, eingebunden in die kirchliche Hierarchie Roms bzw. Avignons oder beider Zentren des Papsttums, zu wirken sowie als Hauskloster der Grafen von Fürstenberg eine feste Stütze für seinen Schirmherrn und Wohltäter zu sein.

8.2. Die Bischöfe von Konstanz und das Neudinger Kloster

Wie bereits eingehend dargelegt, war das Bistum Konstanz an der Gründung des Frauenklosters Neudingen 1274 vorrangig beteiligt. Von Bischof Rudolf II. stammte bekanntlich die Genehmigung für die Beginensammlung in der Baar, auf dem ehemaligen Herrensitz Auf Hof ein geordnetes Klosterleben zu institutionalisieren. Die Entscheidung des Konstanzer Bi-

[28] Ebd., III 557. Vgl. auch RIEZLER, Haus Fürstenberg, S. 347 f.
[29] Zur Übergabe dieses kaiserlichen Mandats an die beschuldigten Grafen v. Fürstenberg (die keine Brüder, sondern Cousins und Vettern waren) auf Wartenberg, beim Landgericht und in Löffingen am 17. u. 18. Sept. 1469 berichtet der kaiserliche Notar Marquart Baiger in einem Vidimus. Vgl. FUB III 557 Anm. 1. Vgl. LEIBER, Landgericht, S. 61 und 289.

schofs war möglicherweise auch maßgebend bei der Wahl der Prediger zum betreuenden Orden des neu geschaffenen Klosters[30].

Gerade die zuletzt erwähnte Weichenstellung könnte fast schon vorbereitet worden sein durch die enge Verbindung der Diözese Konstanz mit dem Dominikanerorden, die sich im Laufe des 13. Jahrhunderts entwickelt hatte. So hatte schon Bischof Heinrich I. von Tanne am 12. Aug. 1243 dem Klerus seines Bistums geboten, die Predigerbrüder in ihren päpstlichen Privilegien hinsichtlich des Beichtehörens und der Predigt tatkräftig zu unterstützen[31]. In einer bischöflichen Verlautbarung ordnete später Bischof Eberhard II. von Waldburg am 30. Mai 1271 für die Priorinnen und Konvente, die nach der Augustinerregel leben, Folgendes an: Die Priorinnen dürfen selbständig Ordensschwestern in ihren Konvent aufnehmen, und Dominikanermönche dürfen diese Frauen absolvieren. Ebenso räumt Eberhard II. den Konventualinnen seines Sprengels u.a. das Recht ein, Priorinnen auf Zeit (*priorissae pro tempore*) einzusetzen[32]. Auch wenn das Klosterleben in Neudingen zu diesem Zeitpunkt formal noch nicht bestand, so ist dieses Schreiben für seine spätere Entwicklung, zumindest in Teilen, wegweisend. Nach der bischöflichen Mitwirkung am Gründungsprozess 1274 und der Inkorporation in den Dominikanerorden 1305 lautete die Kennzeichnung „des closters uff hove" zurecht: „Predier ordens in Costentzer Bystum gelegen"[33].

Die offizielle Benachrichtigung durch die bischöfliche Kanzlei in Konstanz, dass die *Cura monialium* den Rottweiler Predigern übertragen worden sei, und eine entsprechende Vorschrift, wie die seelsorgerische Betreuung im einzelnen geregelt wird, liegt für das Kloster Auf Hof expressis verbis nicht vor. Da aber bischöfliche Bestätigungen dieser Art für etliche andere Dominikanerinnenklöster im Südwesten vorhanden sind – zum Beispiel 1294 für das Kloster Waldhausen (oder: beim Tor) in Villingen[34], 1301 für das

[30] Vgl. BECKMANN, Konstanzer Bischöfe, S. 64. Ebenso S. 36 ff. in Kapitel 1 dieser Arbeit.

[31] REC I 1583, 1484. Zur Förderung der Dominikaner durch Heinrich von Tanne vgl. ZIMPEL, Bischöfe, S. 89 ff.; ebenso HILBERLING, Dominikanerkloster, S. 11 f.

[32] REC I 2289. Zur Haltung Eberhards II. zu den Dominikanern vgl. ZIMPEL, Bischöfe, S. 195 ff.

[33] Diese stereotype Beifügung findet sich in fast allen Urkunden, die das Kloster nach der Gründungszeit bis ins 16. Jahrhundert betreffen. Das obige Zitat als Beispiel dafür stammt aus dem Original der Urkunde vom 23. April 1354 im FFA, Kloster-Akten, Lade 8 Fasc. A, Nr. 6.

[34] RUB Nr. 52, S. 17 f. – In dieser Uk. v. 28. Mai 1294 erlaubt Bischof Heinrich II. von Klingenberg den Rottweiler Predigern, u.a. den Nonnen des Klosters Waldhausen bei jeder Gelegenheit die Sakramente zu spenden, bei Interdikt die hl. Messe zu feiern usw. Vgl. REC II 2893.

Katharinenkloster bei Eschenbach (Luzern), 1309 für das Maria Magdalenenkloster zu Freiburg[35] usw. – ist anzunehmen, dass in den Jahren um 1300 ein Schreiben des Konstanzer Bischofs Heinrichs II. mit ähnlichem Inhalt in Neudingen eintraf.

Die Rückenstärkung für den Dominikanerorden durch die Konstanzer Bischöfe hielt auch weiterhin an. So bekräftigte Gerhard IV. am 25. Mai 1318[36] das frühere Hilfegebot seines Vorgängers Heinrichs I. von 1243. Er erklärte alle Prediger, auch solche aus anderen Diözesen, wenn sie im Auftrag ihrer Vorgesetzten im Konstanzer Bistum tätig sind, für befugt zu predigen und Beichte zu hören, was besonders für Klosterschwestern gilt, die sich zur Augustinerregel bekennen. Dass es in dieser bischöflichen Verfügung aber nicht nur um die dominikanische Seelsorge ging, sondern dass sie auch auf die Reglementierung des Beginenwesens im Bistum als Folge des Konzils von Vienne abzielte[37], zeigt die Anordnung, dass Anhängerinnen von Beginensammlungen sich wie andere Frauen kleiden sollen und davon abweichend lediglich eine Tunika oder ein Wollkleid tragen dürfen. Damit ist diese „Kleider-Verordnung" als Hinweis auf die wachsende Abwehrhaltung des Weltklerus gegenüber der religiösen Frauenbewegung und der Lebensweise der Schwestern zu verstehen. Die Beginenverfolgung in Konstanz (um 1320) deutet sich hier an[38], ebenso die Verbindung und Nähe von Beginentum und Dominikanerorden am Bodensee[39]. Das Kloster in Neudingen aber blieb, wie es scheint, von diesen Auseinandersetzungen und Unruhen unberührt.

Zu direkten Kontakten zwischen einem Konstanzer Oberhirten und dem Neudinger Konvent kam es im Laufe der folgenden Jahrzehnte nur zweimal: Beide Male ist der jeweilige Bischof der Überbringer einer erfreulichen Botschaft der Kurie. Am 11. Aug. 1349 setzt Bischof Ulrich III. Pfefferhard die Anordnung Papst Klemens VI. von 1344[40] um und vollzieht die Inkorporation der Pfarreien Neudingen und Gutmadingen inkl. Kirchensatz

---

[35] REC II 3209 und n 54. Vgl. ebd. n 150, 3787, 3936. Zu den Beziehungen Bischof Heinrichs II. zu den Dominikanern vgl. BECKMANN, Konstanzer Bischöfe, S. 174 ff., 192, 280.

[36] REC II n 78.

[37] WILTS, Beginen, S. 199.

[38] WILTS, Beginen, S. 170 ff. Zum Auftreten von Beginen in Konstanz vgl. auch MAURER, Konstanz, Bd. 1, S. 136 f.

[39] WILTS, Beginen, S. 187 ff.

[40] Vgl. oben S. 197, ebenso die diesbezügl. Darstellung in Kapitel 2, S. 52 ff.

in das Kloster um: „verbotenus communicat et huic unioni et incorporationi dat consensum“[41].

Ähnlich verhält es sich mit der allgemeinen Bekanntgabe des päpstlichen Ablassbriefes von 1362, den Bischof Heinrich III. von Brandis am 20. Juni des folgenden Jahres veröffentlichte[42]. Dass dieser Ablassbrief, nicht zuletzt aus finanziellen Gründen, für das Kloster wertvoll war, ergibt sich auch aus der Zusammensetzung der Neudinger Delegation. Bei der Übergabe der Urkunde am bischöflichen Hof in Konstanz war eine Anzahl bekannter Persönlichkeiten der Baar anwesend: Hugo von Almshofen, der Dekan des Dekanats Fürstenberg[43], der Klosterkaplan Johann von Tannheim (*Tanhan*)[44], der Priester Johann Hafner, später der erste Kaplan der Hohenloheschen Stiftung[45], der Gerichtsnotar Franciscus (Franz) des Landgerichts der Baar (*provincialis districtus in der Bar*) und Konrad „dictus Fúrer laycus“[46]. Zwar enthält die Urkunde keine Begründung für die Erteilung des Ablasses, aber es ist denkbar, dass er zur Linderung von Schuldenlast und Not, eventuell als Folge der Pest, dienen sollte. Die Forschung hat nachgewiesen, dass zahlreiche Klöster im Konstanzer Sprengel unter den Folgen des Schwarzen Todes, den weiteren Pestepidemien im 14. Jahrhundert und vor allem unter deren finanziellen Auswirkungen erheblich zu leiden hatten[47].

Auch einige kirchliche Sondersteuern, wie etwa der Zehnt, der in diesen Jahren für die Wiedereroberung Roms und die Rückführung der Kurie von

---

[41] RIEZLER, Ukk. 1, S. 426 f. u. FUB V 473 Anm. 1. Vgl. auch das Regest in REC II 4922. Ebenso Idea laudabilis (GLA), S. 13+13 v.

[42] Text in FUB VI 160 Anm. 1 und RIEZLER, Ukk. 1, S. 429. Als Regest in REC II 5802.

[43] Dekan Hug oder Hugo von Almshofen (sein Jahrtag laut Anniversarienbuch: am 27. Febr.) ist ein Sohn Hugs von Almshofen, genannt der Boner, der um 1348 fünf Töchter ins Kloster Auf Hof gibt. Vgl. VETTER, Almshofen, Stammtafel, S. 46 f. und 23 ff., 25.

[44] Zu Hans von Tanhan vgl. FUB II 280, ebenso FUB V 360 Anm. 3 und ebd. 383 Anm. 2, 472. Zudem FUB VI 81 Anm. 2.

[45] Vgl. FUB II 434 und ebd. 160 Anm. 1.

[46] Eigentlich heißt dies „Konrad der weltliche Führer“. REC II 5802 macht daraus: „der Laie Konrad gen. Furer“. Letzteres ist unsinnig. Es stellt sich aber die Frage: War der weltliche Anführer namens Konrad vielleicht Graf Konrad von Fürstenberg, Herr zu Wartenberg, der Bruder des regierenden Gf. Heinrich III., der diese Delegation nach Konstanz führte? Er starb 1370.

[47] Allein Bischof Heinrich von Brandis versuchte während seines Episkopats (1357-1383) folgende Klöster durch die Inkorporation von Pfarreien zu entlasten: Zwiefalten 1358 (REC II 5353); Sankt Gallen 1359 (ebd. 5483); Blaubeuren 1359 (ebd. 5460); Mehrerau 1361 (ebd. 5675); Einsiedeln 1362 (ebd. 5736); Oberndorf 1364 (ebd. 5876); Ochsenhausen 1365 (ebd. 5915); Engelberg 1367 (ebd. 6013); Bünde 1374 (ebd. 6292); Rot 1381 (ebd. 6618); und Heiligkreuztal 1382 (ebd. 6678); ebenso die Schwarzwaldklöster St. Märgen 1382 (REC II 6674a) und St. Blasien 1383 (ebd. 6705).

Avignon nach Rom erhoben wird[48], belastet die Klöster und Abteien sowie die Ordensangehörigen, vor allem die der Bettelorden. Am 22. März 1367 gab Bischof Heinrich von Brandis deshalb bekannt, dass er von seinem päpstlichen Auftrag, von allen Klerikern seines Bistums den oben genannten Zehnt für 1366 bis zum Sonntag Laetare 1367 einzutreiben, die Nonnen des Predigerordens wegen ihrer offenkundigen Armut von dieser Zahlung befreit[49], ein Verzicht, der sicherlich auch in Neudingen gerne gehört wurde. 1373 wurden die Klosterfrauen Auf Hof ein weiteres Mal Nutznießer eines Zehntverzichts. Diesmal nahm die Kurie selbst durch den päpstlichen Nuntius und Collector generalis für den Papstzehnt, Helyas de Vedronio, die Dominikanerinnenklöster, die unter der Aufsicht von Dominikanern standen, von der Zahlung des Zehnts aus[50]. Trotz dieses Entgegenkommens scheint wenig später eine heftige Verstimmung im Verhältnis zwischen Bischof Heinrich und den Dominikanerinnenklöstern seines Bistums aufgetreten zu sein. Wie der Bischof am 1. Dez. 1375 als der von Papst Gregor XI. eingesetzte Kollektor des neuausgeschriebenen Zehnts in Alemannien seinen Diözesangeistlichen mitteilte, sei es ihm gelungen, sich mit den Dominikanerinnen über den Zehnt zu vergleichen[51]. Alle im Laufe dieses Konflikts erteilten geistlichen Strafen habe er aufgehoben und den Klosterschwestern zudem erlaubt, wieder gottesdienstliche Handlungen vornehmen zu lassen[52]. Ob das Kloster Auf Hof in diese Problematik eingebunden war, ist unbekannt.

Aus dem letzten Jahrzehnt des 14. Jahrhunderts liegt eine Reihe von eigenwilligen Abmachungen vor, in die der amtierende Konstanzer Bischof, das Haus Fürstenberg und das Kloster in Neudingen involviert sind und deren Auswirkungen sich zudem als langfristig und folgenschwer erweisen sollten. Die Angelegenheit beginnt mit einer in Konstanz ausgestellten

---

[48] RQ Nr. 2142, S. 661. REC II 5564.
[49] REC II 5997.
[50] REC II 6212.
[51] REC II 6353.
[52] Das hier geschilderte Verhalten Bischof Heinrichs von Brandis in den Notzeiten des 14. Jahrhunderts und besonders die Maßnahmen gegenüber dem Dominikanerorden erscheinen durchaus positiv. Dies entspricht aber nicht dem Bild seiner ganzen Regierungszeit, die anerkanntermaßen einen Tiefpunkt der Konstanzer Bistumsgeschichte darstellt. Vgl hierzu den diesbezüglichen Beitrag des Verfassers dieser Untersuchung: Rüdiger SCHELL, Heinrich III. von Brandis, a.a.O.

Urkunde des Bischofs Burkhard von Hewen vom 16. Aug. 1395[53], mit der das Kloster Auf Hof von der Zahlung der sog. *primi fructus*[54] der Pfarreien Neudingen und Gutmadingen[55] befreit wird. Als Gegenleistung verpflichtet sich das Kloster, jährlich an Allerseelen (2. Nov.) für Burkhard, alle verstorbenen und zukünftigen Konstanzer Bischöfe ein Seelenamt mit Vigil abzuhalten. Der Vorgang an sich überrascht, weil für den Verzicht der bischöflichen Kammer auf eine begehrte Geldquelle, wie es die *primi fructus* waren, in der obigen Urkunde kein fiskalischer Grund genannt wird. Erstaunlich ist dies umso mehr, als das Bistum Konstanz gerade zu dieser Zeit vor dem finanziellen Bankrott stand[56].

Im Jahr darauf bittet Graf Heinrich IV. von Fürstenberg mit Schreiben vom 4. April 1396 den Bischof, offiziell zu bestätigen, dass er (der Graf) die sog. Hohenlohesche Stiftung[57] mit Pfründe und Jahrtag, wie es seine Ehefrau Adelheid, geb. Gräfin von Hohenlohe, vor ihrem Tod 1370 gewünscht habe, jetzt verwirklicht hat[58]. Bischof Burkhard bestätigt dies am 26. Juni 1396[59]. Dieser Schriftwechsel scheint auf den ersten Blick wenig Bemerkenswertes zu beinhalten.

Beim zweiten Durchlesen fällt dann ein wesentlicher inhaltlicher Unterschied hinsichtlich des Besetzungsrechtes (Patronat) für den Kaplan der Hohenloheschen Pfründe auf, und zwar zwischen der entsprechenden Textstelle im Schreiben des Grafen Heinrich von 1396 und dem Wortlaut der Urkunde vom 6. Nov. 1370, in der diese Stiftung ausführlich erläutert wird[60]. In dieser Stiftungsurkunde, so wurde in anderem Zusammenhang bereits festgestellt, wird das Patronat, also das Recht der Stellenbesetzung, von Graf Heinrich IV. selbst unmissverständlich dem Konvent zuge-

---

[53] Text in FUB VI 160 Anm. 5 und bei RIEZLER, Ukk. 2, S. 10. Nur als Regest in REC III 7424.

[54] Die Fructus primi anni (primi fructus) sind die halben Erträge des ersten Jahres von den Pfründen, die der Bischof neu verliehen hat. Hierzu: OTT, S. 128 ff., und TÜCHLE, Bd. 2, S. 66 ff.

[55] Die Kirchen von Neudingen und Gutmadingen sind dem Kloster bekanntlich 1303 bzw. 1341 einverleibt worden (Erhalt des Kirchensatzes), was von Seiten der Kirche 1344 (durch die Kurie) bzw. 1349 (durch das Bistum Konstanz) bestätigt wurde (vgl. FUB V 473 u. Anm. 1).

[56] Über die Einkünfte und die Finanzlage des Bistums Konstanz vgl. Tüchle, Bd. 2, S. 66 ff., und OTT, S. 128 ff., ebenso SCHELL, Heinrich III. von Brandis, S. 192 ff. – Hierzu sei an das Verhalten Graf Friedrichs I. von Nellenburg erinnert. Dieser gab 10 Tage nach seiner Wahl zum Konstanzer Bischof 1398 die Würde wieder zurück, weil das Bistum völlig verschuldet war.

[57] Zur Hohenloheschen Stiftung vgl. WÄLDELE, Hohenlohesche Pfründe, Die Heimat Nr. 3 (1936) und die betreff. Ausführungen in Kap. 2, S. 56, und Kap. 6, S. 164 f., dieser Arbeit

[58] FUB II 560 und RIEZLER, Ukk. 2, S. 11 ff.

[59] Text in FUB II 560 Anm. 1. Regest in REC III 7456.

[60] FUB II 434. Vgl. Idea laudabilis, S. 16v.–19. Ebenso: Unser Kapitel 6, S. 164 ff.

standen[61]. In seinem Schreiben vom 4. April 1396 an den Bischof erklärt derselbe Graf hingegen: „Item ius patronatus eiusdem altaris spectare debet ad me predictum Hainricum comitem de Fürstenberg et ad meos successores denoscitur, quando et quociens predictum altare vacauerit, vnus pro capellano loci ordinario debet infra tempus a iure statutum presentari."[62] Damit reklamiert Heinrich IV. von Fürstenberg das Patronatsrecht an der Pfründe, von der ursprünglichen Regelung abweichend, für sich und sein Haus, was ihm durch das Bestätigungsschreiben des Bischofs nachträglich verbrieft wird. Die Abmachung in diesem Briefverkehr bleibt fortan maßgebend[63].

Fasst man alle Quellenbelege zusammen, so wird ein bemerkenswertes Dreiecksgeschäft sichtbar, von dem alle Beteiligten profitierten:

- Das Kloster überlässt dem Grafenhaus das Besetzungsrecht an der Hohenloheschen Kaplanei, es erhält aber, neben dem Wohlwollen des Grafen und Kastvogts, den bischöflichen Verzicht auf die ersten Früchte der beiden Pfarreien in Neudingen und Gutmadingen.
- Graf Heinrich IV. erlangt das Patronat über die Hohenlohesche Pfründe, er wirbt mit der großzügigen Stiftung seiner ersten Frau für sich und stärkt seine Stellung gegenüber Kirche und Kloster deutlich. Insofern ist dieser Vorgang insgesamt auch ein Beitrag zum Ausbau der fürstenbergischen Landeshoheit.
- Und Bischof Burkhard von Hewen verzichtet zwar auf die primi fructus, die für das Bistum als Geldquelle schon wichtig gewesen wären, aber er erhält die erwähnte Jahrtagsregelung, die für ihn im Sinne eines glaubensbestimmten Lebens sehr bedeutsam war. Sie wurde nach seinem Ableben am 30. Sept. 1398 zum vereinbarten Datum auch tatsächlich und auf Dauer durchgeführt[64].

Offen bleibt hierbei die Frage, weshalb diese Übereinkunft damals ohne jeden Einwand blieb und reibungslos umgesetzt werden konnte. Indes sei,

---

[61] RIEZLER, Ukk. 2, S. 3: „Es sol dekain byschoff noch nieman anders dehainen pfründner uff der selben pfründe bestaetten noch inducieren ane der frowen und des conuentz des obgenanten klosters kuntlichen gunst und willen; beschiht es aber, so sol es doch nuet kraft haben ..."

[62] RIEZLER, Ukk. 2, S. 12.

[63] Hierzu TUMBÜLT, Neidingen, S. 89 ff. Dagegen übernimmt RIEZLER, Haus Fürstenberg, S. 294, die Lesart, das Patronat an der Hohenloheschen Pfründe sei von Anfang an bei Graf Heinrich v. Fürstenberg gewesen. Vgl. auch WÄLDELE, Hohenlohesche Pfründe, Die Heimat Nr.3 (1936).

[64] REC III 7546.

nicht nur der Vollständigkeit halber, der Hinweis erlaubt, dass Burkhard von Hewen der Sohn des Freiherrn Peter von Hewen und seiner Ehefrau Katharina war. Und diese stammte aus dem Hause Fürstenberg und war die Schwester Graf Heinrichs IV. (!).[65]

Burkhards Nachfolger als Konstanzer Bischof, Otto III. von Hachberg[66], dessen Schwester Verena mit Graf Heinrich V. von Fürstenberg verheiratet war, bestätigte 1416 die Schenkung der *primi fructus* an das Kloster in Neudingen[67]. Die Sache an sich kam damit aber, wie weiter unten deutlich wird, noch lange nicht zur Ruhe.

Bis zum Ende der Dominikanerinnenzeit Auf Hof sind nur noch wenige Kontakte zwischen dem bischöflichem Stuhl und dem Neudinger Konvent nachzuweisen[68]. Schon erwähnt wurde der Erlass des Konstanzer Generalvikars zur Zeit Bischof Ottos III. vom 25. März 1413, der dem Kloster wegen seiner Not und Armut öffentliches Sammeln von Almosen (*elemosinas*) erlaubte[69]. Danach dauerte es sechzig Jahre bis zum nächsten Schreiben aus der bischöflichen Kanzlei vom 23. Nov. 1473. Darin gab der Generalvikar zur Zeit Bischof Hermanns von Breitenlandenberg sämtlichen Geistlichen und Beauftragten der Diözese die Empfehlung, die baulich dringend notwendigen Sanierungsmaßnahmen an der Kapelle Gnadental bei Neudingen zu unterstützen (*benigne recipiant et admittant*)[70]. Den Spendern wird nach abgelegter Beichte ein 40-tägiger Ablass in Aussicht gestellt (*quadraginta dies indulgentiarum elargitur*).

Dann riss die Verbindung ganz ab: Für den Zeitraum vor der Reformation finden sich keine Spuren mehr für eine Betreuung des Klosters durch das Bistum Konstanz. Dafür wirken, wie an anderer Stelle erörtert wurde, seit der zweiten Hälfte des 15. Jahrhunderts die Dominikaner im Rahmen ihrer Ordensreform bei der kirchlichen Organisation und in Glaubensfragen stärker auf die Verhältnisse im Neudinger Kloster ein.

---

[65] Vgl. RIEZLER, Haus Fürstenberg, Stammtafel IV.

[66] Auch dieser Bischof war mit dem Hause Fürstenberg verwandtschaftlich verbunden. Seine Schwester, Verena Markgräfin von Hachberg (gest. 1413), war die erste Gemahlin des Grafen Heinrichs V. von Fürstenberg. (Vgl. RIEZLER, Haus Fürstenberg, Stammtafel V).

[67] REC III 8500. Vgl. auch RIEZLER, Haus Fürstenberg, Stammtafel V.

[68] Zur Klosterpolitik der Konstanzer Bischöfe im 15. Jh. vgl. BRAUN, Klerus, S. 41 f.

[69] Text in FUB VI 160, nur als Regest in REC III 8345.

[70] Text in FUB III 609 und bei Riezler, Ukk. 2, S. 27; als Regest in REC IV 14083. Handschriftliche Akten hierzu im FFA, Verw.-Akten, Vol. VIII Fasc. Ia.

In einem Brief der fürstenbergischen Regierung unter Kanzler Mathias Rast an den bischöflichen Vikar Andreas Amann findet 1542 ein letztes Mal ein Kontakt mit einem Vertreter des Bischofs statt[71]. Es geht wieder (oder immer noch) um den Verzicht auf die *primi fructus* von 1395, dessen Rechtmäßigkeit der amtierende Bischof wegen damaliger Verfahrensfehler jetzt anzweifeln lässt. Der Vertreter des Landesherrn greift in die Angelegenheit ein, die eigentlich das Kloster angeht. Dieses wird schlichtweg übergangen.
Der Streit aber schwelte über die Dominikanerinnenzeit hinaus weiter. So widerrief der Konstanzer Bischof Jakob Fugger am 5. Jan. 1613 den mehrfach erwähnten Verzicht seiner Vorgänger auf die „ersten Früchte" für Neudingen und Gutmadingen. Ebenso entschieden lehnte er die damit verbundene Patronatsregelung seit 1396 ab und unterstrich die Richtigkeit der ursprünglichen Bestimmung von 1370, nämlich „dass ... das ius patronatus der (Hohenloheschen) Pfründe ewig und allein dem Kloster zustehen solle."[72] In der Chronik „Idea laudabilis" zeigt der Autor Martin Antoni ARRES zudem die einzelnen Stationen auf, die dieser leidige Konflikt bis ins 18. Jahrhundert noch zurückgelegt hat[73].

8.3. Beziehungen zu anderen kirchlichen Einrichtungen

Unterhalb der Ebene von Kaiser, Papst und Konstanzer Bischof sind im Folgenden primär die Kontakte des Klosters Auf Hof zu anderen kirchlichen Einrichtungen, die im regionalen Bereich zu finden sind, anzusprechen. Hierbei bieten sich naturgemäß zuvorderst die beiden anderen fürstenbergischen Frauenklöster auf der Baar, Amtenhausen und Friedenweiler[74], als Vergleichsobjekte an.

---

[71] Mitt. I, Nr. 451 + Anm. 2.
[72] Mitt. II, Nr. 1233.
[73] Idea laudabilis, S. 18 ff. – Zum weiteren Fortgang dieser Angelegenheiit vgl. FFA, Kloster-Akten, Lade 18 Fasc. C bis O. – Auch im Erzbischöfl. Archiv in Freiburg befinden sich umfangreiche Prozeß-Akten hierzu aus der Zisterzienserinnenzeit. Vgl. EAF, A 4 Nr. 548 und 549.
[74] Literatur zu Amtenhausen: BADER, Amtenhausen, 1940, zur Hauptsache eine „rechts- und wirtschaftsgeschichtliche Untersuchung". – Zu Friedenweiler ist als erstes BADERs kurze Abhandlung von 1938 zu nennen, wobei der Teilaspekt, die Erschließung des südlichen Schwarzwaldes durch das Kloster Friedenweiler, im Vordergrund steht. – LÖFFLER, a.a.O., 1907, ist hingegen teilweise überholt.

Das Kloster Amtenhausen wurde um 1105, Friedenweiler 1123 gegründet, beide hatten als Mutterkloster die Abtei St. Georgen im Schwarzwald[75]. Infolgedessen gehören sie wie ihre Mutterabtei dem Benediktinerorden an, was sicherlich von Anfang an zu engen Verbindungen der beiden Tochterklöster untereinander, aber auch zum richtungweisenden Mutterkloster St. Georgen führte. Während über die Größe des Konvents von Friedenweiler keine Belegzahlen vorliegen, enthält die „Vita Theogeri" des dritten Abtes von St. Georgen, Theoger, der sowohl das Benediktinerinnenkloster Amtenhausen als auch das in Friedenweiler gegründet haben soll, die Behauptung, Theogers Gründung in Amtenhausen habe bereits am Anfang ungefähr hundert Nonnen beherbergt (*monasterium construxit Amptenhausen, in quo centum circiter moniales feminas congregavit*[76]) Die Richtigkeit dieser Aussage einmal vorausgesetzt, würde dies bedeuten, dass dieses Kloster zumindest zeitweise wesentlich größer gewesen wäre als Neudingen.

Wenngleich die Grafen von Fürstenberg später gleichermaßen die Kastvögte der Klöster in Amtenhausen und Friedenweiler[77] und ebenso auch in Neudingen waren, so liegt dennoch nahe, dass das Kloster Auf Hof schon früh – zumindest aus der Sicht des Hauses Fürstenberg – einen besonderen Stellenwert erhielt[78]. Wie erinnerlich ist das Neudinger Nonnenkloster im Grunde eine fürstenbergische Gründung, es lag zudem ganz nahe beim Herrschaftszentrum der werdenden Territorialherren, und es genoss größtes Wohlwollen der Grafen und ihres adligen Anhangs Diese Stellung des Klosters wurde zudem auch durch die Zugehörigkeit zu den Dominikanern, deren Orden am Ende des 13. Jahrhunderts noch jung und besonders angesehen war[79], zusätzlich unterstrichen. Seit 1337

---

[75] BADER, Amtenhausen, S. 8 und 5 ff.; LÖFFLER, S. 8 f., und LAUER, Kirchengeschichte, S. 53.

[76] Vita Theogerii, in: MGH 12, S. 462. Vgl. BADER, Amtenhausen, S. 9.

[77] Zur Kastvogtei der Klöster Amtenhausen und Friedenweiler vgl. STIEVERMANN, Klosterpolitik, S. 89 f. Ebenso LUTZ, Herrschaftsverhältnisse, S. 26 ff. BADER, Friedenweiler, S. 50, beschreibt die milde fürstenbergische Klostervogtei in Friedenweiler als: „eine freundschaftliche Ergänzung der klösterlichen Aufgaben ..."

[78] BADER, Amtenhausen, S. 1, wertet allerdings: „Unter den Baarklöstern, die zum Hoheitsbereich der fürstenbergischen Landgrafschaft Baar gehörten, war das Benediktinerinnenkloster Amtenhausen das bedeutendste. Als einzigem fürstenbergischem Frauenkloster war es ihm gelungen, in der Reformationszeit seinen Bestand zu erhalten ..." Eine etwas gewagte Beurteilung – samt der Begründung!

[79] DEGLER-SPENGLER, Beginen, S. 60 f. GLEBA, S. 115 f., 118 und 120, und WILMS, Geschichte, S. 22 f., 39. 120. Ebenso: HAUCK, Kirchengeschichte, Bd. V/1, S. 325.

erschien es überdies durch den Beginn der fürstenbergischen Begräbnistradition in einem besonderen Licht.

Trotz dieser Verschiedenheiten bestanden zwischen den Neudinger Dominikanerinnen und den Benediktinerinnen in der Ostbaar bzw. am Ostrand des Schwarzwaldes zwangsläufig zahlreiche Berührungspunkte. Schließlich gab es benachbarte Höfe und angrenzende Liegenschaften[80], die den drei Klöstern in denselben Dörfern[81] gehörten, ebenso Überschneidungen bei der Nutzung von Einkünften und Zinsen[82] sowie Zehnten[83]. Der Hof Engelbreiten „unter Wartenberg" gehörte 1386 dem Kloster Friedenweiler[84]. Amtenhausen hatte zahlreiche Besitzungen und Einkünfte in Sunthausen, Aasen und Pfohren[85]. Die Neudinger Priorin Agnes von Almshofen und ihre Mitschwester Anna Egesheimer erwarben 1434 „ain gütly, gelegen ze phorren, daz ... her ruret von der vögtinen, ainer closter frowen zuo fridowiler"[86]. Diese vielen, wenn auch nur punktuellen Kontakte verliefen, wie es den Anschein hat, fast reibungslos bis weit ins 15. Jahrhundert hinein.

Zu einem Streitfall, der zur prozessualen Auseinandersetzung zwischen den Frauenklöstern Amtenhausen und Neudingen führte, kam es dann am 1. Sept. 1485[87]. Der Streit drehte sich um die Zuordnung des Zehnten von drei Gütern in Gutmadingen. Die Kastvögte der beiden Klöster, die Grafen Heinrich VII. und Wolfgang zu Fürstenberg übertrugen das Verfahren einem Schiedsgericht, wohl um, wie es zu dieser Zeit mitunter der Fall war, in einer Streitsache unter geistlichen Streitgegnern die Zuständigkeit des kirchlichen Gerichts – hier: des Archidiakonats- oder Offizialgerichts des

---

[80] Die Uk. vom 19. Jan. 1450 erwähnt beiläufig : „...Item vor krinesperg (in Pfohren) ain mansmad wisen stost an unser fröwen gut obnen und unden an der fröwen von amptenhusen guot, das haini mäger inhaut." (FFA, Kl.-Akt., Lade 21 Fasc. B, Nr. 7).

[81] Für diese Feststellung genügt ein Blick in den Zinsrodel des Klosters Amtenhausen von 1398 (FUB VI 99 Anm. 3). Vgl. auch BADER, Amtenhausen, S. 75, Anm. 43. Zur Besitzgeschichte des Klosters Amtenhausen vgl. LUTZ, Herrschaftsverhältnisse, S. 50; zu Friedenweiler vgl. ebd., S. 50 f.

[82] Vgl. FUB II 111 und 343.

[83] Vgl. FUB IV 65 und 147.

[84] FUB VI 96.

[85] FUB VI 49 Anm. 7, und ebd., 99 Anm. 3. Vgl. auch den Zinsrodel des Klosters Amtenhausen von 1398 (FUB VI 99 Anm. 3). Ebd. Zinseinnahmen von zahlreichen Höfen z.B. in Ober- und Niederbaldingen, Biesingen (*Buessenhan*), Aasen (*Ashan*), Pfohren (*ze Pforren*), Kirchen (*kilchan*) und Geisingen.

[86] FFA, Kloster-Akten, Lade 21 Fasc. B, Nr. 3.

[87] FUB IV 53. Über Besitz des Kl. Amtenhausen in Neudingen vgl. BADER, Amtenhausen, S. 74.

Bischofs von Konstanz[88] – durch Schiedsgerichtsbarkeit zu umgehen[89]. Dieses Gericht, dem der Ritter Hans von Fürstenberg, der Gerichtsschreiber Konrad Schmidt von Wartenberg, der amtierende Schultheiß von Geisingen, Hans Keller, und sein Vorgänger Heinrich Engasser angehören, entscheidet in zwei Punkten zugunsten von Amtenhausen; den dritten Zehnt halbiert es unter den beiden Kontrahenten[90].

Die „beiden Gotteshäuser" Neudingen und Friedenweiler hingegen regeln in den ersten beiden Jahrzehnten des 16. Jahrhunderts ihre Interessen vor dem Landgericht der Baar in gütlichem Einvernehmen. Am 22. April 1504 einigte man sich auf einen Gütertausch[91], der offenbar die beiderseitigen Besitzungen etwas arrondieren soll: Während Friedenweiler ein kleines Gut zu Sumpfohren und ein Gut in Unterbaldingen abtrat, gab der Neudinger Konvent ein Gut zu Dittishausen und ein weiteres zu Hüfingen ab, bei dem die Ritter von Schellenberg das Vogtrecht innehatten. Eine zweite Tauschabsprache dieser beiden Klöster erfolgte am 11. Juli 1519[92]. Allerdings liegt hiervon nur die Wechselurkunde aus Friedenweiler vor, aus der hervorgeht, dass der Neudinger Konvent vier Eigenhöfe in Sunthausen, Oberbaldingen, Hintschingen und Sumpfohren erhält[93]. Welches die eingetauschten Güter waren, die Neudingen bereitstellte, weiß auch Martin Antoni ARRES nicht, der diesen Vorgang in seiner Chronik um 1770 hervorhebt[94]. Denn schon damals war die Tauschurkunde aus dem Kloster Auf Hof nicht mehr aufzufinden.

Schon weiter zurück liegen etliche gerichtliche Auseinandersetzungen des Neudinger Klosters mit Pfarreien, klösterlichen und kirchlich-sozialen Einrichtungen auf der Baar. Durch die Bestellung von Kaplan Eberhard Nellen 1390 zum juristischen Vertreter der Klosterfrauen erfährt man von einem Prozess mit den „Sibengedmin" zu Rottweil vor dem zuständigen Rottweiler Stadtgericht. Dabei ging es um einen Einspruch dieser (sonst

---

[88] Zur historischen Entwicklung des Offizialgerichts des Bistums Konstanz vgl. Helvetia sacra, Band I/2, Teil 1, S. 97-99. Eine Auflistung der Offiziale vgl. ebd., Teil 2, S. 581-606.

[89] Vgl. LEIBER., S. 215. Über die Streitigkeiten um die gerichtliche Zuständigkeit bei Klerikern vgl. ebd., S. 204 ff.

[90] Vgl. hierzu das Original im FFA, Kloster-Akten, Lade 8 Fasc. B, Nr. 12.

[91] FUB VII 181 Anm. 1.

[92] FFA, Kl.-Akten, Lade 25 Fasc. A, Nr. 2.

[93] Das Repertorium 2 (FFA), das allerdings erst im 18. Jh. erstellt wurde, enthält die Jahreszinsen von jedem dieser vier Güter. Der Tauschvertrag von 1519 war also damals noch rechtsgültig.

[94] Idea laudabilis (GLA), S. 41+41v.

nirgendwo genannten) Gemeinschaft gegen die Übernahme des Hauses, welches die Nonne Anna Stölzlin bekanntlich 1367 bzw. 1374 ihrem Kloster Auf Hof vermacht hatte[95].

1442 stritt man sich mit der Kirche des hl. Gallus zu Mundelfingen[96]. Hierbei drehte sich der Streit um eine Gült von 2 ½ Viertel Bohnen und ½ Pfd. Wachs, welche, nach Mundelfinger Lesart, das Neudinger Kloster der Pfarrkirche vom Gut des Jaeckli Bussen in Otfridingen (Opferdingen) schuldete[97]. Der Rechtspfleger Rudolf von Blumberg und seine vier Schiedsleute, die von beiden Streitparteien je zur Hälfte gestellt wurden, überwiesen die Angelegenheit – heute würde man sagen: eine Lapalie – an das „gaistlich gericht uf den chor ze Costentz". Dieses Gericht fällte am 14. Feb. 1443 folgendes Urteil: Die Neudinger Klosterfrauen müssen der Kirche von Mundelfingen von ihren Bohnen jährlich 5 Imi abgeben, hingegen aber kein Wachs[98].

Aus dem Jahre 1486 ist die Anklage des Priors Niclauß, der dem Kloster der Pauliner in Tannheim vorsteht, gegen den Neudinger Konvent bekannt, und zwar wegen des großen Zehnten zu Tannheim von Korn, Hafer und Heu auf den dortigen Neudinger Klosterbesitzungen[99]. Das Gericht – auch hier ein Schiedsgericht, berufen von den Grafen Heinrich VII. und Wolfgang von Fürstenberg – entschied in dem Konflikt der beiden Klöster, dass dem Prior der Pauliner und seinem Konvent als Ersatz für den Zehnt, der beim Kloster Auf Hof verbleiben soll, die Wiesenplätze übereignet werden, welche die Klosterfrauen bereits von Alters her dem Paulinerkloster ersatzweise zur Nutzung überlassen hatten [100]. Notwendige Vorarbeiten sollen „die armen Leute", einfache Bauern im Dienste der Neudinger Nonnen, leisten

In der Reformationszeit drohte dem Nonnenkloster in Friedenweiler, in fast paralleler Entwicklung, dasselbe Schicksal wie den Dominikanerinnen in Neudingen. Beide Einrichtungen standen um 1560 unmittelbar vor Auflö-

---

[95] Im Original im FFA, Kl.-Akt., Lade 24 Fasc. C, Nr. 4: „...von unsers huses wegen, gelegen ze Rotwil in des hailigen Crutzes ort, dez uns von der Stoeltzlinen seligen von Rotwil angevallen ist von gemechtes wegen ..." Vgl. Kapitel 2, S. 56 f., und Kap. 3, S. 64, dieser Arbeit. Zu Anna Stölzlin vgl. auch Anhang A 1, S. 272, mit Urkundennachweis.

[96] Vgl. TUMBÜLT, Eigenkirchen, S. 41 f.

[97] RIEZLER, Ukk. 2, S. 23 f.

[98] RIEZLER, Ukk. 2, S. 24.

[99] FUB IV 65. Vgl. LEIBER, Landgericht, S. 215.

[100] FUB IV 65.Vgl. auch F. Meyer bei Berner, Tannheim, S. 124 ff.

sung und Untergang, was nur dadurch zu vermeiden war, dass beide Klöster, wie dies der Territorialherr und Kastvogt, Graf Heinrich VIII. von Fürstenberg, zielbewusst anstrebte, in die Obhut eines neuen Ordens gestellt wurden[101]. Am 12. bzw. 15. April 1578 gingen die Übergabebriefe des Grafen dem Zisterzienserorden zu[102]. Die Übergabe der beiden Klöster an den neuen Orden bestätigte der Apostolische Stuhl zeitgleich 1584 mit der Abänderungs- und Inkorporationsbulle[103]. Für das Kloster in Amtenhausen dagegen war der Fortbestand mit Zugehörigkeit zu seinem bisherigen Orden, den Benediktinern, nie gefährdet[104].

---

[101] Vgl. Kapitel 4, S. 110 ff.
[102] Mitteilungen II, Nr. 462, und ebd., Nr. 462 Anm. 1.
[103] Mitt. II, Nr. 570.
[104] Die Gründe für die andersartige Entwicklung bei BADER, Amtenhausen, S. 1-5.

TEIL III
DAS HAUSKLOSTER

KAPITEL 9
DAS KLOSTER AUF HOF UND DIE GRAFEN VON FÜRSTENBERG

9.1. Zur Definition „Hauskloster"

Nach der Darstellung der Klostergeschichte vom 13. bis 16. Jahrhundert in Teil I und nach den Ausführungen in Teil II zu den politisch-sozialen, religiösen, organisatorischen und wirtschaftlichen Gegebenheiten sowie den Außenbeziehungen während der Zugehörigkeit des Klosters zum Dominikanerorden steht nun in einem dritten, dem zentralen Teil dieser Arbeit die genaue Betrachtung des Verhältnisses zwischen dem Kloster und den Grafen von Fürstenberg an: Das Kloster Auf Hof als Hauskloster der Fürstenberger.

Zwar kennzeichnete bereits RIEZLER in seinem Standardwerk über das Haus Fürstenberg vor 120 Jahren das von Heinrich I. mitgegründete Neudinger Frauenkloster als „das eigentliche fürstenbergische Hauskloster"[1]. Auch TUMBÜLT (1910)[2] und BADER[3] (1940) verwandten diesen Begriff, den sie vor allem mit den großzügigen Zuwendungen der Grafenfamilie, den zahlreichen gräflichen Klosterfrauen und der fürstenbergischen Begräbnistradition in Neudingen begründeten. Allerdings fehlt bei ihnen eine fundierte Definition und Begriffserklärung. Erst in den letzten Jahrzehnten wird der Terminus „Hauskloster" von der Forschung, die sich speziell mit dem Adel im frühen und hohen Mittelalter befasst, näher hinterfragt und herausgearbeitet. Daher werden in der folgenden Darstellung vornehmlich die einschlägigen Erkenntnisse von KARL SCHMID[4], ALTHOFF[5], STREICH[6], HECHBERGER[7] u.a. zugrunde gelegt.

Gemeinsam sehen alle diese Autoren das Begriffspaar Burg und Kirche – mit anderen Worten: Stammburg und Hauskloster – als grundsätzliche Entwicklungsphänomene am Beginn von Herrschaftsbildung adliger Ge-

---

1 RIEZLER, Haus Fürstenberg, a.a.O. Hier zitiert nach ebd., S. 216.
2 TUMBÜLT, Neidingen, S. 73.
3 BADER, Erbbegräbnisse, S. 27.
4 KARL SCHMID, Zur Problematik, ZGO NF 66 (1957), S. 30 ff. DERS., Geblüt, Herrschaft, Geschlechterbewusstsein. Sigmaringen 1998, S. 68 ff., 103 ff., 130 ff.
5 Gerd ALTHOFF, Verwandte, Freunde und Getreue, Darmstadt 1990, S. 64-67.
6 Gerhard STREICH, Burg und Kirche, Sigmaringen 1984, Teil I, S. 3 ff.; ebd., Teil II, S. S. 473 ff. DERS., Adel, Burg und Klostergründung, in: Landesforschung, Bielefeld 2006, S. 39-71.
7 Werner HECHBERGER, Adel im fränkisch-deutschen Mittelalter, 2005, S. 308 ff.

schlechter[8]. Zumeist fällt dabei die Gründung des Familienklosters in die Zeit, in welcher eine Adelsfamilie vom bisherigen Stammsitz, der zumeist eine Niederungsburg war, vorwiegend aus Repräsentations- und Sicherheitsgründen auf eine Höhenburg umsiedelte. Dies geschah oft im 11. und 12. Jahrhundert und stand „im Zusammenhang (der) Bildung von (neuen) Herrschaftszentren, die nicht zuletzt in der Benennung der Geschlechter nach diesen Burgen sichtbar wird"[9]. Die häufige Folge davon war, dass das Hauskloster in der aufgelassenen Burganlage, in geographischer Nähe zum neuen Herrensitz, angesiedelt wurde[10].

Bekannte Beispiele für derartige Entwicklungen sind zahlreich. So verlegten die Welfen im 11. Jahrhundert ihren Herrschaftsmittelpunkt nach Ravensburg, nachdem ihr Hauskloster (Weingarten) schon im 10. Jahrhundert am ehemaligen Sitz der Familie in Altdorf (nachmals: Weingarten) gegründet worden war[11]. Die Staufer errichteten gleichfalls im 11. Jahrhundert eine Höhenburg auf dem Hohenstaufen. 1102 richteten sie ganz in der Nähe ihres aufgelassenen früheren Herrensitzes in Lorch ein Benediktinerkloster, das Familienkloster mit Grablege, ein[12]. Und ein drittes Beispiel: Nachdem die Grafen von Scheyern-Wittelsbach ihre Stammburg Scheyern aufgegeben und dafür die namengebende Burg Wittelsbach bei Aichach als neuen Hauptsitz bezogen hatten, siedelten sie ihr Hauskloster in ihrer alten Burg in Scheyern an[13].

Neben dieser wichtigen Rolle bei der Formierung eines Adelsgeschlechtes gab es viele gute Gründe für die Einrichtung eines Hausklosters. So dienten Hausklöster vor allem auch der Selbstdarstellung der jeweiligen Stifterfamilie und zur Demonstration adliger Standesqualität[14]. Hierdurch konnte man sich deutlich von niedrigeren Ständen abgrenzen. Für die Adelsherrschaft ergaben sich, wie ALTHOFF feststellt, im Zusammenwirken der neuen namengebenden Höhenburg mit dem nahe gelegenen Haus-

---

[8] ALTHOFF, Verwandte, S. 64; STREICH, Burg und Kirche, Teil I, S. 2; SCHMID, Geblüt, S. 147 f.

[9] ALTHOFF, Verwandte, S. 66.

[10] STREICH, Burg und Kirche, Teil I, S. 4. ALTHOFF, Verwandte, S. 64. SCHMID, Problematik, S. 44 f.; ders., Hirsau, S. 114 ff.

[11] SCHMID, Geblüt, S. 129 ff.

[12] STREICH, Burg und Kirche, Teil II, S. 475.

[13] Ebd., S. 474. Weitere Beispiele: bei STREICH, Adel, S. 43 ff. und SCHMITT, Fromme Stiftung, S. 11-13.

[14] SCHMITT, Fromme Stiftung, S. 13. Die Autorin weist besonders darauf hin, dass niederadelige Familien durch Nachahmung der hochadeligen Stiftungspraxis ihren sozialen Aufstieg demonstrativ zur Schau stellten, z.B. die Grafen von Hagen-Arnsburg u.a.

kloster auch weitere Entfaltungsmöglichkeiten[15]: Und zwar durch den „Aufbau eines Verwaltungsapparates“ und „die Entwicklung der Hofgesellschaft“. Politische Interessen standen zudem hinter dem Bestreben der Klostergründer, nämlich die Vogtei über das (von ihnen gestiftete) Kloster als wichtiges Machtinstrument zu erhalten[16].

Ebenso konnte das „adlige Hauskloster als Erziehungsstätte, Versorgungseinrichtung für unverheiratete Töchter, Witwen und nachgeborene oder missgebildete Söhne ...“[17] gute Dienste leisten. Auch übertrug man den Mönchen oder Klosterfrauen vertrauensvoll die Grablege der Dynastie und damit die Pflege der Erbbegräbnisstätte[18]. Eng damit verbunden stand die zentrale Hauptfunktion des Haus- und Familienklosters in der „Memorialverpflichtung“, also im Gebet der Konventsmitglieder für die Lebenden und im Gedächtnis an die Toten.[19] Hiermit erbrachte das Kloster eine Gegenleistung für die vielfältigen finanziellen Hilfen der Gründerfamilie und deren Engagement. Hinzukam als Teil adliger Erinnerungs- und Sakralkultur die Pflege von Erinnerungsgegenständen wie Grabmälern, figürlichen Darstellungen, Grabplatten und Grabinschriften, Totenschilden[20] u.a.m., sowie die „adlige Hausüberlieferung“, die Stifterchronik[21], die in vielen Fällen im Hauskloster ihren Ausgangspunkt hatte.

In den folgenden Abschnitten dieses Kapitels und in Kapitel 10 werden die verschiedenen Aspekte, die hier für die Hausklöster allgemein als Funktionen genannt worden sind, auf das Verhältnis zwischen dem Geschlecht der Fürstenberger, Landgrafen in der Baar, und der monastischen Kommunität Auf Hof angewandt und geprüft. Dabei erhalten diese Beziehungen wohl ihre endgültige Kennzeichnung. Um dies durchzuführen, ist bei Ereignissen der lokalen Geschichte auf der Baar in der Mitte des 13. Jahrhunderts anzusetzen.

---

[15] ALTHOFF, Verwandte, S. 66.

[16] SCHMITT, Fromme Stiftung, S. 16 f.: Umstrittene Rechte und Güter, die man dem neugegründeten (Haus)Kloster übertrug, konnten durch die Inhabe der Vogtei besser gesichert werden.

[17] STREICH, Burg und Kirche, Teil I, S. 3. Vgl. DERS., Adel, S. 44.

[18] ALTHOFF, Verwandte, S. 64 f., STREICH, Burg und Kirche, Teil I, S. 3, und K. S. BADER, Erbbegräbnisse, S. 29 f.

[19] ALTHOFF, Verwandte, S. 65; SCHMID, Problematik, S. 45 f.; DERS., Geblüt, S. 133. Ebenso BAbendererde, Liturgisches Gedächtnis, S. 92.

[20] AUGE, Erinnerungskultur, S. 117 und 118.

[21] ALTHOFF, Verwandte, S. 65.

9.2. Burg und Kirche: Die namengebende Höhenburg Fürstenberg und die Klostergründung Auf Hof

Nach dem Tod Graf Eginos V., des Sohnes Graf Eginos IV., „des Bärtigen“, von Urach und der Agnes von Zähringen[22], wurde um 1245 das zähringische Erbe unter zwei seiner Söhne aufgeteilt. Konrad, Graf von Freiburg, erhielt in der Hauptsache das Gebiet westlich des Schwarzwaldes. Graf Heinrich hingegen übernahm die Besitzungen auf der Baar und einige Orte im Kinzig- und im Renchtal[23]. Heinrich (geboren zwischen1228 und 1234[24]), der damals noch als Graf von Urach und Freiburg auftrat[25], dürfte in den vierziger Jahren nach seinem Mündigwerden seinen Teil an diesem Allodialbesitz, mit der Baar als Schwerpunkt, selbständig übernommen haben[26].

Eine gewisse Zentralität kam auf der Baar von alters her dem „kreisrunden“ Hügel mit dem Platz „Auf Hof“ bei Neudingen zu, auf dem sich wohl eine karolingische Pfalz oder ein Königshof befunden hatte und wo sich später die Zähringer Herzöge niederließen. 1175 verlegten sie nach Inbesitznahme des Fürstenbergs – ein in der Literatur umstrittener Vorgang[27] – ihren Herrensitz aus der Donauebene auf diesen nahe gelegenen Berg. Dass auch Graf Heinrich nach seinem Eintreffen auf der Baar den dominanten, sicheren Fürstenberg als seinen Wohnsitz wählte, liegt somit nahe. Folgerichtig nennt er sich erstmals in einer Urkunde von 1250 nach der Höhenburg „comes de Vurstenberc“[28]. Der ehemalige Königssitz Auf Hof gehörte wahrscheinlich weiterhin zum Besitz des Grafen von Fürstenberg im alten Herrschaftszentrum Neudingen, wo die gräfliche Familie später auch noch andere Güter, zum Beispiel den Kelnhof[29] und die sog. Steinburg (*das Stainburglin*), ein altes Burggebäude[30], u.a. besaß.

---

[22] Vgl. „Zähringer Stammtafel“ bei PARLOW, Zähringer, nach S. XXVII.
[23] BUTZ, Adlige Herrschaft, Bd. 1, S. 94 f., RIEZLER, Haus Fürstenberg, S. 99, 103 u. 201; TUMBÜLT, Fürstenberg, S. 14. BADER, Erbbegräbnisse, S. 201 f., mit Feinabgrenzung der Erbteile.
[24] RIEZLER, Haus Fürstenberg, Stammtafel II und IV.
[25] In FUB I 411, 424, 425 erscheint „Comes de Friburch“, in FUB I 433 „Comes in Vrach“.
[26] Vgl. hierzu BUTZ, Adlige Herrschaft, Bd. 1, S. 94 f., 100. VETTER, Fürstenberg, S. 77 f.
[27] PARLOW, Zähringer, Reg. 471, S. 298 f. Vgl. BADER, Erbbegräbnisse, S. 23.
[28] FUB I 427. In einer Uk. von 1254 betitelt er sich mit „Comes in Vrach, dominus in Vrstenberc“ (FUB I 433). Vgl. hierzu auch REVELLIO, Stammburg, S. 362 ff, u. VETTER, Fürstenberg, S. 71.
[29] Vgl. RIEZLER, Haus Fürstenberg, S. 216. FUB II 13 und MAURER, Königspfalzen, S. 464.
[30] *Das Stainbürglin* gehörte den Grafen bis 1491 (FUB IV 185). 1503 kaufen es die Priorin u. die Klosterfrauen (FUB IV 349). Vgl. GLUNK, Flurnamen, S. 176.

Nach 1250 war Heinrich von Fürstenberg sehr bemüht, seine Herrschaft auf der Baar zu sichern und zu festigen[31]. Vor allem gelang ihm dabei, wie KARL SCHMID es verallgemeinernd formulierte und am Beispiel der Welfen und Habsburger im 11. Jahrhundert verdeutlichte[32], „die Konzentration auf eine Burg als namengebende Mitte (für eine) qualifizierte Adelsherrschaft“[33] zu vollziehen. Hiermit traten die Bestrebungen des ersten Grafen von Fürstenberg in ein neues Stadium der Herrschaftsentwicklung ein. In seinem Bemühen kam ihm die nahe Verwandtschaft mit dem späteren König Rudolf von Habsburg[34] ebenso zugute wie sein langjähriger Dienst in Gefolge und Auftrag Rudolfs[35]. Die Folge davon waren königliche Dankeserweise wie 1275 die Ernennung zum Rektor der Romagna Maritima[36], 1278/1283 die – umstrittene – Übertragung der Stadt Villingen als Reichslehen und am 18. Jan. 1283 die Übertragung der Landgrafschaft Baar „plene et integre“ auf das Haus Fürstenberg[37].

Im Zuge dieser Herrschaftsfestigung entstand 1274 auch das Frauenkloster Auf Hof, wozu Graf Heinrich den „dominis religiosis“ bereitwillig das Areal des ehemaligen Königshofs und die (eventuell) noch vorhandenen Gebäude überließ[38]. Damit verfuhr er, wie andere adlige Herrschaftsgründer auch, wobei ihm, soweit überschaubar, die erbliche Vogtei über das neue Kloster ohne Einwände zufiel[39]. Das Herrschaftszentrum befand sich also in der Burg-Stadt Fürstenberg, die auf Gemarkung Neudingen lag, in sicherer Höhenlage[40]. Dort urkundete Heinrich erstmals 1263[41]. Der alte Herrensitz im Tal (Auf Hof) diente dagegen, wie gesagt, seit 1274 als

---

[31] RIEZLER, Haus Fürstenberg, S. 202 f.

[32] SCHMID, Geblüt, S. 131 ff. und S. 68 ff.

[33] Ebd., S. 105.

[34] RIEZLER, Haus Fürstenberg, S. 203.

[35] Ebd., S. 204. Für den Autor ist deutlich, „dass derselbe von der Ostsee bis nach Italien Jahre lang in Rudolfs Auftrag umherwanderte, gleich einem Königsboten der karolingischen Zeit ...“. Und: „Für die Befestigung des Habsburgers auf dem Königsthrone und, was damit zusammenhängt, für die Wiederherstellung eines kraftvollen Reichsregiments nach kläglichem Verfall haben wenige Männer so viel geleistet wie Graf Heinrich von Fürstenberg.“

[36] FUB I 503, 504. 505.

[37] FUB I 582. Vgl. hierzu BADER, Entwicklung, S. 319-349. RIEZLER, Haus Fürstenberg, S 211. Vetter, Fürstenberg, S. 80.

[38] RIEZLER, Ukk. 1, S. 393, und FUB I 496.

[39] Das Amt des Kastvogts spielte in den ersten Jahrzehnten nach der Klostergründung nicht die Rolle eines gräfl. Machtinstruments zur Einflussnahme auf das Klostergeschehen. Seit 1299 ist dann große Unterstützung der Grafen für das Kloster Auf Hof festzustellen. (Vgl. unten.)

[40] Vgl. GLUNK, Flurnamen, S. 12 ff. Dort heißt es auch, dass Neudingen und Fürstenberg im Spätmittelalter „innerhalb der gleichen Mark lagen.“ Hierzu auch MAURER, Königspfalzen, S. 464.

[41] FUB I 454. Daneben behielt Villingen seine zentrale Position: Dort wurden zw. 1251 und 1268 vier Urkunden Heinrichs I. ausgestellt (FUB I 430, 443, 456, 464).

Nonnenkloster. Die neue Stammburg und das (künftige Haus-)Kloster standen, wie gesagt, in räumlicher Nähe zueinander[42].

Zugleich ist festzuhalten, dass zum Entstehungszeitpunkt des Klosters die beiden (eigentlichen) Gründer, Graf Heinrich I. und seine Ehefrau Agnes von Truhendingen, anscheinend nicht die Absicht hatten, Neudingen zur fürstenbergischen Begräbnisstätte zu machen. In diesen Anfangsjahren des Klosters hielt sich das Grafenhaus auch mit weiteren Schenkungen zurück. Erst mit dem Privileg der Grafen vom 13. Jan. 1299[43], das mit seinen vielfältigen Vergünstigungen wie ein nachgeschobener zweiter Gründungsakt wirkt, änderte sich die Zurückhaltung. Nun kam es zu verstärkter Kooperation zwischen Grafenhaus und Konvent. Eine kurze Aufstellung der gräflichen Zuwendungen und großzügigen Verkäufe von fürstenbergischem Besitz an das Kloster in den ersten Dezennien seines Bestehens soll dies nachstehend vertiefen:

Tabelle 6
Haus Fürstenberg und das Kloster: Stiftungen, Verkäufe/Käufe 1274 bis 1341

Datum	Objekt und Übergabeform	Belegstelle
1274, 21. Nov. bzw. 1274, 26. Dez.	Gelände und (evtl. vorhandene) Gebäude Auf Hof zur Einrichtung des neugegründeten Klosters: Schenkung durch Heinrich I.	Riezler, Ukk.1, S. 393 und FUB I 496
1299, 13. Jan.	Das sog. Privileg der Grafen: Zahlreiche finanzielle, wirtschaftliche und rechtliche Vergünstigungen.	FUB I 652
1299, 13. Jan.	Mühle in Neudingen: Schenkung durch Domherr Konrad von Fürstenberg, Gräfin Udelhild und ihren Sohn Heinrich II.	FUB I 651
1299, 25. April	Gräflicher Maierhof zu Aasen: Verkauf durch Graf Heinrich II. an die Klosterfrauen für 26 Mark Silber	FUB I 655
1303, 9. April	Kelnhof in Neudingen, mit dem Kirchensatz zu Neudingen: Verkauf durch Heinrich II., Konrad und Friedrich von Fürstenberg für 400 Mark Silber an Priorin und „samenunge Vffen Hove"	FUB II 13
1341, 20. Dez.	Der Kirchensatz zu Gutmadingen und der dortige Brühl: Schenkung der Grafen Konrad, Johann und Heinrich III.	FUB II 234 + Riezler, Ukk.1, S. 420-422

Ergänzend ist daran zu erinnern, dass die Grafen gerade im angesprochenen Zeitraum bei mehr als 15 Schenkungen von privaten Gönnern für das Kloster bzw. bei etwa 10 Güterkäufen durch das Kloster nachweislich zugunsten der Priorin und des Konvents auf ihre Rechte als Lehensherren

[42] Ähnlich waren die Verhältnisse z.B. auch in Calw. Vgl SCHMID, Hirsau, S. 116 f.
[43] FUB I 652.

verzichtet haben[44]. Ganz abgesehen von „den guten Worten" und „dem sanften Druck", die bei den verschiedenen Wohltaten – die meisten davon kamen von gräflichen Gefolgsleuten – durch das Grafenhaus vorausgegangen sein dürften.

Hinsichtlich einer Erbbegräbnisstätte erfolgte bis ins 14. Jahrhundert hinein keine dauerhafte Festlegung für einen der in Frage kommenden Orte. Heinrich I. hielt wohl die Stadt Villingen, die als einzige „Anspruch darauf erheben konnte, ... ein wirklicher städtischer Mittelpunkt zu sein"[45], für am geeignetsten als Grafensitz in seinem Gebiet und damit auch als Grablege seiner Familie. Er bestimmte deshalb das dortige Münster als den Begräbnisort für sich und seine Gemahlin Agnes[46]. Zudem wird vermutet, dass auch deren beide Söhne, die Domherren Konrad und Gebhard, in Villingen beigesetzt wurden[47]. Demgegenüber fanden aber ihr Sohn Friedrich (I.) und seine Frau Udelhild von Wolfach in der Pfarrkirche Wolfach ihre letzte Ruhestätte. BADER nennt in seiner diesbezüglichen Untersuchung als weitere Beisetzungsorte für fürstenbergische Familieangehörige (Haslacher Linie) u.a. die Pfarrkirche Haslach, das Benediktinerinnenkloster Amtenhausen und die Klosterkirche in Schuttern[48].

Eine endgültige Entscheidung in dieser Sache traf erst Graf Heinrich II. Er bestimmte das Kloster Auf Hof als Erbbegräbnisstätte seiner Familie[49], was einen außerordentlich wichtigen Schritt auf dem Weg zum Hauskloster darstellte. Da er sich über seine Gründe für diese Maßnahme nicht äußert, muss man sich mit allgemeinen Überlegungen behelfen. Demnach dürften aller Voraussicht nach zwei aktuelle Ereignisse dafür ausschlaggebend gewesen sein: Zum einen kam durch die 1307 erstmals erwähnte Heirat Heinrichs II. mit Gräfin Verena von Freiburg-Badenweiler die umfangreiche Grundherrschaft Wartenberg und damit die ganze Ostbaar zum

---

44 Vgl. hierzu Kapitel 2, S. 41 und 47.

45 BADER, Erbbegräbnisse, S. 12. Ebenso TUMBÜLT, Fürstenberg, S. 19.

46 JENISCH/WEBER, Kirchen, S. 100. RIEZLER, Haus Fürstenberg, S. 217. – Zu Heinrich I. u. Stadt Villingen vgl. JENISCH/WEBER, Kirchen, S. 100 f.: Heinrich war Besitzer der Münsterpfarrei u. Patronatsherr. Er war zudem Initiator des Neubaus des Villinger Münsters.

47 Zu den Begräbnissen im Villinger Münster vgl. besonders BADER, Erbbegräbnisse, S. 12 f.

48 DERS., ebd., S. 13 ff.: In der Pfarrkirche Haslach ruhen Graf Gottfried (Götz) von Fürstenberg u. sein Sohn Heinrich. Dessen Ehefrau Irmgard zu Werdenberg ist in Amtenhausen, Anna von Fürstenberg, eine Schwester von Graf Götz, ist in Schuttern neben ihrem Gemahl begraben.

49 Vgl. FUB II 210. Hierzu RIEZLER, Haus Fürstenberg, S. 279 ff. Dort (S. 279) befindet sich auch eine Abbildung vom inzwischen zerstörten Doppel-Grabmal Heinrichs II. und Heinrichs III. in der Neudinger Gruft. Vgl. auch MÜNCH, Geschichte, Bd. I, S. 289. Vgl. Kapitel 10, S. 252 f.

fürstenbergischen Hausbesitz[50]. Und zweitens wurden entsprechende Spekulationen zu Villingen als fürstenbergischem Zentralort 1326 mit dem Verlust der Stadt an das Haus Habsburg hinfällig[51]. Der Herrschaftsmittelpunkt des Territoriums der Fürstenberger war durch beide Vorgänge schwerpunktmäßig auf die ländlich strukturierte Baar, und damit vornehmlich auf die Kombination von Burg-Stadt Fürstenberg „als namengebender Mitte“[52] mit dem Kloster Neudingen in unmittelbarer Nachbarschaft, festgelegt[53]. Der dortige Konvent erhielt die zusätzliche, aber wesentliche Funktion der Memoria-Pflege, d.h. die Klosterfrauen dürften damit betraut worden sein, ständig „das Andenken an die verstorbenen (gräflichen) Vorfahren in besonderer Weise“ lebendig zu halten[54].

Damit kommt die Ausbildung der fürstenbergischen Adelsherrschaft auf der Baar, getragen von einem neuen dynastischen Bewusstsein, nach einem Zeitraum von über 80 Jahren vorerst zum Abschluss. Als Graf Heinrich II. von Fürstenberg am 14. Dez. 1337 starb, wurde er als erster in der neugewählten gräflichen Begräbnisstätte beigesetzt.[55]. Damit beginnen die fürstenbergische Erbbegräbnisse in Neudingen.

9.3. Das Kloster Neudingen – Heimstatt der Klosterfrauen aus dem Hause Fürstenberg

Zwei Generationen nach der Klostergründung, also um 1340, – etwa zeitgleich mit dem Beginn der fürstenbergischen Begräbnistradition Auf Hof – finden sich erste Zeugnisse dafür, dass weibliche Mitglieder des Grafenhauses dem Neudinger Konvent als Nonnen angehören und einige Jahre

---

[50] Gräfin Verena war die Tochter Annas von Wartenberg (FUB II 39, 37), die mit Graf Heinrich von Freiburg-Badenweiler vermählt war. Vgl. hierzu: BAUMANN, Wartenberg, Nr. 89, 90, 93, 94, S. 176 f. KREUTZER, Tuttlingen, S. 29 f. RIEZLER, Haus Fürstenberg, S. 276 f.

[51] RIEZLER, Haus Fürstenberg, S. 239-249.

[52] SCHMID, Geblüt, S. 105.

[53] SCHMID, Problematik, S. 45 f. STREICH, Burg und Kirche, Teil I, S. 2. ALTHOFF, S.64 f., und SCHMITT, Fromme Stiftung, S. 13.

[54] SCHMID, Problematik, S. 46. Zu Memoria (Definition) vgl. SAUER, Fundatio, S. 19 ff., 23.– Vgl. auch die Kommentierung bei BADER, Erbbegräbnisse, S. 29 f., der von „religiösen Beweggründen“u. „deutschrechtlichem Gedankengut“ (1942!) als Motiv für die Platzwahl Auf Hof spricht: „Die Pfalz bei Neidingen wurde das Handgemal der Grafen zu Fürstenberg.“ (S. 30)

[55] FUB II 210. – STIEVERMANN, Klosterpolitik, S. 86 ff., deutet mehrfach an, Graf Friedrich I. sei als erster, „vielleicht sogar schon“ 1296, im Kloster Auf Hof beigesetzt worden. Diese Auffassung entbehrt jeglicher urkundlicher Grundlage und ist offensichtlich unrichtig.

später diesem sogar als Priorinnen vorstehen. Im Kloster Auf Hof, das sich zu dieser Zeit offenbar neuer zunehmender Wertschätzung durch die gräfliche Familie erfreute, fanden in den folgenden Jahrhunderten, wie in einem früheren Kapitel bereits angedeutet, insgesamt 11 bzw. 12 fürstenbergische Gräfinnen Aufnahme und Unterkunft als Novizinnen und Klosterfrauen bzw. als gräfliche Witwen.

Den Anfang dieser Entwicklung machten Gräfin Martha von Fürstenberg, die Tochter des Grafen Friedrichs I., und ihre Nichte Verena[56]. Beide werden bei der Schenkung des Kirchensatzes zu Gutmadingen und dem dortigen Brühl an das Kloster in einer Urkunde der Grafen Konrad, Johann und Heinrich (II.) von Fürstenberg am 20. Dez. 1341 erwähnt, weil die Einkünfte der Schenkung ihnen, als Nonnen in Neudingen, lebenslang zur Verfügung stehen sollen[57]. Auch Verenas Schwester Sophie scheint nach 1347 in Neudingen den Schleier genommen zu haben[58]. Aus der Haslacher Linie stammte Elisabeth (Elsbeth) von Fürstenberg. Sie war um 1359 Konventualin und erhielt in diesem Jahr von ihrem Onkel, dem Grafen Hug von Fürstenberg, eine jährliche Geldzuwendung für ihre Pfründe beim Kloster überschrieben[59]. Wie die oben genannte Martha um 1345 so amtierte Anna von Fürstenberg[60], Tochter des Grafen Heinrichs III., um 1390 als Priorin im Kloster Auf Hof[61].

Mitte des 15. Jahrhunderts führte Sophie, die Tochter Graf Heinrichs IV. und der Gräfin Sophie, geb. von Zollern, die Reihe der Nonnen aus dem Hause Fürstenberg fort[62]. Ihr Todesjahr wird um 1450 vermutet[63], ihr Todestag jährt sich am 27. Okt.[64] Etliche Jahrzehnte später, um 1505, überließen Graf Wolfgang und seine Ehefrau Elisabeth von Solms ihre beiden

[56] FUB II 234. Ebenso: Idea laudabilis, S. 11v.+12.

[57] Zu Priorin Martha v. Fürstenberg vgl. FICKLER, Anniversarien-Buch, Abt. I, S. 47 zum 23. Juni u. ebd. Anm. 6. – Zu Verena: Ihr Todestag wird im Anniversarienbuch (FFA) mit dem 10. Mai ausgewiesen, das Todesjahr ist nicht genau bekannt.

[58] FUB II 259 . Bei GABELKOVER in DÖPSER (FFA), p. 183, heißt es: „Eodem anno. Adelheidis Fürstenbergicae soror Sophia ist noch anno 1347 ledig." Und KÖTZ, Genealogische Aufzeichn. im FFA, kennzeichnet dieselbe Person als „conuendfrow zuo Nidingen im closter." Vgl. RIEZLER, Haus Fürstenberg, Stammtafel IV. Hier wird Gräfin Adelheid mit *Udilhild* bezeichnet.

[59] FUB II 343.

[60] Zu Priorin Anna: FUB II 384 und Anm. 1, ebd. II 414, II 524 u. Anm. 1. Ebenso Anniversarienbuch im FFA zum 23. Jan., und FICKLER, Anniversarien-Buch, Abt. I, S. 24, Anm. 3.

[61] FUB II 524 und ebd. Anm. 1.

[62] FUB III 191 Anm. 1. Vgl. RIEZLER, Haus Fürstenberg, S. 333.

[63] BADER, Erbbegräbnisse, S. 40.

[64] FICKLER, Anniversarien-Buch, Abt. II, S. 22.

Töchter Beatrix (geb. 1499) und Clara Anna (Claranna) (geb. 1501) den Neudinger Nonnen zur Erziehung[65], bevor sie 1514 gemeinsam nach dem Willen ihrer Eltern selbst Klosterfrauen wurden[66]. Während Beatrix bei der Teilung des mütterlichen Erbes 1540 offenbar bereits tot war[67], erhielt ihre Schwester Clara Anna 1541 die Erlaubnis, das Kloster in Neudingen und den Predigerorden zu verlassen, da für sie die Regel in gesundheitlicher Hinsicht zu streng war[68]. Sie wechselte zu den Chorfrauen in Buchau, wo sie im Mai 1550 gestorben ist[69].

Während diese acht Frauen ganz reguläre Konventsmitglieder waren, ist es bei drei weiteren Gräfinnen fraglich, ob sie dem Neudinger Konvent angehört haben oder überhaupt Nonnen waren. Hierher gehört zunächst Gräfin Mechthild, eine weitere Tochter Graf Heinrichs III. Sie war Nonne, allerdings, wie dies eine Schenkungsurkunde vom 22. Mai 1388 ausweist, im Frauenkloster Amtenhausen[70]. Dass sie auch als Klosterschwester in Neudingen vermutet wird, geht auf eine testamentarische Verfügung der Anne von Wartenfels von 1364 zurück[71], in der diese den ehelichen Kindern (Mehrzahl) Heinrichs III., welche als Konventualinnen (keine Namensnennung) im Kloster Auf Hof sind, eine jährliche Gült aus ihrem Zoll zu Eglisau vermacht. Das bedeutet, dass um die Mitte der sechziger Jahre des 14. Jahrhunderts mindestens <u>zwei</u> Töchter des Grafen in Neudingen gewesen sein müssen. Urkundlich belegt ist nur Anna, die spätere Priorin[72]. Die andere, so wird gemutmaßt, könnte dann Mechthild, Annas jüngere Schwester, als junge Nonne gewesen sein, bevor sie in das Kloster Amtenhausen überwechselte.

---

[65] Für Beatrix und Clara Anna vgl. FUB IV 249 und 321.

[66] Mitt. I, Nr. 64.

[67] Mitt. I, Nr. 416. Jedenfalls wird sie bei der Erbteilung nicht mehr erwähnt. Für die Aussage bei BADER, Erbbegräbnisse, S. 36, Beatrix sei um 1550 gestorben, fehlt jeglicher Nachweis.

[68] THEIL, Buchau, S. 253. Hierzu: Archiv Buchau Rep. XI, Pak 43, K 37, Nr. 1.

[69] Mitteilungen I, Nr. 685 Anm. 1: Am 1. Juni 1550 fordert der fürstenbergische Landvogt die Priester in den fürstenbergischen Ländern auf, für die vor einigen Tagen verstorbene Gräfin Clara Anna von Fürstenberg, Chorfrau zu Buchau, am 6. Juni Seelgottesdienst zu halten. Das Sterbedatum für Clara Anna bei RIEZLER, Haus Fürstenberg, Stammtafel V, nämlich „1550, um August 24." ist somit nicht richtig.

[70] FUB II 525. Im Jahrzeitbuch von Amtenhausen ist die Jahrzeit der Mechthild von Fürstenberg zum 8. Nov. eingetragen. Das Neudinger Jahrbuch enthält für Mechthild keinen Jahrtag.

[71] FUB II 384 und Anm. 1. KINDLER VON KNOBLOCH, Bd. 1, S. 403, kennzeichnet in der Stammtafel der Grafen zu Fürstenberg die Gräfin Mechthild als „Nonne in Neidingen".

[72] Vgl. oben Anm. 60 zu diesem Kapitel.

Bisher ungeklärt ist die Sachlage bei Katharina. Ihr Name wird nur einmal genannt, und zwar im Neudinger Anniversarienbuch unter dem 1. Okt.: „Obiit. soror Katherina von Fürstenberg“[73]; eine Jahresangabe fehlt. Während TUMBÜLT diese Klosterfrau mit Vorbehalt als zum Grafenhaus gehörig aufführt[74], spricht FICKLER ihr diese Zugehörigkeit ab, weil der Name Katharina „nirgends im fürstenbergischen Stammbaume vor dem XVI. Jahrhundert“ vorkomme[75]. Genau dies aber ist falsch, denn 1321 stiftete der Konstanzer Domherr Gebhard von Fürstenberg seiner Nichte Katharina aus der Haslacher Linie die gesamten Einkünfte von 13 Gütern in Tannheim[76]. Katharina lebte als Nonne in Friedenweiler. Dies legt die Vermutung nahe, dass die Beschenkte und die im Anniversar vermerkte „soror“ ein und dieselbe Person sind. Katharina war sicherlich nie Mitglied des Konvents Auf Hof. Das aber widerspricht der Eintragung im dortigen Jahrzeitbuch in keiner Weise[77].

Auch die Existenz einer gräflichen Nonne namens Agnes, die in Neudingen diente, wird in der Literatur teilweise angezweifelt[78]. Die einzige Erwähnung der Klosterfrau Agnes von Fürstenberg erfolgt im Anniversarienbuch, und zwar unter dem 2. März. RIEZLER nimmt sie nicht in seine Stammtafel der Fürstenberger auf[79], anders TUMBÜLT, der sie als eine der Töchter des Grafen Heinrichs III. und der Gräfin Anna von Montfort aufführt[80]. Bemerkenswert ist jedenfalls, dass Martin Antoni ARRES in seiner Zusammenstellung der fürstenbergischen Jahrtage 1767 die „Soror Agnes“ zum 2. März kommentarlos übernimmt und als zum Grafenhaus ge-

[73] Anniversarienbuch im FFA unter: 1. Okt. Desgleichen: FICKLER, Anniversarien-Buch, Abt. II, S. 16.

[74] TUMBÜLT, Neidingen, S. 82.

[75] FICKLER, Anniversarien-Buch, Abt. II, S. 16, Anm. 3.

[76] FUB II 111 – Zu diesen Gütern vgl. die Ausführungen zu FUB II 343 (in Kapitel 2.4.) und zu FUB III 179 (in Kapitel 3.4.). Vgl. zu Katharina auch: RIEZLER, Haus Fürstenberg, S. 229.

[77] Der Eintrag mehrerer Jahrtage für die gleiche Person in verschiedenen Klöstern kommt häufig vor, z.B. auch bei der Gräfin Sophie von Fürstenberg, geb. von Zollern, die sowohl in Neudingen zum 2. April als im Amtenhausener Jahrzeitbuch unter dem 29. März eingetragen ist (vgl. FUB III 191 Anm. 1).

[78] FICKLER, Anniversarien-Buch, Abt. 1, S. 32, Anm. 2.

[79] VGL. RIEZLER, Haus Fürstenberg, Stammtafel IV. Auch bei KINDLER VON KNOBLOCH, Band 1, S. 403 f., ist Agnes im Stammbaum des Hauses Fürstenberg nicht berücksichtigt.

[80] TUMBÜLT, Neidingen, S. 82, erwähnt Agnes als eigenständige Person, stellt aber zugleich die Frage in den Raum: „... oder ist sie identisch mit der gleichnamigen Tochter des Grafen Heinrich IV., der Chorfrau von St. Felix und Regula in Zürich?“ Vgl. auch TUMBÜLT, Stammtafel, wo Agnes als Tochter Heinrichs III. eingetragen ist.

hörend auflistet[81]. Ihre Zuordnung lässt sich dennoch nicht eindeutig bestimmen und bleibt ungewiss.

Zuletzt sind noch drei fürstenbergische Gräfinnen zu nennen, die erst am Ende ihres Lebens als Witwen ins Frauenkloster Auf Hof eintraten. Sie waren dort, wie sich denken lässt, als ehemalige mitregierende Gemahlinnen, nicht ohne Einfluss. Dazu zählt zum einen die bereits mehrfach angemerkte „Domina Agnes priorissa", also Agnes von Truhendingen, die gegen Ende des 13. Jahrhunderts in Neudingen gewesen sein dürfte[82]. Als zweite ist Verena von Fürstenberg zu erwähnen, eine weitere Tochter Heinrichs III.[83], die den Beinamen „Schärerin" (Schererin) hat, weil sie mit Pfalzgraf Konrad II. von Tübingen, genannt der Scherer, verheiratet war[84]. Sie nahm nach 1390 im Kloster Neudingen ihren Alterssitz[85]. Einige Jahre später tat Sophie, eine geborene Gräfin von Zollern, als dritte dasselbe: Sie war die Witwe Graf Heinrichs IV., der wahrscheinlich schon 1408 verstarb[86]. Andreas KÖTZ, der seine Aufzeichnungen am Ende des 15. Jahrhunderts verfasste, bemerkt über Gräfin Sophie: „Die hat 40 jar nach irem hern gelept in witwen statt und 29 jare zu Nidingen im closter ... huß gehalten."[87] Waren die drei zuletzt genannten Frauen auch keine Nonnen im „eigentlichen" Sinne, so steht doch fest, dass sie einen Teil ihres Lebens aus freien Stücken im Kloster zubrachten.

Soviel also zu der Gesamtzahl von 11 bzw. 12 Frauen aus der Familie Fürstenberg, die zur Dominikanerinnenzeit im Kloster Neudingen waren. Die Gründe für den Klostereintritt sind sicherlich vielfältig und von Fall zu Fall verschieden. Für einige der gräflichen Frauen erschien dieses Kloster schlichtweg als der geeignete Ort, um ein Leben in Frömmigkeit, Verzicht und Buße zu führen. Natürlich sprach die Nähe zur Stammburg des Grafenhauses Heimatverbundenheit und Familiensinn an. In dem einen oder

---

[81] Martin Antoni ARRES, Extractus authentici, 1767, im FFA, Vol. III Fasc. 8.

[82] Vgl. Kapitel 1, S. 31 f. – Zum Witwentum hochadliger Frauen nach dem Tod ihres bisher regierenden Ehemannes vgl. SPIESS, Familie, S. 181 ff.

[83] Wie Verena werden auch ihre Schwestern Anna, Mechthild und Agnes (?) mit dem Kloster Auf Hof in Verbindung gebracht. Zu Verena vgl. auch Anniversarienbuch im FFA zum 23. Jan.

[84] FUB II 428.

[85] KÖTZ, Genealogische Aufzeichnungen, FFA: Sie hat „lange jar iren witwenstuol zu Nidingen im closter gehalten". Obwohl A. KÖTZ des öfteren Ungenauigkeiten zur Last gelegt werden, gilt dieser Hinweis als glaubhaft. – Vgl. hierzu auch FUB II 524 Anm. 1.

[86] FUB III 47. Die Datierung bei KÖTZ, Genealogische Aufzeichnungen, FFA, der das Todesjahr des Grafen auf 1403 legt, gilt in diesem Punkt als unzutreffend.

[87] KÖTZ, Genealogische Aufzeichnungen, FFA.

anderen Fall war das „Hauskloster" wohl auch – ganz unspektakulär – Versorgungseinrichtung für eine unverheiratete Tochter der Familie oder, wie dargelegt, Alterssitz für verwitwete Gräfinnen. Als Erziehungseinrichtung für gräfliche Kinder wurde es, wie wir gesehen haben, ebenso genutzt[88]. Zugleich bot das Kloster auch die Möglichkeit zur kirchlichen Karriere ehrgeiziger Töchter, beispielsweise, wie oben erwähnt, als Priorin[89]. In späterer Zeit – und dies war aus den mehrfach genannten Gründen sehr wichtig – kam auch noch das Bewusstsein hinzu, an der Begräbnisstätte der Ahnen Gott zu dienen. Ebenso konnten die gräflichen Konventualinnen, gleichsam „als lebendes Pfand auch ganz persönlich dafür sorgen, dass das Gebetsgedenken für die Familienangehörigen praktiziert wurde (Sicherung des Seelenheils); ..."[90]

Schließlich stellt sich hier die Frage, ob sich andere Klöster oder klosterähnliche Einrichtungen bei den weiblichen Mitgliedern der Grafenfamilie ähnlicher Beliebtheit erfreuten, wie dies beim Kloster Auf Hof der Fall gewesen ist. Das Ergebnis: In der Zeit zwischen 1274 und 1565 waren es fünf Gräfinnen, die sich anderswo, in fünf verschiedenen Konventen, der klösterlichen Lebensweise zuwandten.

Zunächst sind hier die bereits erwähnten Nonnen Katharina[91] und Mechthild[92] von Fürstenberg zu nennen, die um 1319 in Friedenweiler bzw. nach 1364 in Amtenhausen als Benediktinerinnen wirkten. Von Agnes, einer Tochter Graf Heinrichs IV. ist bekannt, dass sie nach 1400 als Chorfrau dem Züricher Stift St. Felix und Regula beitrat[93]. Und einige Jahrzehnte später, 1437 und 1440, legten die Geschwister Verena und Beatrix von Fürstenberg, Töchter des Grafen Heinrichs V. aus seiner ersten Ehe mit der Markgräfin Verena von Hachberg, im Chorfrauenstift in Säckingen ihre Gelübde ab[94]. Die Ältere von beiden, Verena, wurde später sogar zur Äbtissin in Mauersmünster (Marmoutier) im Elsass berufen, wo sie bis zu ihrem Lebensende um 1480 verblieb.

---

88 Vgl. hierzu u.a. STREICH, Burg und Kirche, Teil I, S. 3.
89 SCHMITT, Fromme Stiftung, S. 15 f.
90 Ebd., S. 16.
91 FUB II 111. Vermutlich die im Anniversarienbuch (FFA) unter dem 1. Okt. erwähnte Person.
92 FUB II 384 und Anm. 1, ebd. II 525 und Anm. 1.
93 Vgl. RIEZLER, Haus Fürstenberg, Stammtafel V, und ebd., S. 332, wo es heißt, dass sie 1413 u. 1418 in „diesem vornehmen Stift, das nur erlauchte und gräfliche Fräulein aufnahm", urkundlich erwähnt wird (FUB III 80 und 130).
94 Vgl. RIEZLER, Haus Fürstenberg, Stammtafel V.

Als Fazit ist festzuhalten: Es gab keine ähnliche Entwicklung in einem anderen Kloster wie in Neudingen. Dieses Kloster, „under Fuerstemberg gelegen“[95], war in dem fraglichen Zeitraum die einzige kirchliche Einrichtung, die für das Haus Fürstenberg die dargestellten Funktionen eines Hausklosters verwirklichte und in höchstem Maße klösterliche Heimstatt für fürstenbergische Gräfinnen war.

9.4. Die Grafen von Fürstenberg: Von der Kastvogtei zur Landeshoheit in kirchlichen Fragen

Die wohl stärkste rechtliche Bindung zwischen den Grafen von Fürstenberg und dem Kloster Auf Hof bestand in der erblichen Kastvogtei über das Neudinger Kloster. Zwar wird das Vogtamt im Gründungsverfahren nirgendwo ausdrücklich erwähnt und Graf Heinrich I. wird lediglich als Patron der Neudinger Kirche (*patronus eiusdem ecclesie*) bezeichnet[96]. Im gräflichen Privileg von 1299 aber heißt es dann, dass der vollzogene Verzicht auf Rechte und Zuständigkeiten durch das Grafenhaus nachträglich nicht mehr rückgängig gemacht werden könne – und dies weder aufgrund der Stellung der Grafen als Landesherren (*domini*) noch wegen der Inhaberschaft der Vogtei (*ratione advocatiae*)[97].

Damit wird klar, dass durch das Privileg und – dieses ergänzend – durch die bereits dargelegten lehensrechtlichen Eigentumsverzichte, aber auch mit den zahlreichen Vergünstigungen der fürstenbergischen Grafen ein Großteil der Hoheitsrechte an das Kloster abgetreten worden war. Dieses hatte folglich in der ersten Hälfte des 14. Jahrhunderts – zumindest theoretisch – einen quasi exterritorialen, fast souveränen Rechtsstatus im fürstenbergischen Territorium inne[98]. Die Kastvogtei trat dabei in den Hintergrund, das Amt als solches wurde kaum einmal erwähnt. Lange Zeit scheint dies niemanden gestört zu haben, denn in der Rechtswirklichkeit lagen die Dinge anders. Wie auch Dieter STIEVERMANN unterstreicht, steht

---

[95] Zitiert nach etlichen Urkunden, wie etwa in FUB II 434.

[96] RIEZLER, Ukk. 1, S. 393 (Uk. v. 21. Nov. 1274); FUB I 496 (Uk. v. 26. Dez. 1274).

[97] FUB I 652. Zur Kastvogtei des Klosters Auf Hof vgl. TUMBÜLT, Neidingen, S. 92 f. Sehr kurz und nicht überzeugend äußert sich LUTZ, Herrschaftsverhältnisse, S. 28.

[98] Vgl. hierzu unsere Darlegungen in Kapitel 2, S. 44. Ebenso auch TUMBÜLT, Neidingen, S. 92.

unbestreitbar fest, dass trotz der Rechtsverzichte im Privileg von 1299 die Grafen im 14. Jahrhundert im Kloster Auf Hof gewohnheitsmäßig Herrschaftsrechte ausübten, „wie sie für diese Epoche intensiver kaum denkbar sind."[99] Daneben bestanden die Zuwendungen uneingeschränkt weiter, weil die Förderung des Klosters für die meisten Angehörigen der Grafenfamilie, gerade in den Anfangszeiten, ein religiöses Anliegen und Herzenssache war. Die rechtsförmliche Lage aber bestand bis in die zweite Hälfte des 14. Jahrhunderts unverändert weiter: Letztmals zeigt sich ein großzügiger Rechtsverzicht darin, dass die gräflichen Stifter, wie mehrfach ausgeführt, bei der Hohenloheschen Pfründe 1370 auf das Besetzungsrecht der zugehörigen Kaplanei (*Ius patronatus*) zugunsten der Klosterführung und des Konvents verzichteten[100].

Danach änderte sich diese generöse Haltung schrittweise. Im 14. und 15. Jahrhundert bemühten sich die Fürstenberger, wie andere Territorialherren auch, nach außen ihren Stammbesitz zu erweitern und im Innern ihre Herrschaft, vor allem die Gerichtshoheit, zu festigen[101]. Die Schwächungen aus den Rechtsverzichten, die sich im Falle des Klosters Auf Hof beim Ausbau der Landeshoheit ergaben[102], wurden dem Landesherrn allmählich bewusst. Nach und nach begannen die Grafen mit dem Rückerwerb der Rechte, die zur Kastvogtei gehörten[103].

Woher kommt der Begriff „Kastvogtei"? Welches waren die Funktionen des Kastvogts?[104] Nach der ursprünglichen Definition in der deutschen Rechtsgeschichte[105] ist der Kastvogt der Haupt- und Großvogt einer kirchlichen Einrichtung. Er ist der oberste Schirmherr und hat die hohe Gerichtsbarkeit inne[106].

Hans HIRSCH untersucht die Wortbildung <u>Kast</u>vogtei und leitet sie überzeugend von „Kasten", dem „Körnerkasten", der mundartlich im bayrischen-

[99] STIEVERMANN, Klosterpolitik, S. 88

[100] FUB II 434.

[101] THOMA, Kirchenpolitik, S. 1 ff. LUTZ, Herrschaftsverhältnisse, S. 17-65.

[102] TUMBÜLT, Neidingen, S. 92, bemerkt, dass aus der vorherigen Entwicklung „unerwünschte Zustände hervorgegangen zu sein" scheinen.

[103] LAUER, Kirchengeschichte, S. 129: „Diese Politik der möglichsten Freistellung der Klöster wird nun (nach 1350) gründlich geändert." Zur Handhabung der Kastvogtei durch die Grafen v. Fürstenberg vgl. auch STIEVERMANN, Klosterpolitik, S. 88 f.

[104] Für die folgenden Erläuterungen wird der Aufsatz von Hans HIRSCH, Über die Bedeutung des Ausdruckes Kastvogt, a.a.O., Darmstadt 1965, herangezogen.

[105] Übernommen von HIRSCH, Kastvogt, S. 197.

[106] Ebd., S. 199.

österreichischen Raum gebräuchlichen Bezeichnung für den Fruchtspeicher eines Klosters her. Darauf erstreckt sich somit der Zuständigkeitsbereich des Kastvogts. Anders ausgedrückt: Der Kastvogt hat auch die Aufsicht über die Wirtschaftsführung eines Klosters[107], woraus sich wiederum konsequenterweise das Kontrollrecht des Vogts über die Finanzen ergibt. „Als Recht des Kastvogts erscheint hier die in Geld und Naturalien zu entrichtende Steuer ... besonders hervorgehoben.“[108] HIRSCH betont die engen Beziehungen von Abgabenpflicht und Schutzstellung. Damit lassen sich letztlich in dem Begriff „Kastvogt“ die beiden grundsätzlichen Aspekte – die Schutzpflicht (Schirm) des Vogtes und die Abgabenpflicht der beschützten Vogtleute – leicht erklären.

In diesem inhaltlichen Rahmen sieht auch Werner THOMA die Schirm- und Kastvogtei, welche die Grafen von Fürstenberg im ausgehenden Mittelalter über ihre Klöster aufbauten: „Diese bestand im landesherrlichen Schutz für das Kloster, in der Ausübung der Gerichtsbarkeit im Klostergebiet und in der Aufsicht über das Vermögen.“[109] –

Die veränderte Haltung der gräflichen Kastvögte gegenüber dem Kloster Auf Hof zeigte sich unter der Regierung Graf Heinrichs IV. So erfolgte erstmals in der Schenkungsurkunde des Pfarrers Hans Ywan 1388 die Zustimmung des Grafen zu einer Jahrzeitstiftung[110], „ohne dass ein anderer Rechtsgrund hierfür ersichtlich ist, als die Kastvogtei des Grafen.“[111] Zwei Jahrzehnte später, am 22. Juli 1408, wird beim Verkauf der einen Hälfte des Meierhofs in Aasen durch die Klosterfrauen ebenso ausdrücklich betont, dass dies „mit Gunst und Willen des wolerborenen ihres lieben Herrn, Grafen Heinrichs von Fürstenberg des älteren“, geschieht[112]. Da das Haus Fürstenberg 1299 beim Verkauf des Aasener Meierhofs an das Neudinger Kloster auf seine lehensherrlichen Rechte verzichtet hatte[113],

---

[107] Ebd., S. 199 und 202.

[108] Ebd., S. 204. Das Folgende ebd., S. 204 f..

[109] THOMA, Kirchenpolitik, S. 11.

[110] FUB II 524. Darin heißt es u.a.: „Graf Heinrich (IV.) von Furstenberg, Landgraf in Bár, gibt zu diesem Almosen seine Zustimmung.“

[111] TUMBÜLT, Neidingen, S. 92.

[112] FUB III 46. Diese Erwähnung erfolgt hier wenige Tage vor dem Tod Graf Heinrichs IV. am 15. August 1408.

[113] FUB I 655. Dabei verkauft Graf Heinrich II. den Maierhof an das Kl. in Neudingen „mit allem rehte vnde aller ehefti (Rechtmäßigkeit) als in vnser vorderen an vns hant braht“ und „fúr reht ledig aigen vsser vnserre gwalt in ir gvalt ze besezinde vnde ze enzezende in allem reht. ... Wir haben och in gelopt mit guoten trúwen sie ze schirmenne vf dem vorgenanten hove.“

kann sich der obige Hinweis auf Heinrich IV. nur auf dessen Rolle als Kastvogt beziehen[114]. Dass gerade er die Aufwertung der gräflichen Rechte in diesen Jahren betrieb, beweist auch die von ihm veranlasste Korrektur des Besetzungsrechts für die Hohenlohesche Kaplaneipfründe 1396 – zu seinen und seiner Nachkommen Gunsten[115]. Darauf wurde schon an anderer Stelle (in Kapitel 8) ausführlich hingewiesen.
Beim Verkauf einer Gült durch den Klosterkonvent geben sodann die Grafen Heinrich V. und Egen von Fürstenberg am 6. März 1418 ihre Zustimmung „als rechte Kastvögte"[116,117]. Fortan erfolgt bei zahlreichen Transaktionen, die das Klostervermögen betreffen, die urkundliche Mitwirkung der Grafen[118], ohne dass die Rechtsposition als Kastvögte ausdrücklich hervorgehoben wird. Auch bei der Erbteilung 1455 zwischen den Grafen Konrad und Egen (dem Jüngeren) von Fürstenberg wird als gemeinsames Recht beider die Kastvogtei umschrieben als „die gerechtikait ... (für) die clöster Frydenwiler vnd Nidingen Uff Hof vnd was sich fúrohin erfund"[119]. Ausdrücklich genannt wird der Terminus erst wieder am 1. Sept. 1485. Anlässlich der Streitschlichtung zwischen den Klöstern Amtenhausen und Neudingen werden die Grafen Heinrich VII. und Wolfgang „als Kastvögte der beiden Gotteshäuser" bezeichnet[120].

Schon im 15., vor allem aber im 16. Jahrhundert arbeiteten die Grafen von Fürstenberg in ihren Ländern zielbewusst auf den Ausbau der Landeshoheit hin[121]. Dabei wurden die herkömmlichen Rechtsformen und Durchführungsbestimmungen allmählich abgelöst; es zeigten sich die ersten Ansätze staatlicher Bürokratie[122]. Zugleich erfolgte die Ausweitung der lan-

---

[114] So schlussfolgert auch TUMBÜLT, Neidingen, S. 92.
[115] FUB II 560 und 560 Anm. 1.
[116] FUB III 121. Über die beiden Grafen heißt es: „...unser gnädigen herren gräff ... reht kastvögt sygent zu dem obgen. closter." (So im Original im FFA, Kl.-Akt., Lade 17 Fasc. C, Nr. 7.). Die Erwähnung der fürstenbergischen Kastvogtei in Friedenweiler findet sich auch in einem Schreiben des Friedenweiler Konvents von 1415 (FUB III 120 Anm. 3).
[117] Zur Kastvogtei in Amtenhausen u. Friedenweiler vgl. STIEVERMANN, Klosterpolitik, S. 89 ff.
[118] FUB III 131 (von 1419), 173 (von 1425), 179, 181 u. 182 (von 1426), 213 u. 213 Anm. 1 (von 1431), 223 (von 1433), 314a (von 1441), 664 (von 1479), FUB VI 79 Anm. 7 (von 1434), 247 Anm. 11 + 11a (von 1428) und FFA, Kl.-Akt., Lade 17 Fasc. D, Nr. 14 (von 1503).
[119] FUB III 430.
[120] FUB IV 53. Vgl. hierzu auch Kap. 8, S. 210.
[121] Vgl. THOMA, Kirchenpolitik, a.a.O. LUTZ, Herrschaftsverhältnisse, S. 88 f. In der älteren Literatur: vgl. MEISTER, Kirchenpolitik, a.a.O., und Barth, Verwaltungsorganisation, a.a.O.
[122] Vgl. THOMA, Kirchenpolitik, S. 1 ff.; BARTH, Verwaltungsorganisation, S. 48 ff., 59 ff.

desherrlichen Machtbasis vor allem im Bereich kirchenpolitischer Fragen[123]. Schon durch den Autoritätsverlust der Kirche im großen Schisma (nach 1378) war es zu immer stärkerem Vordringen der weltlichen Rechtsprechung auf Kosten der geistlichen Zivilgerichtsbarkeit gekommen[124]. Obwohl Kleriker gemäß der mittelalterlichen Gerichtsverfassung von weltlicher Gerichtsbarkeit befreit waren[125], bemühte sich die gräflich-fürstenbergische Obrigkeit im 15. Jahrhundert zunehmend mit Erfolg, Streitfälle zwischen weltlichen und geistlichen Personen vor das weltliche Gericht zu ziehen[126].

Der Ausbruch der Reformation verstärkte den Einfluss der weltlichen Herrschaft und beschleunigte den Trend hin zur Ausbildung einer „Staatskirche“ auf territorialer Basis[127]. Diese Politik betrieb in den fürstenbergischen Territorien primär Graf Friedrich II., der im Gegensatz zu seinem älteren Bruder Wilhelm bei der römisch-katholischen Konfession verblieb[128]. Die weltlichen Übergriffe in kirchliche Zuständigkeiten nahmen permanent zu. Vornehmlich betraf dies Ehestreitigkeiten und Ehehindernisse[129], die Spolienfrage, also das Erbrecht am Nachlass von Geistlichen[130] und die steuerliche Veranlagung von Geistlichen durch die gräfliche Verwaltung, was naturgemäß zu erheblichen Spannungen mit den bischöflichen Behörden führte[131] und dgl.

Einen entscheidenden Schritt für die weitere Entwicklung nach 1500 bildete, wie schon BARTH betonte, „das Eingreifen der Landesregierung in die Verwaltung des Kirchenvermögens“[132]. Graf Friedrich verlangte 1551 von seinen Amtsleuten detaillierte Informationen über „die Einkünfte und Lasten sämtlicher Kirchen, Kapellen, Pfarreien, Kaplaneien, ..., damit er ... desto besser Ordnung zu geben wisse“[133]. Während Friedrich nach dem

---

[123] Zur fürstenbergischen. Kirchenpolitik im Spätmittelalter u. in der frühen Neuzeit vgl. THOMA, Kirchenpolitik, a.a.O. MEISTER, Kirchenpolitik, S. 18 ff. LAUER, Kirchengeschichte, S. 129 ff.
[124] THOMA, Kirchenpolitik, S. 7 f. und 52. Ebenso: MEISTER, Kirchenpolitik, S. 35.
[125] Vgl. hierzu LEIBER, Landgericht, S. 204 f.
[126] FUB VI 105, 117 Anm. 2, 148, 164 Anm. 14, u. FUB VII 17 Anm. 2, 34 Anm. 3, 106 Anm. 1. Ebenso Mitteilungen I, Nr. 401.
[127] THOMA, Kirchenpolitik, S. 7 f. MEISTER, Kirchenpolitik, S. 2: Schon im 15. Jahrhundert fühlte „der Landesherr sich als *papa in terris suis.*“
[128] Vgl. THOMA, Kirchenpolitik, S. 16 ff., ebenso S. 21 ff.
[129] Mitt. I, Nr. 581. THOMA, Kirchenpolitik, S. 52. Ebenso MEISTER, Kirchenpolitik, S. 36 f.
[130] THOMA, Kirchenpolitik, S. 49 f.
[131] Ebd., S. 49. Vgl. auch MEISTER, Kirchenpolitik, S. 31 f.
[132] BARTH, Verwaltungsorganisation, S. 162. Vgl. THOMA, Kirchenpolitik, S. 8 ff.
[133] Mitt. I, Nr. 751. Vgl. THOMA, Kirchenpolitik, S. 48 f.

Tode seines protestantischen Bruders Wilhelm 1549 als Landesherr bei seinen Maßnahmen zur Rekatholisierung im Kinzigtal selbst auf die Abhaltung von Gottesdiensten, auf die Seelsorge, liturgische Fragen, Besetzung von Pfarrstellen u.ä. Einfluss nahm[134], waren seine kirchenpolitischen Anordnungen auf der altgläubigen Baar und im Schwarzwald eher verhalten. Sie beschränkten sich auf Ermahnungen an Geistliche[135], auf Bittgebete für einflussreiche Persönlichkeiten und fürstenbergische Familienangehörige[136], auf Seelmessen für verstorbene Gräfinnen und Grafen[137] und Fürbitten gegen die Türkengefahr[138].

Auch gegenüber den Klöstern in seinem Herrschaftsbereich betrieb Graf Friedrich II. von Fürstenberg eine energische und selbstbewusste Politik. Hierbei bediente er sich seiner Rechtsposition als Schirm- und Kastvogt, um seine landesherrlichen Interessen durchzusetzen, d.h. er ließ nach und nach die gesamte Organisation und Wirtschaft der Klöster kontrollieren, er übernahm den Schutz der klösterlichen Einrichtungen und trat in Streitfällen als ihr Anwalt auf. Die Kastvogtei bedeutete jetzt Macht und Einfluss[139,140].

Als in Neudingen das Klosterleben nach 1520 allmählich zurückging und in der Jahrhundertmitte fast völlig zum Erliegen kam, übernahm die gräfliche Verwaltung auch die weltlichen Obliegenheiten des Dominikanerinnenklosters. 1553 ordnete Graf Friedrich die Inventarisierung des Klosterbesitzes an[141] und übertrug wenig später einem ihm verantwortlichen Vogt namens Joachim Bockstorf die Verwaltung Auf Hof[142]. Der personellen Auszehrung des Konvents sah der Graf hier, wie übrigens auch in Frie-

---

[134] Ebd., S. 49.
[135] Mitt. I, Nr. 581.
[136] Mitteilungen I, Nr. 898 u. 891.
[137] Mitt. I, Nr. 575, 923, 685 und 685 Anm. 1.
[138] Mitt. I, Nr. 458.
[139] HIRSCH, Kastvogt, S. 201, bemerkt in diesem Sinne: Es handelte sich beim Kastvogt „um den Inhaber jenes Gerichts- und Schutzamtes, das ... ein besonders wertvoller Baustein der aufsteigenden Landesherrlichkeit werden sollte." Und im Lexikon für Theologie und Kirche, Band 10, S. 835, heißt es hierzu u.a.: „Die Klostervogtei erwuchs zum essentiellen Element aristokratischer Herrschaft."
[140] THOMA, Kirchenpolitik, S. 12, behauptet, gestützt auf eine gleichlautende Aussage bei TUMBÜLT, Neidingen, S. 93, im Kloster Auf Hof habe es wegen der „drückenden Belastung" Widerstand gegen die Kastvogtei gegeben. Worauf sich beide Autoren dabei beziehen, ist unklar. In den Quellen findet sich jedenfalls kein diesbezüglicher Beleg.
[141] Mitt. I, Nr. 821 und Anm. 1.
[142] Idea laudabilis, S. 45, und Untersuchung der Jahrtägen, S. 40. Vgl. auch ASCH, Verwaltung, S. 287, Nr. 21., THOMA, Kirchenpolitik, S. 55, und BARTH, Verwaltungsorganisation, S. 162, u. ebd., Anm 2.

denweiler, tatenlos zu. THOMA mutmaßt deshalb sogar: „(Es) möchte fast scheinen, dass das Aussterben der beiden Klöster Friedenweiler und Neidingen, die völlig der weltl. Gewalt ausgeliefert waren, nicht so sehr in wirtschaftlicher Notlage oder im Mangel an Klosterberufen begründet war, als vielmehr in einem zielbewussten Vorgehen Fürstenbergs, das die Notlage der Klöster auszunutzen gewillt war."[143]

Nach dem Tode Friedrichs II. am 7. März 1559[144] setzte sich sein Nachfolger in der Baarer Linie[145], sein Sohn Heinrich VIII., für die Wiederbelebung bzw. den Fortbestand des Klosters Auf Hof, nachmals Maria Hof, ein. Dass diese Bemühungen, wenn auch erst nach mehr als zwanzig Jahren und unter neuer Ordenszugehörigkeit, 1584 erfolgreich abgeschlossen werden konnten, ist das besondere Verdienst Graf Heinrichs, der mit Recht als der zweite Klostergründer aus dem Hause Fürstenberg in Neudingen angesehen wird[146].

Die 300-jährige Verbindung zwischen dem fürstenbergischen Hauskloster als dominikanischem Frauenkonvent und den Grafen, respektive den Kastvögten des Klosters, fand somit ihren Abschluss. Andererseits nahm die Geschichte des Neudinger Klosters als Einrichtung von Zisterzienser Nonnen nach 1584 bis 1802/1803 unter ähnlicher Konstellation – hier die Grafen, später Fürsten von Fürstenberg als Territorialherren, dort das (nunmehr zisterziensische) Hauskloster – ihren Fortgang.

---

[143] THOMA, Kirchenpolitik, S. 55, Anm. 188.

[144] Mitt. I, Nr. 786 Anm. 1. Vgl. auch Kapitel 4, S. 107 f., dieser Untersuchung, dort besonders auch Anm. 121 und 123.

[145] Vgl. TUMBÜLT, Stammtafel.

[146] Zu Einzelheiten vgl. die entsprechenden Darlegungen in Kapitel 4, S. 111 ff.

KAPITEL 10
FÜRSTENBERGISCHES TOTENGEDENKEN

Während im vorigen Kapitel die Förderung des Klosters in Neudingen durch die Grafen von Fürstenberg im Vordergrund stand, wird im Folgenden – gleichsam im Rollentausch – stärker die Aufgabe beleuchtet, die das Kloster bei den Vorgängen wahrnahm, welche das Grafenhaus zu seinem adligen Selbstverständnis führten.
Seit Karl SCHMIDS Untersuchungen zur Personen- und Adelsforschung – vornehmlich mit Bezug auf das frühe und hohe Mittelalter – gilt seine Feststellung, dass die adlige Gedächtnispflege den Orientierungspunkt für Familien- und Dynastiebewusstsein darstellt[1]. Mit der Memoria entwickelt ein Adelshaus sein Geschlechterbewusstsein. SCHMID fasst seine Erkenntnisse zusammen: „...(dieses) Selbstverständnis eines Geschlechts (ist) die einzige Quelle, um es in seinem Dasein überhaupt verstehen zu können." Und, so folgert er weiter: „... das Bewusstsein der ihm eigenen Tradition ist es somit, was einem Geschlechte Geschichtlichkeit verleiht."[2] Die Basis aber für diese Pflege der Familienmemoria bildet „ein stabiles örtliches Zentrum" von Stammsitz, der dem Geschlecht den Namen gibt, und Hauskloster, in dem das Gedenken gepflegt wird und wo sich die Familienbegräbnisstätte befindet[3]. Diese Auffassung wurde seither in der Forschung übernommen und weiterentwickelt. Sie findet sich gleichermaßen in den (etwas älteren) Arbeiten von Gerhard STREICH und Gerd ALTHOFF[4], wie in den neuesten Veröffentlichungen von Sigrid SCHMITT, Norbert KERSKEN, Oliver AUGE und Werner HECHBERGER[5] u.a.

Im Rahmen der vorliegenden Untersuchung sollen in den drei folgenden Abschnitten dieses abschließenden Kapitels am Beispiel des fürstenbergischen Hausklosters Auf Hof der memoriale Selbstfindungsprozess des

[1] Vgl. hierzu Karl SCHMID, Problematik, S. 1-62. DERS., Geblüt, S. 68 ff. und S. 130 ff. DERS., Struktur, S. 1-23. DERS., Verhältnis, S. 380 ff.
[2] Karl SCHMID, Problematik, S. 57.
[3] DERS., Geblüt, S. 103 ff., und DERS., Problematik, S. 45 f. DERS., Verrhältnis, S. 386.
[4] Vgl. STREICH, Burg und Kirche, Teil I, S. 2 ff., ALTHOFF, Verwandte, S. 64-67.
[5] Vgl. SCHMITT, Fromme Stiftung, S. 13 ff. Ebenso KERSKEN, memoria, S. 109, AUGE, Erinnerungskultur, S. 114 ff., und HECHBERGER, Adel, S. 303-312.

Hauses Fürstenberg, getragen von den frommen Bemühungen der Grafenfamilie für sich und ihre Toten, beleuchtet werden:

- Zuerst werden deshalb die Jahrtagsstiftungen der Grafenfamilie für Mitglieder ihres Hauses anhand des Neudinger Anniversarienbuchs und einiger Urkunden zusammengefasst und analysiert. (10.1.)
- Als zweites wenden wir uns der fürstenbergischen Erbbegräbnisstätte auf dem ehemaligen Klosterareal in Neudingen zu, wo, wie Karl SCHMID es verallgemeinernd formuliert hat, „zwischen den Lebenden und den Toten ... eine geistige Brücke geschlagen (wird), die dem Selbstbewusstsein einer Adelsfamilie zugute kommt."[6] (10.2.)
- Zuletzt folgt die memoriale Spurensuche an einigen Grabdenkmälern aus der Grablege: einerseits an einem Doppel-Grabmal, das (1852 vom Brand zerstört) nur noch als Abbildung vorliegt, zum andern an vier Totenschilden, die sich heute in der Gruftkirche befinden (10.3.).

10.1. Die Jahrtage von Mitgliedern der Grafenfamilie

Das fortwährende Gebetsgedenken eines Adelsgeschlechts im Spätmittelalter stand anfänglich zweifelsohne unter religiösen Vorzeichen und frommen Absichten. In der Hoffnung auf das eigene Weiterleben nach dem Tode oder um des Seelenheils verstorbener Familienangehöriger willen wurde einem Kloster die dauerhafte Memorialverpflichtung übertragen. „Funktion dieser Hausklöster war", wie an anderer Stelle bereits angedeutet, „das Gebet für die lebenden und die Pflege der memoria für die verstorbenen Angehörigen des Gründergeschlechts."[7]
An dieser Verfahrensweise, die schon im 10. bis 12. Jahrhundert von den meisten Adelshäusern angewandt wurde, orientierte sich auch das erst spät entstehende Haus Fürstenberg an der Wende vom 13. zum 14. Jahrhundert. Die Grafen nutzten, wie oben gezeigt wurde, das nahe gelegene Frauenkloster Auf Hof und verpflichteten es zur liturgischen Jahrtagspflege für die eigene Familie[8]. Der Gedanke an dynastische Selbstbestäti-

---

[6] SCHMID, Problematik, S. 46.
[7] ALTHOFF, Verwandte, S. 65.
[8] Vgl. hierzu die Darlegungen in Kapitel 9, S. 221 f.

gung war zu diesem frühen Zeitpunkt der Entwicklung – sofern überhaupt schon angedacht – sicherlich sekundär. Dass das religiöse Bekenntnis der Grafenfamilie um 1300 bei wichtigen Handlungen eine große Rolle spielte, zeigt, wie erinnerlich, auch die Erklärung der Grafen anlässlich der Erteilung ihres (schon mehrfach erwähnten) Privilegs an die Neudinger Dominikanerinnen 1299[9], wo sie ihr Tun folgendermaßen begründen: „Aeternas dei providentias et legem humanae pietatis pariter attendentes cum novia ac sacris vestris profectibus, in religionis videlicet assumptione cum observantia regularis disciplinae, ex animo congaudemus, favorem nostrum et gratiam, cum consilio et auxilio super his et aliis vobis expedientibus, sanctae vestrae congregationi pro viribus impendendo, ... concedimus libertatem ...“[10].

Das Vertrauen auf die ewige göttliche Vorsehung und *die menschliche Frömmigkeit*[11] dokumentieren sich auch während der folgenden beiden Jahrhunderte in Form der zahlreichen Jahrzeitstiftungen der fürstenbergischen Familie im Neudinger Kloster. Bis zum Ende der Dominikanerinnenzeit (um 1565) sind 41 Stiftungen (21 für männliche, 20 für weibliche Familienmitglieder) ins Neudinger Jahrzeitbuch eingetragen. Hinzukommen noch neun Urkunden, welche die dortigen Eintragungen für einige Personen ergänzen. Zahlreiche Einträge im Gedenkbuch beschränken sich allein auf den Namen des adligen Stifters, teilweise eingebunden in eine Höflichkeitsformel. Breiteren Raum nimmt ein Vermerk vor allem dann ein, wenn das Stiftungsgut (Güter, Gülten, Jahreserträge), „also die materiellen Gegengaben der Stifter“[12], und die geistlichen Leistungen für die Totenmemoria (Anzahl der beteiligten Priester, Vigilien, Seelmessen, Gestaltungsmerkmale) aufgeführt werden[13].

Die meisten der regierenden Grafen im bewussten Zeitraum finden sich unter den Stiftern bzw. den Begünstigten. Aufgrund der häufigen Aufteilung der fürstenbergischen Länder unter den Söhnen des Hauses sind dies etwa 15 Grafen. Acht von ihnen, die bis auf einen alle auf dem

---

[9] Vgl. die ausführliche Behandlung des Privilegs in Kap. 2, S. 42 ff.

[10] FUB I 652. Die Jahrtagsstiftungen des Hauses Fürstenberg 1782 wurden von Archivar DÖPSER aufgezeichnet. Die Aufzeichnung befindet sich im FFA, Kl.-Akt., Lade 4 Fasc. D, Nr. 17.

[11] Aus der deutschen Übersetzung des lateinischen Textes in FUB I 652.

[12] SCHULER, Anniversar, S. 86.

[13] Beispiele werden im folgenden Text u. in Anmerkungen mehrfach als Zitate wiedergegeben.

Stammsitz Fürstenberg residierten, trugen den Namen „Heinrich“[14]. Als Folge dessen erscheint auch die Eintragung „Graf Heinrich von Fürstenberg“ im Anniversar an sieben Tagen[15]. Dabei ist eine individuelle Zuordnung dieser Jahrzeiten nur in drei Fällen mit Gewissheit möglich: Der 19. Nov. ist der Jahrtag Heinrichs V. Zu Heinrich VII., der 1499 im Schweizer– oder Schwabenkrieg sein Leben verlor, heißt es zum 19. Juli[16]:

- „O. uf sant Maria Magdalena tag do man zalt tusent firhundert und nunundnüntzig iar, ist der wolgeborn her her Hainrich graff zu Fürstenberg Lantgraff in der Bar romischer kuniglicher majestät hofmarschalk und obrester felthaubtman vor Dornan (Dornach bei Basel) erschlagen und vergraben.“

Der dritte dieser Jahrtage, der eindeutig zuzuordnen ist, gilt Heinrich VIII., der in seiner Regierungszeit den Ordenswechsel des Klosters in Neudingen von den Dominikanern zum Zisterzienserorden (1584) maßgeblich beeinflusst hat[17]. Diese Stiftung erfolgte wohl schon zur Zeit der Zisterzienserinnen, da Graf Heinrich VIII. erst 1596 starb.

Dass es für Heinrich II. (gest. 1337) eine Jahrtagsstiftung[18] gegeben hat – sie wurde von einem Teil des Kirchensatzes von Gutmadingen bestritten, der hierfür dem Kloster übereignet wurde – belegt eine Urkunde seiner drei Söhne vom 20. Dez. 1341[19]. Ähnlich ist die Sachlage bei Graf Heinrich IV., dessen Sohn und Nachfolger Heinrich V. 1434 die bestehende Jahrzeitregelung für den Vater nachbessert, indem er anordnet,

- „das die conventfrowen des ietzgenanten cloesters nun hinnentfuer järlichen ewiclich sin jaerzitt mit vigilien, mit messen besingen und begán soellen mit acht priestern.“[20]

RIEZLER, der Herausgeber des FUB III[21], datiert diesen Jahrtag auf den 15. August. Seine Ansicht basiert auf zwei gleich lautenden Einträgen unter diesem Datum im Neudinger Anniversarienbuch und im älteren Nekro-

---

[14] Vgl. RIEZLER, Haus Fürstenberg, Stammtafeln IV und V. In der Zählung des Grafenhauses handelt es sich um Heinrich I. bis Heinrich VIII.

[15] Vgl. Anniversarienbuch im FFA unter: 15. Jan., 16. März, 19. Juli, 7. Aug., 15. Aug., 12. Okt. und 19. Nov.– Der Jahrtag am 12. März für „her Hainrich von Furstenberg kylcher“ betrifft vermutlich einen Pfarrherrn (*kylcher*) in Fürstenberg, der wohl nicht zur Grafenfamilie gehörte.

[16] Vgl. Anniversarienbuch unter: 19. Nov., und FICKLER, Anniversarien-Buch, Abt. II, S. 24. Das folgende Zitat zum 19. Juli findet sich unter diesem Datum im Anniversarienbuch im FFA.

[17] Ebd. unter : 12. Okt. Vgl. auch Kapitel 4, S. 111 f., dieser Arbeit.

[18] Möglicherweise war sein Jahrtag an seinem Todestag, dem 14. Dez. Dies ist jedoch nicht nachweisbar, weil das Anniversar bekanntlich zwischen dem 5. und 22. Dezember eine Lücke aufweist (vgl. in der Einleitung zur Quellenlage, S. 12).

[19] FUB II 234.

[20] FUB III 229.

[21] FUB III 47. Von hier stammen auch die wörtlichen Hinweise im folgenden Text.

log der Pfarrkirche Löffingen, jeweils für einen Grafen Heinrich von Fürstenberg, den Riezler „besonders nach dem Charakter der Schrift des letzteren Eintrages“ als Heinrich IV. identifiziert[22]. Für die Grafen Heinrich I. und Heinrich III., Träger des Namens „Heinrich“, denen die noch offenen Jahrtagsstiftungen am ehesten zuzuordnen sind, fehlt ein entsprechender Nachweis. Eine Jahrzeit in Neudingen für Graf Heinrich VI. (gest. 1490), die theoretisch noch in Frage kommen könnte, ist dagegen unwahrscheinlich, weil dieser im Kinzigtal beheimatet war[23].

Zu den Jahrtagsstiftern gehören sodann auch Grafen mit den Namen Friedrich (im Anniversarienbuch dreimalige Nennung), Konrad (fünfmal) und Johann/Hans (viermal). Auch hierbei sind nur vereinzelt eindeutige Zuordnungen gegeben. Auf den regierenden Grafen Friedrich I. (gest. zwischen 1295 und 1297) dürfte einer der beiden nicht bestimmbaren Jahrtage mit dem Vermerk „Graff Fridrich von Fürstenberg“[24] passen, während der 27. Sept. Graf Friedrich, einen der fünf Söhne Heinrichs IV. betrifft, der laut Eintrag im Totenbuch 1393 gestorben ist[25]. Wem die dritte Jahrzeitregelung mit dem Namen „Friedrich“ am 4. Okt. gilt, ob dem Sohn Friedrichs I., der um 1300 lebte[26], oder einem Sohn Graf Heinrichs V., der, wie Andreas KÖTZ berichtet, nach 1413 bei Löffingen gestorben ist[27], lässt sich nicht bestimmen. Dass es sich dabei nicht um den regierenden Grafen Friedrich II. (1496–1559) gehandelt hat[28], ergibt sich schon aus dessen reservierter Kirchen- und Klosterpolitik[29].

Was die Eintragungen unter dem Namen „Konrad“ betrifft, so ist sicher, dass der Jahrtag am 18. Mai zu Graf Konrad gehört[30], einem Sohn Hein-

---

22 Im Neudinger Anniversarienbuch zum 15. Aug. lautet der Eintrag: „O. der wolgeborn her und graff Graff Hainrich von Furstenberg gilt 5 malter kernen von haindingen (Hondingen) mit 7 priestern 1 vigil.“

23 Vgl. RIEZLER, Haus Fürstenberg, S. 365.

24 Anniversarienbuch im FFA unter: 24. Febr. und 4. Okt.

25 Ebd. unter: 27. Sept. Martin Antoni. ARRES datiert in „Extractus authetici“ (Hs), diesen Jahrtag auf den 26. Sept. – Für diesen Friedrich von Fürstenberg sieht auch das Amtenhauserer Anniversar am 1. Okt. einen Jahrtag vor (Bader, Jahrtäg, S. 156 und ebd. Anm. X,1). Vgl. auch RIEZLER, Haus Fürstenberg, S. 311.

26 Vgl. RIEZLER, Haus Fürstenberg, S. 281, und Stammtafel IV.

27 KÖTZ, Genealogische Aufzeichnungen (Hs) im FFA. Dort heißt es zu Graf Heinrich V. und seiner ersten Gemahlin Verena „marggraffin von Roeteln“: „... by der hat er gehept graff Friderichen zuo Fürstenberg, der ist zuo Löffingen gestorben ...“ Vgl. FUB III 265 Anm. 1.

28 RIEZLER, Haus Fürstenberg, Stammtafel V.

29 Vgl. Kapitel 4 dieser Arbeit mit den diesbezüglichen Darlegungen..

30 Anniversar unter dem 18. Mai: „Anno dni 1484 starb unser gnediger und wolgeborner her und graf Graf Konrad von Furstenberg am nechste tag nach sant George tag...“

richs V. aus dritter Ehe, der seit 1449 im Einvernehmen mit seinem Vetter Heinrich VI. die Regierungsgeschäfte auf der Baar führte. Desgleichen weist das Anniversar drei weitere Jahrtage jeweils für einen „wolgeboren herre und graffe Graff Conrad von Furstenberg“ ohne individuelle Kennzeichnung aus, und zwar am 15. März, am 4. April und am 22. Juli. Dafür bieten sich mit hoher Wahrscheinlichkeit drei Grafen dieses Namens als Jahrtagsstifter an. Zum einen handelt es sich um Konrad, den Sohn Heinrichs I., der nach 1282 in den geistlichen Stand trat[31] und als Vormund der Söhne seines verstorbenen Bruders Friedrich I. bei der Erteilung des gräflichen Privilegs 1299 wohl federführend war[32]. Als zweite Person kommt sodann der Sohn Heinrichs II. namens Konrad, Landgraf und Herr von Wartenberg (gest. 1370), in Frage, der im Zusammenhang mit der Hohenloheschen Stiftung erwähnt wurde[33]. Der dritte Graf Konrad aber ist derjenige, der, als sein Vater Heinrich IV. 1407 das fürstenbergische Territorium unter seine drei Söhne aufteilte, die Herrschaft im Kinzigtal übernahm und somit die Kinzigtaler Linie des fürstenbergischen Grafenhauses begründete[34]. Eine posthume Jahrzeitstiftung im Neudinger Kloster für ihn ist durch eine Urkunde vom 24. Febr. 1447 bezeugt[35], mit der die beiden damals regierenden Grafen Egen der Ältere und Heinrich VI., Bruder und Sohn des besagten Konrad von Fürstenberg, dem Kloster Auf Hof einen Acker überlassen,

- „dass dieselben (gemeint sind: die Klosterfrauen) aus (dem) Acker, der ihr Eigen ist, zu Gossingen, in der Grafen bann zu Hymlingen, stoßet zur Hälfte an die Tonöw ..., fortan ain recht ehafftig adelwyse machen dürfen; dafür sollen sie jährlich auf St. Gerdruten Tag mit 5 Priestern, mit Vigilien und Seelmessen, die jahrzeit des wohlgebornen Grafen Conrats von Fürstenberg sel. ... begehen.“[36]

Diese Jahrtagsregelung bezog sich also auf einen Verwandten, der einer Seitenlinie des Grafenhauses angehörte. Allerdings war dies im Kloster Auf Hof nichts Neues. Schon Graf Hug von Fürstenberg aus der Hasla-

[31] Vgl. RIEZLER, Haus Fürstenberg, Stammtafel V. Konrad war nach 1282 Domherr in Konstanz.
[32] FUB I 652. Vgl. Kapitel 2, S. 42 ff., dieser Arbeit.
[33] Vgl. FUB II 434.
[34] RIEZLER, Haus Fürstenberg, S. 313. Vgl. ebd., Stammtafel V.
[35] FUB III 372.
[36] Zitiert nach RIEZLER, Ukk. 2, S. 25. Der hier genannte „St. Gerdruten Tag“, also der Namenstag der heiligen Gertrud, ist der 17. März. Angesichts der im Neudinger Seelbuch öfter auftretenden geringfügigen Abweichungen beim Datum könnte es durchaus sein, dass dieser Graf Konrad aus der Kinzigtaler Linie mit dem obigen Eintrag am 15. März gemeint ist.

cher Linie hatte um 1360 für sich und seine Gemahlin Adelheid in Neudingen einen Jahrtag gestiftet, der später am 24. Mai gefeiert wurde[37]. Ebenso enthält das Neudinger Jahrtagsbuch zum 7. Juli eine Jahrzeit für Graf Johann von Fürstenberg „von Hassla"[38], wobei es sich in diesem Fall um jenen letzten Fürstenberger Grafen aus der Haslacher Linie handelt, der 1386 in der Schlacht von Sempach auf habsburgischer Seite gegen die Eidgenossen gefallen ist[39]. Dass der Verwandtenkreis, der sich im Hauskloster auf der Baar seine Gebetshilfe sicherte, nicht auf die Familienmitglieder der fürstenbergischen Hauptlinie beschränkt war, zeigen auch zwei Stiftungen, die das Anniversar für Familienangehörige aus der Geisinger Linie aufweist: Am 15. März gedachte man jenes Grafen Johann von Fürstenberg, der 1443 bei einem Turnier in Stockach im Duell getötet worden war[40]. Und die Stiftung zum 8. Jan. dürfte für Johann (gest. nach 1443), den angeblich geistig behinderten Sohn des im Duell Getöteten, eingerichtet worden sein[41].

Regierende Landgrafen im fürstenbergischen Zentralgebiet, also: der Landgrafschaft in der Baar oder Grafschaft Fürstenberg[42], waren hingegen wieder Egen (gest. 1449) und Wolfgang von Fürstenberg (gest. 1509)[43]. Ihre Jahrtage sind am 18. Juli bzw. am 30. Dez.[44] Während der letztere vor allem wegen seiner Tätigkeit im Dienste von König/Kaiser Maximilian über die fürstenbergischen Länder hinaus bekannt war[45], gilt Graf Egen, wie erinnerlich, mit Recht als besonderer, wohl auch frommer Förderer des Klosters[46], was auch nochmals in seiner Stiftung zu seinem Jahrtag (am 18. Juli) seinen Niederschlag fand:

- „O. Der wolgeborn her und graff Graff Eggen von Fürstenberg der alt gilt 4 malter vesen minder 1 mut vesen von Hondingen, buwet der schmid, und 5 mut vesen und 10 viertal habern und 2 hùner 30 aiger von Dögginger und 10 lb. haller von

---

[37] FICKLER, Anniversarien-Buch, Abt. I, S. 45. Vgl. auch Uk. vom 15. Juli 1359 (FUB II 343).
[38] FICKLER, Anniversarien-Buch, Abt. II, S. 5.
[39] Vgl. RIEZLER, Haus Fürstenberg, S. 269 f.
[40] Im Anniversarienbuch im FFA heißt es unter 16. März: „O. Anno dni 1443 der wolgeborn herr und graf Graff Hans von Furstenberg gilt 4 malter gelts, mit 4 priestern und 1 vigil". Zu der etwas merkwürdigen Affäre vgl. RIEZLER, Haus Fürstenberg, S. 334 ff.
[41] FICKLER, Anniversarien-Buch, Abt. I, S. 22. Zu den Gerüchten über diesen Johann von Fürstenberg, ein Kind von 6-9 Jahren, vgl. RIEZLER, Haus Fürstenberg, S. 336 Anm. 1.
[42] Vgl. RIEZLER, Haus Fürstenberg, S. 494.
[43] Ebd., Stammtafel V.
[44] FICKLER, Anniversarien-Buch, Abt. II, S. 6 und S. 26.
[45] Vgl. RIEZLER, Haus Fürstenberg, S. 458-492. Ebenso: RÖCKELEIN, Graf Wolfgang, S. 7 ff.
[46] Vgl. hierzu FUB III 247, 301, 348, 372, 375.

dem zoll zu Hondingen gand an unser frowen lieht mit 7 priestern und 1 vigil Anno dni 1449."[47]

Auch geistliche Würdenträger aus dem Hause Fürstenberg tätigten/erhielten Jahrzeitstiftungen im Kloster Auf Hof, um schon zu Lebzeiten, vor allem aber nach ihrem Tod dort ins Gebetsgedenken des Konvents und ihrer Verwandten einbezogen zu werden. So wie der oben bereits erwähnte Graf Konrad, seit 1282 Domherr in Konstanz (gest. vor 1320), hatten auch sein Neffe Konrad (gest. 1346), Domherr in Straßburg, am 25. Jan.[48], und Johann (gest. wahrscheinlich 1427), Kapitelherr zu Reichenau, aus der Kinzigtaler Linie stammend, am 25. März ihre Jahrzeit[49] im fürstenbergischen Hauskloster auf der Baar.

Das Neudinger Gedenkbuch weist auch, wie schon festgestellt, die Namen von 20 weiblichen Mitgliedern des gräflichen Hauses aus, für die im Kloster Neudingen ebenfalls ein regelmäßiges Totengedächtnis vorgesehen war. Diese Frauen aus der Grafenfamilie lassen sich in drei Gruppen aufgliedern. Zunächst sind die Gemahlinnen regierender Grafen zu nennen[50], die aus dem Hochadel stammen und ins Haus Fürstenberg eingeheiratet haben; hierzu gehören:

- Agnes von Truhendingen, Gemahlin Heinrichs I. Ihr gilt wahrscheinlich der Jahrtag am 5. Jan.: „O. Domina Agnes priorissa. Stifterin dis closters."[51]
- Anna von Montfort, verheiratet mit Heinrich III., Jahrtag am 27. Okt.[52]
- Adelheid von Krenkingen, verehelicht mit Graf Hug von Fürstenberg-Haslach (Haslacher Linie), Jahrtag am 23. Febr.[53]
- Sophie von Zollern, zweite Ehefrau Graf Heinrichs IV. Alterssitz im Kloster Auf Hof; Jahrzeit am 2. April[54].
- Verena von Hachberg, erste Gemahlin Heinrichs V., „geborn ain marggrafin von Roettel", Jahrtag am 15. März[55].

---

[47] Anniversarienbuch im FFA unter: 18. Juli. Vgl. besonders FUB III 389.
[48] FICKLER, Anniversarien-Buch, Abt. I, S. 25. Dieser Graf Konrad von Fürstenberg wird dort als „tegan zu Strosburg" gekennzeichnet. Vgl. RIEZLER, Haus Fürstenberg, Stammtafel IV.
[49] FICKLER, Anniversarien-Buch, Abt. I, S. 36. Der Eintrag lautet: „O. Der wolgeborn Graf hans von Fürstenberg ein her in der Richenaw." Vgl. RIEZLER, Haus Fürstenberg, Stammtafel V.
[50] Die Auflistung der Gräfinnen erfolgt in historisch-chronologischer Reihenfolge.
[51] FICKLER, Anniversarien-Buch, Abt. I, S. 24. Vgl. RIEZLER, Haus Fürstenberg, S. 217.
[52] Anniversarienbuch im FFA unter: 27. Okt. „fraw Anna von Muntfort geborn von Furstenberg". Diese Eintragung ist falsch. Es muss heißen: „geboren von Montfort". Vgl. FICKLER, Anniversarien Buch, Abt. II, S. 22, Anm. 2.
[53] Anniversarienbuch am 23. Febr. enthält zur Jahrzeitstiftung: „.gilt 7 schöffel kerne und 7 schöffel habern von Neudingen und von Gutmadingen mit 7 priestern und 1 vigil." Vgl. auch Uk. v. 15. Juli 1359 (FUB II 343).
[54] Anniversarienbuch am 2. April, mit Angabe der Gült und der zeremoniellen Ausstattung der Jahrzeit. Vgl. auch Uk. vom 29. Sept. 1420 (FUB III 147).

- Anna von Tengen, zweite Gemahlin Heinrichs V., Jahrtag am 21. April[56].
- Elisabeth von Lupfen, dritte Gemahlin Heinrichs V., Jahrtag am 19. Nov.[57]
- Kunigunde von Matsch, Gräfin von Kirchberg (gest. 1469), Jahrtag am 18. Mai, auch für ihren Gemahl Graf Konrad, dessen Vorfahren und Nachkommen[58].

Ergänzend ist in diesem Zusammenhang nochmals auf die Hohenlohesche Stiftung der Gräfin Adelheid von Hohenlohe, der ersten Frau Graf Heinrichs IV., hinzuweisen. Im Übrigen endet die Jahrzeitliste der Ehefrauen von regierenden Grafen am Ende des 15. Jahrhunderts. Für die spätere Zeit findet sich erst wieder eine Verfügung für Amalie von Solms nach ihrem Tod 1593[59]. Für sie gilt allerdings dasselbe, was oben auch für ihren Ehemann Graf Heinrich VIII. angemerkt wurde: Der Eintrag erfolgte wohl erst zur Zeit der Zisterzienserinnen in Maria Hof.

Die zweite Gruppe von weiblichen Angehörigen der Familie Fürstenberg, für die im Anniversar ein Jahrtag ausgewiesen ist, bilden die Grafentöchter, die als Klosterfrauen ins Dominikanerinnenkloster eintraten. Es handelt sich um sieben Nonnen[60]. Da über diese im vorigen Kapitel das Wesentliche mitgeteilt wurde, kann an dieser Stelle auf weitere Ausführungen verzichtet werde.

Letztlich sind noch jene gräflichen Frauen zu nennen, die anderwärts verheiratet waren, aber im heimischen Familienkloster Auf Hof eine Jahrzeit stifteten oder gestiftet erhielten. Dies betrifft fünf Töchter des Hauses, geborene Gräfinnen von Fürstenberg:

- Udelhild (gest. nach 1373)[61], Ehefrau des Freiherrn Heinrich von Blumegg. Ihr Jahrtag: am 23. Juli[62].
- Katharina (gest. nach 1381), verh. mit Freiherr Peter von Hewen, Mutter des Konstanzer Bischofs Burkhard von Hewen[63]. Der Jahrtag: 25. April[64].

---

[55] Anniversarienbuch am 15. März, mit Angabe der Gült u.a.m. Vgl. Ukk. v. 23. April 1434 (FUB III 229) und 24. Nov. 1440 (FUB III 304).

[56] Anniversarienbuch am 21. April, mit Angabe der Gült u.a.m. Vgl. hierzu Ukk. v. 18. Okt. 1427 (FUB III 191 + Anm. 1) und 24. Nov. 1440 (FUB III 304).

[57] FICKLER, Anniversarien-Buch, Abt. II, S. 24 (auch mit ergänz. Angaben). Vgl. FUB III 304.

[58] FICKLER, Anniversarien-Buch, Abt. I, S. 44.

[59] FICKLER, Anniversarien-Buch, Abt. I, S. 47.

[60] Die sieben Jahrtage wurden durchgeführt: am 23. Juni für Priorin Martha von Fürstenberg, am 10. Mai für Verena (*Ferena*), am 29. April für Elisabeth (Elsbeth), am 23. Jan. für Priorin Anna, am 2. März für Agnes und am 27. Okt. für Sophie. Der Vermerk für Katharina von Fürstenberg am 1. Okt. gilt einer Gräfin der Haslacher Linie, die aber im Kloster Friedenweiler diente. (Vgl. die entsprechenden Eintragungen im Anniversarienbuch im FFA unter dem jeweils angegebenen Datum. Vgl. FICKLER, Anniversarien-Buch, Abt. I und II.)

[61] Vgl. die Daten des Todesjahres bei RIEZLER, Haus Fürstenberg, Stammtafel IV und V.

[62] FICKLER, Anniversarien-Buch, Abt. II, S. 7. Zum 23. Juli heißt es: „O. Udelhilt von Blumegg geborn von Furstenberg ain gräfin und irer kinder gilt 3 Malter von Hüfingen ...“

- Kunigunde (um 1362), Gemahlin von Freiherr Walther von Hohenklingen, ihre Jahrzeit am 10. Juni.[65]
- Verena (gest. nach 1388), Gemahlin von Pfalzgraf Konrad II. von Tübingen, gen. der Scherer. Witwensitz im Kloster Auf Hof. Jahrtag am 23. Jan.[66]
- Beatrix (gest. 1433), in zweiter Ehe verh. mit Graf Rudolf von Werdenberg. Ihre Jahrtagsfeier am 27. Juli.[67]

Ein Resumée über die Jahrzeiten der Grafen von Fürstenberg und ihre Angehörigen im Kloster Neudingen muss als erstes nochmals auf die bemerkenswert hohe Zahl von 41 gestifteten Jahrtagen hinweisen, die während der Zeit der Dominikanerinnen für die Grafenfamilie im Kloster begangen wurden. Der Vergleich mit den acht gesicherten (und drei unklaren) Jahrtagsvermerken in Amtenhausen[68] – übrigens für den doppelten Zeitraum – macht zudem eines deutlich: Das gemeinsame Gedächtnis an die Toten der fürstenbergischen Grafenfamilie konzentriert sich von Anfang an auf das Kloster Auf Hof. Das dortige Anniversarienbuch wird, wie es Peter-Johannes SCHULER formuliert, gleichsam zur „familiengeschichtlichen Quelle"[69]. Die große Zahl an Jahrzeitstiftungen gibt zugleich Grund zur Annahme, dass sich die Neudinger Klosterfrauen in religiöser Verantwortung bereitwillig zur Gedächtnispflege verpflichteten und diese auch gewissenhaft durchführten. Priorin und Konvent gewannen hierdurch, wie man sich vorstellen kann, auch höchstes Vertrauen bei den jeweils lebenden Mitgliedern des Grafenhauses.

Das Haus Fürstenberg seinerseits empfand das familiäre Totengedenken als natürliche Pflicht und Aufgabe und beteiligte sich daran offensichtlich mit großem Engagement und materiellem Einsatz. Begründen lässt sich dieses Verhalten zu einem Gutteil natürlich mit Religiosität und Frömmigkeit aus tiefer Sorge um das Seelenheil; gewiss aber waren dabei auch die geistigen und seelischen Ängste, die das spätmittelalterliche Leben

---

[63] Vgl. zu Burkhard von Hewen: Kapitel 8, S. 205 f., dieser Arbeit.

[64] FICKLER, Anniversarien-Buch, Abt. I, S. 41.

[65] Anniversarienbuch im FFA unter 10. Juni: „O. min fraw von Clingen geborn von Furstenberg".

[66] FICKLER, Anniversarien-Buch, Abt. I., S. 24.

[67] Im Anniversarienbuch im FFA unter dem 27. Juli, mit genauer Angabe zum Stiftungsgut der Gräfin: „(Sie) hat geben zu aime jarzit ain zehendlin zu Pfohren, haist martis zehendlin, und 2 Malter ab dem hoff den Henslin von Achdorf buwet mit 6 priestern und 1 vigil. Anno domini 1433."

[68] Vgl. BADER, Jahrtäg, S. 126-167.

[69] SCHULER, Anniversar, S. 109 ff.

prägten[70], mit im Spiel. Daneben dienten die aufwändigen Stiftungen wohl auch der sozialen Selbstdarstellung und der Selbstfindung[71]. So entstand letztlich aus „einem religiösen Anliegen, dem der Gebetshilfe für Lebende und Verstorbene“[72], ein solidarisches Zusammengehörigkeitsgefühl des aufstrebenden Geschlechts, das dazu geführt haben mag, dass Verwandte aus den Nebenlinien, Mitglieder der Geistlichkeit und „weg geheiratete“ Frauen eine Jahrzeit im Kloster Auf Hof anstrebten oder stets beibehielten. Also: das Hauskloster als zentraler Ort des Familienbewusstseins – „die Sippe der natürliche Heilsverband“[73].

Die frühesten Eintragungen von gräflichen Jahrtagsstiftern im Neudinger Anniversar betreffen Personen, die am Ende des 13. Jahrhunderts lebten. Bis in die zweite Hälfte des 14. Jahrhunderts sind Namensnennungen von Stiftern meist ohne nähere Kennzeichnung und deshalb individuell nur schwer zuzuordnen. Ein dynastisches Selbstwertgefühl wird um 1400 allmählich spürbar. Und 100 Jahre danach lässt sich ein hohes Maß an Selbstbewusstsein und Stolz sowohl auf einzelne Persönlichkeiten wie auf das fürstenbergische Geschlecht erahnen. Diese Haltung kennzeichnet nach Karl SCHMID die Tendenz zum geschlossenen agnatisch strukturierten Adelshaus im ausgehenden Mittelalter[74]. Daneben aber vermittelt das memoriale Gedenken auch den Eindruck, dass über die eingeheirateten, selbständig handelnden Frauen enge Bindungen des Grafenhauses zu deren Familien bestanden haben. Hier ist auf Adelheid von Hohenlohe und Kunigunde von Matsch zu verweisen[75]. Dass hierdurch kognatische

---

[70] SCHULER, Anniversar, S. 89 ff. Der Autor spricht von der Epoche zw. dem 14. u. 16. Jh. als dem „apokalyptischen Zeitalter“ mit den „eschatologischen Ängsten“ der damaligen Menschen.

[71] SCHULER, Anniversar, S. 87 f. AUGE, Erinnerungskultur, S. 109.

[72] SCHMID, Zur Problematik, S. 21. Vgl. auch BARBENDERERDE, Totengedenken, S. 337., u. SCHULER, Anniversar, S. 110. – OEXLE, Memoria, S. 385, weist darauf hin, dass im ausgehenden Mittelalter „durch die Nennung seines Namens der Tote in der Auffassung der Lebenden Rechtssubjekt und Subjekt von Beziehungen der menschlichen Gesellschaft (wurde).“ Der Autor bezeichnet diesen Status als „Die Gegenwart der Toten“.

[73] SCHULER, Anniversar, S. 110.

[74] SCHMID, Problematik, S. 21 ff. Vgl. SPIESS, Familie, S. 494 ff.

[75] Adelheid von Hohenlohe finanzierte ihre Stiftung 1370 aus eigenem Besitz (FUB II 434), den sie in die Ehe mit Heinrich IV. eingebracht hatte. Mit ihrer Stiftung nahm sie ungewollt auf spätere Ereignisse erheblichen Einfluss. – Der Vater Kunigundes von Matsch, Graf Ulrich, hatte bereits 1443 beim Turnier-Tod Johanns von Fürstenberg-Geisingen zwischen dem Haus Fürstenberg und Herr Wernher von Zimmern erfolgreich vermittelt (Vgl. RIEZLER, Haus Fürstenberg, S. 335 f.). Der Einfluss der Grafen von Matsch bestand auch fort, als Kunigunde 1462, ausgestattet mit einem ansehnlichen Heiratsgut, Gemahlin Konrads von Fürstenberg wurde. FUB III 480). Laut RIEZLER, Haus Fürstenberg , S. 392, hielten die guten Beziehungen auch in der nächsten Generation zu Kunigundes Sohn Heinrich (VII.) an.

Elemente zum agnatischen Denken hinzukamen und damit ein Nebeneinander beider Prinzipien – allerdings bei deutlichem Übergewicht des agnatischen Denkmodells – bestanden hat, ist nicht auszuschließen.

10.2. Das Kloster Auf Hof bei Neudingen als Erbbegräbnisstätte des Hauses Fürstenberg

Wie im Rahmen dieser Untersuchung schon mehrfach angeklungen ist, bildete bei der Memoriapflege eines Adelshauses die Erbbegräbnisstätte des Geschlechts einen wichtigen, wenn nicht sogar den wichtigsten Bestandteil[76]. Der Grablege, die zum Status des Hausklosters gehört, kommt außerdem die Funktion als wichtiger Orientierungspunkt einer Dynastie zu. „Erbbegräbnisstätten von Adelsfamilien sind ... der Ausdruck des historischen Bewusstseins der Zusammengehörigkeit von aufeinander folgenden Generationen. Die räumliche Nähe und damit die dauernde Gegenwart der Verstorbenen verpflichtet die Lebenden. Sie bindet das Geschlecht zusammen.“[77]

Das Haus Fürstenberg suchte zu Ende des 13. und zu Beginn des 14. Jahrhunderts nach einem passenden Ort für die Familienbegräbnisse. Das Frauenkloster Auf Hof, das auf altem geschichtsträchtigem Boden stand, wurde erst rund sechzig Jahre nach seiner Gründung zur Begräbnisstätte bestimmt[78]. BADER, der sich bislang als einziger eingehend mit allen fürstenbergischen Erbbegräbnissen befasst hat[79], bemerkt hierzu: „Die Wahl des Platzes der alten Pfalz zum Erbbegräbnis war keineswegs zufällig oder von bloßen Zweckmäßigkeitsgedanken eingegeben ... (Hier), wo der König einst seinen Sitz hatte, ..., befand sich das letzten Endes ja aus königlicher Hand erworbene Stammgut ... Es war der räumliche Ausgangs- und Mittelpunkt der adligen Sippe, der >Erbhof< der Alten, Rechtsort, Dingplatz und Grabstätte zugleich.“[80]

---

[76] SCHMID, Problematik, S. 44 ff. SCHULER, Anniversar, S. 110.
[77] SCHMID, Problematik, S. 46 f.
[78] FUB II 210. Vgl. Kapitel 9, S. 220 f.
[79] BADER, Erbbegräbnisse, a.a.O., untersucht nicht nur die fürstenbergischen Beisetzungen im Kloster Neudingen, sondern auch in Betenbrunn, Heiligenberg, Weitra u.a.
[80] Ebd., S. 30.

Nach der ersten Beisetzung 1337 wurden bis zur Mitte des 16. Jahrhunderts fast alle regierenden Grafen und einige ihrer Söhne, die meisten ihrer Gemahlinnen und zahlreiche weibliche Angehörige der Grafenfamilie, die als Nonnen[81] oder im Witwenstand im Neudinger Kloster gelebt hatten, hier bestattet. Über die gräfliche Grablege gibt es im FFA das Grabstättenverzeichnis (GSV) von 1874[82], das 13 Beisetzungen aufzählt. BADER nennt für die Dominikanerinnenzeit 22 Erbbegräbnisse in Neudingen[83]. Nach den Erkenntnissen aufgrund dieser Untersuchung ist – bei allen Unwägbarkeiten und Vorbehalten – davon auszugehen, dass während der Zugehörigkeit des Klosters Auf Hof zum Predigerorden insgesamt 28 Familienmitglieder aus dem fürstenbergischen Geschlecht im Klosterbezirk ihre letzte Ruhe fanden. Davon sind 22 Verstorbene nachweisbar oder mit höchster Wahrscheinlichkeit (Tabelle 7a); sechs weitere vermutlich an diesem Ort begraben (Tabelle 7b). Dies sind weniger Angehörige des Grafenhauses als jene, für die im Anniversarienbuch ein Jahrtag eingetragen ist. Allerdings ist dies kein Widerspruch, weil nämlich die Jahrzeitstiftung in einem Kloster oder bei einer Pfarrkirche nicht automatisch auch die Bestattung am gleichen Platz bedeutet. Dennoch bleibt die Frage, weshalb gewisse Angehörige der Familie Fürstenberg nicht in der Gruft oder im Klosterbereich beigesetzt wurden (oder worden sein sollen), gelegentlich unbeantwortet.

In der Urkunde vom 14. Nov. 1443 betonten zum Beispiel die beiden Aussteller, die Grafen Egen der Ältere und Heinrich VI., mit großen Nachdruck, das Kloster Auf Hof sei 1274 von ihren Vorfahren nur deshalb gegründet worden, um an diesem Ort die fürstenbergische Familiengrablege einzurichten. Dies sei der eigentliche Gründungszweck „zu dem selben

[81] Es besteht kein Zweifel, dass Klosterfrauen aus dem Grafenhaus, die im Kloster Auf Hof starben, in der Regel in oder bei der gräflichen Familiengrablege (BADER, S. 33: „im Zömeterium des Konvents“) beigesetzt wurden. Vgl. dazu auch die Aufstellung bei BADER, Erbbegräbnisse, S. 36-40. Ebenso: GVS im FFA, O B 20, Vol. 3 Fasc. 7.

[82] Im FFA befindet sich eine Aufstellung der gräflichen Beisetzungen im Kloster Neudingen, das handgeschriebene Grabstättenverzeichnis (GSV) des FF-Kanzleirats Anton Schelble von 1874, das für den Zeitraum bis 1565 teilweise lückenhaft wirkt und z. B. keine Begräbnisse von Klosterfrauen aus dem Grafenhaus aufführt. In den beiden Tabellen 7a und 7b werden die im GSV erwähnten Bestattungen gekennzeichnet.

[83] BADER, Erbbegräbnisse, S. 36 ff., bezeichnet davon 13 als „gesicherte“ und 9 als „vermutliche“ (=22) Begräbnisse, wobei seine Kriterien mitunter etwas willkürlich erscheinen. Grundsätzliche Abweichungen Baders werden in unseren Tabellen 7a und 7b kurz angemerkt.

gotzhuse“ gewesen[84]. Von dieser Geschichtsklitterung einmal abgesehen – das Erbbegräbnis kam ja erst zwei Generationen später zustande – nimmt einem jedenfalls wunder, dass ausgerechnet keiner dieser beiden Grafen, die so vehement für die memoriale Nutzung dieser Begräbnisstätte eintraten, in Neudingen begraben sein soll. Besonders gilt dies für Egen von Fürstenberg, der ein Leben lang in unmittelbarer Nähe des Hausklosters residiert hatte[85], dabei ein großer Wohltäter des Klosters war (letzte Stiftung zwei Jahre vor seinem Tod) und noch zu Lebzeiten, wie erwähnt, eine großzügige Jahrtagsstiftung für das Kloster Auf Hof vollzogen hatte[86]. Selbst bei noch so kritischem Hinterfragen findet sich eigentlich kein überzeugender Grund dafür, wieso gerade ihm eine Beisetzung in der Familiengruft versagt geblieben sein soll[87].

Ebenfalls umstritten ist, wo sich das Grab von Verena von Fürstenberg, verwitwete Pfalzgräfin von Tübingen, nach dem Beinamen ihres Mannes Schärerin (oder Schererin) genannt, befindet. Nach einem wechselvollen Leben an der Seite Konrads II. von Tübingen und nach dem Verkauf von dessen letzter Herrschaft Herrenberg an das Haus Württemberg[88] sucht das Ehepaar letztlich Zuflucht in der Heimat Verenas („zu Kurenburg“[89], auf Gemarkung Bräunlingen). Als Witwe hatte sie laut Andreas KÖTZ „lange jar iren witwenstuol zu Nidingen im closter gehalten“[90], wo sie aller Voraussicht nach auch gestorben ist. Obwohl es für ihre Bestattung in der gräflichen Gruft keinen Quellennachweis gibt, liegt nahe, dass sie hier begraben wurde, so wie ihre Schwester, Priorin Anna, mit der sie am 23. Jan. auch gemeinsam eine Jahrzeit hat[91].

Ein drittes Beispiel für eine „umstrittene“ Beisetzung betrifft den Sohn Graf Friedrichs II., Egon von Fürstenberg. Er stand im Militärdienst des Grafen Hans von Nassau und wurde 1553 vor Metz getötet. Ein zeitgleicher Bericht eines fürstenbergischen Amtmanns darüber schließt: „(Er) ist da weg

[84] FUB III 348. Die entscheidende Stelle in der Urkunde vom 14. Nov. 1443 wird bereits zitiert in Kapitel 3, S. 84 f..

[85] Der Schwerpunkt der Tätigkeit Heinrichs VI. lag bekanntlich im Kinzigtal. Es gibt auch keine Jahrtagsregelung auf seinen Namen im Neudinger Anniversarienbuch.

[86] FUB III 301 und 389. Vgl. auch FUB III 223, 247, 372 und 375. Ebenso: Kap. 10, S. 240 f.

[87] Egen erscheint daher in Tabelle 7a als mit großer Wahrscheinlichkeit in Neudingen beigesetzt.

[88] FUB II 498. Vgl. FICKLER, Anniversarien-Buch, Abt. I, S. 24, Anm. 4.

[89] FUB II 531.

[90] FUB II 524 Anm. 1

[91] Anniversarienbuch im FFA unter 23. Jan.

gen Neidingen gefüert (und) begraben worden."[92] Inhaltlich ist der Vorgang eindeutig, unklar ist lediglich weshalb dieses Begräbnis in keinem Verzeichnis aufgeführt wird[93]. Es lässt sich allenfalls vermuten, dass die Beisetzung im Jahre 1553, in der Zeit des akuten Niedergangs des alten Klosters, nicht registriert wurde und dann in Vergessenheit geriet. Schließlich war es „die Zeit der Auflösung mittelalterlicher Welteinheit, Renaissance und Reformation" (Karl Siegfried BADER)[94], in der auch im Hause Fürstenberg die sonst enge Verbundenheit der Familie, mit Gebetsgedenken und Erbbegräbnissen, in den Hintergrund rückte[95].

Im Übrigen kann für den Zeitraum zwischen 1300 und 1500 der häufig nicht erwähnte Begräbnisort bei mehreren gräflichen Beisetzungen, wie dies auch BADER annimmt[96], meist mit „Kloster Auf Hof" ersetzt werden. Indes fehlt gerade für diese Zeit jegliche Darstellung eines Bestattungsvorgangs (mit allem offiziellen Aufwand)[97]. Der früheste Bericht eines Erbbegräbnisses geht auf KÖTZ zurück, der die Beisetzung Wolfgangs von Fürstenberg am 5. und 6. Jan. 1510 anschaulich schildert.

- „... (Der Leichenzug) ist (von Schloss Ortenberg) gefurt worden gen Wolfach vnd ist loblich begangen mit drien emptern der drien ept Gengenbach, Alpirsbach vnd des von St. Jorgen (St. Georgen). Ist darnach gefurt worden loblichen gen Nidingen vnd da enphangen worden mit der procession von gaistlichen vnd weltlichen vnd darnach begraben in dem chor der frowen mit allem gebétt vnd gesang, dy werlich aines styfftherren des gozhus zuo gehert, vnd darnach durch dy conuentfrowen mit Placebo vnd vigilien loblichen besungen. Vnd ist dy par vber das grab bedeckt gewesen pys vff die erden mit schwarczen tuch; fier gros kerczen zu den fier orten vnd sunst 60 kerczen, darzwischen vff dem grab vnd an dem nechsten tag an der hailgen dry Kúnig tag besungen mit 55 priester vnd mit drien emptern, selampt der apt von sant Jorgen. Vnd die drissigsten loblichen begangen mit anderthalbhundert priestern vnd och mit drien emptern mit drien epten vnd mit 4 knaben vnd by dem grab mit 4 wintliechtern."[98] –

---

[92] Mitt. I, Nr. 594 Anm. 3.

[93] Vgl. GSV 1874. Dort ist für den Zeitraum zwischen 1509 und 1593 keine Beisetzungen in der fürstenbergischen Gruft Auf Hof ausgewiesen. Auch bei BADER, Erbbegräbnisse, S. 36 ff., wird dieser Graf Egon nicht erwähnt, obwohl Bader den obigen Eintrag in Mitt. I, Nr. 594 Anm. 3, gekannt haben dürfte. Ähnliches gilt für Gräfin Clara (gest. 1546 als Kind), vgl. Tabelle 7b.

[94] BADER, Erbbegräbnisse, S. 31.

[95] BADER, Erbbegräbnisse, S. 31 f.

[96] Ebd., S. 31.

[97] Zu Beisetzungen im Hochadel im späten Mittelalter vgl. BABENDERERDE, Liturgisches Gedächtnis, S. 205.

[98] KÖTZ, Genealogische Aufzeichnungen, FFA. Im Anschluss an eine Kopie genealogischer Notizen zur fürstenbergischen Hausgeschichte. Gedruckt in FUB IV 481.

Anschließend folgt hier in chronologischer Anordnung die Liste der im Kloster Neudingen beigesetzten Grafen und Gräfinnen aus dem Hause Fürstenberg für die Dominikanerinnenzeit (bis 1565):

Tabelle 7a
Im Erbbegräbnis in Neudingen liegen begraben
(nachweislich oder mit hoher Wahrscheinlichkeit):

Datum[99]	Gräfl. Person[100]	Erläuterungen	Nachweis
1337 14. Dez.	Heinrich II.	Inschrift seines Grabmals: „1337 obiit comes Hainricus de Fvrstenberg 19. Kalendas Janvarii crastina Lvcie"	FUB II 210. GSV 1874
1341 ff.	Martha, Nonne und Priorin im Kl. Neudingen, Tochter Friedrichs I.	Erwähnung in Schenkungs-Urkunde, genaues Todesjahr unbekannt. Als Klosterfrau: Auf Hof beigesetzt.	FUB II 234
1341 ff.	Verena, Nonne in Neudingen, Tochter Heinrichs II.	Erwähnung in Schenkungs-Urkunde, genaues Todesjahr unbekannt. Als Klosterfrau: Auf Hof beigesetzt.	FUB II 234
1359 ff.	Elisabeth (Elsbeth) von F.[101], Nonne in Neudingen, Haslacher Linie	Uk. Graf Hugs von F.: Regelung der Versorgung seiner Nichte. Als Klosterfrau: Auf Hof beigesetzt	FUB II 343
1367	Heinrich III.	In Uk. vom 15. Nov. 1367 als verstorben erwähnt. Laut Archivalnotiz aus dem 18. Jh. in Neudingen beigesetzt.	FUB II 409 Anm. 3. GSV 1874
1370 gest. vor 6.Nov.	Konrad, Bruder Heinrichs III.	Bürge in Uk. vom 9. Febr. 1370. In Uk. am 6. Nov.: Hohenloheschen Stiftung, bereits als tot erwähnt.	FUB II 426, FUB II 434. GSV 1874.
1370 gest. vor 6. Nov.	Adelheid, geb. von Hohenlohe. 1. Ehefrau Heinrichs IV.	6. Nov. 1370: Bekanntgabe der Hohenloh. Stiftung durch Heinrich IV., weil A. bereits verstorben. Mit großer Wahrscheinlichkeit in N. beigesetzt.	FUB II 434
1374	Anna, geb. von Montfort. Gemahlin Heinrichs III.	Uk. vom 22. März 1374: Gräfin Anna tätigt Tausch eines Eigenmannes. Ihr Tod erfolgt wohl wenig später.	FUB II 456. GSV 1874
1391	Anna, Nonne und Priorin im Kl. Neudingen	Letztmals urkundlich erwähnt 1388. Gest. „vff Emerenciane" (23. Jan.). Als Klosterfrau: Auf Hof beigesetzt	Kötz, Gen. Aufzeichngg
1393	Friedrich, Sohn Heinrichs IV	1392 im Bundesbrief der Rittergesellschaft St. Georgenbanner: Todestag am 27. Sept. 1393. Mit großer Wahrscheinlichkeit In N. beigesetzt.	FUB II 555 Anniversar Im FFA
1408 15. Aug.	Heinrich IV.	Verstorben zw. 22. Juli 1408 (FUB III 46) und 8. Juni 1409 (FUB III 54).	FUB III 47 + Anm. 1. GSV 1874
1427	Anna, geb. von Tengen. 2. Ehefrau Heinrichs V.	Todestag vermutlich am 21. April 1427 Mit großer Wahrscheinlichkeit in N. beigesetzt.	FUB III 191+ Anm. 2. FUB III 304
1437	Elisabeth, geb. von Lupfen. 3. Ehefrau Heinrichs V.	Am 20. Juli 1437 Vergleich Heinrichs V. wegen der Heimsteuer. Mit großer Wahrscheinlichkeit in N. beigesetzt.	FUB III 265, FUB III 304

[99] = meist Sterbe- (oder Begräbnis-)Datum/-Jahr.

[100] Bei allen weiblichen und den weniger bekannten männlichen Familienmitgliedern erfolgt die Angabe der verwandtschaftlichen Verbindung zu einem Grafen, also: Gemahlin, Sohn, Witwe, Tochter, u.ä..

[101] F. = Fürstenberg

1440	Sophie, geb. von Zollern. 2. Ehefrau Heinrichs IV.	1427 letzte Uk.- Kötz: „hat 40 jar nach irem hern gelept, 29 jare zuo N. im closter, da sy beide ligen." Ebd.: Ihr Sohn Egen (+1449) hat sie 9 Jahre überlebt.	FUB III 191. Kötz, Gen. Aufzeichnçg GSV 1874
1441 nach 20.Sept.	Heinrich V.	24. Nov. 1440 Neuregelung d. Jahrtage für seine drei Ehefrauen. Münch: Er starb am St. Lorenztag, „sein Leichnam kam nach N. in die Familiengruft".	FUB III 319, FUB III 304. GSV 1874
1443 30.März	Johann, Geisinger Linie	Tod nach Duell in Stockach: „in wenig tagen hernach zu Furstenberg .. gestorben" (Zimmersche Chron.).	FUB III 343. GSV 1874
1443 vor dem 24.Sept.	Johann, Sohn Johanns von F., Geisinger Linie	Gilt als geistig verwirrt. Zimmersche Chronik: „ain unherrlicher junger graf. Als Kind gestorben und in dem closter zu Neidingen ... begraben".	FUB III 344. GSV 1874
Um 1450	Sophie, Nonne in Neudingen, Tochter Heinrichs IV.	Im Anniversarienbuch im FFA unter dem 27. Okt. Als Klosterfrau: Auf Hof beigesetzt.	FUB III 191 Anm. 1
1469 18. oder 19. Mai	Kunigunde, geb. von Matsch. Gemahlin Graf Konrads	Arres, Extractus: „Anno 1462 da kom die wolgeboren fraw Kunigund ... geboren von Mezsch in diß land".	FUB III 556. GSV 1874
1484 24. Apr.	Konrad, Gemahl Kunigundes (s.o.)	Baders These – ohne triftigen Grund – Konrad sei nicht in der Familiengruft, sondern in der Pfarrkirche Neudingen begraben, ist nicht haltbar.	FUB IV 39. GSV 1874
1509 31. Dez.	Wolfgang	Kötz: „... ist der wolgeporn herr ...vff sant Siluesters tag ... zuo Ortemperg von dem lyecht dieser welt verscheiden." Beisetzung in Neudingen.	FUB IV 481. GSV 1874
1553 19.März	Egon, Sohn Friedrichs II.	Notiz des gräfl. Bediensteten Hans Branz: „... ist zu Trier sontags Judica anno 53 tods verfaren, ... gen Neidingen gefüert (und) begraben worden."	Mitt. I, Nr. 594 Anm. 3. E. fehlt bei Bader.

Tabelle 7b
Im Erbbegräbnis in Neudingen liegen (vermutlich) **begraben**

Um 1388	Verena von F. Verw. Pfalzgräfin von Tübingen, gen. Schärerin	Kötz: Sie hatte „lange jar iren witwenstuol zu Nidingen im closter gehalten." Vermutlich in N. beigesetzt.	FUB II 524 Anm.1. Nicht bei Bader.
1413 ff.	Verena, geb. von Hachberg. 1. Ehefrau Heinrichs V.	Ihre Jahrzeit (von 1434) mit reicher Gült und großem geistl. Aufwand lässt Bestattung im Kloster N. vermuten.	FUB III 91 + Anm.1. Nicht bei Bader.
1413 ff.	Friedrich, Sohn Heinrichs V. aus erster Ehe	Kötz: „der ist zuo Löffingen gestorben vnd gon Nidingen gefürt". Die Hg von FUB III zweifeln seine Existenz an.	FUB III 265 Anm. 1. GSV 1874
1449	Egen der Ältere	Zur Begründung seiner mutmaßlichen Bestattung im Erbbegräbnis vgl. oben im Text.	FUB III 389 + Anm.3. Nicht bei Bader.
1514 ff.	Beatrix, Nonne in Neudingen, Tochter Wolfgangs	Als Klosterfrau: eigentlich Beisetzung im Kloster. Allerdings wird diese Frau nach 1514 nicht mehr erwähnt.	Mitt. I, Nr. 64 Bei Bader voll gezählt.
1546 2. Nov.	Clara, Tochter Friedrichs II. u. Annas von Werdenberg	Die Mutter: ordnet an: Man soll C. wie ihre Vorfahren „begeen u. bestatten". Dies könnte auf N. hinweisen.	Mitt. I, 575 – Anm.1. Nicht bei Bader.

Nachweisbare Erbbegräbnisse im Kloster Neudingen erfolgen dann erst wieder in der Zeit der Zisterzienserinnen nach 1593.

10.3. Grabdenkmäler in der Gruftkirche in Neudingen

Einen wesentlichen Bestandteil mittelalterlicher Memorialkultur bilden Grabdenkmäler. Mit diesen hielten die Hinterbliebenen die Erinnerung an die Toten ihres Geschlechts wach, wobei sie liturgische Funktionen mit Formen der Selbstdarstellung sowie mit dynastischen und Standesgründen verbanden[102]. Gleichzeitig hatten die Klöster, in deren Kirchen die Begräbnisstätte lag, ein natürliches Interesse daran, „durch die (in Form eines Denkmals) deutlich sichtbar gemachte Memoria von verstorbenen Wohltätern ihren Besitz, Privilegien und damit ihr Weiterbestehen" abzusichern[103]. Hinsichtlich des Dominikanerinnenklosters Auf Hof als Familiengrablege des Hauses Fürstenberg ist in diesem Zusammenhang nur zweierlei erwähnenswert: ein Grabmal, ursprünglich wohl aus zwei getrennten Grabsteinen bestehend, das beim Klosterbrand 1852 zerstört wurde, und vier Totenschilde[104], die sich noch heute im Eingangsbereich der neuen Gruftkirche in Neudingen befinden.[105]

Das Grabdenkmal ist lediglich noch durch Abbildungen aus dem frühen 19. Jahrhundert bekannt[106]. Nach damaligen fachkundigen Aussagen stammte es aus dem 14. Jahrhundert[107] und galt dem Andenken der beiden Grafen Heinrich II. und – wahrscheinlich – Heinrich III. Deren in etwa lebensgroße Liegefiguren ruhten auf je einer Grabplatte, die mit einem Postament aus sechs Säulchen (zu einem späteren Zeitpunkt) im Abstand von etwa 60 cm übereinander befestigt waren. Die obere Grabplatte mit Heinrich II. trug die folgende lateinische Inschrift:

- „Anno domini 1337 (MCCCXXXVII) obiit comes Hainricus de Fvrstenberc 19. kalendas Janvarii crastina Lvcie"[108].

Während dieser Graf im standesgemäßen faltenreichen Gewand, „in Friedenstracht, die Hände zum Gebet gefaltet, das Haupt mit einem Reife ge-

---

[102] AUGE, Erinnerungskultur, S. 117.

[103] BABENDERERDE, Liturgisches Gedächtnis, S. 205. HORCH, Memorialgedanke, S. 59-68. SAUER, Fundatio, S.23.

[104] Zur Entstehung u. Funktion von Totenschilden im Mittelalter vgl. die Ausführungen von Albrecht RIEBER in seinem Aufsatz: Totenschilde im Ulmer Münster, in der Festschrift zum 600-jährigen Jubiläum des Ulmer Münsters, Ulm 1984.

[105] Über den Zustand der alten Klosterkirche, der Gruft und von Grabdenkmälern im 18. und 19. Jh. (vor und nach dem Brand) vgl. BADER, Erbbegräbnisse, S. 33 ff.

[106] MÜNCH, Geschichte, Bd. I, S. 289. FUB II 210, RIEZLER, Haus Fürstenberg, S. 279.

[107] Vgl. Erläuterung zu FUB II 210.

[108] Inschrift (Hs.) in DÖPSERS Copialbuch I, FFA, O B 20, Vol. I/2. Druck in FUB II 210.

schmückt“, ruht, wie RIEZLER anmerkt[109], ist die darunter liegende Ganzfigur, vermutlich Heinrich III., der Sohn, mit Rüstung und fürstenbergischem Wappenschild ausgestattet: „den Helm mit der pelzbesteckten Kugel unter dem Kopfe“[110], gestaltet nach dem ritterlichen Ideal des *Miles Christianus*[111]. Neben den Häuptern beider Figuren saßen jeweils zwei betende Engel, während die Füße der Verstorbenen, denen das Gedächtnis galt, jeweils auf einem symbolischen Hund ruhten[112].

Anders als dieses Grabmonument überstanden die vier Totenschilde den Brand der alten Klosterkirche[113]. Sie wurden unbeschädigt nach 1855 in die neue Grabkirche übernommen. Diese vier Gedenktafeln – zwei im rechteckigen Hochformat, zwei kreisrund mit anhängender Textfahne, alle etwa 1,80 m hoch und 1,00 bis 1,20 m breit – tragen das fürstenbergische Familienwappen und eine Inschrift, die an das Sterben jeweils eines Grafen der Familie im 15. oder 16. Jahrhundert erinnert.
Das älteste Totenschild hält die Erinnerung an Johann von Fürstenberg-Geisingen wach, der bekanntlich 1443 bei einem Duell im Turnier den Tod fand[114]. Das umlaufende Schriftband auf seinem Totenschild lautet:

- „Anno domini 1443 (MCCCCXIIIL) starb der wolgeboren her grauff Hans von Fürstenberg uff Samstag nechst vor Mitfasten.“[115]

Auf eine außergewöhnliche Situation bezieht sich auch das zweite Totenschild. Unter dem Hauswappen würdigt der Text nüchtern und knapp den im sog. Schweizerkrieg gefallenen Grafen Heinrich VII. und die äußeren Umstände seines Todes:

---

[109] RIEZLER, Haus Fürstenberg, S. 281.
[110] RIEZLER, Haus Fürstenberg, S. 291.
[111] AUGE, Erinnerungskultur, S. 118.
[112] Zu Grabmälern, Wanddenkmälern usw. vgl. BABENDERERDE, Liturg. Gedächtnis, S. 206 ff.
[113] Die vier Totenschilde in der heutigen Grabkirche befanden sich mit großer Wahrscheinlichkeit bereits in der ursprünglichen Klosterkirche aus dem Spätmittelalter, wobei das jeweilige Schild wohl einige Jahre nach dem betreffenden Todesfall angefertigt wurde. Nach dem Neubau des Klosters im 18. Jahrhundert wurden sie in der damaligen Kirche aufgestellt. – In der Literatur wurden die Schilde lediglich abgebildet: vgl. RIEZLER, Haus Fürstenberg, a.a.O. Eine Bewertung ihrer Funktion oder ihres religiösen Bezugs im Kloster Auf Hof unterblieb bislang.
[114] Die Affäre ist ausführlich beschrieben bei RIEZLER, Haus Fürstenberg, S. 234 ff. Die Forderung zum Duell an Wernher von Zimmern war von Graf Johann von Fürstenberg – laut Zimmerscher Chronik „ein seltsamer unverträglicher Herr“– ausgegangen. Der Grund: (vermutlich nicht ganz unbegründete) Eifersucht. Jedenfalls heiratete die Witwe des Getöteten genau ein Jahr später den Sieger jenes Duells, Wernher von Zimmern.
[115] Text nach dem Original des Totenschildes in der Gruftkirche. Vgl. FUB III 343 und RIEZLER, Haus Fürstenberg, S. 335.

- „Uff sanndtt Marie Magdalenen tag 1499 (MCCCCLXXXXIX) iar ist der wolgeborn her Hainrich grave zuo firstenberg und landgrave in bare römischer K. Mt. Hoffmargkschalck und obriste ffeldhoptman vor Dornan von den swizern erslagen. dem got gnedig sy.“[116]

Die Leiche des erschlagenen Grafen, der in der Familiengruft in Neudingen beigesetzt werden sollte, wurde trotz mehrjähriger und umfassender Bemühungen seines Bruders Wolfgang von den siegreichen Schweizern (vor allem aus Solothurn) nie herausgegeben[117].

Eine der beiden weiteren Totentafeln wurde von/für den Grafen Wolfgang von Fürstenberg gestiftet, der auf der Burg Ortenberg im Kinzigtal eines natürlichen Todes starb:

- „Anno Domini XV C. und im X. Iare uff den nuwen iars dag starb der wolgebornn Wolfgang graf zu Frstenberg landgraf in bar romischer K. Mt. Hofmarschalk obriste hau(p)tman.“[118]

Der Memoria an Heinrich VIII. ist der letzte der vier Totenschilde gewidmet. Der Nachruf unter der Tafel, die wohl zu Beginn des 17. Jahrhunderts angefertigt wurde, hat folgenden Wortlaut:

- „Anno 1596 den 12. October starb der wolgebornn herr herr Hainrich Grave zu Furstenberg hailigenberg und werdenberg Landgrave In Bare Herr zu Hausen im Kincigerthal. Seines Alters 60. Jahr, dem Gott gnedig sein welle. Amen.“[119]

Bemerkenswert ist hier der Hinweis auf das für die damalige Zeit respektable Alter des Toten – die anderen drei Grafen starben zwischen dem 35. und 45. Lebensjahr – und die religiöse Schlussformel.

Soviel zu den Fakten hinsichtlich der Grabdenkmäler, die sich in der alten Neudinger Klosterkirche befanden oder die heute noch in der neuen Gruftkirche sind. Die wenigen Erinnerungsstücke (Grabmal und Totenschilde) lassen die gleiche Schlichtheit erkennen, mit der das fürstenbergische Familiengedächtnis anscheinend gepflegt wurde.

---

[116] Text nach dem Original des Totenschildes. Vgl. RIEZLER, Haus Fürstenberg, S. 455.

[117] Zu den Bemühungen des Grafen Wolfgang um die Herausgabe der Leiche seines Bruders vgl. FUB IV 290. Vgl. das Beileidsschreiben Kaiser Maximilian I. in FUB III 291.

[118] Text nach dem Original des Totenschildes. Vgl. RIEZLER, Haus Fürstenberg, S. 491

[119] Text nach dem Original des Totenschildes.

Dennoch dürfte die Annahme richtig sein, dass bei der Entscheidung für die Präsentation dieser Monumente auch die zielgerichtete Absicht eine Rolle spielte, das eigene Geschlecht in hellem Lichte darzustellen. In diesem Sinne ist davon auszugehen, dass das erwähnte doppelstöckige Grabensemble nicht nur wegen des Gebetsgedenkens für die beiden Grafen aufgestellt war, sondern zugleich auf deren besondere Rolle bei der Entstehung der neuen Familiengrablege hinweisen sollte. Graf Heinrich II. war, wie erinnerlich, der erste Graf von Fürstenberg, der in Neudingen beigesetzt wurde und der mit seiner vorherigen Zustimmung, gerade an diesem Ort beigesetzt zu werden, die fürstenbergische Begräbnistradition begann. Und Heinrich III.[120] dürfte derjenige gewesen sein, der 1337 die erste Beisetzung Auf Hof, nämlich die seines Vaters, in der gräflichen Erbbegräbnisstätte vollzog. Ein Denkmal für diese beiden Familienmitglieder war damit ein Stückweit auch Demonstration des Hauses Fürstenberg gegenüber älteren Grafengeschlechtern im Lande, denen man mit der Erinnerung an die Begründung der Familiengruft im neuen Hauskloster Selbstwertgefühl und Ebenbürtigkeit signalisierte. Sozialer Aufstieg zum einen also; aber zugleich auch Distanz nach unten zum niederen Adel, zum Ritteradel, und zum aufstrebenden Bürgertum[121].

Ähnliches beabsichtigte man wohl auch mit den Totenschilden. Natürlich erfolgte ihre Stiftung zuvorderst aus der Pflicht zum Gebetsgedächtnis für die toten Verwandten. Aber zugleich sollte damit auch auf deren Ideale und Wertvorstellungen hingewiesen werden. So erinnerte eine der Tafeln wohl mit Vorbedacht an den unglücklichen Grafen Johann und sein bedauernswertes Schicksal. Die gräfliche Familie bekennt sich zu ihm und demonstriert Zusammenhalt auch für den Fall, dass einer der Ihren in einer verzweifelten Lebenslage untergeht. Der Totenschild für Heinrich VIII. galt hingegen dem Mann, der den Fortbestand des Klosters unter einem neuen Orden tatkräftig gefördert hatte. Die Totentafel für diesen Grafen wird deshalb vor allem auch die Zustimmung des betreuenden Zisterzienserinnenkonvents gefunden haben.

---

[120] Trotz fehlender Inschrift auf der unteren Grabplatte wird die dort ruhende Gestalt Heinrich III. zugeordnet. Vgl. FUB II 210. MÜNCH, Geschichte, Bd. I, S. 289. RIEZLER, Haus Fürstenberg, S. 279 und 291.

[121] Vgl. auch AUGE, Erinnerungskultur, S. 117 f. – Für dieses Denkmal verwendet der Neudinger Chronist den Begriff „Mausoleum“ (Idea laudabilis, S. 123). Vgl. nächste Seite.

Stille Genugtuung und Stolz sprechen aus der Memoria für das Brüderpaar Heinrich und Wolfgang von Fürstenberg. Als oberste Feldhauptmänner und Marschälle in königlichen Diensten hatten sie eine herausragende Position inne. Sie weilten häufig am Hofe Maximilians I. und gehörten lange Zeit zu dessen engsten Vertrauten. Sie waren beide prominente Heerführer im Krieg gegen die Eidgenossen 1499. Das bewirkte Beachtung und Anerkennung für die beiden Grafen persönlich und zudem Respekt für die Dynastie, von der sie abstammten. Denn gerade die Nähe zum Herrscher hob die beiden Fürstenberger und damit ihre Familie über andere Adelshäuser heraus[122].

Im Übrigen diente dieser Selbstwertsteigerung der gräflichen Familie auch der Umstand, dass auf dem erwähnten Doppel-Grabmal wie auf den Totentafeln als „optisches Signal“[123] das Wappen der Grafen von Fürstenberg – ein roter Adler, blau bewehrt, auf goldenem Grund, umgeben von blauem Fehwerk auf silbernem Grund („Wolkenfries“)[124] – angebracht war. Das Grafenhaus folgte damit offensichtlich einem zeitgemäßen Trend. „Das Wappen, das als Symbol für das Adelshaus und seine Angehörigen gelten darf, wucherte förmlich in die Kirchenräume hinein und instrumentalisierte auf diese Weise die liturgische Memoria zur Herrschaftspropaganda.“[125] Damit konnte man jedem Besucher der (alten) Klosterkirche und Betrachter der Grabdenkmäler in Neudingen deutlich dokumentieren, welche gesellschaftliche Stellung man innehatte.

Stolz klingt deshalb auch aus den Worten des Chronisten Martin Antoni ARRES, mit denen er den zentralen Punkt im Innenraum der barocken Klosterkirche von Maria Hof im 18. Jahrhundert beschreibt: „In der Mitte dessen stehet das hochfürstliche Fürstenberger Mausoleum.“[126] Gemeint ist damit das oben erwähnte Grabmal für die beiden Grafen Heinrich II. und Heinrich III. Dieses Selbstbewusstsein unterstreicht auch der Hinweis

[122] Vgl. SPIEß, Familie, S. 1 ff., zur inneren Rangfolge des Adels.
[123] AUGE, Erinnerungskultur, S. 118.
[124] GOERLIPP, Wappen, S. 47. Dort finden sich folgende Erklärungen: Der nach rechts schauende rote Adler entspricht dem Zähringischen Adler, der ebenfalls blaubewehrt, d.h. mit einem blauen Schnabel und blauen Fängen ausgestattet war. Das blausilberne Fehwerk als Umrandung ist als Teil des Uracher Wappens in das fürstenbergische aufgenommen worden. Damit wird das Wappen der Grafen von Fürstenberg zu einem kombinierten Wappen. Vgl. hierzu auch HOHENLOHE-WALDENBURG, Fürstenbergisches Wappen, a.a.O.
[125] SPIEß, Memoria, S. 117.
[126] Idea laudabilis, S. 123. Vgl. hierzu Kapitel 6, S. 162, dieser Untersuchung.

auf die Inschrift des Grabdenkmals, die sich auf Heinrich II. und die Begründung der fürstenbergischen Begräbnistradition bezieht.[127]
Somit also entsteht für das Hauskloster Auf Hof am Beispiel der Grafen von Fürstenberg dasselbe Bild, wie es in zahlreichen Untersuchungen zur adligen Begräbniskultur in den letzten Jahren auch anderenorts zu Tage trat: Die Memoria verbindet letztlich das religiöse Gedenken um des Seelenheils willen mit gezielter Herrschaftsrepräsentation.[128]

[127] Die Inschrift wurde schon mehrfach zitiert und lautet bekanntlich: „Anno Domini 1337 obiit Comes Heinricus de Fürstenberg. 19. Calend: Januarii crastina Lucie.“ Vgl. oben, S. 253.

[128] An Literatur zu Erinnerungskultur und Memoriapflege, auch aus kunstgeschichtlicher Sicht, ist zu nennen: Caroline HORCH, Der Memorialgedanke und das Spektrum seiner Funktionen in der Bildenden Kunst des Mittelalters, Königstein 2001, S. 46 ff. RIEBER, Totenschilde, S. 337 ff. AUGE, Erinnerungskultur, S. 99-118. MAURER, BEGRÄBNISKULTUR, S. 176 ff., und BABENDERERDE, Liturgisches Gedächtnis, S. 206 ff.

ZUSAMMENFASSUNG

1. Die Ergebnisse von Teil I und II

Die vorliegende Untersuchung hatte u.a. den Zweck, erstmals die Geschichte des Dominikanerinnenklosters Auf Hof bei Neudingen, vor allem im Hinblick auf die Rolle als Hauskloster der Grafen von Fürstenberg, umfassend zu beleuchten. Auch wenn dies aufgrund mancher Lücken in den Quellen gelegentlich nicht erschöpfend gelang, konnte doch eine große Zahl von bisher ungeklärten Vorgängen und unerforschten Einzelheiten in ein neues Licht gerückt werden.

In Teil I (Die Geschichte des Klosters) gehörte hierzu als erstes die Entstehungsgeschichte, die bislang nicht eindeutig geklärt war und deshalb hier nochmals in aller Kürze umrissen werden soll: Das Neudinger Frauenkloster geht offensichtlich auf eine lose Sammlung religiöser Frauen in Allmendshofen, später in Neudingen, zurück. Diesen Beginen wurde 1274 durch bischöfliche Urkunde als Niederlassung für ein Frauenkloster der Hügel „Auf Hof" bei Neudingen gestattet, der ihnen von Graf Heinrich I. von Fürstenberg als Besitz, verbunden mit besonderen Rechten und Freiheiten, gleichzeitig übereignet wurde. Während als Stifter der Beginensammlung, die keinem Orden angeschlossen war, zwei in anderen Quellen nicht genannte Personen, Johannes und Mechthild Unricht, vermutet werden, gehen die Anfänge des geregelten Klosterlebens Auf Hof eindeutig auf das Haus Fürstenberg zurück. Vornehmlich Graf Heinrich I. und seine Gemahlin Agnes, die aller Wahrscheinlichkeit nach mit der „Domina Agnes priorissa. Stifterin dis closters" im Neudinger Anniversarienbuch identisch ist, dürften die eigentlichen Gründer des Neudinger Klosters sein. 1287 wurde dem Kloster Auf Hof die Augustinerregel verliehen; Seelsorge und Cura monialium wurden den Predigern in Rottweil übertragen. Die Inkorporation in den Dominikanerorden, entsprechend den Konstitutionen des Ordens, erfolgte in den Jahren 1305–1307.

Ein Überblick über die weitere Entwicklung des Klosters zeigte sodann eine frühe Blüte des Konvents mit großem Zustrom von Klosterfrauen in den ersten Jahrzehnten nach der Klostergründung, ausgelöst von der religiösen Begeisterung jener Epoche. Seit etwa 1340 veränderte sich die Entwicklung: ein ständiger Wechsel von Tiefen und Höhen folgte. Erst im 15. Jahrhundert, unter dem Priorat der Agnes von Almshofen, der wohl profiliertesten Priorin des Gotteshauses, trat eine dauerhafte Beruhigung und Besserung der Verhältnisse ein.

Die in der Literatur aufgestellte Behauptung, das Neudinger Kloster sei nach 1515 nicht mehr funktionstüchtig gewesen und deshalb verlassen worden, erwies sich, vor allem nach der Untersuchung bisher unveröffentlichter Urkunden des Neudinger Konvents, als unhaltbar. Allerdings verschlechterte sich die Situation des Klosters nach Beginn der Reformation. Die allgemeine Entwicklung führte in der Mitte des 16. Jahrhunderts, mitverursacht durch die Bestrebung des Territorialherrn, die Landeshoheit auszudehnen, zum allmählichen Ausbluten des Konvents und damit zum Niedergang des Dominikanerinnenklosters. Nach 1562/65 vollzog sich, mitgetragen von Heinrich VIII. von Fürstenberg, der Ordenswechsel zu den Zisterzienserinnen, denen das Kloster 1584 durch Verfügung des Apostolischen Stuhles endgültig übertragen wurde.

Teil II wandte sich zunächst den Tatbeständen und Entwicklungen im Kloster, gleichsam dem klösterlichen Innenleben, zu. Der Neudinger Konvent, der zeitweilig 45, in Notzeiten weniger als 20 Klosterfrauen umfasste, zählte im Durchschnitt wohl 25 Konventsmitglieder. Dabei lässt sich, vor allem mit Hilfe des Anniversarienbuchs und der bisherigen Versuche seiner Auswertung[1], eine Gesamtzahl von 330 bis 360 Nonnen des Dominikanerordens in Neudingen hochrechnen. Die eine Hälfte dieser Konventualinnen, von denen 213 namentlich bekannt sind, entstammte dem landsässigen Adel, was die Wertschätzung des Klosters bei der damaligen Führungsschicht auf der Baar besonders dokumentiert. Die andere Hälfte der Neudinger Dominikanerinnen entstammte dem Bürgertum und dem heimischen Bauernstand, wobei es bei der heutigen Quellenlage nicht möglich ist, jede der nichtadligen Nonnen einer der beiden Gesellschaftsschichten zuzuweisen.

Trotz nur weniger fundierter Zeugnisse aus Neudingen konnte mit Hilfe von Beobachtungen, die sich auf parallele Vorgänge in anderen Klöstern

[1] Vgl. die Anmerkungen FICKLERS im Anniversarien-Buch, TUMBÜLT, Neudingen, S. 80-86, auch BAUMANN im Nekrologium, MGH, Bd. 1, S. 309-314.

der Konstanzer Diözese bezogen, ein ungefähres Bild vom religiösen Leben unter der Augustinerregel (Augustinusregel) entworfen werden. Die geistliche Betreuung der Frauen im Kloster Auf Hof erfolgte dabei sowohl durch weltgeistliche Kapläne als auch durch die Rottweiler Prediger, wobei es Indizien für zeitweilige Spannungen zwischen den beiden betreuenden Gruppen gibt. Die vermehrte Stiftung von Jahrtagen, die, ausgelöst durch den Wandel in den Jenseitsvorstellungen im 13. Jahrhundert und die neue Lehre vom Fegefeuer[2], bereits zu Lebzeiten der Stifter bzw. Begünstigten einen besonderen Stellenwert erhielten, wurden umfassend herausgearbeitet, ebenso wie die Bedeutung der beiden Kaplaneistiftungen im Neudinger Kloster.

Obwohl die Beziehungen zwischen dem Konvent und den Predigerbrüdern im Allgemeinen gut waren, finden sich in Neudingen erst nach 1480 Spuren, die auf die dominikanische Reformbewegung hinweisen. Ob diese Verzögerung auch auf die dominante Stellung des Grafenhauses im Klostergeschehen zurückgeht, lässt sich nicht eindeutig klären.

Am stärksten geprägt wurde das Klosterleben der Neudinger Dominikanerinnen allerdings durchgehend von dem engen Kontakt zum Haus Fürstenberg als Gründerfamilie. Die Grafen, Kastvögte des Klosters und Landesherren zugleich, taten sich – und in ihrem Gefolge auch der landsässige niedere Adel – häufig durch Schenkungen und günstige Güterverkäufe an das Kloster, aber auch durch das großzügige Privileg von 1299 und die Erneuerung des Privilegienbriefes von 1443 besonders hervor. Die eher nachgiebige Handhabung der gräflichen Rechte im 14. Jahrhundert wurde allerdings nach 1400 durch verstärkte, auch mit Rechtstiteln begründete Einflussnahme auf die Belange im Kloster allmählich abgelöst. Dabei wurde die Bindung zwischen der gräflichen Familie und dem Kloster Auf Hof durch die wachsende Bedeutung als „Hauskloster“ – insbesondere aufgrund der Memoriapflege und der Tradition der Erbbegräbnisse – immer enger. Im 16. Jahrhundert mündete diese Beziehung beim Niedergang des Klosters infolge der Anstrengungen Friedrichs II. von Fürstenberg, die Landeshoheit auf kirchliche Bereiche auszudehnen, in eine Bevormundung des Konvents durch den Grafen und seine Verwaltung.

---

[2] Hier sei nochmals verwiesen auf LE GOFF, Fegefeuer, a.a O.

Unsere Arbeit versuchte weiter, die Klosterorganisation zu umreißen und der Wirtschaftsführung im Rahmen der vorhandenen Quellen (Urkunden und Urbare) Konturen zu verleihen. Die Größe des Besitzes – Grundlagenbildung zwischen 1274 und 1330, zweite „Expansion" um 1440 – und die ansehnliche Höhe der jährlichen Einkünfte wurden hier eingehend dargestellt. Sie ließen erkennen, weshalb das Kloster Auf Hof, dessen Besitzungen in Neudingen, gefolgt von Pfohren, Hondingen und Gutmadingen, ihren Schwerpunkt hatten, lange Zeit – trotz folgenschwerer politischer Ereignisse und katastrophaler Begleitumstände mit Krieg, Pest und Notzeiten – wirtschaftlich überleben konnte.

Die Außenbeziehungen des Gotteshauses zum päpstlichen Stuhl und zur königlichen bzw. kaiserlichen Regierung reduzierten sich auf ein halbes Dutzend innerkirchlicher bzw. staatspolitischer Kontakte; enger war – zumindest zeitweise – das Verhältnis zu den Bischöfen von Konstanz. Intensiver, weil überschaubar, entwickelte sich die Verbindung auf der unteren Ebene zu den beiden Benediktinerinnenkonventen in Amtenhausen und Friedenweiler. Die allen drei Klöstern gemeinsame Kastvogtei des Hauses Fürstenberg und die räumliche Nachbarschaft von Besitzungen der drei Konvente bildeten zuweilen die verbindenden Berührungspunkte.

2. Das Neudinger Dominikanerinnenkloster Auf Hof – ein Hauskloster des Spätmittelalters

Wie schon im Vorwort und in der Einleitung angesprochen, sollte die vorliegende Arbeit besonders die Funktion des Klosters Auf Hof bei Neudingen als Hauskloster der Grafen von Fürstenberg herausstellen. Deshalb sollen hier abschließend die Ergebnisse von Teil III, diesen Aspekt betreffend, zusammengefasst werden.

Das Dominikanerinnenkloster Auf Hof kann – soviel steht als erstes fest – mit Fug und Recht als das Hauskloster der Grafen von Fürstenberg bezeichnet werden. Es vermag alle notwendigen Kriterien vorzuweisen, die das Haus- bzw. Familienkloster einer Adelsdynastie ausmachen:

- einen adligen (Mit)gründer, hier: den Grafen von Fürstenberg als eigentlichen Klostergründer,
- die großzügigen Schenkungen und Zuwendungen durch die gräfliche Familie über die Jahrhunderte,
- die zahlreichen Gräfinnen, die als Novizinnen dem Konvent beitraten oder als Witwen im Kloster ihren Alterssitz hatten,
- das umfangreiche Gebetsgedenken der Konventsmitglieder für das Grafengeschlecht,
- die Pflege der traditionellen Erbbegräbnisstätte für die meisten Mitglieder der Grafenfamilie und
- die Sorge für eine geordnete Pflege des Totengedächtnisses und der Grabdenkmäler durch die Klosterfrauen.

Zugleich begleitet die Entwicklung des Klosters den Selbstfindungsprozess und die Herrschaftsbildung des Grafenhauses, wozu die folgenden Punkte primär gehören:

- das Hauskloster im ehemaligen Herrensitz (Auf Hof) bei Neudingen. (Dabei legte die „neue" Familie aus altem Adel ihr Herrschaftszentrum in eine nahe Höhenburg und gab sich nach dieser den Namen „Fürstenberg"),
- die Kastvogtei über das vom Predigerorden betreute Kloster, mit (zunehmender) Lenkung durch die gräflichen Vögte,
- die Entscheidung der Grafen für die Familiengrablege im Neudinger Kloster und
- die bewusste Konzentration des Gebetsgedenkens und der Jahrzeitstiftungen des Grafenhauses im Kloster Auf Hof.

Diese Erkenntnisse hinsichtlich der Fürstenberger und ihres Hausklosters Auf Hof stimmen weitgehendst mit dem überein, was Karl SCHMID und die erwähnten Autoren, die sich ebenfalls mit Adelsforschung beschäftigt haben, in seiner Nachfolge[3] an verschiedenen namhaften Adelsfamilien – zum Beispiel an den Welfen, den Staufern, den Habsburgern, den Wittelsbachern u.a.m. – bereits für das 11. und 12. Jahrhundert genauso beobachtet haben. Sie (die Erkenntnisse) stellen hiermit auch einen Beitrag zur Mentalitätsgeschichte des Adels dar.

[3] Vgl. die Darlegungen eingangs zu Kapitel 10, S. 234 f.

An dieser Stelle ist die im Vorwort angesprochene aktuelle Diskussion der Forschung um die Frage nach dem „Hauskloster" einer Adelsfamilie im Mittelalter aufzugreifen. Im Protokoll zum Kolloquium der Max-Planck-Gesellschaft für Geschichte „Adlige – Stifter – Mönche. Zum Verhältnis zwischen Klöstern und mittelalterlichem Adel", in Osnabrück 2006, heißt es hierzu u.a.: „... das >Hauskloster< einer Familie als fester und zentraler Gedenkort, wie es die Forschung impliziert, gab es nicht. Es gab zwar Klöster, bei denen sich die Gedenkstiftungen und Begräbnisses einer Familie konzentrierten, diese waren aber nicht stabil. Einerseits konnten und wurden die Seelgerätstiftungen der einzelnen Mitglieder gestreut, d.h. auch andere geistliche Kommunitäten bekamen entsprechende Stiftungen, andererseits wurde auch das vermeintliche Familien- und Hauskloster nach wenigen Generationen zugunsten eines neuen aufgegeben."[4] Die Tagungsteilnehmer vertraten schließlich mehrheitlich die Meinung, dass der Begriff „Schwerpunktkloster" den Tatbestand „zwar nicht eleganter, aber doch genauer" definiere[5].

Nach eingehender Untersuchung der betreffenden Fakten kann der Autor dieser Arbeit den obigen Einwänden gegen den Begriff „Hauskloster" im Blick auf die fürstenbergischen Gegebenheiten im Spätmittelalter nicht folgen. Zum einen waren die Jahrzeitstiftungen (Seelgerätstiftungen) von und für Familienmitglieder aus dem Grafenhause in der Berichtszeit, wie ausführlich dargestellt, zu einem überaus hohen Prozentsatz auf das Neudinger Kloster konzentriert: eine Abweichung davon (Streuung) fand quasi nur als Ausnahme statt. Ebenso war das Dominikanerinnenkloster Auf Hof während seines Bestandes bis in die Mitte des 16. Jahrhunderts unbestritten die fürstenbergische Grablege, die offenbar „stabil" beibehalten und auch in späterer Zeit, trotz zeitweiliger Konkurrenz, bis heute nicht aufgegeben wurde[6].

---

[4] Vgl. Abschlussprotokoll der Veranstaltung des Max-Planck-Instituts für Geschichte vom 23./24. Juni 2006 in Göttingen unter Leitung von Nathalie KRUPPA: Copyright C 2006 by H-Net and Clio-online, S. 3.

[5] Ebd.

[6] Auch in der Zisterzienserinnenzeit und nach 1803 fanden zahlreiche Begräbnisse von Angehörigen des Hauses Fürstenberg in Neudingen statt. Zu anderen Bestattungsorten vgl. BADER, Erbbegräbnisse, S. 41 ff., 52 ff. Hierbei gilt seine Feststellung, ebd. S. 41, ohne Einschränkung: „Das Erbbegräbnis zu Neidingen kann man als die Grablege des Fürstenbergischen Hauses schlechthin bezeichnen. Wenn daneben im Laufe der (späteren) Jahrhunderte andere Stätten getreten sind, ... so ist dies aus hausgeschichtlichen Gründen heraus zu erklären."

Überdies aber ergibt sich gegenüber den früh- und hochmittelalterlichen Familien- und Sippenbildungen für die Entwicklung des Hauses Fürstenberg im ausgehenden Mittelalter die unumstößliche Feststellung, dass in diesem Falle die Indizien und Nachweise zahlreicher, nachdrücklicher und intensiver für sich sprechen. Da die Quellenlage im Spätmittelalter wesentlich umfassender und besser ist als in früheren Jahrhunderten, sind die Beispiele zahlreicher, konkreter und fassbarer: Es handelt sich um 11 bzw. 12 Klosterfrauen aus der Grafenfamilie, die dem Konvent angehört haben, um 41 gräfliche Jahrzeitstiftungen, um 22 bzw. 28 Erbbegräbnisse Auf Hof usw. Das gleiche gilt für die Güterschenkungen, Gülten und Zinserträge, die aus dem Besitz der Grafen (aber auch von fürstenbergischen Dienstleuten) dem Kloster in großer Zahl zuflossen.
Wie es scheint hat Karl SCHMIDS Aussage: „Klostergemeinschaften und Adelssippen bildeten die Kerne im frühmittelalterlichen Sozialgefüge“[7], „monastische“ und „adlige“ Gemeinschaften müssten im Frühmittelalter in „ihrer Funktion als Gemeinschaftsträger“[8] begriffen werden, im Falle des Hauses Fürstenberg und der Landgrafschaft Baar auch für das späte Mittelalter volle Geltung. Das Neudinger Dominikanerinnenkloster Auf Hof als „Mitträger“ hat dazu für seinen Territorialherrn nachhaltig – teils angepasst, teils gleichberechtigt – seinen Beitrag geleistet und sich damit die jahrhundertelange Unterstützung seines weltlichen Gegenparts redlich verdient.
Dieses Verhältnis erfuhr erst unter dem von 1510 bis 1559 regierenden Friedrich II. von Fürstenberg, der konsequent den Ausbau der gräflichen Landeshoheit betrieb, eine einschneidende Unterbrechung. Territorialer Eigennutz ging diesem Grafen, wie erinnerlich, über partnerschaftliche Kooperation. Als unumschränkte Instanz griff er während seiner Regierungszeit auch in die Kirchenpolitik seiner Länder ein und lenkte sie nach seinem Gutdünken. Beim Frauenkloster Auf Hof setzte er dem drohenden Untergang keinen Widerstand entgegen, eher förderte er ihn noch, wie es scheint. Nur dank der andersartigen Haltung seines Sohnes Heinrich

[7] Schmid, Verhältnis, S. 248.
[8] Ebd.

konnte durch einen Ordenswechsel die endgültige Auflösung des Klosters abgewandt werden[9].

1584 übergab die Kurie dem Zisterzienserorden offiziell das alt gediente Neudinger Kloster, wobei die zisterziensischen Klosterfrauen fortan der Aufsicht des Abtes von Salem unterstanden. Nach den Notzeiten des 17. Jahrhunderts mit dem Dreißigjährigen Krieg und den Auswirkungen der Türkenkriege und Franzoseneinfälle erlebte das Kloster mit dem teilweisen Um- und Neubau der Klostergebäude und der Klosterkirche in den ersten Jahrzehnten des 18. Jahrhunderts einen späten Höhepunkt. Ob das Kloster Auf Hof, damals: Maria Hof, in dieser Zeit seine Bedeutung und Ausstrahlung, wie sie im Spätmittelalter bestand, wieder erreicht hat, erscheint dennoch fraglich.

Die Neudinger Klostergeschichte endet nach mehr als 525 Jahren zu Beginn des 19. Jahrhunderts: 1802/1803 erfolgte mit der Säkularisierung die Auflösung des Neudinger Konvents. Und 1852 zerstörte der große Klosterbrand die einstigen Klostergebäude bis auf wenige Reste.

[9] Vgl. hierzu Kapitel 4, S. 107 ff., dieser Untersuchung.

ABBILDUNG 1

DAS KLOSTER AUF HOF BEI NEUDINGEN

ABBILDUNG 2

DAS KLOSTER

MARIA HOF/AUF HOF
(nach Osten)

Aus der
Bannkarte 1794

Legende

1 Klosterkirche
1a Klostergebäude
2 Alte Kirche, Bäckerei und Schmiede
3 Altes Klosterhaus (sog. Hühnerhaus)
4 Waschhaus
5 Beichtigerhaus
6 Verwaltung, Scheunen und Stallungen
7 Innerer Klausurhof
8 Klosterhof
9 Krautgarten am Beichtigerhaus
10 Küchengarten
11 Friedhof
12 Garten zur Erholung
13 Baumgarten
14 Krautgarten
15 Torhaus

Innerhalb der Klausur:
1-3 (teilweise), 4, 7, 10-14.

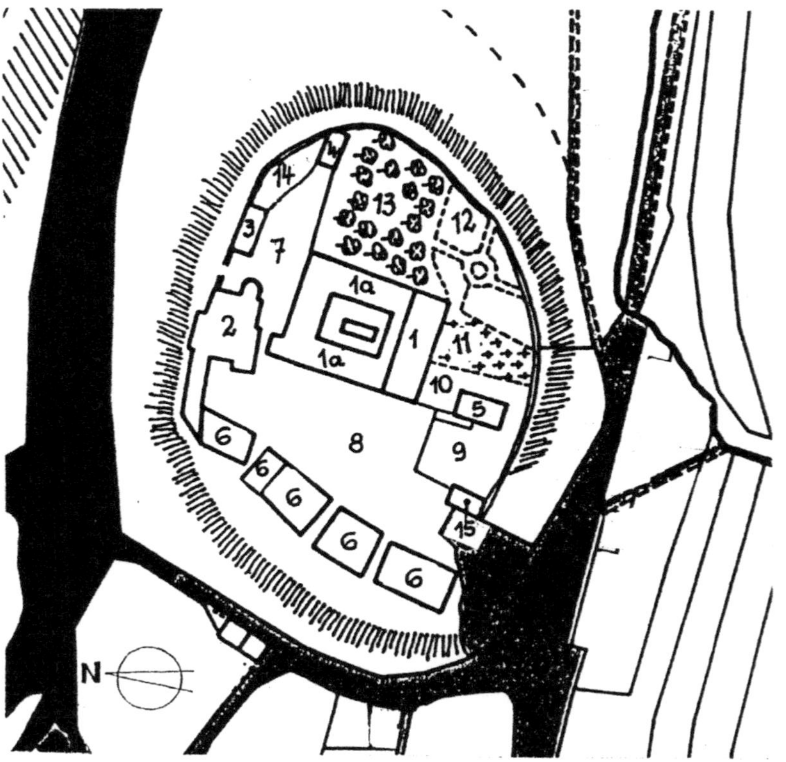

ABBILDUNG 3

BESITZ UND EINKÜNFTE DES DOMINIKANERINNENKLOSTERS AUF HOF BEI NEUDINGEN

aufgrund von URKUNDEN über Schenkung und Kauf von Gütern und Ländereien, über Gülten, Zinse, Zehnten usw.

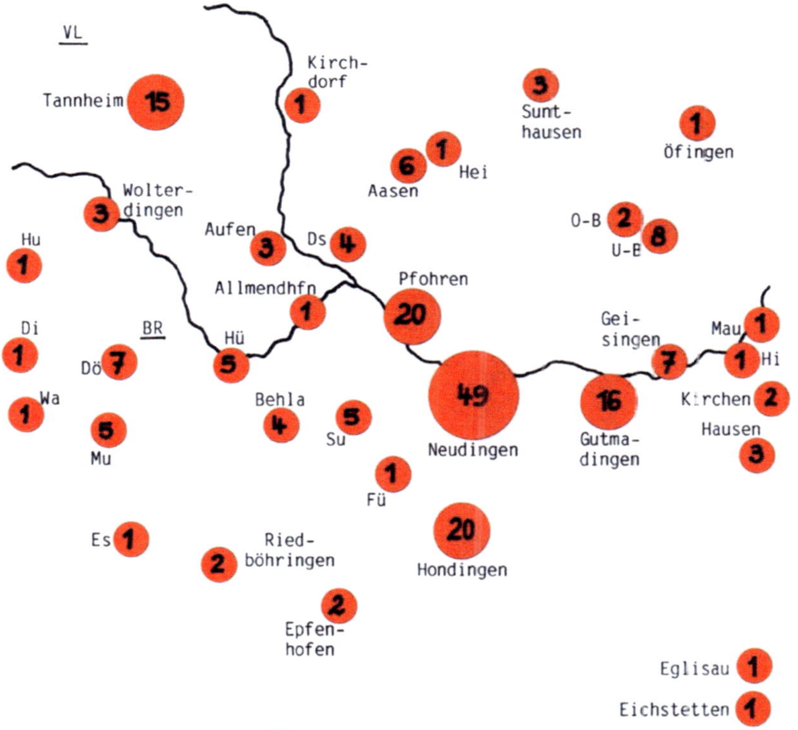

ERKLÄRUNGEN: Die Zahl im ● = Anzahl der in den vorliegenden Urkunden genannten Objekte

Abkürzungen:

BR	Bräunlingen	Hu	Hubertshofen
Di	Dittishausen	Mau	Mauenheim
Dö	Döggingen	Mu	Mundelfingen
DS	Donaueschingen	Su	Sumpfohren
Es	Eschach	VL	Villingen
Fü	Fürstenberg	Wa	Wangen
Hei	Heidenhofen	O-B	Oberbaldingen
Hi	Hintschingen	U-B	Unterbaldingen
Hü	Hüfingen		

STATISTISCHER TEIL

ANHANG A 1
DIE KLOSTERFRAUEN DES DOMINIKANERINNENKLOSTERS AUF HOF: alphabetisch nach Vornamen

Klosterfrau/(Soror)[1]	Datierung[2]	Belegstelle[3]
Adelheid Aescher		Anniversar: 29. Sept.
Adelheid von Beringen		Anniversar: 9. Sept.
Adelheid Bilger	1364	FUB VI 29. Anniversar: 4. Febr.
Adelheid von Blumberg		Anniversar: 1. Okt.
Adelheid von Bräunlingen (Klausnerin) (in Idea laudabilis: angeblich aus der Familie von Almshofen	1292	FUB I 625 Idea laudabilis, S. 3v.
Adelheid Fischer (*Vischerin*)	1364	FUB VI 29 Anniversar: 6. März
Adelheid Flach(en), eine Conversa		Anniversar: 19. März
Adelheid Frig(in)		Anniversar: 29. Sept.
Adelheid Guggenbühl		Anniversar: 19. Sept.
Adelheid Hafner		Anniversar: 13. Sept.
Adelheid Hewer		Anniversar: 18. Okt.
Adelheid, „Meister Uolrichs Tochter von Gehaißhain"	1374	Riezler, Ukk. 2, S. 5.
Adelheid Pfannkuch(in)	16. Jh.	Anniversar: 13. Nov.
Adelheid Röten		Anniversar: 7. Febr.
Adelheid Rottermund		Anniversar: 5. Febr.
Adelheid (I.) von Schaffhusen[4]		Anniversar: 10. Sept.
Adelheid (II.) von Schaffhusen		Anniversar: 18. April
Adelheid Siechmeister		Anniversar: 3. Febr
Adelheid (I.) von Sumpfohren		Anniversar: 10. März
Adelheid (II.) von Sumpfohren		Anniversar: 17. Mai
Adelheid von Tannheim (*Tanhan*)	1297, 1306	FUB I 645, ebd. V 301.
Adelheid von *Uffhan* (Aufen)		Anniversar: 17. Mai
Adelheid von Wolfach		Anniversar: 26. April
Agatha von Eschingen	1386	FUB VI 96. Anniversar: 4. Mai
Agatha von Heudorf *(Hewdorf)*,		Anniversar: 13. Okt.
Agnes (auch *Nesen*) von Almshofen Priorin: 1433–1452	1417, 1426, 1433, 1434, 1439, 1443, 1447 –1450.	FUB VI 30 Anm. 4, ebd. III 182, 223, 228, 286, ebd. VI 247 Anm. 12, 13, 13a, 14 und 15. Anniversar: 17. Nov.
Agnes von Almshofen	1348, 1354	FUB V 302 Anm. 2+3. Anniversar: 5. Juli

1 Einige Nonnen werden nur mit dem Nachnamen (z.B.: „soror Erkenrat") genannt; die alphabet. Einordnung in diese Liste der bekannten Konventualinnen erfolgt dann mit dem Nachnamen.

2 Jahreszahlen sind nur bei Nonnen möglich, die (auch) in Urkunden erwähnt werden, bzw. bei den wenigen, die im Anniversarienbuch mit Jahreszahl erwähnt sind.

3 Belege aus dem Anniversarienbuch nennen das Datum des Jahrtags der betreffenden Person im handschriftlichen Original (FFA). Gegenüber dem Original enthält die Drucklegung, das Anniversarien-Buch bei FICKLER, a.a.O., etliche Ungenauigkeiten und falsche Wiedergaben. So fehlen u.a. Namen gänzlich, bei einigen Nonnen auch die Kennzeichnung „soror".

4 Im Anniversarienbuch finden sich vereinzelt auch Namen (Vor- und Familiennamen), die zweimal, an verschiedenen Jahrtagen und ohne persönliche Kennzeichnung, genannt werden, z. B. Agnes von Blumberg, Anna Studengast oder Adelheid von Sumpfohren. Wenn die Wahrscheinlichkeit besteht, dass es sich um zwei gleichnamige Personen handelt, werden sie mit I. und II. versehen und individuell gesondert gezählt.

Agnes (I.) von Blumberg		Anniversar: 8. April
Agnes (II.) von Blumberg		Anniversar: 17. April
Agnes von Fürstenberg (Tochter Heinrich III.?)		Anniversar: 2. März
Agnes, Domina, Priorissa „Stifterin dis closters", wahrscheinlich Gräfin Agnes von Fürstenberg, geb. von Truhendingen (ohne „soror")	um 1274	Anniversar: 5. Jan.
Agnes von Grünburg	1364	FUB VI 29. Anniversar: 5. Jan.
Agnes Guntfrid		Anniversar: 23. März
Agnes Hewer		Anniversar: 2. Sept.
Agnes Protschi		Anniversar: 1. Febr.
Agnes Rettenbacher		Anniversar (nur in Hs.): 5. Febr.
Agnes (I.) von Rettenberg (*Retenberg*)	1364	FUB VI 29. Anniversar: 15. Sept.
Agnes (II.) von Rettenberg (*Rötenberg*)		Anniversar: 6. April
Agnes Schäpp (*Schäppin*),		Anniversar: 3. Okt.
Agnes von Schwandorf	1364	FUB VI 29. Anniversar: 18. Nov.
Agnes von Stühlingen		Anniversar: 2. April
Agnes von Wolfurt	1419	FUB VI 247 Anm. 8a. Anniversar: 21. Juni
Agnes Zum Tor		Anniversar: 16. Okt.
Anastasia von Almshofen	1500	FUB VII 190 Anm. 5. Anniversar: 23. Okt.
Anna („ain priorin")		Anniversar: 10. Mai
Anna (I.) von Almshofen	1348	FUB V 302 Anm. 2. Anniversar: 2. Febr.
Anna (II.) von Almshofen	1385	FUB VI 91. Anniversar: 6. Sept.
Anna Bantly	um 1500	Anniversar: 11. April
Anna (I.) von Blumberg,	1364	FUB VI 29. Anniversar: 2. Febr.
Anna (II.) von Blumberg,		Anniversar: 14. Aug.
Anna die Meierin des Klosters	1431	FUB III 213. Anniversar: 17. Aug.
Anna (I.) Egesheimer, Stifterin der Egesheimer Stiftung	1407, 1419, 1433, 1434, gest. 1436	FFA, Kl.-Akt., Lade 13 Fasc. A, Nr. 15. FUB III 223, 228, VI 19 Anm. 10. Posthum: ebd. VI 247 Anm. 12. Anniversar: 9. März
Anna (II.) Egesheimer (*Engisamer*), (Schwester von Elsa Egesheimer)	1502	FFA, Kl.-Akt., Lade 36 Fasc. B, Nr. 7
Anna Engesser („obiit ... Anno 1537")	1537	Anniversar: 26. Juli
Anna Frig(in),		Anniversar: 18. Okt.
Anna von Fürstenberg, Priorin vor 1390	1364, 1368, 1388	FUB II 384 + Anm. 1, 414, 524 + Anm. 1. Anniversar: 23. Jan.
Anna von Göberg, Nichte von Anne und Elsina von Göberg	1400	FFA, Kl.-Akt., Lade 13 Fasc. A, Nr. 13.
Anna Guggenbühl („soror" nur in Hs.)		Anniversar: 22. Juli
Anna Guntfrid		Anniversar: 23. März
Anna Im Winkel		Anniversar: 29. Dez.

Anna, „Kaeterlin Winterkelers Tochter"	1374	Riezler, Ukk. 2, S. 5.
Anna Klein	1364	FUB VI 29. Anniversar: 27. Febr.
Anna (I.) von Reckenbach („closter frow")	15. Jh.	Anniversar: 23. Sept.
Anna (II.) von Reckenbach		Anniversar: 17. Okt.
Anna (III.) von Reckenbach	1529	Anniversar: 24. Dez.
Anna Repf (Reffen)	1364	FUB VI 29. Anniversar: 24. Febr.
Anna Rüber(in) (Bezeichnung als „soror" nur in Hs.)		Anniversar: 3. März
Anna Rüffelins		Anniversar: 22. Sept.
Anna Schäpp (*Scheppin*)		Anniversar: 25. März
Anna Siechmeister		Anniversar: 10. Mai
Anna Spaichinger		Anniversar: 4. Dez.
Anna (die) Stölzlin, Bürgerin von Rottweil	1367, 1374, 1384. Gest. vor 1390	Riezler, Ukk. 1, S. 431; ebd. Ukk. 2, S. 5 + 6. Posthum: ebd., S. 9.
Anna (I.) Studengast		Anniversar: 1. Jan.
Anna (II.) Studengast (nur in Hs. erwähnt)		Anniversar: 19. Sept.
Anna Talhammer		Anniversar: 26. Juli
Anna von Tannheim (*Tanhan*)	1297, 1306, 1334	FUB I 645, ebd. V 301 und 429. Anniversar: 18. Nov.
Anna Vogt		Anniversar: 21. Okt.
Anna Winkler		Anniversar: 30. Okt.
Anna Wolfhauser (*wolfhuserin*)		Anniversar: 14. Aug.
Anna Zum Tor		Anniversar: 5. Febr.
Anne von Göberg	1400,	FFA, Kl.-Akt., Lade 13 Fasc. A, Nr. 13. Anniversar: 13. März
Barbara von Reckenbach, „An. 1529 priorin des gotzhus"	1500, 1514, verstorben 1529	FUB VII 190 Anm. 5. Mitt. I, Nr. 64. Anniversar: 30. Nov.
Beatrix von Fürstenberg	1499, 1514,	FUB IV 249, 321. Mitt. I, Nr. 64.
Benedikta von Bochingen	1364	FUB VI 29. Anniversar: 14. Jan.
Berta (*Bercht*) von Almshofen	1325	FUB II 136. Anniversar: 10. Nov.
Berta, „closnerin" Klausnerin		Anniversar: 23. Juni
Brigitta (*Brida*) von Almasshoffen (aus Allmendshofen)		Anniversar: 13. Okt.
Brigitta (*Brida*) von Emmingen	1364, 1369, 1392	FUB VI 29, ebd. II 419, VI 89 Anm. 1. Anniversar: 18. Febr.
Brigitte (*Brid*) von Almshofen Küsterin 1384/85	1348, 1354, 1364, 1384, 1385, 1400	FUB V 302 Anm. 2+3; ebd. VI 81 Anm. 2, VI 91 Anm. 1, VI 160 Anm. 6. Anniversar: 2. Juni
Brot, Kinder des Walther Brot, „die da (im Kloster) gote dienent"	1294	FUB I 633
Brot, (ohne Vorname)	1294	FUB I 633.
Clara Anna von Fürstenberg	1501, 1514, 1540, verst. 1550	FUB IV 321. Mitt. I, Nr. 64, 416, 685 Anm. 1
Clara von *Regnolswiler* (Regentsweiler)		Anniversar: 3. Okt.

Dorothea Almasshoffer(in), eine Conversa		Anniversar: 28. Febr.
Elisabeth von Buch, Subpriorin Ausweisung aus dem Kloster: 1549	1544, 1549, 1550	FFA, Verw.-Akt., Vol. VII Fasc. III L
Elisabeth Bumen (Baumann)		Anniversar: 15. Sept.
Elisabeth Engesser		Anniversar (nur in Hs.): 24. März
Elisabeth (Elsbeth) von Fürstenberg	1359, 1364	FUB II 343, FUB VI 29. Anniversar: 29. April
Elisabeth von Göberg		Anniversar: 5. März
Elisabeth Guggenbühl („soror" nur in Hs.)		Anniversar: 2. Aug.
Elisabeth von Hewen		Anniversar: 13. Mai
Elisabeth Im Turn	1364	FUB VI 29. Anniversar: 10. Okt.
Elisabeth Kessler		Anniversar: 9. Okt.
Elisabeth Maier (Maiger)		Anniversar: 31. Jan.
Elisabeth Mayer	16. Jh.	Anniversar: 15. Juni
Elisabeth Neumeister		Anniversar: 22. Okt.
Elisabeth Nufer		Anniversar: 13. Okt.
Elisabeth von Steinhülben (*Stainhuli*)		Anniversar: 9. Okt.
Elli Guggenbühl	1343, 1364	FUB V 383 Anm. 1, ebd. VI 29
Elli von Tannheim (*Tanhan*)	1334	FUB V 429
Elsa Egesheimer (*Engisamer*)	1502	FFA, Kl.-Akt., Lade 36 Fasc. B, Nr. 7
Else (*Elsina*) von Göberg	1400	FFA, Kl.-Akt., Lade 13 Fasc. A, Nr. 13
Else Guggenbühl	gestorben vor 1419	FFA, Kl.-Akt., Lade 13 Fasc. A, Nr. 15.
Elsi Guggenbühl	1343, 1364	FUB V 383 Anm. 1, ebd. VI 29
Else von Stühlingen		Anniversar: 1. Jan.
Else von Emmingen, ehemals Nonne im Kloster Auf Hof, Klausnerin in Talheim	1364, 1384, 1392	FUB VI 29, ebd. 160 Anm. 1 und 89 Anm. 1
Engle Röttenbacher	1495	FUB IV 130
Erkenrat (ohne Vorname)		Anniversar: 24. März
Escherin (ohne Vorname)		Anniversar: 13. Sept
Gerin Spuennin, „swester"	1304	FUB II 25
Guta von Schwandorf	1407	FUB VI 247 Anm. 8. Anniversar: 11. Jan.
Hadwig von Messingen		Anniversar: 3. Aug.
Hadwig (*Haedewige*) Schreiber, „Tochter Walters, des Bruders von Hermann dem Schreiber"	1307	FUB V 302.
Heilwig (*Haylen*) von Bern	1364, 1373	FUB VI 29, ebd. II 448. Anniversar: 30. Mai
Heilwig von Blumberg		Anniversar: 9. Juni
Heilwig (*Hayli*) von Trossingen, Tochter Eberhards des Meiers von Trossingen	1325, 1343	FUB II 136, 240. Anniversar: 1. Okt.
Ita Repf		Anniversar: 27. Juni
Junta von Baldingen		Anniversar: 3. April
Katharina von Almshofen	1325, 1343	FUB II 136, 240. Anniversar: 2. Febr.

Katharina „die alt“ von Almshofen	1364	FUB VI 29. Anniversar: 2. Febr.
Katharina von Baldingen		Anniversar: 16. Okt.
Katharina von Blumegg Tochter Heinrichs von Blumegg und Gräfin Udelhilds, geb. von Fürstenberg	1364, 1374, 1405	FUB VI 26 Anm. 4, ebd. II 455, III 17, 121. Anniversar: 20. März
Katharina von Felsenberg		Anniversar: 26. Mai
Katharina Gerung		Anniversar: 11. April
Katharina von Göberg		Anniversar: 28. Juni
Katharina Güttin		Anniversar: 26. Juli
Katharina Hensler		Anniversar: 26. Mai
Katharina Hewer		Anniversar: 30. Sept.
Katharina Küster (*Custerin*)		Anniversar: 23. April
Katharina von Reckenbach	1529	Anniversar: 24. Dez.
Katharina Röttenbacher		Anniversar: 25. Okt.
Katharina Spaichinger		Anniversar: 25. Jan.
Katharina Studengast		Anniversar: 31. Aug.
Katharina (Kana) von Tannheim (*Tanhan*),	1334	FUB V 429. Anniversar: 27. April
Katharina von Wolfach		Anniversar: 6. Febr.
Katharina von Zimmern	1364	FUB VI 29. Anniversar: 25. Jan.
Knudli von Fridburg, Bezeichnung: „Guet“ (= „soror“?[5])		Anniversar: 5. Juni
Krellin (ohne Vorname)		Anniversar: 9. Sept.
Luitgard, Klausnerin von Bräunlingen (in Idea laudabilis: angeblich aus der Familie von Almshofen?)	1292	FUB I 625. Idea laudabilis, S. 3v.
Luitgard (*luggi*) von Pfohren		Anniversar: 20. März
Magdalena von Almshofen	1500, 1504	FUB VII 190 Anm. 5, ebd. 132 Anm. 7. Anniversar: 15. Okt.
Magdalena Fürstenberger(in), (obiit ... mitwoch vor georgy Anno 1538)	1538	Anniversar: 22. April
Magdalena von Wolfurt	vor 1418 verstorben	FUB III 121. Anniversar: 28. Febr.
Margaret Längin		Anniversar 27. März
Margaret Studengast		Anniversar: 1. Okt.
Margaret von Tannheim (*Tanhan*)		Anniversar: 14. März
Margareta („ain priorin“)		Anniversar: 14. April
Margareta von Beringen		Anniversar: 19. März
Margareta Busse (*Büssin*)		Anniversar: 19. Mai
Margareta von Blumegg, Tochter Heinrichs von Blumegg, eine Conversa, ursprüngl. verheiratet mit Hermann von Landenberg	1405, 1419	FUB III 17 + Anm. 1 und ebd. VI 247 Anm. 8°. Anniversar: 31. Aug.
Margareta von Hewen		Anniversar: 1. Aug.
Margareta (I.) Kuch(in)		Anniversar: 8. Okt.
Margareta (II.) Kuch(in)	1364	FUB VI 29. Anniversar: 23. Juli
Margareta Langenmantel von Radau (Langmentlin von Radow)	1453	FFA, Kl.-Akt., Lade 17 Fasc. D, Nr. 8. Anniversar: 4. Juli
Margareta Maier, Tochter der Adelheid der Salatin	1385	FUB VI 89 Anniversar: 27. Sept.
Margareta Nidinger(in)		Anniversar: 10. Okt.
Margareta Rot (Rötin)		Anniversar: 28. Aug.

[5] So bei FICKLER, Anniversarien-Buch, Abt. 1, S. 46.

Margareta Rothweiler	1502	FFA, Kl.-Akt., Lade 17 Fasc. D, Nr. 11. Anniversar: 29. Dez.
Margareta Ryßli(n)		Anniversar: 15. Febr.
Margareta Schreiber	16. Jh.	Anniversar: 20. Febr.
Margareta Stemerlin		Anniversar: 19. Mai
Margareta Studengast, (nur in Hs. erwähnt)		Anniversar: 19. Sept.
Margareta von Tierberg		Anniversar: 25. Sept.
Margarete (*Gret*) von Almshofen	1348, 1354, 1400	FUB V 302 Anm. 2+3, VI 160 Anm. 6. – Anniversar: 2. Febr. oder 7. Okt.
Margarete von Göberg		Anniversar: 22. Sept.
Margrette von Blumegg, Tochter Rudolfs von Blumegg	1409, 1410, 1418	FUB III 52, 64, ebd. IV 512 und ebd. III 121
Maria von Felsenberg (*Velsenberg*), Priorin 1559	1559, 1570	Mitt. I, Nr. 878 Anm. 2. Anniversar: 20. März
Martha von Fürstenberg Priorin nach 1341	1341	FUB II 234. Anniversar: 23 Juni
Mechthild Clösner(in)		Anniversar: 18. Okt.
Mechthild von Heudorf (*Höwdorf*)	1364	FUB VI 19. Anniversar: 21. Okt.
Mechthild Mädcher(in)		Anniversar: 22. Sept.
Mechthild von Nunkilch		Anniversar: 10. Nov.
Mechthild Siechmeister		Anniversar: 16. Juli
Mechthild Unricht(in), Stifterin		Anniversar: 15. Juli
Ratgebin (ohne Vorname)		Anniversar: 1. Febr.
Richmut von Zurzach		Anniversar: 2. Mai
Riffenberg, von (ohne Vorname)		Anniversar: 21. Okt.
Röttenbacher(in) (ohne Vorname), Priorin 1551: als „schwer krank“ bezeichnet.	1551	Mitt. I, Nr. 758.
Schultheis(in), „die alt“ (nur in Hs. erwähnt)		Anniversar: 19, Sept.
Sophia (I.) von Fürstenberg, (Kötz: „conuendtfrow zu Nidingen)	nach 1347	FUB II 259. Kötz, Genealog. Aufzeichnungen. Gabelkover in Döpser I, p. 133.
Sophia (II.) von Fürstenberg, geb. von Zollern	1372, 1427, verstorben um 1440	FUB III 191 + Anm. 1. Anniversar: 2. April.
Sophia (III.) von Fürstenberg, (Tochter von Sophia II. von Fürstenberg und Graf Heinrich IV.)	verstorben um 1450	Anniversar: 27. Okt
Tainingen, „die clösnerin von ...“		Anniversar: 1. April
Ursula von Almshofen	1385, 1426	FUB VI 91, ebd. III 182 Anniversar: 6. Sept. und 21. Aug.
Ursula Böntlin (nur in Hs. erwähnt)		Anniversar: 7. Sept.
Ursula von Diessenhofen		Anniversar: 13. Mai
Ursula von Falkenstein (*Valkenstain*)		Anniversar: 25. März
Ursula Girer(in)		Anniversar: 25. Sept.
Ursula Kuch(in)	1364	FUB VI 29. Anniversar: 21. Juli
Ursula Neser		Anniversar 27. Sept.
Verena (*Frena*) von Almshofen	1348, 1354, 1364, 1400	FUB V 302 Anm. 2 + 3, ebd. VI 29 und 160 Anm. 6. Anniversar: 30. Nov.

Verena (Frena) Brandegger	1364	FUB VI 26 Anm. 4. Anniversar: 2. Juni
Verena von Fürstenberg,	1341	FUB II 234 Anniversar: 10. Mai
Verena von Fürstenberg, gen. Schärerin, verheiratet mit Pfalzgraf Konrad II. von Tübingen	1370, 1382, verstorben nach 1390	FUB II 428, 498, 524 Anm. 1, 531, 453, 545. Anniversar: 23. Jan.
Verena (*Frena*) von Fützen, Uk v. 5. Mai 1428: „unser jungfrowen". Im Anniversar ohne „soror"	1428	FUB VI 247 Anm. 11a. Anniversar: 3. März
Verena von Geisingen,	1336, 1364	FUB V 302 Anm. 1, ebd. VI 29. Anniversar: 26. Febr.
Verena Hafner, (Bezeichnung als „soror" nur in Hs.)		Anniversar: 22. Sept.
Verena (*Frena*) Hensler		Anniversar: 10. Juli
Verena Maier, Tochter der Adelheid der Salatin	1385	FUB VI 89 Anniversar: 18. Sept.
Verena (*Frena*) Mangolt „von dyssenhofen"		Anniversar: 25. Okt
Verena (*Frena*) Schwäger(in)		Anniversar: 3. Febr.
Verena (*Frena*) von Wart		
Yrmi von Fridburg, „Guet" (wie oben bei Knudli v. F.)		

ANHANG A 2
KLOSTERFRAUEN DES DOMINIKANERINNENKLOSTERS AUF HOF: alphabetisch nach Familiennamen

Klosterfrau/(Soror)[6]	Datierung[7]	Belegstelle[8]
Adelheid „Meister Uolrichs Tochter von Gehaißhain"	1374	Riezler, Ukk. 2, S. 5.
Adelheid, Klausnerin von Bräunlingen (in Idea laudabilis: angeblich aus der Familie von Almshofen?)	1292	FUB I 625. Idea laudabilis, S. 3v.
Aescher, Adelheid		Anniversar: 29. Sept.
Agnes, Domina, Priorissa „Stifterin dis closters", wahrscheinlich Gräfin Agnes von Fürstenberg, geb. von Truhendingen (ohne „soror")	um 1274	Anniversar: 5. Jan.
Almasshoffen, Brigitta (*Brida*) von (aus Allmendshofen)		Anniversar: 13. Okt.
Almasshoffer(in), Dorothea (eine Conversa)		Anniversar: 28. Febr.
Almshofen, Agnes (auch *Nesen*) von Priorin: 1433–1452	1417, 1426, 1433, 1434, 1439, 1443, 1447 –1450.	FUB VI 30 Anm. 4, ebd. III 182, 223, 228, 286, ebd. VI 247 Anm. 12, 13, 13a, 14 und 15. Anniversar: 17. Nov.

[6] Einige Nonnen werden nur mit dem Vornamen (z.B.: „soror Adelheid") genannt; die alphabet. Einordnung in diese Liste der bekannten Konventualinnen erfolgt dann mit dem Vornamen.

[7] Zeitangaben sind nur bei Nonnen möglich, die (auch) in Urkunden erwähnt werden bzw. bei den wenigen, die im Anniversarienbuch zeitlich zugeordnet sind.

[8] Belege aus dem Anniversarienbuch (Anniversar) nennen das Datum des Jahrtags der betreffenden Person im handschriftlichen Original (FFA). Gegenüber dem Original finden sich im Druck des Anniversarien-Buchs bei FICKLER, a.a.O., etliche Ungenauigkeiten u. falsche Wiedergaben. So fehlen u.a. Namen gänzlich, bei einigen Nonnen auch die Kennzeichnung „soror".

Almshofen, Agnes von	1348, 1354	FUB V 302 Anm. 2+3. Anniversar: 5. Juli
Almshofen, Anastasia von	1500	FUB VII 190 Anm. 5. Anniversar: 23. Okt.
Almshofen, Anna (I.) von	1348	FUB V 302 Anm. 2. Anniversar: 2. Febr.
Almshofen, Anna (II.) von	1385	FUB VI 91. Anniversar: 6. Sept.
Almshofen, Berta (*Bercht*) von	1325	FUB II 136. Anniversar: 10. Nov.
Almshofen, Brigitte (*Brid*) von Küsterin 1384/85	1348, 1354, 1364, 1384, 1385, 1400	FUB V 302 Anm. 2 + 3; ebd. VI 81 Anm. 2, VI 91 Anm. 1, VI 160 Anm. 6. Anniversar: 2. Juni
Almshofen, Katharina von	1325, 1343	FUB II 136, 240. Anniversar: 2.Febr.
Almshofen, Katharina von, „die alt"	1364	FUB VI 29. Anniversar: 2. Febr.
Almshofen, Magdalena von	1500, 1504	FUB VII 190 Anm. 5, ebd. 132 Anm. 7. Anniversar: 15. Okt.
Almshofen, Margarete (*Gret*) von	1348, 1354, 1400	FUB V 302 Anm. 2+3, VI 160 Anm. 6. – Anniversar: 2. Febr. oder 7. Okt.
Almshofen, Ursula von	1385, 1426	FUB VI 91, ebd. III 182. An.: 6. Sept. u. 21. Aug.
Almshofen, Verena (*Frena*) von	1348, 1354, 1364, 1400	FUB V 302 Anm. 2 + 3, ebd. VI 29 und 160 Anm. 6. Anniversar: 30. Nov.
Anna („ain priorin")		Anniversar: 10. Mai
Anna die Meierin des Klosters	1431	FUB III 213. Anniversar: 17. Aug
Anna „Kaeterlin Winterkelers Tochter"	1374	Riezler, Ukk. 2, S. 5.
Baldingen, Junta von		Anniversar: 3. April
Baldingen, Katharina von		Anniversar: 16. Okt.
Bantly, Anna	um 1500	Anniversar: 11. April
Beringen, Adelheid von		Anniversar: 9. Sept.
Beringen, Margareta von		Anniversar: 19. März
Bern, Heilwig (*Haylen*) von	1364, 1373	FUB VI 29, ebd. II 448. Anniversar: 30. Mai
Berta, „closnerin", eine Klausnerin		Anniversar: 23. Juni
Bilger, Adelheid	1364	FUB VI 29. Anniversar: 4. Febr.
Blumberg, Adelheid von		Anniversar: 1. Okt.
Blumberg, Agnes (I.) von		Anniversar: 8. April
Blumberg, Agnes (II.) von		Anniversar: 17. April
Blumberg, Anna (I.) von	1364	FUB VI 29. Anniversar: 2. Febr.
Blumberg, Anna (II.) von		Anniversar: 14. Aug.
Blumberg, Heilwig von		Anniversar: 9. Jun
Blumegg, Katharina von Tochter Heinrichs von Blumegg und Gräfin Udelhilds, geb. von Fürstenberg	1364, 1374, 1405	FUB VI 26 Anm. 4, ebd. II 455, III 17, 121. Anniversar: 20. März
Blumegg, Margareta von Tochter Heinrichs von Blumegg eine Conversa, ursprüngl. verheiratet mit Hermann von Landenberg	1405, 1419	FUB III 17 + Anm. 1 und ebd. VI 247 Anm. 8°. Anniversar: 31. Aug.

Blumegg, Margrette von Tochter Rudolfs von Blumegg	1409, 1410, 1418	FUB III 52, 64, ebd. IV 512 und ebd. III 121
Bochingen, Benedikta von	1364	FUB VI 29. Anniversar: 14. Jan.
Böntlin, Ursula (nur in Hs. erwähnt)		Anniversar: 7. Sept.
Brandegger, Verena (Frena)	1364	FUB VI 26 Anm. 4. Anniversar: 2. Juni
Brot, Kinder des Walther Brot, „die da (im Kloster) gote dienent“	1294	FUB I 633
Brot, (ohne Vorname)	1294	FUB I 633
Buch, Elisabeth von Subpriorin Ausweisung aus dem Kloster: 1549	1544, 1549, 1550	FFA, Verw.-Akt., Vol. VII Fasc. III L
Bumen (Baumann), Elisabeth		Anniversar: 15. Sept.
Busse (*Büssin*), Margareta		Anniversar: 19. Mai
Clösner(in), Mechthild		Anniversar: 18. Okt.
Diessenhofen, Ursula von		Anniversar: 13. Mai
Egesheimer, Anna (I.) Stifterin der Egesheimer Stiftung	1407, 1419, 1433, 1434, gest. 1436	FFA, Kl.-Akt., Lade 13 Fasc. A, Nr. 15. FUB III 223, 228, VI 19 Anm. 10, VI 247 Anm. 12. Anniversar: 9. März
Egesheimer (*Engisamer*), Anna (II.) (Schwester von Elsa)	1502	FFA, Kl.-Akt., Lade 36 Fasc. B, Nr. 7
Egesheimer (*Engisamer*), Elsa	1502	FFA, Kl.-Akt., Lade 36 Fasc. B, Nr. 7
Emmingen, Brigitta (*Brida*) von	1364, 1369, 1392	FUB VI 29, ebd. II 419, VI 89 Anm. 1. Anniversar: 18. Febr.
Emmingen, Else von ehemals Nonne im Kloster Auf Hof, Klausnerin in Talheim	1364, 1384, 1392	FUB VI 29, ebd. 160 Anm. 1 und 89 Anm. 1.
Engesser, Anna („obiit ... Anno 1537“)	1537	Anniversar: 26. Juli
Engesser, Elisabeth		Anniversar (nur in Hs.): 24. März
Erkenrat (ohne Vorname)		Anniversar: 24. März
Escherin (ohne Vorname)		Anniversar: 13. Sept.
Eschingen, Agatha von	1386	FUB VI 96. Anniversar: 4. Mai
Falkenstein (*Valkenstain*), Ursula von		Anniversar: 25. März
Felsenberg (*Velsenberg*), Maria von Priorin 1559	1559, 1570	Mitt. I, Nr. 878 Anm. 2. Anniversar: 20. März
Felsenberg, Katharina von		Anniversar: 26. Mai
Fischer (*Vischerin*), Adelheid	1364	FUB VI 29 Anniversar: 6. März
Flach(en), Adelheid, eine Conversa		Anniversar: 19. März
Fridburg, Knudli von Bezeichnung: „Guet“ (= „soror“?[9])		Anniversar: 5. Juni
Fridburg, Yrmi von „Guet“ (wie oben)		Anniversar: 5. Juni
Frig(in), Adelheid		Anniversar: 29. Sept.
Frig(in), Anna		Anniversar: 18. Okt.

[9] So bei FICKLER, Anniversarien-Buch, Abt. 1, S. 46.

Fürstenberg, Agnes v. (Tochter Heinrich III.?)		Anniversar: 2. März
Fürstenberg, Anna von Priorin vor 1390	1364, 1368, 1388	FUB II 384 + Anm. 1, 414, 524 + Anm. 1. Anniversar: 23. Jan.
Fürstenberg, Beatrix von	1499, 1514,	FUB IV 249, 321. Mitt I, Nr. 64.
Fürstenberg, Clara Anna von	1501, 1514, 1540, verst. 1550	FUB IV 321. Mitt. I, Nr. 64, 416, 685 Anm. 1.
Fürstenberg, Elisabeth (Elsbeth) von	1359, 1364	FUB II 343, FUB VI 29. Anniversar: 29. April
Fürstenberg, Martha von Priorin nach 1341	1341	FUB II 234. Anniversar: 23 Juni
Fürstenberg, Sophia (I.) von (Kötz: „conuendtfrow zu Nidingen)	nach 1347	FUB II 259. Kötz, Genealog. Aufzeichnungen. Gabelkover in Döpser I, p. 183
Fürstenberg, Sophia (II.) von geb. von Zollern	1372, 1427, verstorben um 1440	FUB III 191 + Anm. 1. Anniversar: 2. April.
Fürstenberg, Sophia (III.) von (Tochter von Sophia II. von Fürstenberg und Graf Heinrich IV.)	verstorben um 1450	Anniversar: 27. Okt.
Fürstenberg, Verena von	1341	FUB II 234 Anniversar: 10. Mai
Fürstenberg, Verena von gen. Schärerin, verheiratet mit Pfalzgraf Konrad II. von Tübingen	1370, 1382, verstorben nach 1390	FUB II 428, 498, 524 Anm. 1, 531, 453, 545. Anniversar: 23. Jan.
Fürstenberger(in), Magdalena (obiit ... mitwoch vor georgy Anno 1538)	1538	Anniversar: 22. April
Fützen, Verena (*Frena*) von Uk v. 5. Mai 1428: „unser jungfrowen". Im Anniversar ohne „soror"	1428	FUB VI 247 Anm. 11a. Anniversar: 3. März
Geisingen, Verena von	1336, 1364	FUB V 302 Anm. 1, ebd. VI 29. Anniversar: 26. Febr
Gerung, Katharina		Anniversar: 11. April
Girer(in), Ursula		Anniversar: 25. Sept
Göberg, Anna von Nichte von Anne und Elsina von Göberg	1400	FFA, Kl.-Akt., Lade 13 Fasc. A, Nr. 13.
Göberg, Anne von	1400,	FFA, Kl.-Akt., Lade 13 Fasc. A, Nr. 13. Anniversar: 13. März
Göberg, Elisabeth von		Anniversar: 5. März
Göberg, Else (*Elsina*) von	1400	FFA, Kl.-Akt., Lade 13 Fasc. A, Nr. 13
Göberg, Katharina von		Anniversar: 28. Juni
Göberg, Margarete von		Anniversar: 22. Sept.
Grünburg, Agnes von	1364	FUB VI 29. Anniversar: 5. Jan.
Guggenbühl, Adelheid		Anniversar: 19. Sept.
Guggenbühl, Anna („soror" nur in Hs.)		Anniversar: 22. Juli
Guggenbühl, Elisabeth („soror" nur in Hs.)		Anniversar: 2. Aug.
Guggenbühl, Elli	1343, 1364	FUB V 383 Anm. 1, ebd. VI 29
Guggenbühl, Else	gestorben vor 1419	FFA, Kl.-Akt., Lade 13 Fasc. A, Nr. 15

Guggenbühl, Elsi	1343, 1364	FUB V 383 Anm. 1, ebd. VI 29.
Guntfrid, Agnes		Anniversar: 23. März
Guntfrid, Anna		Anniversar: 23. März
Güttin, Katharina		Anniversar: 26. Juli
Hafner, Adelheid		Anniversar: 13. Sept.
Hafner, Verena (Bezeichnung als „soror" nur in Hs.)		Anniversar: 22. Sept.
Hensler, Verena (*Frena*)		Anniversar: 10. Juli
Hensler, Katharina		Anniversar: 26. Mai
Heudorf (*Hewdorf*), Agatha von		Anniversar: 13. Okt.
Heudorf (*Höwdorf*), Mechthild von	1364	FUB VI 19. Anniversar: 21. Okt.
Hewen, Elisabeth von		Anniversar: 13. Mai
Hewen, Margareta von		Anniversar: 1. Aug.
Hewer, Adelheid		Anniversar: 18. Okt.
Hewer, Agnes		Anniversar: 2. Sept.
Hewer, Katharina		Anniversar: 30. Sept.
Im Turn, Elisabeth	1364	FUB VI 29. Anniversar: 10. Okt.
Im Winkel, Anna		Anniversar: 29. Dez.
Kessler, Elisabeth		Anniversar: 9. Okt.
Klein, Anna	1364	FUB VI 29. Anniversar: 27. Febr.
Krellin (ohne Vorname)		Anniversar: 9. Sept.
Kuch(in), Margareta (I.)		Anniversar: 8. Okt.
Kuch(in), Margareta (II.)	1364	FUB VI 29. Anniversar: 23. Juli
Kuch(in), Ursula	1364	FUB VI 29. Anniversar: 21. Juli
Küster (*Custerin*), Katharina		Anniversar: 23. April
Langenmantel von Radau (Langmentlin von Radow), Margareta	1453	FFA, Kl.-Akt., Lade 17 Fasc. D, Nr. 8. Anniversar: 4. Juli
Längin, Margaret		Anniversar 27. März
Luitgard, Klausnerin von Bräunlingen (in Idea laudabilis: angeblich aus der Familie von Almshofen?)	1292	FUB I 625. Idea laudabilis, S. 3v.
Mädcher(in), Mechthild		Anniversar: 22. Sept.
Maier (Maiger), Elisabeth		Anniversar: 31. Jan.
Maier, Margareta Tochter der Adelheid der Salatin	1385	FUB VI 89 Anniversar: 27. Sept.
Maier, Verena Tochter der Adelheid der Salatin	1385	FUB VI 89 Anniversar: 18. Sept.
Mangolt, Verena (*Frena*) „von dyssenhofen"		Anniversar: 25. Okt
Margareta („ain priorin")		Anniversar: 14. April
Mayer, Elisabeth	16. Jh.	Anniversar: 15. Juni
Messingen, Hadwig von		Anniversar: 3. Aug.
Neser, Ursula		Anniversar 27. Sept.
Neumeister, Elisabeth		Anniversar: 22. Okt.
Nidinger(in), Margareta		Anniversar: 10. Okt.
Nufer, Elisabeth		Anniversar: 13. Okt.
Nunkilch, Mechthild von		Anniversar: 10. Nov.
Pfannkuch(in), Adelheid	16. Jh.	Anniversar: 13. Nov.
Pfohren, Luitgard (*luggi*) von		Anniversar: 20. März
Protschi, Agnes		Anniversar: 1. Febr.
Ratgebin (ohne Vorname)		Anniversar: 1. Febr.
Reckenbach, Anna (I.) von („closter frow")	15. Jh.	Anniversar: 23. Sept.

Reckenbach, Anna (II.) von		Anniversar: 17. Okt.
Reckenbach, Anna (III.) von	1529	Anniversar: 24. Dez.
Reckenbach, Barbara von „An. 1529 priorin des gotzhus"	1500, 1514, verstorben 1529	FUB VII 190 Anm. 5. Mitt. I, Nr. 64. Anniversar: 30. Nov.
Reckenbach, Katharina von	1529	Anniversar: 24. Dez.
Regnolswiler (Regentsweiler), Clara von		Anniversar: 3. Okt.
Repf (Reffen), Anna	1364	FUB VI 29. Anniversar: 24. Febr.
Repf, Ita		Anniversar: 27. Juni
Rettenbacher, Agnes		Anniversar (nur in Hs.): 5. Febr.
Rettenberg (*Retenberg*), Agnes (I.) von	1364	FUB VI 29. Anniversar: 15. Sept.
Rettenberg (*Rötenberg*), Agnes (II.) von		Anniversar: 6. April
Riffenberg, von (ohne Vorname)		Anniversar: 21. Okt.
Rot (Rötin), Margareta		Anniversar: 28. Aug.
Röten, Adelheid		Anniversar: 7. Febr.
Rothweiler, Margareta	1502	FFA, Kl.-Akt., Lade 17 Fasc. D, Nr. 11. Anniversar: 29. Dez.
Röttenbacher(in) (ohne Vorname), Priorin 1551: als „schwer krank" bezeichnet.	1551	Mitt. I, Nr. 758
Röttenbacher, Engle	1495	FUB IV 130.
Röttenbacher, Katharina		Anniversar: 25. Okt.
Rottermunt, Adelheid		Anniversar: 5. Febr.
Rüber(in), Anna (Bezeichnung als „soror" nur in Hs.)		Anniversar: 3. März
Rüffelins, Anna		Anniversar: 22. Sept.
Ryßli(n), Margareta		Anniversar: 15. Febr.
Schaffhusen, Adelheid (I.) von		Anniversar: 10. Sept.
Schaffhusen, Adelheid (II.) von		Anniversar: 18. April
Schäpp (*Schäppin*), Agnes		Anniversar: 3. Okt.
Schäpp (*Scheppin*), Anna		Anniversar: 25. März
Schreiber, Hadwig (*Haedewige*) „Tochter Walters, des Bruders von Hermann dem Schreiber"	1307	FUB V 302.
Schreiber, Margareta (*von Engin*)	16. Jh.	Anniversar: 20. Febr.
Schultheis(in), „die alt" (nur in Hs. erwähnt)		Anniversar: 19, Sept.
Schwäger(in), Verena (*Frena*)		Anniversar: 3. Febr.
Schwandorf, Agnes von	1364	FUB VI 29. Anniversar: 18. Nov.
Schwandorf, Guta von	1407	FUB VI 247 Anm. 8. Anniversar: 11. Jan.
Siechmeister, Adelheid		Anniversar: 3. Febr.
Siechmeister, Anna		Anniversar: 10. Mai
Siechmeister, Mechthild		Anniversar: 16. Juli
Spaichinger, Anna		Anniversar: 4. Dez.
Spaichinger, Katharina		Anniversar: 25. Jan.
Spuennin, Gerin („swester")	1304	FUB II 25
Steinhülben (*Stainhuli*), Elisabeth von		Anniversar: 9. Okt.
Stemerlin, Margareta		Anniversar: 19. Mai
Stölzlin, Anna (die) Bürgerin von Rottweil	1367, 1374, 1384. Gest. vor 1390	Riezler, Ukk. 1, S. 431; ebd. Ukk. 2, S. 5 + 6. Posthum: ebd., S. 9
Studengast, Anna (I.)		Anniversar: 1. Jan.
Studengast, Anna (II.) (nur in Hs. erwähnt)		Anniversar: 19. Sept.

Studengast, Katharina		Anniversar: 31. Aug.
Studengast, Margareta (nur in Hs. erwähnt)		Anniversar: 19. Sept.
Studengast, Margaret		Anniversar: 1. Okt.
Stühlingen, Agnes von		Anniversar: 2. April
Stühlingen, Else von		Anniversar: 1. Jan.
Sumpfohren, Adelheid (I.) von		Anniversar: 10. März
Sumpfohren, Adelheid (II.) von		Anniversar: 17. Mai
Tainingen, „die clösnerin von ..." Klausnerin		Anniversar: 1. April
Talhammer, Anna		Anniversar: 26. Juli
Tannheim (*Tanhan*), Adelheid von	1297, 1306	FUB I 645, ebd. V 301.
Tannheim (*Tanhan*), Anna von	1297, 1306, 1334	FUB I 645, ebd. V 301 und 429. Anniversar: 18. Nov.
Tannheim (*Tanhan*), Elli von	1334	FUB V 429
Tannheim (*Tanhan*), Katharina (Kana) v.	1334	FUB V 429. Anniversar: 27. April
Tannheim (*Tanhan*), Margaret von		Anniversar: 14. März
Tierberg, Margareta von		Anniversar: 25. Sept.
Trossingen, Heilwig (*Hayli*) von Tochter Eberhards des Meiers von Trossingen	1325, 1343	FUB II 136, 240. Anniversar: 1. Okt.
Uffhan (Aufen), Adelheid von		Anniversar: 17. Mai
Unricht(in), Mechthild Stifterin		Anniversar: 15. Juli
Vogt, Anna		Anniversar: 21. Okt.
Wart, Verena (*Frena*) von		Anniversar: 20. Mai
Winkler, Anna		Anniversar: 30. Okt.
Wolfach, Adelheid von		Anniversar: 26. April
Wolfach, Katharina von		Anniversar: 6. Febr.
Wolfhauser (*wolfhuserin*), Anna		Anniversar: 14. Aug.
Wolfurt, Agnes von	1419	FUB VI 247 Anm. 8a. Anniversar: 21. Juni
Wolfurt, Magdalena von	vor 1418 verstorben	FUB III 121. Anniversar: 28. Febr.
Zimmern, Katharina von	1364	FUB VI 29. Anniversar: 25. Jan.
Zum Tor, Agnes		Anniversar: 16. Okt.
Zum Tor, Anna		Anniversar: 5. Febr.
Zurzach, Richmut von		Anniversar: 2. Mai

ANHANG B
1. PREDIGERBRÜDER IM KLOSTER AUF HOF
(alphabetisch nach Vornamen)

Predigerbrüder	Datierung	Belegstelle
Bachenstein, von (ohne Vorname)		Anniversar: 14. März
Bernhard (bruoder bernhart)		Anniversar: 11. März
Berthold von Gnadental		Anniversar: 22. April
Berthold Hutter, Prior der Rottweiler Dominikaner	1494, 1501	QF X, S. 49. Hecht, Dom.-Kl., S. 79.
Berthold Köselin (*kösli*)		Anniversar: 20. Aug.
Berthold, „der Pfister von Neudingen"	1314	FUB II 74
Berthold, der Schaffner des Klosters	1325	FUB II 136
Franciscus Doden, Frater, „unser biechtvater"	1537	Anniversar: 1. Jan.
Götze von Mengen „prediger"		Anniversar: 19. März
Hans (der Oheim von Bruder Bernhard)		Anniversar: 11. März
Hans Erlich		Anniversar: 9. Febr.
Hans Guggenbühl, (hat drei Kinder, Conversus?)	1343	FUB V 383 Anm. 1. Anniversar:11. Okt.
Hans Hahn (*hans han*)		Anniversar: 23. März
Hans Karlstetter „cappelan"[10]		Anniversar: 7. April
Hans Lang, „prediger ordens		Anniversar: 3. Sept.
Hans Munch, „ain capplan"		Anniversar: 16. Sept.
Hans Unricht, „stifter des gotzhus"		Anniversar: 8. Mai
Hans von Waldkirch (*waltkilch*)		Anniversar: [illegible]. Jan.
Heinrich I. (*bruoder hainrich*)		Anniversar: 27. Febr.
Heinrich II.		Anniversar: 24. Juni
Heinrich von Argentina (Straßburg), "ordinis fratrum predicatorum domus Rotwilensis"	1299	FUB I 651
Heinrich Baldinger, Vertreter der Klosterfrauen vor dem Stadtgericht Geisingen	1418	FUB VI 160 Anm. 8
Heinrich Busse, Mitglied des Predigerordens	1360, 1361	FUB VI 247 Anm. 1 und ebd. Anm. 2
Heinrich Kerpholz von Immendingen	1421	FFA, Kl.-Akt., Lade 21 Fasc. A, Nr. 10.
Hermann (herman)		Anniversar: 12. April
Hermann „der alt"		Anniversar: 14. Mai
Hug Salatin		Anniversar: 20. Mai
Dr. Johann Faber, Vikar und geistlicher Berater	1514	Mitt. I, Nr. 64
Konrad (*Conrad*) „unser Capplan"		Anniversar: 10. Juli

[10] Sechs Predigerbrüder waren auch Kapläne im Kloster, z.B. Hans Karlstetter, Hans Munch und Bruder Konrad u.a. Sie werden infolgedessen auch in der Liste der Klosterkapläne (siehe unten) aufgeführt.

Konrad Fischer (*vischer*)		Anniversar: 2. April
Konrad Gerung, Conversus		Anniversar: 29. Sept.
Konrad Nordhalter, von Aulfingen (*Oweluingen*)	1363, 1364 1367	FUB VI 21, 29. Riezler, Ukk. 1, S. 430
Konrad Unricht		Anniversar: 7. März
Nikolaus Köselin		Anniversar: 12. Febr.
Peter	1364	FUB VI 29. Anniversar: 26. Okt.
Peter „hailigen hopt Capelon"		Anniversar: 22. Sept.
Peter Gebhart, „prediger"		Anniversar: 22. Aug.
Peter Köselin		Anniversar: 18. April
Peter Treyer, Prediger-Pater aus Rottweil, Kaplan	1483	QF VII, S. 84. Hecht, Dom.-Kl., S. 79
Philipp von Argentina (Straßburg), (Kennzeichnung wie oben)	1299	FUB I 651
Richard „lesmaister von Costentz"		Anniversar: 14. März
Rudolf		Anniversar: 1. Aug.
Ulrich		Anniversar: 24. April
Ulrich Guggenbühl		Anniversar: 11. Juli
Walther Busse	vor 1364	FUB VI 29. Anniversar: 24. Juni
Walther Hahn		Anniversar: 25. Mai
Walther von Wolterdingen		Anniversar: 30 Juli
Werner, „des gosoldes seliger sun"	1316	FFA, Kl.-Akt., Lade 34 Fasc, A, Nr. 4
Wölfle		Anniversar: 19. April

2. KLOSTERKAPLÄNE/PRIESTER IM KLOSTER AUF HOF (WELTGEISTLICHE UND DOMINIKANER) (alphabetisch nach Vornamen)

Klosterkapläne u.a.	Datierung	Belegstelle
Berthold Armbruster, Priester		Anniversar: 16. Febr.
Burckhart (*her burchart*), „capplan"		Anniversar: 3. Mai
Eberhard Nell, Kaplan, „ain sant Johanser", jurist. Vertreter des Klosters, Leutpriester in Neudingen	1390	Riezler, Ukk. 2, S. 9. Anniversar: 29. Juni
Hans Humel, „ein Capplan uff der von hoheloch altar"		Anniversar: 19. April
Hans Karlstetter, „cappelan", Predigerbruder (s.o.)		Anniversar: 7. April
Hans Kuppenhain, „unser capplon""		Anniversar: 26. Jan.
Hans Munch, „ain capplan, Predigerbruder (s.o.)		Anniversar: 3. Sept.
Hans Murnhart, „Capplan"		Anniversar: 10. Nov.
Hans (Johann, Hansen) vonTannheim (Tanhan), „ain capplan"	1344, 1346, 1350, verst. vor 1384	FUB V 472, 360, 383 Anm. 2. Ebd. II 280, VI 160 Anm. 1, 81 Anm. 2. Anniversar: 10 Okt.

Hans Ywan, von Geisingen, Priester (*Pfaff*)	1388	FUB II 524
Heinrich Spiess, Kaplan (*Pfaff)*	1425	FUB III 173 und 178
Dr. Johann Faber, Vikar des Predigerordens, geistlicher Berater	1514	Mitt. I, Nr. 64
Johann Hafner, erster Kaplan der Hohenloh. Stiftung	1363, 1370	FUB VI 160 Anm. 1. Ebd. II 434
Johannes Röttenbacher, „priester"	um 1530	Anniversar: 10. Sept.[11]
Konrad (*Conrad*), „unser Capplan", Predigerbruder(s.o.)		Anniversar: 10. Juli
Konrad Menger, „capplan"		Anniversar: 30. März
Peter, „hailigen hopt Capelon", Predigerbruder (s.o.)		Anniversar: 22. Sept.
Peter Treyer, Prediger-Pater aus Rottweil, Kaplan	1483	QF VII, S. 84. Hecht, Dom.-Kl., S. 79
Rudolf von Eschingen, „prister"		Anniversar: 6. Febr.

[11] Dieser Eintrag in der Schrift des 16. Jhs befindet sich nur im Original des Anniversarienbuchs im FFA.

ANHANG C
DER GÜTERRODEL DES KLOSTERS AUF HOF VOM 2. JULI 1364[12]
(Die Jahres-Einkünfte des Neudinger Klosters 1364)

Baldingen **FUB VI 29, S. 58**

Objekt	Zinsleute	Zinsabgabe	Nutznießer
Tochingers Gut	Henni Hagen	11 Sfl. Kernen[13] und 11 Sfl. Hafer (*habern*), 10 Sch. alter Pfg. u. ½ Viertel Eier (*aiger*)	Diese 3 Güter zum Leibgeding des Klosterkaplans gehörig Die Pfg. sind für das Kerzenlicht. „Die aiger (Eier) werdent dem convent".
Ein Gut	Heinz Moos (*Haincz Mos*)	7 Sfl. Kernen und 7 Sfl. Hafer, 10 Sch. alter Pfg. und ½ Viertel Eier	
Kleines Gut (*ain gütli*)	*Aine Haini*, des Zimmermanns Sohn	3 Sfl. Kernen und 3 Sfl. Hafer und ½ Viertel Eier.	

Donaueschingen

Objekt	Zinsleute	Zinsabgabe	Nutznießer
Gut (*an guot*)	Die Dankwartin (*Dangcwartin*)	3 Sfl. Kernen, 3 Sfl. Hafer	Zum Leibgeding des Kl.-kaplans gehörig: *von sim eltern seligen*
Hofstatt[14]	dieselbe	2 Viertel Kernen	
Kleines Gut	*Merli*	3 Sfl. Kernen u. 3 Sfl. Hafer	
Ein Gehölz (*von aim holtz)*	Heini der Vogt	2 Viertel Kernen und 2 Hühner	

Aufen (*Vfan*)

Objekt	Zinsleute	Zinsabgabe	Nutznießer
Gehölz	Reckenbach (*Rekgenbach*)	2 Viertel Kernen und 2 Hühner	Die Gehölze gehören zum Leibgeding des Kaplans
Gehölz	Hans *der Hainferster*	2 Viertel Kernen und *2 hain och von holtz*	

Heidenhofen

Objekt	Zinsleute	Zinsabgabe	Nutznießer
Gut	Walter (*Welti*) Schlaithammer	4 Sfl. Kernen und 4 Sfl. Hafer, 1 Sch. alter Pfg., 4 Hühner und ½ Viertel Eier	Bruder Konrad Nordhalter

Wolterdingen

Objekt	Zinsleute	Zinsabgabe	Nutznießer
Gut	Walter der Müller	4 Sfl. Kernen, 4 Sfl. Hafer und 3 Hühner	Bruder Konrad Nordhalter

Aasen

Objekt	Zinsleute	Zinsabgabe	Nutznießer
Meierhof	Bertschi Hagen	6 Mtr. Kernen, 3 Sfl Roggen, 2 Sfl. Hafer, 2 Viertel Eier	Alle Abgaben an das Kloster Auf Hof Rudis Schwester von Behla erhält vom Meierhof 8 Sfl. Kernen und vom Zins des Luggers 7 Sfl. Kernen.
	Heinz (der) Wiler	2 Mtr. Kernen und 6 Viertel Roggen und 2 Viertel Hafer	
	Heinrich (der) Lucger	2 Mtr. Kernen, 1 Sfl. Roggen und 2 Viertel Hafer	
„Der Huserin Gut"	Bertschi Hagen	1 Mtr. Kernen	
„Der Micholfinen Gut"	Heinrich (der) Lucger	1 Sfl. Kernen	
Zelters Gut und ein Acker		1 Mtr. Kernen	
Die Herde	Hirte	12 Gänse	

[12] FUB VI 29. Hier: **Tabellarische Aufstellung** nach Ortschaften; Reihenfolge wie im Urbar.
[13] Kernen: enthülster, gegerbter Dinkel oder – später – Weizen (Winterkorn). Nach: JÄNICHEN, Wirtschaft, S. 392, 367. Vgl. auch TUMBÜLT, Neidingen, S. 76.
[14] Hofstatt (etwa 376 qm): vgl. HUGGLE/OHLER, Maße, S. 20. JÄNICHEN, Wirtschaft, S. 397 f.

Pfohren

Objekt	Zinsleute	Zinsabgabe	Nutznießer
Ein Gut	Hans (der) Kös-ser	6 Sfl. Kernen u. 5 Sfl. Hafer	Die Priorin: (*minr frowen der Brigolinun*)
2 Güter	Ders.	8 Sfl. Kernen, 8 Sfl. Hafer	Elli Fischer und ihre Schwester, 2 Sfl. Ha-fer ans Kloster
Gut	Cueni (der) Lang	10 Sfl. Kernen, 10 Sfl. Hafer	6:4 Teilg zw. See-mül-lerin u. Anna Klein/ Bruder Peter
Gut	Hans Huber	11 Sfl. Kernen, 11 Sfl. Hafer	„die von" Bochingen, Grünberg und Spai-chingen (3 Nonnen). Hafer für Konvent
Gut	Jakob (Jecgli der) Lechler	6 Sfl. Kernen u. 6 Sfl. Hafer	Jahrzeit des Krellen, Konvent (Hafer)
2 Güter	Mergli Raewli	6 Sfl. Kernen und 6 Sfl. Ha-fer	Für 2 Jzt. und *die Lentzkilchin,* 3 Sfl. Hafer für Konvent
	Döldli Balghan	1 Sfl. Vesen[15]	
Hofstatt	Berschi (der) Lang	2 Viertel Kernen	
	Cueni Füssli	9 *Costenzer*	
	Jaekli, *der Huo-ter*	9 Viertel Kernen u. 17 Vier-tel Hafer	Jzt. von Bruder Wal-ther Busse
Köllis Gut		1 Mtr. Kernen und 2 Sfl. Hafer	Jzt. zweier *Burkat der Busnan*

Allmendshofen

Objekt	Zinsleute	Zinsabgabe	Nutznießer
Gut	Konrad (der) Widemer	4 ½ Sfl. Kernen	Anna (I.) von Blum-berg, Brigitta u. Else von Emmingen, „die von" Gutmadingen

(Donau-)Eschingen **FUB VI 29, S. 59**

Objekt	Zinsleute	Zinsabgabe	Nutznießer
Hofstatt „vnden bi der Tuonow"		(Keine weiteren Angaben)	„die ist unser"

Hüfingen

Objekt	Zinsleute	Zinsabgabe	Nutznießer
Hofstatt	*Der Zvber*	10 Viertel Kernen	von Bochingen, Non-ne in Friedenweiler
Hofstatt	Rutlingers Sohn	1 Sfl. Kernen	Konvent
Gut[16]	Linders Sohn	10 Viertel Kernen, davon 2 Viertel Kernen an: 1 Mtr. Kernen an: 10 Viertel Hafer für	Benedikta von Bochingen (Nonne), die Seemüllerinnen, Konvent

Didishausen (*Tutischvsen*)

Objekt	Zinsleute	Zinsabgabe	Nutznießer
Gut	Heinrich (der) Frilich	8 Sfl. Kernen u. 8 Sfl. Hafer, 6 Sch. Pfg., 4 Hühner und 1 Viertel Eier	Degen (vermutlich ein Pfründner)

---

[15] Vesen: ungegerbter Dinkel (nach JÄNICHEN, Wirtschaft, S. 392).

[16] Wie bei diesem Gut wird im Güterrodel bei einigen Gütern vermerkt, dass die Zinsabgaben früher höher waren. Zu diesem Hüfinger Gut heisst es: „...daz etwent (vormals) galt 5 schöffel kernen vnd as vil habern ..." (FUB VI 29).

Epfenhofen (*Eppenhoven*)

Objekt	Zinsleute	Zinsabgabe	Nutznießer
Gut	Henni Muntfölli	8 Sfl. Kernen u. 8 Sfl. Hafer, 8 Sch. und 1 Pfd. alter Pfg.	Henslin v. Eschingen, „die von" Bochingen
Gut	Hans (der) Brechter	4 ½ Sfl. Kernen u. 9 Sfl. Hafer, 6 Sch. alter Pfg., 2 Hühner u. ½ Viertel Eier	

Wangen

Objekt	Zinsleute	Zinsabgabe	Nutznießer
Gut (*an guot*)	Der Müller von Wangen	7 Sfl. Kernen u. 7 Sfl. Hafer, 6 Sch. alter Pfg., 4 Hühner und 1 Viertel Eier	Henslin v. Eschingen Konvent

Mauchen (Mvchan)

Objekt	Zinsleute	Zinsabgabe	Nutznießer
Gut	Hans (der) Zimmermann	2 Mtr. Kernen, 2 Mtr. Hafer, 6 Viertel Roggen, 2 Viertel „erwisan" (?), 10 Sch. alter Pfg., 4 Hühner, 1 Viertel Eier	Jahrzeit für „die von" Blumberg (Nonne?) und die Han Konvent

Döggingen (Teggingen)

Objekt	Zinsleute	Zinsabgabe	Nutznießer
Gut	Rudi Zutel	6 Sfl. Kernen u. 8 Sfl. Hafer, 10 Sch. alter Pfg., 4 Hühner und ½ Viertel (Eier)	„diz wirt der von Emmingen" (Brigitta von E., Nonne).
Kleines Gut	Frau des alten Seligenmanns	5 Viertel Kernen und 1 Mtr. Hafer, 2 Sch. alter Pfg. und 3 Hühner	Klosterfrauen von Almshofen (Kernen) und Konvent (Hafer)
Kleines Gut	Hug (der) Bruscher	6 Viertel Kernen und 1 Sfl. Hafer, 2 Hühner und 15 Eier, 6 alte Pfg.	
Teil eines Gutes (*sin getailet*)	Maergli Cop	6 Viertel Kernen und 1 Sfl. Hafer, 2 Hühner und 15 Eier, 6 alte Pfg.	
Gut	Rudi Haesli	3 Sfl. Kernen u. 3 Sfl. Hafer, 3 Hühner	
Gut	Hupscher	5 Sfl. Kernen und 4 Sfl. Hafer	
Gut	Etterns Schwester	5 Sfl. Kernen u. 5 Sfl. Hafer, 5 Sch. alter Pfg., 2 Hühner und 1 Viertel Eier	Priorin (Kernen und Hafer), Konvent (*daz ander*)
Teil des Gutes (*sin tailet*)	Henni, Etterns Sohn	5 Sfl. Kernen u. 5 Sfl. Hafer, 5 Sch. alter Pfg., 2 Hühner und 1 Viertel Eier	
Gut	Werli In dem Hof	5 Sfl. Kernen u. 5 Sfl. Hafer, 5 Sch. alter Pfg.	Höner und seine Schwester

Eschach (Escha)

Objekt	Zinsleute	Zinsabgabe	Nutznießer
Gut	Rudi (der) Hairlacher	6 Viertel Kernen und 6 Viertel Bohnen (*bonan*)	Jzt. der Alten von Almshofen (Nonne)

Behla

Objekt	Zinsleute	Zinsabgabe	Nutznießer
	Klét	2 Viertel Kernen, 2 Hühner	

Sumpfohren (Svmpforren)

Objekt	Zinsleute	Zinsabgabe	Nutznießer
Ein „Gütli"	Heini Dobnan	5 Sfl. Kernen u. 5 Sfl. Hafer, 6 Hühner	Ita Repf, Agnes von Schwandorf, Verena von Geisingen (Nonnen) und Konvent
Eine Wiese (*voner wise*)	Ders.	11 Sch. alter Pfg.	Jahrzeit der Bussen

Objekt	Zinsleute	Zinsabgabe	Nutznießer
Kleines Gut	Die Söhne des sel. Berschiss von Rötenbach	3 ½ Sfl. Kernen und 3 ½ Sfl.Hafer	Konrad Nordhalter, nach seinem Tod für Kirchenlicht, Kaplan, St. Nikolaus Kapelle
Kleines Gut	*Cuoni der Mesch*	6 Sfl. Kernen und 6 Sfl. Hafer	Die zwei Küchinnen

Gutmadingen **FUB VI 29,S. 60**

Objekt	Zinsleute	Zinsabgabe	Nutznießer
Gut	Sohn des Herman Kayser	5 Sfl. Kernen 5 Sfl. Hafer	Agnes (I.) von Rettenberg
Ein zweites Gut	Ders.	6 Sfl. Kernen u. 6 Sfl. Hafer, 6 Hühner und 1 Viertel Eier	Anna Klein (Nonne)
Gut	Rudi (der) Kayser, sein Bruder, der Bertheler	6 Sfl. Kernen u. 6 Sfl. Hafer, 2 Hühner und ½ Viertel Eier	
	Die Mucheremerin	6 Viertel Kernen	Kirchenlicht „an den Dormenten"
Gut	Heini, der Meier, der Alte	3 Mutt Kernen, 2 Mutt Hafer, 2 Hühner und (?) Eier	Verena von Geisingen (Nonne)
Gut	Henni, der Meier	4 Sfl. Kernen u. 4 Sfl. Hafer	Jahrzeit der Frau von Krenkingen
Auroltz Wiese	Haini Falcg *von Kilchain*	9 Sch. alter Pfg.	
Güter am Weingarten u. a.	Send von Bútenhart	5 Sfl. Kernen	Leibgeding des Hans von Wetzenhoven, Pfarrer zu Lottstetten
2 Äcker bei den Egerten[17] (*witenegerden*)	Heini Ab Juhs	9 Viertel Kernen und 14 Viertel Hafer (*wenn die Äcker mit nutz ligent*)	(Konvent)
Acker bei Mitlun	Hans Bünninger	3 Viertel Kernen	
Ein Acker (*an agger*)	Der Kuch	2 Viertel Kernen	Jahrzeit von Kuchs Bruder
Die „wiszehende" in Hugestal	Heini, der Torwärter	11 Sch. alter Pfg.	
4 Wiesen im Gewann Grauhalden: Zins und Zehnt	Hans Bünninger	Im 1. und 2. Jahr (*mit nutz*): 1 Pfd. alter Pfg. und 10 Hühner. Im 3. Jahr: 10 Sch. alter Pfg. u. 10 Hühner.	(Konvent)
2 Mannsmahd[18] auf der Länge, 1 Mannsmahd unter den Studen	Ders.		
Wiese in Klingental	Hensli von Eschingen	5 Sch. alter Pfg. (entspricht dem Zehnt)	(Kloster Auf Hof)

Hondingen (Haindingen)

Objekt	Zinsleute	Zinsabgabe	Nutznießer
Meierhof (ein Viertel)	Heini Reinhart	5 Sfl. Kernen u. 5 Sfl. Hafer, 2 ½ Sch. alter Pfg. davon 18 Pfg. für	Elli und Elsi Guggenbühl (Nonnen), eigene Jz.Oblaten
(drei Viertel)	Cuni (der) Hensler u. seine Stiefmutter	15 Sfl. Kernen und 15 Sfl. Hafer, 7 ½ Sch. alter Pfg.	Agnes (I.) von Rettenberg (Nonne) (17 Sfl. Kernen)
Gut	Dieselben	11 Viertel Kernen, davon 17 Sfl. Kernen an:	

[17] Egert: gelegentlich bebaute, häufig öd liegende Flächen (ev. ein aufgelassener Weingarten u.ä.). Vgl. JÄNICHEN, Wirtschaft, S. 368.

[18] Mannsmahd: Flächenmaß für Wiesen; M. entspricht der Wiesenfläche, die ein Mann an einem Tag mähen kann. Nach: HUGGLE/OHLER, Maße, S.22.

Objekt	Zinsleute	Zinsabgabe	Nutznießer
Hof	Burglin, der Müller	10 Sfl. Kernen, 10 Sfl. Hafer, 10 Sch. alter Pfg.	(Konvent)
Ein „Gütli"	Heini Reinhart	4 Sfl. Kernen u. 4 Sfl. Hafer	
Gut	Henni (der) Geiger (*giger*)	7 ½ Sfl. Kernen	Leibgeding für Elli u. Elsi Guggenbühl (Nonnen). Jahrzeit für Vater und Bruder
Bechingers Gut	Ruediger Etschwenn	7 ½ Sfl. Kernen und 7 ½ Sfl.Hafer	
Schelblis Gütli	Ders.	1 Mtr. Kernen u. 1 Mtr Hafer	Konvent
Schlatters Gut	Henni (der) Huser	1 Mtr. Kernen u. 1 Mtr. Hafer	Klosterfrau Agnes von Schwandorf
Angsten Gut	Heini (der) Nidinger u. Eberli (der) Schneider	3 ½ Sfl. Kernen und 3 ½ Sfl. Hafer	U.a. Kirchenlicht (vom Anteil Hainis des Nidingers)
Mäders Gütli	Hans (der) Henseler	4 Sfl. Kernen und 4 Sfl. Hafer	
Kleines Gut		3 Scheffel und 1 Viertel Kernen, 4 Sfl. Hafer	
Gut	Heini und Henni (die) Nidinger	4 Sfl. Kernen u. 4 Sfl. Hafer davon 1 Mtr. Hafer für:	Kirchenlicht am Fronaltar
Guggenbühls Gut	Eberli und Öti Etschwenn	4 Sfl. Kernen u. 4 Sfl. Hafer	Grete Funk (*die junge Gretun Funkgen*)
Kleines Gut	Heini Reinhart	4 Sfl. Kernen u. 4 Sfl. Hafer davon 3 Sfl. Kernen für:	Elisabeth Im Turn (Nonne)
Kleines Gut	Heini (der) Huser	6 Viertel Kernen und 6 Viertel Hafer	Benedikta von Bochingen (Nonne)
Gut	Henni (der) Nidinger	1 Mtr. Kernen und 1 Mtr. Hafer, 2 Schweineschultern und 2 Hühner	
Verschiedene Güter	Heini Reinhart	5 Sfl. Kernen und 6 Sfl. Hafer	*„dem Bischoff, dem vngelter"*[19]
Hof	Burcli, der Müller	10 Sfl. Kernen und 10 Sfl. Hafer	

Kirchdorf (Kiltdorf) **FUB VI 29, S. 61**

Gut	Hans Wolfart	5 ½ Sfl. Kernen und 5 Sfl. Hafer, 4 Hühner und ½ Viertel Eier	Jahrzeit für Berthold von Tannheim und seine Ehefrau Kerzenlicht

Neudingen

Der Kelnhof	(Henni) Jochart	12 Sfl. Kernen und 12 Sfl. Hafer, 8 Sch. alter Pfg.	
	Cueni Funk	6 Sfl. Kernen u. 6 Sfl. Hafer, 4 Sch. alter Pfg.	1
	Uli (der) Hafner	6 Sfl. Kernen u. 6 Sfl. Hafer, 4 Sch. alter Pfg.	2 Bei 1/2/3 Zusatz: *S. Nicholao*
	Cueni (der) Kuttler	6 Sfl. Kernen u 6 Sfl. Hafer, 4 Sch. alter Pfg.	3
	Henni Nesun	6 Sfl. Kernen u. 6 Sfl. Hafer, 4 Sch. alter Pfg.	„Der kerne an das lieht wider dz closter"
Hofstatt	Cueni Kuttler	2 Viertel Kernen	
Hofstatt	Henni Nesun	2 Viertel Kernen	
Gut	Henni Jochhart	7 Sfl. Kernen u. 7 Sfl. Hafer	
Hofstatt	Rudi Burkhart	3 Viertel Kernen	
Eine Bunt	Hans (der) Fischer	5 Viertel Kernen	
Schlehwiese		1 Gans (2 Jahre nacheinander)	

[19] Ungelt: Abgabe, die eigentlich nicht sein sollte (laut LEXERs Mittelhochdt. Taschenwörterbuch).

Neudingen (Fortsetzung)

Objekt	Zinsleute	Zinsabgabe	Nutznießer
Bunt	Werli Märkis	1 Mtr. Kernen	Bruder Konrad und seiner Schwester Kind
	Bruder von Bruder Konrad	5 Viertel (Kernen)	
	Rudi Burkhart	3 Viertel (Kernen)	
	(Uli) der Hafner	2 Mtr. Kernen	
	Fonch	2 Mtr. (Kernen)	
Gut	Funk	1 Mtr. Kernen	von Bochingen und „ir swester“
Gut	der Hafner	1 Mtr. Kernen	
Müllacker	Rotermunt	1 Mtr. Kernen und 2 Mutt Hafer	Elisabeth im Turn (davon 2 Mtr.)
Esch ab dem Sychenberg		7 Viertel Kernen u. 7 Viertel Hafer	
Esch auf der Bultz		6 Viertel Kernen u. 6 Viertel Hafer	
Garten		2 Sch. Pfg.	
2 Wiesen oberhalb der Furt bei Sumpfohren		6 Viertel Kernen und 4 Hühner	
Gut	Henni Nesun	3 ½ Sfl. Kernen und 6 Viertel Hafer	Elisabeth im Turn
	Ders.	3 Sfl. Kernen und 3 Sfl. Hafer	Jahrzeit „der von Krenkingen“
Hofstatt	Markus (*Märki*) Stadwig	2 Viertel Kernen	
Bunt	Heini von Achdorf (*Ahtdorf*)	3 Viertel Kernen	
Garten unterhalb des Klosters	Steffan	1 Sfl. Kernen	
Hofstatt	Hartmann	2 Viertel Kernen	
	Ders.	2 Viertel Vesen	Küsterei (*an die kustri*)
Gut	Heini Lebgern	7 Sfl. Kernen u. 6 Sfl. Hafer, 7 Sch. alter Pfg.	Nonne Katharina Spaichinger (5 Sfl. Kern u. 6 Sfl. Hafer)
„Von enr bvn“	Ders.	3 Viertel Kernen	Grete Funk Vf Hof (Nonne?)
	Heini Gerong	2 Sch. „ze wiset“ (als freiwillige Abgabe?)	
	Geri Wältis und „irs ettern dohter“	2 Sch. „ze wisat“	
Hofstatt am Tösenbach		2 Viertel Korn	
Wiese	Bruder Hug Salade	4 Sch. alter Pfg.	
Acker (*an agger*)	Geri Zigerli	6 Pfg.	„an daz lieht“
Gut	Henni Jochart	6 Sfl Hafer	Anna (I.) von Blumberg, Pitanz bei Jahrtagsfeier
Gigers Wiese zu Gnadental	Has von Fürstenberg	8 Sch. „stebler“ (Münze)	Agnes (I.) von Rettenberg
Herlis Wiese zu Gnadental	Uli Räwli und Merkgi Stadwig	8 Sch. Stebler	
Juchartz Gut		Kernen: 2 Mtr.: (für 4 Nonnen) 1 Mtr.: 1 Mtr.: 3 Mtr. minr 1 Viertel: 5 Viertel: 4 Sfl.:	Mechthild von Hödorf Adelheid Bilger Anna Repf Heilwig von Bern Elli Ymlis (Nonne?) Jzt. für v. Tettingen

Neudingen (Fortsetzung)

Objekt	Zinsleute	Zinsabgabe	Nutznießer
„Vf Lengi lit an wise wuest“		3 Sch. alter Pfg.	
Acker auf Rietzegg	Cueni Funk	6 Viertel Kernen (bei Winterkorn) oder 6 Viertel Hafer, je nach Anbau	
Acker	Ruedi (der) Kuttler	2 Viertel Kernen (bei Winterkorn) oder 1 Sfl. Hafer	
Acker hinter Rietzegg	Die Stokarin	2 Viertel Kernen oder 1 Sfl. Hafer	
Garten (bei Graeloken)		2 Viertel Kernen	Grete Funk
„Ain wisbletzli lit ob Hufinger weg“	Ganser	Der Zehnt im 1.+2. Jahr (im 3. Jahr „gen Kilchan“)	
2 Wiesen	Hermann, der Meier von Fürstenberg	7 Schilling Heller	
1 Acker bei den Steinäckern und1 Wiese	(Der) Kuch	Schenkung (des Ertrags) an das Kloster	Jahrzeit für Kuch und seine Frau
Kuchs Acker	Cueni Funk	5 Viertel Kernen (bei Winterkorn) oder 10 Viertel Hafer	Jahrzeit von Claus Kuch

Tannheim (Tanhan) **FUB VI 29, S. 62**

Objekt	Zinsleute	Zinsabgabe	Nutznießer
Güter: Kauf des Klosters 1359 von Graf Hug von Fürstenberg[20]	Blengli	2 Viertel Kernen und 3 Sfl. Roggen. 4 Mtr. Hafer „minr 1 schoeffel“	„Dis gelt wirt ivmpfrow Elsinun alles halbs, die wil sü lebt ...“ Nach ihrem Tod fällt die Abgabe an den Konvent. Mit Jungfrau Else ist wohl Elsbeth (Elisabeth) von Fürstenberg gemeint, Nonne im Kloster Auf Hof zu dieser Zeit[21].
	Heinz Yme	2 Mtr. Kernen, 3 Sfl. Roggen und 6 Sfl. Hafer	
	Claus Yme	3 Sfl. Kernen, 17 Viertel Roggen und 6 Sfl. Hafer	
	Durant	10 Viertel Kernen, 9 Viertel Roggen und 5 Sfl. Hafer	
	Brigitte (Brid) Eschenbechin	1 Sfl. Kernen, 3 Viertel Roggen und 2 Sfl. Hafer	
	Hans (der) Som	1 Sfl. Kernen, 3 Viertel Roggen und 2 Sfl. Hafer	
	Stoll von Wolterdingen	3 Mtr. Kernen	
Gut Walthers von Niederhofen[22]	(Der) Kilchhoffer	1 Mtr. Kernen, 2 Sfl. Hafer	

Neudingen (Fortsetzung)

Objekt	Zinsleute	Zinsabgabe	Nutznießer
Wiese „in Gosbungtan“			Leibgeding Eberhard von Wurmlingens
2 Wiesen unter Studen	Heini Ganser	8 Sch. Heller und 1 Huhn	Leibgeding und Jzt. der Frau Busse
Wiese „an Pforer stig under Studen“	Burri von Fürstenberg	8 Sch. Heller	

[20] FUB VI 29, S. 62. Vermerk des Schreibers: „ Dü güter , dü wir ze Tanhan haben von mim herren, grave Hug“. Vgl. hierzu FUB II 343, ebenso FUB II 111.

[21] Elisabeth (Elsbeth) von Fürstenberg stammt aus der Haslacher Linie und ist die Tochter des Grafen Heinrich von Fürstenberg, Bruder Hugs von Fürstenberg: vgl. FUB II 343. u. RIEZLER , Haus Fürstenberg, Stammtafel IV.

[22] Dieses Gut ist bereits in der Urkunde vom 14. Febr. 1321 unter diesem Namen aufgeführt: vgl. FUB II 111.

Neudingen (Fortsetzung)

Objekt	Zinsleute	Zinsabgabe	Nutznießer
Zehnt der Bägerwis	Kuch und seine Ehefrau	Kauf des Zehnten für Leibgeding	Beim Tod der jeweiligen Käufer werden die Zehnten wieder frei verfügbar.
Zehnt von 2 Wiesen	Cüntzli, der Vogt von Fürstenberg	Kauf der Zehnten	
2 ½ Zehnt von drei Wiesen	Hans (der) Haffner u. sein Vater	Kauf der Zehnten	
Wiese „in der Bitzin“	Ruedi von Achdorf	1 Pfd. und 8 Sch.	Jzt. der Munkin, ihres Mannes Hans v. Baldingen und ihres Sohnes Hans.

Mundelfingen (Munolvingen)

	Klenger	1 Mutt Vesen und 1 Mutt Bohnen	
	Brülinger „vf der Halden“	10 Viertel Vesen und ½ Mutt Bohnen	
	Cueni (der) Yppinger	10 Viertel Vesen und ½ Mutt Bohnen	
	Bröckli von Munolfingen	1 Mutt Vesen	
	(Der) Velwer von Eschan	13 Viertel Bohnen	

Geisingen

	Hug (der) Gebüttel	9 Mutt Kernen, 9 Mutt Roggen, 9 Mutt Hafer, 4 Hühner und ½ Viertel Eier	
	Bürgi von Tengen	7 Mutt Kernen, 7 Mutt Roggen, 7 Mutt Hafer, 2 Hühner und ½ Viertel Eier	
	Oten von Haindingen	13 Viertel Vesen und 13 Viertel Hafer	
Kuchenmaisters Gut	Heini Reinhart	1 Mutt Kernen	

Auswertung

Die Zinsabgabe an das Kloster Auf Hof 1364 erfolgte:

- in 24 Orten
- aus insgesamt 154 Zins-Objekten, die sich größtenteils im Eigentum des Klosters befanden. Dies waren:
    - 3 Großgüter (2Meierhöfe und 1 Kelnhof)
    - 76 Güter/Höfe (von unterschiedlicher Größe)
    - 11 Hofstätten
    - 37 Einzellandstücke (Äcker, Wiesen, Gärten usw.)
    - 3 Waldstücke (Gehölze)
    - 19 Gülten
    - 4 Zehnten
    - 1 Herde

Die Gesamtleistung der Zinsabgaben in Naturalien[23] betrug:

- 243 Mtr. + 5 Viertel Kernen[24]
- 17 Mtr. Roggen
- 114 Mtr. Hafer
- 2 Mtr. + 7 Viertel Vesen
- 7 Sfl. + 1 Viertel Bohnen
- 88 Hühner und 13 Gänse
- 1590 Eier
- 2 Schweineschultern

Die Gesamtabgabe in Geld belief sich auf:

- 183 Schilling alter Pfg.+
- 3 Pfd. alter Pfg.+
- 18 alte Pfg = 2934 alte Pfg.

- 23 Schilling Heller[25]+
- 16 Schilling Stebler[26]+
- 9 Konstanzer Pfg. +36 (½)Konstanzer Pfg

Das ergibt insgesamt: =2970 Pfg. oder
<u>12 Pfd. 7 Sch. 6 Pfg.</u>

[23] Die Umrechnung der Naturalzinse erfolgte aufgrund der Aufstellung bei JÄNICHEN, Wirtschaft, S. 392 (Fruchtmaße), der Geldzinse ebd. S. 400 (Münz- und Geldwesen).

[24] Vgl. hierzu die Gesamtleistung des Zisterziensernonnenklosters Rottenmünster in REICHENMILLER, Reichsstift, S. 26.

[25] Laut JÄNICHEN, Wirtschaft, S. 401, entsprechen 2 Heller (hlr) einem Konstanzer Pfennig.

[26] Laut dem Wörterbuch der Münzkunde, hg. von Friedrich von SCHRÖTTER, Berlin/Leipzig 1930, S. 654, war *Stäbler* oder *Stebler* die ursprüngliche Bezeichnung für die Hohlpfennige der Stadt Basel, die nach Erlangung des Münzrechts für die Bischöfe von Basel 1373 mit deren Wappen, dem Baselstab (= der Basler Bischofsstab), geschlagen wurden.

ABKÜRZUNGSVERZEICHNIS

Verwandt wurden die allgemein gebräuchlichen Abkürzungen wie Anm., ders., etc., Hg., sog., u.a., usw. Daneben bedeuten:

Abt.	Abteilung
bearb.	bearbeitet
EAF	Erzbischöfliches Archiv Freiburg
Fasc.	Faszikel
FFA	Fürstlich Fürstenbergisches Archiv Donaueschingen
FDA	Freiburger Diözesan-Archiv
fl.	Florin, (Gold)Gulden
FUB	Fürstenbergisches Urkundenbuch
GLA	Generallandesarchiv Karlsruhe
GSV	Grabstättenverzeichnis: Aufstellung der gräflichen Beisetzungen im Kloster Neudingen
Hs.	Handschrift
Jh.	Jahrhundert
Jzt.	Jahrzeit
Kl.	Kloster
Kl.-Akt.	Kloster-Akten
Komm.	Kommission
MGH	Monumenta Germaniae Historica
Mitt.	Mitteilungen aus dem FFA
Mtr.	Malter
NF	Neue Folge
Pfd.	Pfund
Pfg.	Pfennig, Pfennige
QF	Quellen und Forschungen zur Geschichte der Dominikaner in Deutschland
REC	Regesta Episcoporum Constantiensium
RI	Regesta Imperii
RQ	Römische Quellen zur Konstanzer Bistumsgeschichte
RUB	Urkundenbuch der Stadt Rottweil
Sign.	Signatur
Sch.	Schilling
Sfl.	Scheffel
SVGN	Schriften des Vereins für Geschichte und Naturgeschichte der Baar
Uk.,Ukk.	Urkunde, Urkunden
Vol.	Volumen
VFFA	Veröffentlichungen aus dem Fürstlich Fürstenbergischen Archiv
WLB	Württembergische Landesbibliothek Stuttgart
WUB	Württembergisches Urkundenbuch
ZGO	Zeitschrift für die Geschichte des Oberrheins

QUELLENVERZEICHNIS

Im Folgenden werden die bei Zitaten verwandten *Kurztitel* und *Stichworte* in Kursivdruck gekennzeichnet. (Ausgenommen sind AUTORENNAMEN in Kapitälchen)

I. Ungedruckte Quellen

> Fürstlich Fürstenbergisches Archiv Donaueschingen (*FFA*):

Anniversarienbuch des Klosters Maria-Hof zu Neidingen. (Vorliegendes Exemplar von: 1494, Abschrift einer älteren Vorlage. Spätere Einträge, meist mit Jahreszahl, bis ins 18. Jahrhundert. Ecclesiastica 13.)

ARRES, Martin Antoni: *Extractus* authentici. Zusammenstellung der Jahrtage des fürstenbergischen Hauses anhand des Neudinger Anniversarienbuchs, 6 Seiten.. Unterzeichnet von Martin Antoni Arres, Verwalter allda, 1767. O B 20 Volumen III Fasc. 8.

Beisetzungen der Grafen zu Fürstenberg. Leichname in der Familien-Gruft zu Mariahof bey Neidingen. (17. und 18. Jahrhundert). Kloster-Akten, Lade 4 Fasc. D.

Fürstenbergische Genealogie: Auszüge aus den Closter Neidingenschen, Amtenhausenschen und Friedenweilerschen Urkunden zum Behuf der fürstenbergischen Genealogie von 1606. O B 20, Volumen III Fasc. 8.

GABELKOVER, Oswalt: *Annales* ex Oswaldi Gabelkoveri opere Manuscripto de illustribus familiis ab anno Christi 1091 usq. 1603. In *Döpser*s Copialbuch I. O B 20 Vol. I/2.

GSV: Grabstättenverzeichnis. Aufstellung der gräflichen Beisetzungen im Kloster Auf Hof bei Neudingen von Anton SCHELBLE, FF-Kanzleirat, 1874. – FFA, O B 20, Vol. III Fasc. 7.

Haupturbar (Urbar Nr. 1): Haubt Urbarium worinen Deß Löblichen Gottshaußes Maria uff hooff bey Neudingen Schuz, Schirm, Freyheits, Zehenden, Zünß und Lehensguether begriffen. De Annis 1299 et 1436.

Kopialbuch: Copia *Unterschidlicher Stüftungen-*, Kauff- und Obligations-Briefen, dem Löblichen Gottshauß Maria Hoff bey Neudingen gehörig, de Anno 1292 undsoweiter fort. (Alte Sign. Lit. A Nr. 1).

KÖTZ, Andreas: *Genealogische Aufzeichnungen*, um 1500. Zum Teil als Beilagen (verschiedentlich auch auszugsweise gedruckt zur Kommentierung von Urkunden im FUB), teilweise auch als kurze Exkurse in:

DERS. *Kinzigtaler Lagerbuch* von 1493. (Renovat. XIV A, 1 b.)

Repertorium 1 über die in der Fürstlichen Verwaltung entstandenen Akten des Klosters Mariahof zu Neudingen, verfasst von Johan P. MERCK, 1786.

Repertorium 2 über die Akten und Urkunden aus dem eigenen Archiv des Klosters Mariahof bei Neudingen. Geschrieben von Franz Antoni BERON, p. t. Verwalter. 1740.

Schuldenwesen 2: Passiv Capitalien sub N. (Neudingen). Obligationes, Schulden Praetensiones u.a. In: Schuldenwesen 2, Fasc. XIII.

Urbarium Nr. 16: Urbarium über einige Lehen und Zünß Guether und deren Gülten Ertrag. Dem Löblichen Gottshauß Maria-Hoof bey Neudingen angehörig. Anno 1364.

Urkunden werden zitiert als *Kloster-Akten* oder *Verwaltungs-Akten*, ebenso als *Illustria* und *Selecta* mit den entsprechenden Archivsignaturen. (Vgl. hierzu auch die Erläuterungen in der Einleitung, Abschnitt 4).

> Generallandesarchiv Karlsruhe (*GLA*)

Idea laudabilis Monasterii Super Curia Mariae prope Neidingen. Das ist kurzer aber ächter Entwuff des Closters uf Hof Ord. S. Dominici, jezo aber Mariae Hof Ord. Cisterciensis bey Neudingen gen. ... Alles zusam getragen und beschrieben durch einen hier vormahls geweßten Verwalter, 17 Anno 70. Nach der Dedication nent er sich: Martin Antoni ARRES weylant Verwalter zu Mariae-Hof – Papier-Handschrift von 1770. (Hs. 65/333.)

Untersuchung der Jahrtägen : Löbl. Gotteshaus Mariahof betreff. Das Gotteshaus uf Hof genant bey Neidingen betreff. Angefertigt: Salmannsweiler, den 30. July 1767 Franz Anton BERON, Lehensrath. (Hs. 229/72515).

> <u>Württembergische Landesbibliothek Stuttgart</u> (*WLB*)
(Die folgenden Titel gehören zu den Beständen, die 1993 aus der Fürstl. Hofbibliothek in Donaueschingen in die WLB Stuttgart überführt wurden.)

ELKART, H.: Kurzer, aber ächter Entwurf des Klosters Uf Hof bei Neidingen, 1783. Papier-Handschrift 18. Jahrhundert, 8 Blätter. C III b, 6.

Idea laudabilis Monasterii Super Curia Mariae prope Neidingen, C III b, 5 (wahrscheinlich eine Hs.-Kopie der GLA Hs. 65/333).

> <u>Erzbischöfkiches Archiv Freiburg</u> (*EAF*)

Zisterzienserinnenkloster Neudingen, Akten zu Patronatsrecht und Primi Fructus der Pfarreien Neudingen und Gutmadingen, diesbezügliche Prozessakten, A 4 Nr. 548-553.

II. Gedruckte Quellen und Regesten

BADER, Karl Siegfried (Hg.): *Jahrtäg* und gedächtnus aller stifter und guttäter samt dero stiftung und gaben, so dieselben erfolgen haben lassen dem hochlöbl. Frauen-closter Amtenhausen, st. Benedicti ordens. ... Copiert und ausgezogen anno 1665. Das ander mal aber geschrieben anno 1678. In: K. S. Bader, Kloster Amtenhausen in der Baar. (VFFA, Heft 7), Donaueschingen 1940, S. 126-167.

BAUMANN, Franz Ludwig (Hg.): Akten zur Geschichte des deutschen *Bauernkrieges* aus Oberschwaben. Freiburg 1877.

FICKLER, Carl Borromaeus Alois (Hg.): *Anniversarien-Buch* des Klosters Maria Hof bei Neidingen. Ein Beitrag zur vaterländischen Geschichte. 2 Abteilungen, Donaueschingen 1845/1846.

Fürstenbergisches Urkundenbuch (*FUB*): Sammlung der Quellen zur Geschichte des Hauses Fürstenberg und seiner Lande in Schwaben. Bd. I – VII. Hg. vom Fürstlichen Hauptarchiv. Tübingen 1877-1891.
Bd. 1 und 2 bearbeitet von Sigmund RIEZLER, 1877.
Bd. 3 und 4 bearb. Von S. RIEZLER und F. L. BAUMANN, 1878 und 1879.
Bd. 5-7 hg. v. FFA Donaueschingen 1885,1889 und 1891.
(Eine Belegstelle wird folgendermaßen gekennzeichnet: FUB, die Bandzahl in röm. Ziffern, Uk. bzw. Regest mit arab. Zahlen Also: FUB V 301. Sofern der Urkundentext in einer Anmerkung genannt wird, lautet die Kennzeichnung z.B.: FUB VI 160 Anm. 6).

HOLSTENIUS, Lukas (und BROCKIE, M.) (Hg.): *Constitutiones* Sororum Ordinis Praedicatorum (nach Humbert von ROMANIS). In: Codex Regularum monasticarum et canonicarum, Bd. 4. Unveränderter Abdruck der Ausgabe von 1759, Augsburg 1958, S. 128-140.

HUG, Heinrich: Heinrich *Hugs Villinger Chronik*. Von 1495 bis 1533. Hg. von Christian Roder. Bibliothek des Literarischen Vereins in Stuttgart. Band CLXIV. Tübingen 1883.

Landesdenkmalamt Baden-Württemberg (Hg.): Bau- und siedlungsgeschichtliche *Grobanalyse* von Dörfern in Baden-Württemberg. Projektphase II. U.a.: Neudingen, Stadt Donaueschingen, Schwarzwald-Baar-Kreis. Tübingen 1994/95.

MEYER, Johannes: Das *Ämterbuch*, 1454, kommentiert und in Auszügen gedruckt in der Beilage 1 zur Chronik der Anna von Munzingen, hg von J. König, in: FDA 13 (1880), S.196-207.

DERS: *Chronica* brevis Ordinis Praedicatorum, 1481. Hg. von Heribert Christ. Scheeben. In Quellen und Forschungen zur Geschichte des Dominikanerordens in Deutschland. (*QF XXIX)*, Leipzig 1933.

DERS. *Auszüge* aus der Chronica von 1481, kommentiert in der Beilage 1 zur Chronik der Anna von Munzingen, hg. von J. König, in: FDA 13 (1880), S. 194 bis 210.

Mitteilungen aus dem FF. Archive. Quellen zur Geschichte des Fürstl. Hauses Fürstenberg und seines ehedem reichsunmittelbaren Gebietes 1510–1617. 2 Bde, bearb. v. Franz Ludwig BAUMANN u. Georg TUMBÜLT. Tübingen 1894-1902.

MONE, F. J. (Hg.): *Quellensammlung* der badischen Landesgeschichte, 4 Bände. Karlsruhe 1867.

DERS. (Hg.): *Wonnethaler Urkunden* des 13. Jahrhunderts. In: ZGO 8 (1857), Seite 481 bis 493.

Necrologium monasterii Nidingensis dicti Uf Hof. In: MGH. Necrologia Germaniae. Dioeceses Augustensis, Constantiensis, Curiensis. Bd. 1. Hg. von Franz Ludwig Baumann. Berlin 1888, S. 309-314.

PARLOW, Ulrich: Die *Zähringer*. Kommentierte Quellendokumentation zu einem südwestdeutschen Herzogsgeschlecht des hohen Mittelalters. (Veröffentlichungen der Kommission für geschichtliche Landeskunde in Baden-Württemberg, Reihe A, Quellen, 50. Band). Stuttgart 1999.

Quellen und Forschungen (*QF*) zur Geschichte des Dominikanerordens in Deutschland. Leipzig 1907 ff.

Regesta Episcoporum Constantiensium (*REC*): Regesten zur Geschichte der Bischöfe von Constanz von Bubulcus bis Thomas Berlower 517-1496. Hg. von der Bad. Hist. Comm., 5 Bde, Innsbruck 1895-1941.
Bd. I: 517-1293. Bearbeitet von Paul LADEWIG und Theodor MÜLLER, 1895.
Bd. II: 1293-1383. Bearb. von Alexander CARTELLIERI. Mit Nachträgen und Registern von Karl RIEDER, 1905.
Bd. III: 1384-1436. Bearb. von Karl RIEDER, 1926.
Bd. IV: 1436-1474. Bearb. von Karl RIEDER, 1941.
Bd. V: 1474-1480. Bearb. von Karl RIEDER, 1931
(Die Kennzeichnung der Belegstellen wird gehandhabt wie bei FUB. Also: REC III 8500.)

Regesta Imperii (*RI*), hg. von Johann Friedrich BÖHMER, zuerst 1831. Neubearbeitung in 10 Abteilungen. Abt. VIII: Die Regesten des Kaiserreiches unter Kaiser Karl IV. 1346-1378. Hg. von Alfons HUBER, Innsbruck 1877.

RIEZLER, Sigmund (Hg.): Urkunden des Klosters Mariahof bei Neidingen. In: ZGO 25 (1873), S. 389-433 (=*Ukk. 1*) und ZGO 26 (1874), S. 1-29 (=*Ukk. 2*).

Römische Quellen (RQ) zur Konstanzer Bistumsgeschichte zur Zeit der Päpste in Avignon. 1305-1378. Monimenta Vaticana historiam episcopatus Constantiensis in Germania illustrantia. Hg. von der Bad. Hist. Komm. Bearbeitet von Karl Rieder. Innsbruck 1908.

RUB – Urkundenbuch der Stadt Rottweil. 1. Band bearbeitet von Heinrich GÜNTER. Württembergische Geschichtsquellen, hg. von Dietrich Schäfer, Bd. 3. Stuttgart 1896.

SIMON, André (Hg.): *L'Ordre* des Pénitentes de Ste Marie-Madeleine en Allemagne au XIIIe siècle. Fribourg (Suisse) 1918.

WOLLASCH, Hans-Josef (Bearb.): *Inventar* über die Bestände des Stadtarchivs Villingen. Urkunden, Akten und Bücher des 12.–19. Jahrhunderts (Rodersches Repertorium), 2 Bände. Villingen 1970/71.

WUB – Württembergisches Urkundenbuch. Bd. 9 1285-1291. Neudruck der Ausgabe von 1907. (1978)

LITERATURVERZEICHNIS

Verzeichnet sind im Wesentlichen nur Werke, die in der Arbeit zitiert werden. Der in den Fußnoten verwendete Kurztitel besteht dabei aus VERFASSER (in Kapitälchen) und *Stichwort* (in Kursivschrift).

ADE-RADEMACHER, Dorothee: *Kirchen, Klöster und Klausen* im Spiegel archäologischer Befunde, in: „... von anfang biss zu unsern zeiten ...". Das mittelalterliche Rottweil im Spiegel archäologischer Quellen. (Archäologische Informationen aus Baden-Württemberg 38). Stuttgart 1998, S. 62-70.

ALTHOFF, Gerd: *Verwandte*, Freunde und Getreue. Zum politischen Stellenwert der Gruppenbindungen im früheren Mittelalter. Darmstadt 1990.

ASCH, Ronald: *Verwaltung* und Beamtentum. Die gräflich fürstenbergischen Territorien vom Ausgang des Mittelalters bis zum schwedischen Krieg. (Veröffentlichungen der Kommission für geschichtliche Landeskunde in Baden-Württemberg: Reihe B, Forschungen, Bd. 106). Stuttgart 1986.

AUGE, Oliver: Niederadelige *Erinnerungskultur* im Kloster Lorch: Die Familien Woellwarth und Schechingen. In: 900 Jahre Kloster Lorch. Eine staufische Gründung vom Aufbruch zur Reform, hg. von Felix Heinzer, Robert Kretschmar und Peter Rückert, Stuttgart 2004, S. 99-118.

BABENDERERDE, Cornell: Tod, Begräbnis und *Totengedenken* im weltlichen Reichsfürstenstand des Spätmittelalters 1300 bis 1350, in: Cordula Nolte u.a. (Hg.), Principes (Residenzforschung 14), Stuttgart 2002, S. 337-348.

DERS. Sterben, Tod, Begräbnis und *Liturgisches Gedächtnis* bei weltlichen Reichsfürsten des Spätmittelalters. (Residenzforschung 19), Ostfildern 2006.

BADER, Karl Siegfried: Zur politischen und rechtlichen *Entwicklung* der Baar in vorfürstenbergischer Zeit. Freiburg 1937

DERS. Das Benediktinerinnenkloster *Friedenweiler* und die Erschließung des südöstlichen Schwarzwaldes. (VFFA 2), Donaueschingen 1938.

DERS. *Die Baar* vom Mittelalter zur Neuzeit, in: Die Baar hg. von Hermann Eris Busse (1938), S. 122-135.

DERS. Kloster *Amtenhausen* in der Baar. Rechts- und wirtschaftsgeschichtliche Untersuchungen. (VFFA 7), Donaueschingen 1940.

DERS. Die fürstenbergischen *Erbbegräbnisse*. Kirchen-, rechts- und hausgeschichtliche Studien. (VFFA 11), Donaueschingen 1942.

DERS. Die *Landgrafschaft Baar* vor und bei ihrem Übergang an das Haus Fürstenberg. In: K. S. Bader, Ausgewählte Schriften zur Rechts- und Landesgeschichte, Bd. 3 (Schriften zur Landesgeschichte) hg. von Helmut Maurer. Sigmaringen 1983, S. 319-349.

BALTHASAR, Hans Urs von: Die großen *Ordensregeln*. (Lectio spiritualis 12), Einsiedeln 1974.

BARACK, K.A.: Die *Handschriften* der Fürstlich Fürstenbergischen Hofbibliothek zu Donaueschingen. Tübingen 1865.

BARTH, F.K.: Die *Verwaltungsorganisation* der Gräflich Fürstenbergischen Territorien vom Anfang des 15. bis in die zweite Hälfte des 16. Jahrhunderts, in: SVGN 16 (1926), S. 59-176.

BARTHELME, Annette: La *Réforme* Dominicaine au XVe siècle en Alsace et dans l'ensemble de la province de Teutonie (Collection d'études sur l'histoire du droit et des institutions de l'Alsace, VII), Strasbourg 1931.

BAUMANN, Franz Ludwig: *Abgegangene* und umbenannte *Orte* der badischen Baar und der Herrschaft Hewen, in: SVGN 3 (1880), S. 50-66.

DERS: Zur Geschichte der *Totenbücher* der Bistümer Augsburg, Constanz und Cur, in: Forschungen zur Schwäbischen Geschichte, hg. von F. L. Baumann. Kempten 1899, S. 461-472

DERS. Die Freiherren von *Wartenberg*. FDA 11 (1877), S. 145-210.

BAUR, Ludwig: Die Ausbreitung der *Bettelorden* in der Diöcese Konstanz. Teil II: Die Orden der Dominikaner, Augustiner Eremiten und Karmeliten, in: FDA NF 2 (1901), S. 1-107.

BECKMANN, Ludger: *Konstanzer Bischöfe* vom 13. zum 14. Jahrhundert. Dissertation. Freiburg 1995.

BERGDOLT, Klaus: Der *Schwarze Tod* in Europa. Die Große Pest und das Ende des Mittelalters. München 1994.

BERGER, Thomas: Die *Ausbreitung* der Dominikaner in den Städten des südwestdeutschen Raumes. (Rottenburger Jahrbuch für Kirchengeschichte 17: Der Dominikanerorden), Sigmaringen 1998, S. 143-161.

BERNER, Herbert (Hg.): *Tannheim*. Geschichte von Dorf und Kloster am Osthang des Schwarzwaldes. (Schriftenreihe des Landkreises Donaueschingen, Bd. 31), Radolfzell 1971.

BRAUN, Albert: Der *Klerus* des Bistums Konstanz im Ausgang des Mittelalters. (Vorreformationsgeschichtliche Forschungen 14), Dissertation, Freiburg im Breisgau 1938.

BROWE, Peter: Die Verehrung der *Eucharistie* im Mittelalter. 2. unveränderter Nachdruck der Ausgabe 1933. Rom 1967.

BÜCHER, Karl: Die *Frauenfrage* im Mittelalter. 2. Auflage. Tübingen 1910.

BULST, Neidhart: Der >Schwarze *Tod*< im 14. Jahrhundert. In: Mischa Meier (Hg.), Pest. Stuttgart 2005, S. 142-161.

BUTZ, Eva-Maria: *Adlige Herrschaft* im Spannungsfeld von Reich und Region. Die Grafen von Freiburg im 13. Jahrhundert. Bd. 1: Text; Bd. 2: Quellendokumentation. (Veröffentlichungen aus dem Archiv der Stadt Freiburg im Breisgau 34/1). Freiburg 2002.

CYGLER, Florent: Zur Funktionalität der *dominikanischen Verfassung* im Mittelalter. In: Gert Melville (Hg.), Die Bettelorden im Aufbau. Beiträge zu Institutionalisierungsprozessen im mittelalterlichen Religiosentum. Münster 1999.

CYGLER, Florent/MELVILLE, Gert: *Augustinusregel* und dominikanische Konstitutionen aus der Sicht Humberts de Romanis. (Publikationen der Akademie der Augustiner Chorherren von Windesheim. Hg. von Helmut Grünke. Bd. 3), Paring 2002, S. 419-454.

DÄNIKER-GYSIN, Marie-Claire: Geschichte des Dominikanerinnenklosters *Töß* 1233–1525. (289. Neujahrsblatt der Stadtbibliothek Winterthur 1958), Winterthur 1957.

DANN, WALTER: Die Besetzung des *Bistums Konstanz* vom Wormser Konkordat bis zur Reformation, in: ZGO NF 61 (1952), S. 3-96.

DECKER, O.: Die Stellung des Predigerordens zu den Dominikanerinnen 1207 bis 1267. (*QF XXXI*), Vechta 1935.

DEGLER-SPENGLER, Brigitte: Die Beginen in *Basel;* in: Basler Zeitschrift für Geschichte und Altertumskunde 69 (1969), S. 5-83, und 70 (1970), S. 29-118.

DIES. „*Zahlreich* wie die Sterne des Himmels". Zisterzienser, Dominikaner und Franziskaner vor dem Problem der Inkorporation von Frauenklöstern. (Rottenburger Jahrbuch für Kirchengeschichte 4), Sigmaringen 1985, S. 37-50.

DIES. Die *Beginen* im Rahmen der religiösen Frauenbewegung des 13. Jahrhunderts in der Schweiz. (Allgemeine Einleitung). In: Helvetia Sacra, Abt. IX, Bd. 2: Die Beginen und Begarden in der Schweiz, hg. vom Kuratorium der Helvetia Sacra. Basel/Frankfurt 1995, S. 32-90.

EGGER, Franz: *Beiträge* zur Geschichte des Predigerordens. Die Reform des Basler Konvents 1429 und die Stellung des Ordens am Basler Konzil (1431-1448). (Europäische Hochschulschriften, Reihe III: Geschichte und ihre Hilfswissenschaften, Band 467), Bern 1991.

EGLE, Franz Josef: Das *Kloster* Maria Hof in Neidingen. In: Die Heimat, Blätter für Baar und Schwarzwald. Beilage zum Donauboten, Nr. 3 (1933).

EHRENSCHWENDTNER, Marie-Luise: Die *Bildung* der Dominikanerinnen in Süddeutschland vom 13. bis 15. Jahrhundert. (Contubernium 60), Stuttgart 2004.

EUGSTER, Erwin/BAUMER-MÜLLER, Verena: *St. Katharinental*, in: Helvetia Sacra, Abt. IV, Bd. 5, Teil 2. Die Dominikaner und Dominikanerinnen in der Schweiz, hg. vom Kuratorium der Helvetia Sacra. Basel 1999, S. 780-840.

FEGER, Otto: Geschichte des *Bodenseeraumes*, 3 Bde, Konstanz/Lindau 1956 bis 1963. Bd. 3: Zwischen alten und neuen Ordnungen, 1963 (Bodensee-Bibliothek, Band IV).

FEY, Carola: Spätmittelalterliche *Adelsbegräbnisse* im Zeichen von Individualisierung und Institutionalisierung. In: Werner Rösener (Hg.), Tradition und Erinnerung in Adelsherrschaft und bäuerlicher Gesellschaft (Formen der Erinnerung 17), Göttingen 2003, S. 81-104.

FICKLER, Carl Borromaeus Alois: *Einführung* und Anmerkungen zum Anniversarien-Buch des Klosters Maria Hof bei Neidingen. Donaueschingen 1845/46.

FOLINI, Christian: *Katharinental und Töss*. Zwei mystische Zentren in sozialgeschichtlicher Perspektive. Zürich 2007.

FOLINI, Christian/ PALAIA, Alberto: Die *Dominikanerinnenklöster* Töss und St. Katharinental. Sozialgeschichtliche Annäherungen. In: Gabriela Signori (Hg.), Lesen, Schreiben, Sticken und Erinnern. Beiträge zur Kultur- und Sozialgeschichte mittelalterlicher Frauenklöster (Religion in der Geschichte. Klöster, Kirche, Kultur und Gesellschaft 7), Bielefeld 2000, S. 91-108.

GERBERT, Martin: *Geschichte* des Schwarzwaldes. Siedlungsgebiet des Ordens des heiligen Benedikt. Übersetzt aus dem lateinischen Originaltext von Adalbert WEH, 2 Bde. Freiburg 1993/1996.

GERBERT, Martin: *Historia* Nigrae Silvae ordinis Sancti Benedicti Coloniae, Band II, St.Blasien 1788.

GLEBA, Gudrun: *Klöster* und Orden im Mittelalter. (Geschichte kompakt, hg. von M. Kintzinger, Uwe Puschner, Barbara Stollberg-Rilinger). Darmstadt 2002.

GLUNK, Karl: Die *Flurnamen* von Neudingen und Fürstenberg. Sammlung und Auswertung. Phil. Dissertation Masch. an der Universität Freiburg i. Br., Freiburg 1949.

GOERLIPP, Georg: Das *Wappen* der Fürstenberger. Heraldik am Beispiel eines alten Adelsgeschlechtes, in: Erwein H. Eltz, Arno Strohmeyer (Hg.), Die Fürstenberger. 800 Jahre Herrschaft und Kultur in Mitteleuropa. Schloss Weitra 1994, S. 45-64.

GRAUS, Frantisek: *Pest* – Geisler – Judenmorde . Das 14. Jahrhundert als Krisenzeit. (Veröffentlichungen des Max-Planck-Instituts für Geschichte, Bd. 86), Göttingen 1987.

GROTEFEND, H.: *Zeitrechnung* des deutschen Mittelalters und der Neuzeit, 2 Bände. Hannover 1891-1898.

GRÜBEL, Isabel: Bettelorden und *Frauenfrömmigkeit* im 13. Jahrhundert. Das Verhältnis der Mendikanten zu Nonnenklöstern und Beginen am Beispiel Straßburg und Basel. (Kulturgeschichtliche Forschungen 9), München 1987.

GRUNDMANN, Herbert: *Religiöse Bewegungen* im Mittelalter. Untersuchungen über die geschichtlichen Zusammenhänge zwischen der Ketzerei, den Bettelorden und der religiösen Frauenbewegung im 12. und 13. Jahrhundert und über die geschichtlichen Grundlagen der deutschen Mystik. Anhang: Neue Beiträge zur Geschichte der religiösen Bewegungen im Mittelalter, 2. Auflage. Darmstadt 1961.

HALTER, Annemarie, *Geschichte* des Dominikanerinnenklosters Oetenbach in Zürich 1234-1525, Dissertation, Winterthur 1956.

Handbuch der Kirchengeschichte, hg. von Hubert JEDIN, 7 Bände, Freiburg, Basel, Wien 1962-1979, Bd. III/2.
Band III: Die mittelalterliche Kirche. 2. Halbband: Vom kirchlichen Hochmittelalter bis zum Vorabend der Reformation. Hg. von Hans-Georg BECK, Karl August FINK u.a. Das Spätmittelalter, S. 365 ff.

HAUCK, Albert: *Kirchengeschichte* Deutschlands, 5 Bände, 8. Auflage, Berlin und Leipzig 1954.

HAUPT, Herman: Das *Schisma* des ausgehenden 14. Jahrhunderts in seiner Einwirkung auf die oberrheinischen Landschaften. Teil II. Die Diözese Konstanz, in: ZGO NF 5 (1890), S. 273-319.

HECHBERGER, Werner: *Adel* im fränkisch-deutschen Mittelalter. Zur Anatomie eines Forschungsproblems, Ostfildern 2005.

HECHT, Winfried: Das *Dominikanerkloster Rottweil* (1266–1802). (Veröffentlichungen des Stadtarchivs Rottweil, Bd. 13), Rottweil 1991.

Helvetia Sacra: Erzbistümer und Bistümer II. Hg. vom Kuratorium der Helvetia Sacra. Abt. I, Bd. 2: Das *Bistum Konstanz* u.a., Teil 1 u. 2, redigiert von Brigitte Degler-Spengler. Basel/Frankfurt 1993.

Helvetia Sacra: Die *Beginen und Begarden* in der Schweiz. Hg. vom Kuratorium der Helvetia Sacra. Abt. IX, Bd. 2. Basel/Frankfurt 1995.

Helvetia Sacra: Die *Dominikaner und Dominikanerinnen* in der Schweiz. Hg. vom Kuratorium der Helvetia Sacra. Abt. IV: Die Orden mit Augustinerregel, Bd. 5, Teil 1 und 2. Basel 1999.

HENZE, Barbara: Die *Entstehung* der Stadt und die Gründung der Bettelordenklöster im 13. Jahrhundert. In: Eine Stadt (Freiburg i. Br.) braucht Klöster. Freiburg 2006, S. 10-21.

DIES. Der geistig-geistliche *Dienst* der Orden. In: Eine Stadt (Freiburg i. Br.) braucht Klöster. Freiburg 2006, S. 59-69.

HERLIHY, David: *Der Schwarze Tod* und die Verwandlung Europas (deutsche Übersetzung). Berlin 1998.

HILBERLING, Brigitta: 700 Jahre Kloster *Zoffingen:* 1257–1957. Konstanz 1957.

DIES. Das *Dominikanerkloster* St. Nikolaus auf der Insel vor Konstanz. Geschichte und Bedeutung. Sigmaringen 1969.

HIRSCH, Hans: Über die Bedeutung des Ausdruckes *Kastvogt*. In: Aufsätze zur mittelalterlichen Urkundenforschung, hg. von Theodor Mayer. Darmstadt 1965, S. 197 bis 205.

HOHENLOHE-WALDENBURG, Friedrich-Karl zu: Zur Geschichte des *Fürstenbergischen Wappens*, Stuttgart 1860.

HORCH, Caroline: Der *Memorialgedanke* und das Spektrum seiner Funktionen in der Bildenden Kunst des Mittelalters. Königstein im Taunus 2001.

HUBER, Erna: Topographie der historischen Sehenswürdigkeiten. In: Der Schwarzwald-Baar-Kreis. Stuttgart und Aalen 1977, S. 151-175.

HUGGLE, Ursula/OHLER, Norbert: *Maße*, Gewichte und Münzen. Historische Angaben zum Breisgau und zu angrenzenden Gebieten. Bühl 1998.

HÜBENER, Wolfgang: *Probegrabungen* im Gelände der Pfalz Neudingen an der Donau, Stadt Donaueschingen, Schwarzwald-Baar-Kreis. (Forschungen und Berichte der Archäologie des Mittelalters in Baden-Württemberg, Band 6), Stuttgart 1979, Seite 5-32.

HÜMPFNER, Winfried: Zur *Überlieferung* der Augustinerregel. Einführung zu: Die Regel des heiligen Augustinus, übertragen von W. Hümpfner. In: Hans Urs Balthasar, Die großen Ordensregeln. Einsiedeln 1974.

JÄNICHEN, H.: *Wirtschaft* und Verkehr, in: Der Landkreis Konstanz. Amtliche Kreisbeschreibung, Bd. 1. Konstanz 1968, S. 361-404.

JENISCH, Bertram/WEBER, Karl: *Kirchen* und Klöster im mittelalterlichen Villingen und Schwenningen. Baugeschichte und archäologische Aspekte. In: Villingen und Schwenningen. Geschichte und Kultur. Villingen–Schwenningen 1998, S. 90 bis 118.

KERSKEN, Norbert: ... ut eorum omnium perpetua memoria aput presentes et posteros habeatur. Zur spätmittelalterlichen *Memorialkultur* des Adels in Norddeutschland. In: Werner Rösener (Hg.), Tradition und Erinnerung in Adelsherrschaft und bäuerlicher Gesellschaft (Formen der Erinnerung 17), Göttingen 2003, S. 107-130.

KINDLER VON KNOBLOCH, J. (Hg.): Oberbadisches Geschlechterbuch. 3 Bände (Bd. 3 Mit-Herausgeber: O. Freiherr von Stotzingen). Heidelberg 1898/1905/1919.

KÖNIG, J.: Die *Chronik* der Anna von Munzingen. Nach der ältesten Abschrift mit Einleitung und Beilagen, in: FDA 13 (1880), S. 129-236.

DERS. Zur Geschichte der *Freiburger Klöster*, in: FDA 12 (1878), S. 291-303.

KRAMP, Marion: Die Rezeption von *Augustinusregelkommentaren* bei den Dominikanerinnen. (Publikationen der Akademie der Augustiner Chorherren von Windesheim. Hg. von Helmut Grünke. Bd. 3), Paring 2002, S. 455-475.

KREUTZER, Thomas: *Tuttlingen* im Mittelalter: eine Stadt zwischen Kloster, Rittern und Grafen, in: Zur Geschichte der Stadt Tuttlingen, hg. anlässlich der 1200 Jahr-Feier der Stadt Tuttlingen. Tuttlingen 1997, S. 21-89.

LANGE, Sophie: *Frauenklöster* und Beginenkonvente, in: Die Eifel. Zeitschrift des Eifelvereins. Düren 1994, S. 135-136.

LAUER, Hermann: *Die Glaubenserneuerung* in der Baar, in: FDA Neue Folge 19 (1919), S. 81-119.

DERS. *Kirchengeschichte* der Baar und des einst zur Landgrafschaft Baar gehörenden Schwarzwaldes. 2. Auflage. Donaueschingen 1928.

LECHNER, Karl: Das große *Sterben* in Deutschland in den Jahren 1348 bis 1351 und die folgenden Pestepidemien bis zum Schlusse des 14. Jahrhunderts. Innsbruck 1884, unveränderter Neudruck Walluf bei Wiesbaden 1974.

LE GOFF, Jacques: Die Geburt des *Fegefeuers*. Originaltitel: La naissance du purgatoire (1981). Stuttgart 1984.

LEIBER, Gert: Das *Landgericht* der Baar. Verfassung und Verfahren zwischen Reichs- und Landesrecht 1283–1632. (Veröffentlichungen aus dem Fürstlich Fürstenbergischen Archiv 18). Diss. Freiburg im Breisgau 1962. Allensbach am Bodensee 1964.

LÖFFLER, J.: Aus der Vergangenheit des Gotteshauses *Friedenweiler*. Singen 1907.

LÖHR, Gabriel M. *Studien* zu: Die Teutonia im 15. Jahrhundert. Studien und Texte vornehmlich zur Geschichte ihrer Reform (Die dominikanische Ordensreform). (*QF XIX)*, Leipzig 1924.

LUTZ, Ulrich: Die *Herrschaftsverhältnisse* in der Landgrafschaft Baar in der Wende vom 15. zum 16. Jahrhundert. Ein Beitrag zur Entstehung des Territorialstaates und zur Geschichte des Bauernkriegs. (Veröffentlichung des Alemannischen Instituts Freiburg i. Br., Nr. 46), Bühl 1979.

MAURER, Helmut: *Konstanz* im Mittelalter. 2 Bde. – Bd. 1: Von den Anfängen bis zum Konzil. Bd. 2: Vom Konzil bis zum Beginn des 16. Jahrhunderts. 2. überarbeitete Auflage. Konstanz 1996.

DERS. Neudingen. In: Die deutschen *Königspfalzen*. Repertorium der Pfalzen, Königshöfe und übrigen Aufenthaltsorte der Könige im deutschen Reich des Mittelalters. Hg. vom Max-Planck-Institut für Geschichte, Band 3: Baden-Württemberg. Vierte Lieferung Lorch–Reichenau, bearbeitet von Helmut Maurer. Göttingen 2003, S. 447-466.

DERS. Zwischen Selbständigkeit und politischer Integration. *Begräbniskultur* und Residenzbildung im hohen Adel des deutschen Südwestens am Beispiel der Grafen von Zimmern. In: Mark Hengerer (Hg.), Macht und Memoria, Köln, Weimar, Wien 2005, S. 163-186.

MEIER, Mischa (Hg.): *Pest*. Die Geschichte eines Menschheitstraumas. Stuttgart 2005.

MEISTER, Joseph: *Kirchenpolitik* der Grafen von Fürstenberg im 16. Jahrhundert, in: FDA NF 10 (1909), S. 1-64.

MELTZER, Else: Das Cistercienserinnenkloster *Maria Hof* bei Neidingen in der zweiten Hälfte des 16. Jahrhunderts. Freiburger Phil. Dissertation. Freiburg 1924.

MONE, F. J.: Erläuterungen zu *Wonnenthaler Urkunden* des 13. Jahrhunderts, in: ZGO 8 (1857), S. 481-493.

MÜLLER, Anneliese: Studien zur Besitz- und Sozialgeschichte des Dominikanerinnenklosters *St. Katharinental* bei Diessenhofen. Diss. Tübingen 1962. Villingen 1971.

DIES. Von den Anfängen bis zum Dreißigjährigen Krieg. In: Herbert Berner (Hg.), *Tannheim*. Geschichte von Dorf und Kloster am Osthang des Schwarzwaldes. Radolfzell 1971, S. 39-87.

MÜNCH, Ernst: *Geschichte* des Hauses und Landes Fürstenberg. Aus Urkunden und den besten Quellen, Bd. I-III. Aachen und Leipzig 1829 ff. Bd. IV fortgesetzt von C.B.A. Fickler (zitiert als: Münch/Fickler IV). Karlsruhe 1847.

MÜNZER, Martin: Die Geschichte des Dorfes *Neudingen* mit Kaiserpfalz, Kloster Maria Auf Hof und Pfarrkirche. Neudingen 1973.

NEIDIGER, Bernhard: Selbstverständnis und Erfolgschancen der *Dominikanerobservanten*. Beobachtungen zur Entwicklung in der Provinz Teutonia und im Basler Konvent (1388–1510). (Rottenburger Jahrbuch für Kirchengeschichte 17: Der Dominikanerorden), Sigmaringen 1998, S. 67-122.

OEXLE, Otto Gerhard: *Memoria* und Memorialbild. In: Memoria. Der geschichtliche Zeugniswert des liturgischen Gedenkens im Mittelalter, hg. von Karl Schmid und Joachim Wollasch. München 1984, S. 384-440.

OPITZ, Claudia: Die Anfänge der *Beginenbewegung* am Mittel- und Oberrhein (1250–1350). Konstanz 1980.

OTT, Alois: Die *Abgaben* an den Bischof bzw. Archidiakon in der Diözese Konstanz bis zum vierzehnten Jahrhundert, in: FDA NF 8 (1907), S. 109-161.

PAULUS, Nikolaus: Die deutschen *Dominikaner* im Kampfe gegen Luther (1518–1563). Erläuterungen und Ergänzungen zu Jansens Geschichte des deutschen Volkes. Hg. von Ludwig Pastor. Band IV, 1. und 2. Heft. Freiburg 1903.

POINSIGNON, Adolf: *Ödungen* und Wüstungen im Breisgau, in: ZGO NF 2 (1887), S. 322 bis 368 und 449-480.

REICHENMILLER, Margareta: Das ehemalige *Reichsstift* und Zisterziensernonnenkloster Rottenmünster. Studien zur Grundherrschaft, Gerichts- und Landesherrschaft. (Veröffentlichungen der Kommission für geschichtliche Landeskunde in Baden-Württemberg, Reihe B, Forschungen, Bd. 28), Stuttgart 1964.

REICHSTEIN, Frank-Michael: Das *Beginenwesen* in Deutschland. (Wissenschaftliche Schriftenreihe Geschichte Bd. 9), Berlin 2001.

REINLE, Christine: *Fehden* im Spannungsfeld von Landesherrschaft, Adel und bäuerlicher Bevölkerung. In: Werner Rösener (Hg.), Tradition und Erinnerung in Adelsherrschaft und bäuerlicher Gesellschaft (Formen der Erinnerung 17), Göttingen 2003, S. 173-194.

REVELLIO, Paul: *Die Stammburg* der Fürsten zu Fürstenberg, in: SVGN 19 (1933), S. 362 bis 374.

DERS. Aus der Geschichte der *Baar* im Mittelalter. Schwenningen 1935.

RIEBER, Albrecht: *Totenschilde* im Ulmer Münster. In: 600 Jahre Ulmer Münster, Festschrift hg. von Hans Eugen Specker und Reinhard Wortmann, 2. Auflage. Ulm 1984, S. 330-376.

RIEZLER, Sigmund: Geschichte des Fürstlichen *Hauses Fürstenberg* und seiner Ahnen bis zum Jahre 1509. Tübingen 1883.

DERS. *Urkunden* des Klosters Mariahof bei Neidingen. Einleitung. In: ZGO 25 (1873), S. 389-393.

RIHA, Ortrun (Hg.): *Seuchen* in der Geschichte: 1348–1998. 650 Jahre nach dem Schwarzen Tod. Referate einer interdisziplinären Ringvorlesung im Sommersemester 1998 an der Universität Leipzig. Aachen 1999.

RÖCKELEIN, Hedwig: *Graf Wolfgang* von Fürstenberg (1465–1509) als Reisebegleiter Philipps des Schönen (1503 und 1506), in: SVGN 42 (1999), S. 7-24.

RÖSENER, Werner (Hg.): *Tradition* und Erinnerung in Adelsherrschaft und bäuerlicher Gesellschaft. (Formen der Erinnerung 17), Göttingen 2003.

DERS. Zur *Grundherrschaft* und Wirtschaftsgeschichte des Klosters St. Peter im Hoch- und Spätmittelalter. In: Hans-Otto Mühleisen, Hugo Ott und Thomas Zotz (Hg.), Das Kloster St. Peter auf dem Schwarzwald (Veröffentlichung des Alemannischen Instituts Freiburg i. Br., Nr. 68), Waldkirch 2001, S. 167 bis 186.

RÜTHER, Andreas: *Bettelorden* in Stadt und Land. Die Straßburger Mendikantenkonvente und das Elsaß im Spätmittelalter. (Berliner Historische Studien 26, Ordensstudien XI), Berlin 1997.

RUH, Kurt (Hg.): Abendländische *Mystik* im Mittelalter. Symposion Kloster Engelberg 1984. (Germanistische Symposien Berichtsbände VII, hg. von Albrecht Schöne), Stuttgart 1986.

SABLONIER, Roger: *Adel* im Wandel. Eine Untersuchung zur sozialen Situation des ostschweizerischen Adels um 1300. Zürich 2000.

SAUER, Christine: *Fundatio* und memoria. Stifter und Klostergründer im Bild; 1100–1350. (Veröffentlichungen des Max-Planck-Instituts für Geschichte, Bd. 109), Göttingen 1993.

SCHEEBEN, Heribert: *Jordan* der Sachse. Oldenburg 1937.

SCHELL, Rüdiger: Die Regierung des Konstanzer Bischofs *Heinrich III. von Brandis* (1357-1383) unter besonderer Berücksichtigung seiner Beziehungen zur Stadt Konstanz, in: FDA 3. Folge 20 (1968), S. 102-204.

SCHLOTHEUBER, Eva: *Klostereintritt* und Bildung. Die Lebenswelt der Nonnen im späten Mittelalter. Mit einer Edition des >Konventstagebuchs< einer Zisterzienserin von Heilig-Kreuz bei Braunschweig (1484-1507). Tübingen 2004.

SCHMID, Karl: Zur *Problematik* von Familie, Sippe und Geschlecht, Haus und Dynastie beim mittelalterlichen Adel, in: ZGO NF 66 (1957), S. 1-62.

DERS. Kloster *Hirsau* und seine Stifter. Forschungen zur oberrheinischen Landesgeschichte Bd. 9, Freiburg i. Br. 1959.

DERS. Über die *Struktur* des Adels im frühen Mittelalter. (Jahrbuch für fränkische Landesforschung 19), 1959, S. 1-23.

DERS. Über das *Verhältnis* von Person und Gemeinschaft im frühen Mittelalter. (Frühmittelalterliche Studien I), 1967, S. 225-249.

DERS. *Gebetsgedenken* und adliges Selbstverständnis im Mittelalter. Ausgewählte Beiträge. Sigmaringen 1983.

DERS *Geblüt*, Herrschaft, Geschlechterbewusstsein. Grundfragen zum Verständnis des Adels im Mittelalter. Hg. von Dieter Mertens und Thomas Zotz. (Vorträge und Forschungen, Bd. XLIV). Sigmaringen 1998.

SCHMID, Karl/ WOLLASCH, Joachim (Hg.): *Memoria*. Der geschichtliche Zeugniswert des liturgischen Gedenkens im Mittelalter. (Münstersche Mittelalter-Schriften, Bd. 48), München 1984.

SCHMITT, Sigrid: Zwischen *frommer Stiftung*, adliger Selbstdarstellung und standesgemäßer Versorgung. Sakralkultur im Umfeld von Rittersitzen. In: Kurt Andermann (Hg.), Rittersitze (Kraichtaler Kolloquien 3), Tübingen 2002, S. 11 bis 43.

SCHÜRER, Markus: *Armut* als Sinn und Zweck. Beobachtungen zur Wertigkeit der Armut im Selbstverständnis der frühen Franziskaner und Dominikaner. In: Gert Melville/Annette Kehnel (Hg.), In proposito paupertatis. Studien zum Armutsverhältnis bei den mittelalterlichen Bettelorden. (Vita regularis 13), Münster 2001, S. 69-88.

SCHULER, Peter-Johannes: Das *Anniversar*. Zu Mentalität und Familienbewusstsein im Spätmittelalter. In: Die Familie als sozialer und historischer Verband. Untersuchungen zum Spätmittelalter und zur frühen Neuzeit, hg. von Peter-Johannes Schuler, Sigmaringen 1987, S. 67-117.

SIGNORI, Gabriela (Hg.): *Lesen*, Schreiben, Sticken und Erinnern. Beiträge zur Kultur und Sozialgeschichte mittelalterlicher Frauenklöster. (Religion in der Geschichte. Kirche, Kultur und Gesellschaft 7), Bielefeld 2000.

SPIEß, Karl-Heinz: *Familie* und Verwandtschaft im deutschen Hochadel des Spätmittelalters. 13. bis Anfang des 16. Jahrhundert. (Vierteljahrschrift für Sozial- und Wirtschaftsgeschichte / Beihefte, Bd. 111), Stuttgart 1993.

DERS. Liturgische *Memoria* und Herrschaftsrepräsentation im nichtfürstlichen Hochadel des Spätmittelalters. In: Adelige und bürgerliche Erinnerungskulturen des Spätmittelalters und der Frühen Neuzeit, hg. von Werner Rösener (Formen der Erinnerung 8), Göttingen 2000, S. 97-123.

STIEVERMANN, Dieter: Die fürstenbergische *Klosterpolitik* bis ins Reformationszeitalter. Ein Beitrag zum herrschaftlichen Vogteiverständnis und zum landesherrlichen Kirchenregiment, in: SVGN 33 (1980), S. 85-99.

STREICH, Gerhard: *Burg und Kirche* während des deutschen Mittelalters. Untersuchungen zur Sakraltopographie von Pfalzen, Burgen und Herrensitzen. (Vorträge und Forschungen, Sonderband 29, Teil I und II), Sigmaringen 1984.

DERS. *Adel*, Burg und Klostergründung. Motive und Familienkonstellationen zwischen „Haus-" und „Gedächtnisklöstern" im hohen Mittelalter. In: Sabine Arend u.a. (Hg.), Vielfalt und Aktualität des Mittelalters (Festschrift für Wolfgang Petke zum 65. Geburtstag), Bielefeld 2006, S. 39-71.

TANZ, Sabine: *Pest* und spätmittelalterliche Mentalität. In: Ortrun Riha (Hg.), Seuchen in der Geschichte: 1348–1998. 650 Jahre nach dem Schwarzen Tod. Referate einer interdisziplinären Ringvorlesung im Sommersemester 1998 an der Universität Leipzig. Aachen 1999, S. 46-73.

THEIL, Bernhard: Das (freiweltliche) Damenstift Buchau am Federsee. In: Germania Sacra, hg. vom Max-Planck-Institut für Geschichte. Neue Folge Band 32. Die

Bistümer der Kirchenprovinz Mainz. Das Bistum Konstanz. Berlin, New York 1994.

THOMA, Werner: Die *Kirchenpolitik* der Grafen von Fürstenberg im Zeitalter der Glaubenskämpfe (1520–1660). Ein Beitrag zur Geschichte der Kirchenreform und Konfessionsbildung. (Reformationsgeschichtliche Studien und Texte, hg von Hubert Jedin, Heft 87), Münster 1963.

TÜCHLE, Hermann: *Kirchengeschichte* Schwabens, 2 Bände. 2. Aufl., Stuttgart 1950 bis 1954.

TUMBÜLT, Georg: Das Fürstentum *Fürstenberg* von seinen Anfängen bis zur Mediatisierung im Jahre 1806. Freiburg 1906.

DERS. Das Dominikanerinnenkloster Auf Hof zu *Neidingen* (1274–1560), in: ZGO NF 26 (1911), S. 65-94.

DERS *Stammtafel* des Hauses Fürstenberg. Systematisch geordnet von F.K. Fürst zu Hohenlohe Waldenburg 1861, wieder durchgesehen und fortgesetzt von Georg Tumbült, 1915.

DERS. Die *Eigenkirchen* der ehemals Fürstenbergischen Landgrafschaft Baar. (VFFA 9), Donaueschingen 1941.

VERHEIJEN, Luc: *La Règle* de Saint Augustin. 2 Bände. Bd. I: Tradition manuscrite Bd. II: Recherches historiques. Paris 1967.

VETTER, August: *Fürstenberg.* Stadtteil von Hüfingen. Die Geschichte der einstigen Bergstadt in der Baar. Hüfingen 1996.

Ders. Die Herren von *Almshofen,* in: SVGN 45 (2002), S. 5-57.

WÄLDELE, Jakob: *Maria Hof* in Neudingen bis zum Jahre 1300. Und: Das Kloster Vffen Houe ze Nidingen (Auf dem Hofe in Neudingen) von 1300–1350. In: *Die Heimat*, Blätter für Baar und Schwarzwald. Beilage zum Donauboten, Nr. 6 bis 10, 12-14 (1933).

DERS. Die *Egesheimer Pfründe* in der Klosterkirche zu Neudingen. In: *Die Heimat,* Blätter für Baar und Schwarzwald. Beilage zum Donauboten, Nr. 1 (1936).

DERS. Die *Hohenlohesche Pfründe* in der Klosterkirche zu Neudingen. In: *Die Heimat*, Blätter für Baar und Schwarzwald. Beilage zum Donauboten. Nr. 3 (1936).

WAGNER, Johannes Volker: *Graf Wilhelm* von Fürstenberg 1491–1549 und die politisch geistigen Mächte seiner Zeit. Stuttgart 1966.

WALZ, Angelus: *Dominikaner* und Dominikanerinnen in Süddeutschland (1225–1966). Meitingen, Freising 1967.

WEHRLI-JOHNS, Martina: Geschichte des *Zürcher Predigerkonvents* (1230–1524). Mendikantentum zwischen Kirche, Adel und Stadt. Zürich 1980.

DIES. *Töss*, in Helvetia Sacra, Abt. IV, Bd. 5, Teil 2. Die Dominikaner und Dominikanerinnen in der Schweiz, hg. vom Kuratorium der Helvetia Sacra Basel 1999, S. 901-934.

WEHRLI-JOHNS, Martina/SCHNEIDER-LASTIN, Wolfram: Zürich *Oetenbach,* in: Helvetia Sacra, Abt. IV, Bd. 5, Teil 2. Die Dominikaner und Dominikanerinnen in der Schweiz, hg. v. Kuratorium d. Helvetia Sacra, Basel 1999. S. 1019-1053.

WENTZLAFF-*Eggebert*, Friedrich-Wilhelm: *Deutsche Mystik* zwischen Mittelalter und Neuzeit. Einheit und Wandlung ihrer Erscheinungsformen, 3. Auflage, Berlin 1969.

WILMS, Hieronymus: *Geschichte* der deutschen Dominikanerinnen 1206–1916. Dülmen i. W. 1920.

DERS. Das älteste *Verzeichnis* der deutschen Dominikanerinnenklöster, in: Quellen und Forschungen zur Geschichte des Dominikanerordens in Deutschland (QF XXIV), Leipzig 1928.

WILTS, Andreas: *Beginen* im Bodenseeraum. Sigmaringen 1994.

ZADDACH, Bernd Ingolf: Die *Folgen* des Schwarzen Todes (1347–1351) für den Klerus Mitteleuropas. (Forschungen zur Sozial- und Wirtschaftsgeschichte Bd. 17), Stuttgart 1971.

ZETTLER, Alfons: *Zähringermemoria* und Zähringertradition in St. Peter. In: Hans-Otto Mühleisen, Hugo Ott und Thomas Zotz (Hg.), Das Kloster St. Peter auf dem Schwarzwald (Veröffentlichung des Alemannischen Instituts Freiburg i. Br., Nr. 68), Waldkirch 2001, S. 99-134.

ZIMMER, Petra: Die *Dominikaner* und Dominikanerinnen in der Schweiz (Allgemeine Einleitung), in: Helvetia Sacra, Abt. IV, Bd. 5, Teil 1, hg. vom Kuratorium der Helvetia Sacra, Basel 1999, S. 25-95.

ZIMPEL, Detlev: Die *Bischöfe* von Konstanz im 13. Jahrhundert (1206-1274). (Freiburger Beiträge zur mittelalterlichen Geschichte, Studien und Texte hg. von Hubert Mordek. Bd. 1), Dissertation 1988. Frankfurt am Main 1990.

ZOTZ, Thomas: *St. Peter* unter den Zähringern und unter den Grafen von Freiburg. Hausklosterfunktion und Vogteifrage. In: Hans-Otto Mühleisen, Hugo Ott und Thomas Zotz (Hg.), Das Kloster St. Peter auf dem Schwarzwald (Veröffentlichung des Alemannischen Instituts Freiburg i. Br., Nr. 68), Waldkirch 2001, S. 51-78.

ZUMKELLER, Adolar: Zum geistigen Gehalt der Augustinerregel. *Einführung* zu: Die Regel des heiligen Augustinus, übertragen von W. Hümpfner. In: Hans Urs Balthasar, Die großen Ordensregeln. Einsiedeln 1974, S. 137-157.

Personen- und Ortsregister

Angehörige des Hauses Fürstenberg werden unter „Fürstenberg" mit Vornamen aufgeführt.
Kaiser, Könige, Päpste, Bischöfe, Herzöge, u.ä. werden unter ihrem Vornamen erwähnt; ebenso Personen, bei denen nur der Vorname bekannt ist.
Im Text erwähnte Päpste, (dt.) Kaiser bzw. Könige und die Bischöfe von Konstanz werden außerdem gesammelt in zeitlicher Reihenfolge genannt.
(Abkürzungen im Register: Bf.= Bischof, Gf. = Graf, Hg.= Herzog, Kg.= König, Ks.= Kaiser; † = verstorben)

URACH

EGINO IV. +1230

GRAFEN v. FREIBURG

EGINO V. +1236
GEM.: ADELHEIT

KONRAD + ~ 1271

HEINRICH I. +1284
GEM.: AGNES v. TRUHENDINGEN
„DOMINA AGNES PRIORISSA“

BADENWEILER LINIE

LINIE STIRBT 1457 AUS

FRIEDRICH I. + ca.1296
GEM.: UDILHILD v. WOLFACH

FRIEDRICH 1299
JOHANNITER IN VILLINGEN

HEINRICH II. +1337
GEM.: VERENA v. FREIBURG

KONRAD +1370
GRAF ZU WARTENBERG

JOHANN + ~1365
DOMHERR IN STRASSBURG

HEINRICH III. +1367
GEM.: ANNA v. MONTFORT

KATHARINA
GEM.: PETER v. HEWEN

KUNIGUNDE
GEM.: WALTH. v. HOHENKLINGEN

ANNA + ~1391
PRIORIN IN NEUDINGEN

MECHTHILD
NONNE IN NEUDINGEN ?

HEINRICH IV. +1408, 2 GEM.
1. ADELHEID v. HOHENLOHE
2. SOPHIE v. ZOLLERN

AUS 2. EHE

FRIEDRICH +1393
(JAHRTAG IN AMTENHAUSEN)

BEATRIX +1433
2. GEM.: RUDOLF v. WERDENBERG

HEINRICH V. +1441, 3 GEM.:
1. VERENA v. HACHBERG
2. ANNA v. TENGEN
3. ELISABETH v. LUPFEN

GEISINGER LINIE

JOHANN +1443
GETÖTET IM TURNIER

VERENA +1480
ÄBTISSIN IN MARMOUTIER

BEATRIX +1440
CHORFRAU IN SÄCKINGEN

KONRADISCHE LINIE

KONRAD +1484
GEM.: KUNIGUNDE v. MATSCH

JOHANN + IN JÜNGEREN JAHREN

EGEN +1483
GRAB IN GEISINGEN

WOLFGANG +1509
GEM.: ELISABETH v. SOLMS

WILMHELM
1491 - 1549

FRIEDRICH II. +1559
GEM.: ANNA v. WERDENBERG

BAARER LINIE

HEINRICH VIII. +1596
GEM.: AMALIE v. SOLMS

STAMMTAFEL DER GRAFEN VON FÜRSTENBERG

(bis 16. Jahrhundert)

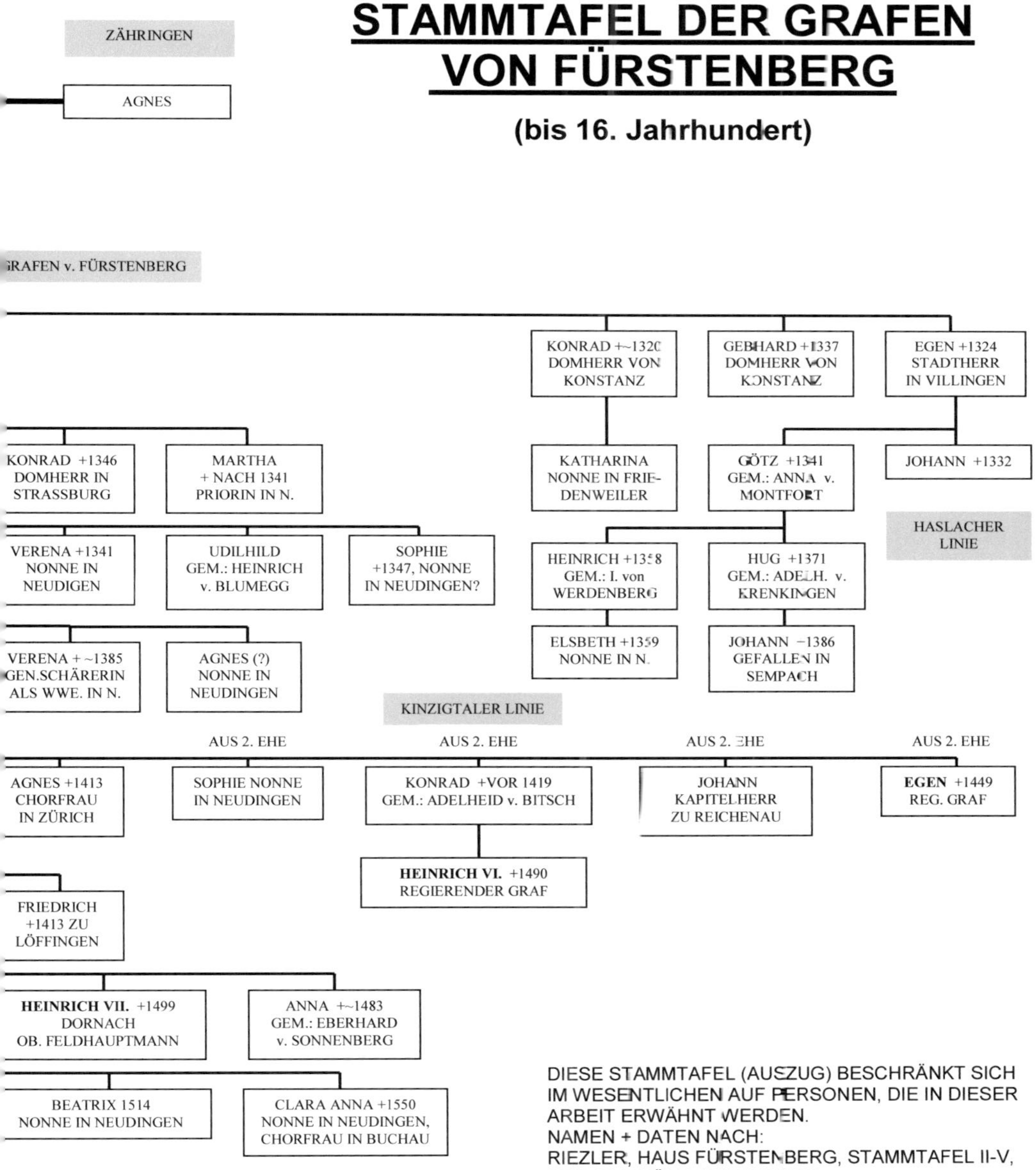

DIESE STAMMTAFEL (AUSZUG) BESCHRÄNKT SICH IM WESENTLICHEN AUF PERSONEN, DIE IN DIESER ARBEIT ERWÄHNT WERDEN.
NAMEN + DATEN NACH:
RIEZLER, HAUS FÜRSTENBERG, STAMMTAFEL II-V, UND: TUMBÜLT, STAMMTAFEL.
(Anm.: GEM.=Gemahl(in); N.=Neudingen)

Weitere regionalgeschichtliche Bücher des Autors

Rüdiger Schell

Das Dominikanerinnenkloster Auf Hof bei Neudingen als Hauskloster der Grafen von Fürstenberg.

1. und 2. Auflage 2008; 3. Auflage 2009, **4. Aufl. 2022**
320 Seiten, € 29,80. ISBN 978-3-86628-217-9

Rüdiger Schell

Das Zisterzienserinnenkloster Maria Hof bei Neudingen.

1. Auflage Dezember 2011;
262 Seiten. € 19,80. ISBN 978-3-86628-402-9

Rüdiger Schell

Das RAD-Lager der Abt. 2/263 „Heinrich von Fürstenberg" in Hüfingen und seine wechselvolle Geschichte

Zeitgeschichte und lokale Entwicklung im 20. Jahrhundert am Beispiel des Hüfinger Reichsarbeitsdienstlagers
1. Aufl. 2014, 258 Seiten. € 24,00. ISBN 978-3-86628-488-3

Das Tagebuch des Niederländers Bart Heyning Zwangsarbeit in Hüfingen von 1943 bis 1945

Herausgegeben von
Julie Heyning-van Maanen und Rüdiger Schell
Kulturhistorische Reihe der Stadt Hüfingen Band 14
1. Auflage 2019. 162 Seiten, € 10,00. ISBN 978-3-86628-643-6

Hartung-Gorre Verlag, Konstanz

http://www.hartung-gorre.de